JN322410

若狭の歴史と民俗

永江秀雄 著

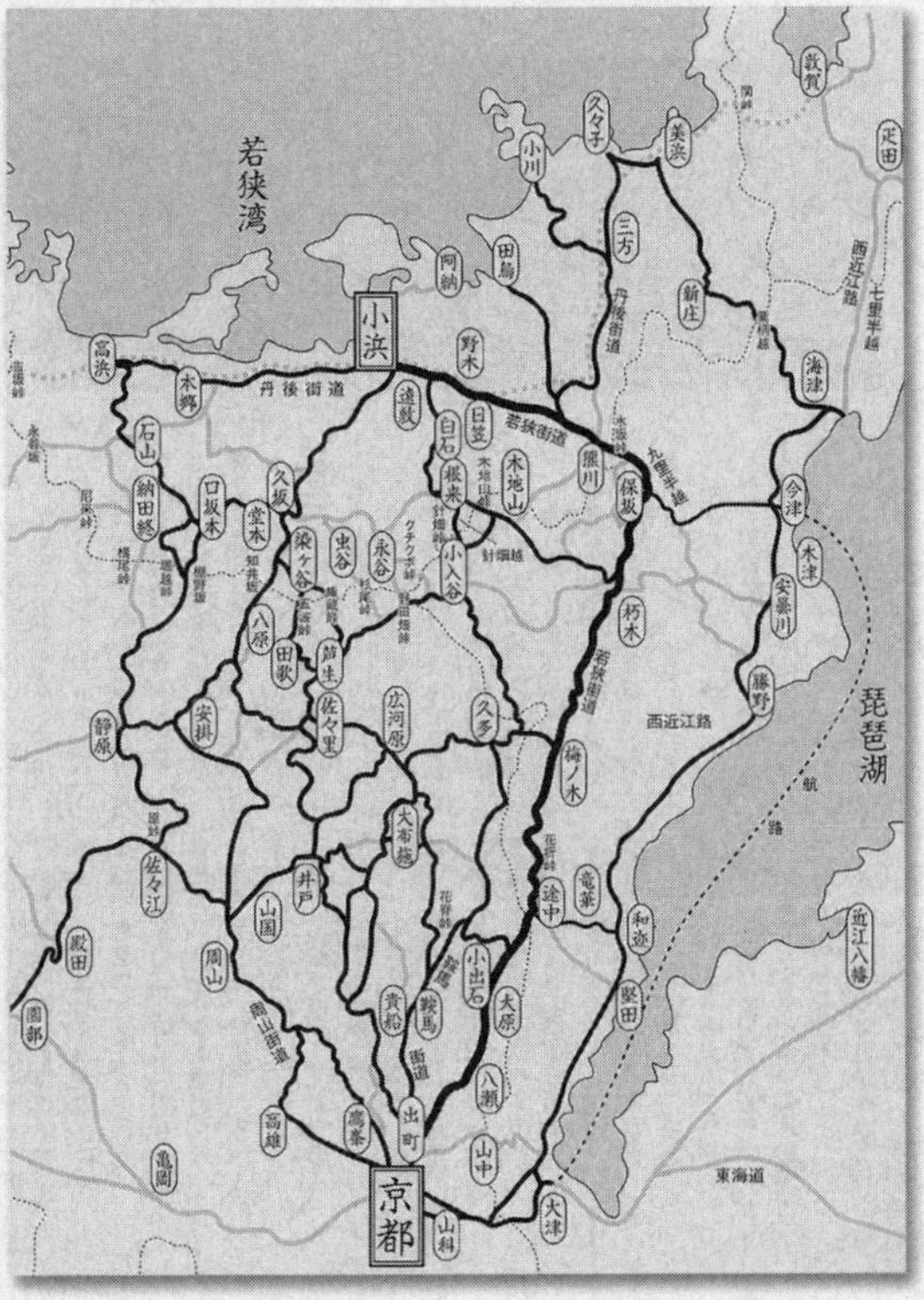

序

今や八十五年の齢を重ね、まさに「人事は棺を蓋うて定まる」の時節に入らんとするこの時期に、六十余年の学究における主要な論考をまとめて一書にすることとなった。この若狭の地に生まれ、この若狭の歴史と民俗の研究を重ねてきたひとつの決算と言えるものである。

このわたくしのことを、「郷土史家」と呼称されることがある。この「郷土史家」という言葉には、その地域に限定された過去の聞き取り的事実を記録し、日本史の俎上にのらない、いわゆる「歴史家」とは一段低次のものを扱うというような意味合いを込めて言われることがある。しかし、わたくしは「郷土史家」と呼ばれることをむしろ喜びをもって好しとしたい。

それは、この六十余年、まさに郷土を愛し、ここでの人との出会いの中で、ここから学び、ここから多くの喜びを受け、本当に心ある恩師から純粋な学恩を頂戴してきたからである。今日、いささかなりとも成すところありとすれば、それは、この郷土をさしおいては考えられないのであり、ここでの「縁と恩」の中で展開してきたことであるとは、胸を張って言えることである。

かつて学恩を蒙った柳田國男先生は、その学問の根底には「経世済民」の思いがあるといわれ、「当事者の自覚的研究」という、今日いよいよ新鮮さを増す言葉を発してもおられるように、特に農民の自主自立を本願とされてきた。わたくしも、村人の一員として、また戸主として祭礼行事や年中行事を勤め、伝来の田地における稲作にもできうる限り励んできた。そして、身近に行われる伝統行事に、深い願いと知恵が蔵されていることを、身をもって感得させていただいてきたものである。

多くの学恩に導かれて進めさせていただいてきた成果として、二百本を超える論考を書き上げてきたわけであるが、大きく分けて、一・歴史、二・地名、三・民俗に大別される。そこで本書は三部構成とし、骨格的なもの三十八本を選んで一書にした。

また、わたくしの文章には、誰からお教えをいただいたかを、注としてではなく、極力文中に明記してきた。それは自身の生き方であり、それこそが歴史の本来の正しき継承の姿であると信ずるからである。

そして、一つ最初にお断り申し上げておくが、すでに半世紀以上昔の論考も含まれており、その後の学問の進展により刷新されねばならないところもあることと思われ、重複した内容が含まれるものもあるが、極力各論考の当初の内容と文脈を変えずに掲載させていただくこととした。また、平成の合併により、旧町名のままになった表記もある。ここでも当時の状況を尊重し、そのままとさせていただいた。時代を超えた万古不磨の事実を感じ取っていただけたら幸いである。

さて、昨年の東北の震災をテレビで目の当たりにするに、「ああ誰か故郷を想わざる」と、涙せずにはおれない。この一書が、少しでも郷土の先人の足跡と、わが国の歴史との関わりの真実の解明の一助となり、ここに生きる人々のさらなる郷土愛の喚起につながればと、来し方の歩みを振り返りつつ、ただただ願うものであります。

永江秀雄

若狭の歴史と民俗―目次―

第二部　地　名

第三部　民　俗

第一部　歴史

一　『近世初期文壇の研究』に学ぶ

最近、明治書院から、『近世初期文壇の研究』という書物が刊行（昭和三十九年）された。著者は、学習院大学の小高敏郎教授である。小高先生については、すでに説明の必要もないと思うが、特にわが国の中世から近世にかけての国文学史にもっとも詳しく、狂歌俳諧の研究、なかでも松永貞徳の研究などについては第一人者として知られる方である。

このたび発行された『近世初期文壇の研究』は、内容体裁ともにまことに大著で国文学界待望の書であり、歌道俳諧の専攻者には必読の書となるものである。この書物の大きな価値については、いずれ専門家による多くの紹介が行われるに違いない。

ところで私は、この書物のなかに、若越郷土研究の上でも見のがすことのできない発表のあることを簡単に紹介しておきたいと思う。まず同書「織豊期」編によると、近世狂歌史の第一ページを飾る「詠百首狂歌」の作者として著名であり、高校用の教科書にまで載っている雄長老《ゆうちょうろう》について、彼が単なる狂歌作者ではなく、当時における第一級の禅僧であり学僧として織豊期の代表的文人であったことが述べられている。

しかも、その出自家系について、著者の新しい研究が進められた結果、その父は若狭宮川保（現在、小浜市宮川地区新保）に居城を有した武田信高であることが初めて明らかにされた。また後に、宮川尼と呼ばれ、狂歌六歌仙の一人に数えられたその母も、信高公の内室として宮川の地に住んだための名称であることなどが確かめられたのである。

さらに、この宮川尼が、織豊期文化界の第一人者であり武将としても有名な細川幽斎の姉に当たることや、ガラシヤ夫人に諸事作法を教えたことが述べられている。また、若狭武田家が代々の名門として文事のたしなみも深く、中央に著名な文人を輩出していることについても詳しく説かれている。

次に、同著「寛文期」編に、打它公軌《うだきんのり》とその子孫について詳述されている。公軌は、越前敦賀の出身で、山本春正とならんで木下長嘯子《ちょうしょうし》（勝俊）門下の双璧と称される歌人であった。その墓碑は、父宗貞や一族のものと同様に今も敦賀市の永厳寺にまつられているが、まことに堂々たるものである。

また、その子孫は現在も同市にお住まいになっておられる。歌人の打它公軌は師匠の長嘯子に献身的に奉仕し、経済的に乏しい師に単に富豪として物質的な心づかいをするだけでなく、師の詠草を集め、その家集『挙白集』の編を志した忠実な門弟であったとのことである。そしてこのほかにも、文筆上の多くの功績を子孫とともに残している。

このような伝記について著者は、公軌の子孫が仕えたという相馬中村藩の古記録を探ったり、敦賀市に現住の打它氏を尋ねたりして、精密な調査研究を続け、その結果を文学史の立場から詳しく論じておられるのである。

これら研究の詳細については、直接に『近世初期文壇の研究』について学ばれたいものと思うが、それとともに私は、福井県郷土誌懇談会などで小高先生をお迎えして、親しくその講演を聞く機会をもってくださることを希望している。この書物のなかでも先生は、各地の郷土史研究を非常に高く評価され、これを尊重して随所にその恩恵を被った旨を述べておられる。県立図書館から出版された福井県郷土叢書も大いに活用されて、各所に引用もされている。

中央と地方とがもっと手をたずさえて研究を進めねばならぬとは、小高先生から直接承った言葉であるが、先生の研究自体がその尊さを実証していると、私は思っている。また、ある書物のなかで「論文は足で書け」と説かれている先生は、自らその説教のもっとも見事な実践者でもある。

最後になお一言するならば、小高敏郎先生は学習院大学教授として四年間にわたり義宮様（現、常陸宮さま）に国文学を講ぜられた方であり、その高貴な気品については述べるまでもないが、私はむしろ先生の態度が常にきわめて謙虚であり、真摯であることにこそ心から敬服している。

やがて十年にも及ぼうとする懇切な指導と偉大な学恩を深謝するとともに、それ以上に人格的な無為無言の教化を与え給う師にめぐり会えたことを、私は幸せに思っている。

二　織豊期前後の若狭点描

雄長老の生年

中世も終りに近い天文年間に生まれ慶長七年（一六〇二）に亡くなった臨済宗の禅僧英甫永雄《えいほようゆう》は、当代屈指の学僧として、また特に狂歌作者として国文学史上にも著名である。天正十四年（一五八六）に建仁寺の住職となり、文禄三年（一五九四）には南禅寺の住職ともなった英甫永雄を、世人は永雄長老というべきところ略して「雄長老」と呼んだ。

雄長老の研究は、現在では幸いにも大いに進んでいるが、明治四十五年に出版された上村観光氏の『五山詩僧伝』を始め二、三の書が雄長老について述べているものの、国文学界においては今日まで雄長老の伝記探索の努力が見られなかったとして、初めてその本格的な研究に取り組まれたのが国文学者の小高敏郎先生（学習院大学教授）であった。

小高先生の最初の発表は『国語と国文学』昭和二十九年三月号の論文「雄長老伝参考」にあり、さらに昭和三十三年四月、関西大学国文学会発行の『国文学』に、論文「雄長老伝参考補正」が発表された。今は亡き小高先生のこの研究は、昭和三十九年十一月に明治書院から刊行された名著『近世初期文壇の研究』に集大成されているが、初めて若狭に来訪された先生を迎え両度にわたって道案内を務め、以来長く師事した私にはとうてい忘れ難い思い出がある。そのなかにも詳述されている通り、先生は雄長老については「出自・家系」「享年」の解明に特に力を尽されたが、私はここで、それ以後に小さからぬ問題となった雄長老の生年について紹介させていただきたい。

雄長老の詩文を筆写集成した『倒痾集』に、「天正甲戌元旦試穎」と題する七言絶句があり、その起句に「祝初老」と見える語がある。小高先生は、天正甲戌は天正二年（一五七四）なので、この元旦に雄長老は初老、すなわち四十歳を迎えたと考え、逆算してその生年は天文四年（一五三五）であろうとして、それまで全く想像すらできなかった雄長老の享年を六十八歳で入寂と、初めて論述されたのであった。これは、雄長老の出自について『五山詩僧伝』以下が、若狭武田氏の出、武田信重（宮内少輔）の子と伝えるのみであったのを、「論文は足で書け」という恩師の教えを信条ともされていた先生が、国文学者としては初めて雄長老の出自郷貫を求めて若狭を訪問精査されたことと共に、雄長老研究上において画期的な業績となった。

その後、先生の研究が確かな機縁ともなって、建仁寺塔頭の両足院住職であり学僧の聞こえが高い伊藤東慎師により、同寺院内における貴重な資料を駆使しての研究が進められ、昭和四十六年十月に『禅文化研究所紀要』第三号に詳細な論文「狂歌師雄長老と若狭の五山禅僧」が発表された。小高先生の研究をさらに大きく前進させ、また修正するところもある優れた内容の論文である。なかでも雄長老の生年を、小高先生が『倒痾集』の「祝初老」の詩句そのほかから推定して天文四年生まれとされたが、これは両足院所蔵の『倒痾集』には「祝初元」となっており、四十歳を意味する「初老」に非ずとしてこれを認めず、同じく『倒痾集』に天正丁亥すなわち天正十五年（一五八七）の作詩と思われる七絶に、「年在二四十一雖レ加レ一」との結句があるのでこの年に四十一歳であったことがわかるとされた。また、さらに同じく『倒痾集』には、「五十年光に二員を添う」という慶長三年（一五九八）の詩、「半百すなわち五十の又其上に六載（歳）」との慶長七年（雄長老示寂の年）の詩もあることから、伊藤師は雄長老の出生を天文十六年（一五四七）と論断されたのであった。

私も今は天文十六年生まれを信じているが、生年が十二年移動することによって雄長老に関する解釈が色々と変化してくる。ここではそのことにふれないが、小高先生が天文四年説を出された因由を是非ここに記しておきたい。数年前に私は、国文学者吉田幸一博士から東京大学史料編纂所所蔵の『倒痾集』の前述「天正甲戌元旦試穎」の写真を拝見させていただくことができた。ところが、そこには紛れもなく「祝初老」とある。小高先生も最初からの論文に書かれている通り、東大史料編纂所本を見られたのであった。しかも、これは両足院に伝来する唯一の原本『倒痾集』を、かつて筆写されたものであった。慎重に模写（臨写）されているのにどうしてこのような誤りが生じたのかと思いつつ、昭和四十五年七月に両足院において私が撮影させていただいた『倒痾集』のこの箇所を熟視してみたが、問題の文字は、「元」とも「老」とも「光」とさえも見えて判断ができない。ついに今夏六月、私は幾度目かの『倒痾集』拝観を伊藤東慎師にお願いしてお許しをいただいた。大きな拡大鏡をも持参して伊藤師にも共に観察していただいたが、その原本巻頭の第一番に出ているこの詩の「元」字の中央右側には虫損と思われる以下十二丁にまで達する穴があり、一見すると「丶」が加わっていると誤認され易い状況にあった。なんと、この一点が「初元」を「初老」と書写せしめ、天文四年生まれの結論が導きだされる原因ともなったのであった。しかしまた、この一点こそが雄長老の生年解明の第一歩ともなったものであることを、私は信じて疑わない。

なお、國學院大學の米原正義教授は、上記伊藤東慎師の論文「狂歌師雄長老と若狭の五山禅僧」と相前後して、「若狭武田氏の文芸」なる詳細な論文を発表された。このなかで、特に小高先生の雄長老の出自についての研究成果に批判を加えておられる。それに対して反論をも述べたことのある私であるが（『小浜市史紀要』第一輯、昭和四十五年、「雄長老の出自について」）、いずれも篤い学恩をいただいているこれらの三方の先生によっても、いまだ完璧な統一的結論に到達されない問題も内在しているのである。これらは、研究者にとって全て必読の書であり、米原先生の上記論文を収載された大著『戦国武士と文芸の研究』は、昭和五十三年に学士院賞を受賞されている。

宮川尼と幽斎室

昭和三十二年十月のこと、私はすでに別のことがらで教えをいただいていた小高先生から、「宮川（小浜市）の地に、細川幽斎の姉に当る宮川尼という女性がいたのでないかと思われるので訪問したい」とのご連絡を受けた。さっそく郷土史関係図書を調べ、近隣の古老たちにも幽斎や宮川尼のことを尋ね回ったが、知る人は全くなかった。

しかし地元で誰も知ることのない史実が、小高先生の現地踏査によって初めて明らかにされたのであった。すなわち小浜市（旧宮川村）新保の城主であり、若狭国守護武田信豊の兄弟と伝えられる武田信高（武田信重ともあるが）の正室が、宮川尼であることがわかった。この信高は、新保に現存する龍泉寺の開基として、今も大事にまつられていることもわかった。

また、この宮川尼は細川藤孝（幽斎、玄旨とも号す）の姉であることは、江戸時代初期に浄土真宗誓願寺の住職安楽庵策伝が編集した『醒睡笑』に、「細川幽斎公の姉御前に、宮川殿とかやいうて、建仁寺の内、十如院といふにおはせし事ありき。云々」とあることによっても知られていた。さらに小高先生の論文によると、宮川尼は歌人で故実者としても知られ、一時甥の細川忠興（幽斎の長男）の屋敷にいて、忠興の室すなわちガラシヤ夫人に「万事御指南」をせられたという。

周知の通り、細川藤孝は三淵晴員の二男として生まれた（将軍足利義晴の胤ともある）が、義晴将軍の命により六歳のとき伯父細川元常の養子となった。生母は儒学者として著名な清原宣賢の息女であり、藤孝は幼少のころ祖父宣賢のもとで教育された旨が、『綿考輯録』（細川家記）に見えている。ところで、宮川尼と細川藤孝が姉弟関係にあるという場合、それは三淵晴員と細川元常のいずれの子として同胞なのかが当然問題となる。小高先生もこのことに言及されたが、結論としては『寛永諸家系図伝』の仮名本・真名本ともに明記されているごとく、藤孝の兄の藤英から宮川尼をも含めて「藤英以下の五人は皆三淵伊賀守の子にして藤孝と兄弟たりといへども、しかも細川刑部少輔元有の養子にはあらず」とある通りである（ここに「細川元有」とあるが、藤孝は実際は二男「細川元常」の養子となったのである）。

私は二十余年前、細川氏の直系御当主である細川護貞様から、同家に伝わる「三淵系図」のなかの一本を抜萃してお送りいただいた。自ら丁寧に書写して下さったその系図には、「三淵晴員」の子たち全ての最初に「女（宮川）若州小濱城主武田宮内少輔信重室、母ハ船橋大外記環翠軒宣賢の息女、法名智慶院」とある。その次には「藤

沼田氏供養塔（得法寺）

英」、その次に「藤孝　細川刑部少輔元常の家相続　母仝上」（以下略）とあることをお示しいただき、この系図では宮川尼と藤孝の母は同じで宣賢息女であることをお知らせ下さった。そのほかの系図にも見られることであるが、宮川尼を若州小浜城主武田信重室などと記されていることには一考を要するが、宮川尼が姉で藤孝が同母弟であることを明示しているこの系図は貴重であると思う。しかし、細川様から『綿考輯録』の記載によると兄の藤英と宮川尼は同母、藤孝とは異母と考えられることもお教えいただいた。

なお大抵の系図は、「宮川」の名を簡単に「号」と表記されているが、現熊本県史学会の花岡興輝会長から筆写して送っていただいた熊本市立博物館蔵、天保頃の細川家『御系図』藤孝公の条には、「御姉　武田宮内少輔信重室」として「御里名宮川」、また「建仁寺十如院之御母堂也」とある。この「御里名宮川」の表記は、小高先生も論述されている通り、本来は「宮川は号でなく、宮川の城主に嫁しての故この呼称が生まれたとすべきである」ということを、裏づけているといえる。また、この系図と同様に、前掲の『寛永諸家系図伝』にも、藤孝の兄弟の末尾ながら、「女子　嫁若狭武田宮内少輔信重　建仁寺十如院長老永雄母　号宮川」とあり、そのほかにも宮川尼を永雄長老の母とし、藤孝の姉（あるいは妹）と記載した系図が見られる。

かくのごとく、雄長老の母宮川尼のことから、細川藤孝とわが若狭とに浅からぬ関係のあることを学んだ私であるが、次に図らずも藤孝の正室が若狭の、それも私の町の熊川の城主であった沼田光兼の女《むすめ》であることを知って喫驚した。すでに二十数年前のことであるが、九州大学文学部の『文學研究』（昭和三十六年三月）に、同大学教授で国文学者の中村幸彦博士が翻刻された『玄旨公御連哥』の全文が収載されているのを拝見した。そのなかに、「冬十月朔日雪のふりける二若州熊川にて俄興行」として「神無月雪をみやこのしくれかな」、「ちりのこる枝や昨日のうす紅葉」、「うき草の心をゆつる落葉かな」の三句があった。そしてこの「若州熊川」に中村先生が（沼田光兼の城、幽斎室の里）と注記されていたことから、私は中村先生の直接のお教えを仰ぐこととなり、沼田氏の特に系譜について探究を続けることとなった。最初はまるで雲をつかむような有様であったが、ついに熊本県史編纂室員でもあった花岡興輝氏から、熊本の地に現住する沼田家伝来の系図写真をお送りいただくことができた。この詳細な系図によって、私は初めて細川藤孝室は確かに若州熊川城主沼田光兼の息女であることを納得したのであった。やがて、このことを伝え聞かれた細川護貞様が先祖に縁故の地を尋ねたいとて熊川に来訪された。その後、細川家に伝わる沼田家の「記録」「系図」「家記」の膨大な複写を御恵与賜り、そのほか種々の資料にもとづくお教えをもいただき、細川氏のこと、若狭との密接な関係などを詳しく学ばせていただくことができた。

木下長嘯子

長嘯子、すなわち木下勝俊は織豊期の武将の一人であるが、より高く歌人としての名を後世に残している。豊臣秀吉に仕えた播磨国（兵庫県）竜野の城主、後に若狭国小浜の領主となった。江戸時代の諸書に、勝俊は若狭国守護武田氏の最後の主であった武田元明の遺児であるという説が載せられている。元明の父武田義統の室は、足利十二代将軍義晴の息女で十五代将軍義昭の姉である。足利幕府は義昭将軍を最後として滅ぶが、その甥に当たる元明をもって若狭武田氏の直系も、織豊勢力の前に運命を共にすることとなる。武田元明の自刃の後に、その妻龍子は豊臣秀吉の側室となり松丸殿と称され、絶世の美人であったといわれる。この元明と龍子の間に生まれたのが、後の木下勝俊であったというのである。

この説は早く貞享元年（一六八四）成立の黒川道祐著『雍州府志』に松丸殿のことを述べ「始在二若狭国一、為二武田元明之室、産二長嘯子一」と記されている。若狭小浜の町人学者として知られる板屋一助が明和四年（一七六七）に著した『若狭考』にも『雍州府志』の説を紹介し、また、「丹後宮津水上某糸屋宗右衛門家記にも、武田元明の子二人あり、肥後守家定養ふて子とす、松の丸殿のよしみといへり」と述べ、続いてそのことを信じる書きぶりがされている。木下勝俊を武田元明の遺児とする説はほかにもあり、現在もこのことを堅く信じている方々がいる。「若狭武田氏滅びず」としたい気持ちはわかるが、長嘯子が武田の遺児でなくても、若狭武田氏が文武に優れた歴史を有する名門であったことにいささかも変りはない。

　この遺児説には反論があり、歴史学的には認められていない。特にこのことを詳説されたものに、大阪大学教授であった宇佐美喜三八博士の『和歌史に関する研究』（昭和二十七年、若竹出版）所収の「木下長嘯子の生涯」がある。まことに慎重精密な論証であり、私もそのお説を信ぜずにおれない。木下勝俊は、正しくは豊臣秀吉の正室寧子《ねね》（北政所《きたのまんどころ》）の兄である木下家定の嫡男である。長嘯子の歌文集『挙白集』にも、亡き父家定を憶う惻々たる披瀝があり、また叔母に当たる寧子から深く愛され、これを頼りにしていたことなどからも、秀吉の側室松丸殿がその母であったとは到底考えられないという。

　若狭領主であり小浜城主であった木下勝俊は、慶長五年（一六〇〇）の関ヶ原の戦において、徳川家康の命を受けて伏見城を守っていたが、石田三成の軍勢の攻撃を受けたとき城を脱出してしまった。そのため戦後は領地を没収され、勝俊は自ら京都の東山に隠棲した。武人時代からすでに優れた歌文をものしていた彼は、ここにもっぱら風雅の道に生きることとなったのである。

　江戸中期の歌人小沢蘆庵が、勝俊の伏見城放棄を武士にあるまじき行為とののしり、その墓を杖で殴打したという話が、滝沢馬琴の書（『兎園小説』第十二輯所集「蒲の花かたみの上」）に出ている。宇佐美先生も述べておられるごとく、勝俊の態度をその当時から非難する人々もあったが、結局は豊臣と徳川に対する義理の板挟みになって城を退いたと見るべきであろうとされている。私もこの結論を信じるものであり、幼少のころから秀吉に仕え幾度か出陣もしている勝俊は、決して惰弱な人物ではなかった、と私は考えている。

言うまでもなく「長嘯子」はその号で、また天哉・挙白堂などとも号した。歌の師は細川幽斎であり、二十歳代前半の竜野城主時代に、すでに幽斎を請じて時々歌会を催したらしく、小浜城主となってからは、近くの丹後の田辺城にいた幽斎との交流は一層密接となったと考えられる。近世和歌は彼から始まったとさえ言われる長嘯子は、生前みずからの歌集を編むことはなかったが、越前の敦賀に来住した富豪打它春軌の子の公軌たち門人によって、著名な『挙白集』が編集されたのであった。打它氏の子孫は今も敦賀市に住まわれており、春軌（宗貞）・公軌（良亭）それぞれの墓石は、一メートルを越え、あるいは二メートルに近く、大名の墓石といわれるほどの豪勢なものである。私は小高先生の御指示を受けて、これら墓碑の撮影と計測をさせていただいた。国道八号線を北上して、金ヶ崎隧道のすぐ右手前にある永厳寺の前を通過するとき、いつも私は往時を思い起こす。

なお、私は長嘯子について忘れ得ないこととして、次のようなことがある。昭和三十三年七月、小高先生に随行して再び宮川の地を訪れたとき、龍泉寺とも密接な関係のある本保の清水三郎右衛門家で多くの貴重な古文書を拝見した。そのなかに、文禄四年（一五九五）十一月二日付で本保村の百姓中へ下された、領主木下勝俊の「掟」があった。「走り百姓」の禁止など内容はおおむねその前の領主浅野長政の方針に準拠するものである。しかし、その末尾に、「総じて、百姓とは一段と気の毒な者だから、この上にも迷惑することがあったら、直訴して来い。なお以て情けをかけるであろう」との意が明記されている。これを領主の巧妙な懐柔策とみなす史家もあるが、私は地元に残る領主勝俊についての伝承（年貢米に関連し百姓への思いやりの話）もあり、この「掟」全体にはその温かい人間性が本当に表現されている、と信じている。

三　雄長老の出自について

新潮社版『日本文学大辞典』（昭和九年六月二十日刊）第三巻、一〇四〇頁によると、ここに述べようとする雄長老について次のように解説されている。

雄長老《ゆうちゃうらう》狂歌師〔法諱〕永雄〔道号〕英甫〔生歿〕生年未詳。慶長七年（一六〇二）九月十六日歿す。〔墓所〕京都建仁寺塔頭如是院〔閲歴〕若州の豪族武田氏の出。建仁寺塔頭如是院に住し、天正十四年入って同寺の長老となった。正しくは永雄長老といふべきを、世人略して雄長老と呼んだ。好んで狂歌を詠じ、「雄長老狂歌百首」がある。又文禄頃『新撰狂歌集』を撰んで刊行したが、これがおそらく狂歌撰集の最初の刊行であらう。永雄の父は武田信重、母は細川幽斎の姉で宮川尼と呼び、武田家没落後、永雄は寄る辺なき母を如是院に引取って孝養を尽した。この宮川尼もまた、和歌・狂歌を善くした。ある時期、家普請の料に幽斎が本国より多くの米を取寄せたが、その米が余ったので、宮川尼の許へ米百石を贈るから大津まで請取りに来れと言い送った返事に、「御普請の役にも立たぬこの尼が百の石をばいかで引くべき」と詠じたとのことである。〔野崎左文〕

これによって、近世狂歌史の第一頁を飾るといわれる雄長老についてその概要を知っていただくことができたと思うが、今では高校の文学史の教科書にもその名が掲げられているという雄長老について我々はもう少し学習と研究を進めなければならぬようである。とくに、彼が若州武田家の出というにおいては。ところで、かくいう私自身も、国文学者小高敏郎先生（学習院大学）が雄長老の出自を探って自らこの若狭を訪ねて下さるまで、その名を聞いたことすらなかった。

英甫永雄像（建仁寺　大統院所蔵）

すでに十数年前のことであるが、今は亡き小高先生は、国文学史の綿密な研究調査の一環として小浜市の宮川の地と伏原など、さらに上中町をも探訪された。その成果については先生の名著『近世初期文壇の研究』（明治書院、昭和三十九年十一月二十五日刊）に詳論されているので、学ばれたい。しかして、小高先生の若狭探訪の目的の要点の一つは雄長老の出自、特にその父の名を確かめるにあったと言ってよい。すなわち、「雄長老の父は、武田信重（野崎左文氏の調査による大統院所蔵古記録）とされ、国文学史ではこれが通説となってある。またつとに上村観光氏も武田宮内少輔信重（五山詩僧伝）とされてゐる。しかし、この信重なる名は、信頼のおける武田系図たる「甲斐信濃源氏綱要」に見えず、また「芸州若州両武田系図」にも見えない。確かに寛永呈譜のおり、内藤家から呈出されたと思はれる「若州武田系図」に、信豊の弟として「信重彦五郎宮内少輔」と載るだけである。信重はなぜ武田系図一般に載らないのか。内藤家呈出の「若州武田系図」は、果して十分信拠できるものだろうか。また野崎・上村両氏の信重説は何に拠ったか」（『近世初期文壇の研究』）という疑問を抱きつつ若狭を訪ねられた小高先生であった。

結論からいうと、現地における小高先生の精査によっても、また以来私も心がけて探り続けてはきたが、若狭に現存する武田家諸系図やそのほかの史料のなかに、雄長老の父に相当する人としてついに信重なる名を発見することはできなかった。小高先生によれば、雄長老の詩文集である『倒痾集』に、発心寺殿贈従三品天源勝公禅定門肖像と題する画賛があり、そのなかに「秋山氏前但州太守宗友道人一日命画師写吾祖父発心寺殿犬追物検見之像需予算詞其丹誠不獲峻拒綴俚語以敖焉云」と書かれている。「発心寺殿、天源勝公と言ふのは若州武田氏の嫡流元光以外にはあり得ない。即ち元光は、晩年（天文七年（一五三八）七月）剃髪して宗勝と号し、天文二十年八月歿すると、法名を発心寺、天源と号してゐる」ゆえに、この画賛をもって、雄長老を武田元光の孫とするもっとも有力な根拠とすることができる、と述べられておられるが、私も全くこれにしたがうものである。しかも、この発心寺殿犬追物検見之像は幸いなことにも、今も小浜市伏原の発心寺に宝物（開基画像）として秘蔵されており、「天正第二歳舎甲戌　秋初十、岐陽安国英甫雄焚香謹賛」という落款も鮮かなその画賛を現に見ることができるのである。

次に、雄長老の語録『羽弓集』のなかに、天正八年（一五八〇）にその父の二十五回忌を迎えた（天正歳舎竜集庚辰値吾先考其五々之諱辰）とあるので、雄長老の父は弘治二年（一五五六）に歿したことがわかるという。そのほか、雄長老と若狭宮川との関係を詳しく論じられたうえで、小高先生は、現地で見出された武田系図などの諸史料によって、雄長老すなわち英甫永雄の父は小浜市大谷の森小治郎太夫家、同市本保の清水三郎右衛門家および遠敷郡上中町三宅の玉井喜太夫家（いずれもかつて武田家の重臣でもあり、あるいはその末裔なりともいわれる）にそれぞれ伝わる、武田系図にいう武田信高であることを確認されたのであった。また、信高の名は彼が開基したという小浜市新保の禅刹龍泉寺の過去帳（一旦焼失後再修されたもの）にも、「弘治二丙辰十月六日逝、当寺開基龍泉寺殿前司農蒲澗稜公大禅定門、武田中将信高公」と明記されている。なお、この信高は小浜市伏原の仏国寺（武田元明の父元信、すなわち仏国寺殿大雄紹壮大禅定門を祀る）に伝わる「武田家系図」には、元光之一男信豊之兄とされ、元度と書かれている。また、龍泉寺には「天文三年二月五日献之　宮川住武田中務源元度」と、裏面に銘記のある鳳足石の硯が寺宝として現存しているが、元度は信高の初名であるといい伝えられる。さらに、小高先生は雄長老の父として国文学史上の通説とさえなっている信重という名が広く行われている以上、やはり信高は元度のほかに信重とも名乗った時期があったとすべきであろう、と述べておられる。

ところで、森家本系図や仏国寺本系図等々をつぶさに調べると、若狭国守護職武田元光の後をついだ信豊と宮川の霞美之城主となった信高（元度）といずれが兄であり弟であるのか、また、その歿年月日が信豊信高ともに同年月日となっているものと一日違いになっているものとがあること、信高について、「号中務」としたものと「中将」と書いたものがあるなど、検討を要することも少なくない。しかし、近世初頭の中央文壇に活躍した文人雄長老が若狭武田家の別れたる宮川の城主の子として生まれ（小高先生によれば、天文四年）、長じてもなお生地宮川を始め小浜などにも少なからぬ関係を有したことは、もはや疑いの余地がない。雄長老の母が宮川尼と言われたのも、「宮川は号ではなく、宮川の城主に嫁しここに住んでの故にこの称呼が生まれたとすべきである」とされるお説にも全く異議がない。なお、大飯郡高浜町日置の大成寺が、武田元光によって再建されたことは広く知られているが、その第七世の住職として「京都の建仁寺から英甫雄和尚が拝請された」（城地慈仙師「大成寺の縁起」）ということも、雄長老と若狭の関係を語るものとして注意を要することである。

小高先生が昭和三十二年に初めて若狭へ来訪されたとき、あらかじめ「宮川村を訪れ、宮川尼（細川幽斎の姉で狂歌作者）の資料を探したい」との便りを受けた私は、宮川とこの周辺の郷土史家を訪ね回ったが、どなたからもその伝承や史実に関する知識を得ることはできなかった。宮川の地名との関連から宮川尼のこと、その夫武田信高のこと、そして英甫永雄の出自がかくも詳細に明かされたのは、実に全く小高先生の御尽力の賜物であった。ところで、宮川尼と細川幽斎の間柄について小高先生は、宮川尼は幽斎の父である三淵晴員の女《むすめ》ではなくて幽斎が将軍足利義晴（幽斎の事実上の父といわれる）の命によって六歳の時その養子となった細川元常の娘であるとすべきではないかと説いておられる。すなわち義理の姉弟、あるいは異母姉弟ともいわれるゆえんである。また、「細川家記」には、宮川尼が一時甥の細川忠興に養われ、その室秀林院（ガラシヤ夫人）とともに大坂の細川屋敷にいて和歌や作法などの万事を夫人に教えた趣が記されている。「野史」には、関ヶ原の戦のときガラシヤ夫人が劇的な自殺をとげる直前まで、この宮川尼が夫人とともにいたことが書かれているといわれる（『近世初期文壇の研究』九〇頁）。

ちなみに、私は最近、細川幽斎の正室となった麝香《じゃこう》（光寿院）はわが若狭熊川の城主沼田上野介光兼の娘であったことを、沼田・細川両家の御厚意と御親切な諸先生のお力添えによって明確にすることができた。幽斎が熊川にきて詠んだ発句をも収める『玄旨公御連哥』が、今も九州大学の細川文庫に蔵されている。雄長老は、当然この叔父幽斎と親密な雅交を重ねたといわれ、幽斎の弟子であった小浜城主木下勝俊すなわち後の長嘯子も、雄長老の後輩としてその講義を聞いたりしたといわれる。また、雄長老は建仁寺に次いで南禅寺にも住し、京都五山屈指の学僧かつ詩僧であったことが、あるいは儒学者の林羅山が若くから雄長老に師事したことや、歌人松永貞徳・連歌師里村紹巴《さとむらじょうは》、そのほか当時の著名な文人たちと雄長老の広く密接な関係が小高先生の御発表に詳しい。雄長老を始め今なお日本の文学史上に光彩を放つこれらの人々の動静を、若狭の我々は心して学ばずにはおれまい。

なお、私はいまだその武田系図にまみゆる機会を得ていないが、『近世初期文壇の研究』によると、武田元光の子に春沢永恩という有名な禅僧があったことが詳説されている。永正八年（一五一一）の出生で幼にして建仁寺に入り、後この二八七世の住職となり、さらに南禅寺にも住したとある。雄長老は、この叔（伯か）父の影響を大きく受けたと思われるとのことである。仏国寺本武田系図に元光の兄として潤甫和尚があり、『若狭守護代記』によると潤甫和尚について「武田元光の御舎兄なり。幼少より禅法に入り臨済門の先途秉払を遂られ賢名賞美の名あり洛東南禅寺の住僧になり玉ふ。而して天文元年の冬不図北方に出奔の志有りて小浜の栖雲寺に入院せられしも天文八年栖雲寺を出でられ矢田部の里に山荘を建てられ住み玉ふ。右の所を雲外寺と号せらる」云々とある。春沢永恩のこと、潤甫和尚のこと、また森家に伝わる武田系図の一本に信高の長男、すなわち雄長老（「建仁英浦《ママ》和尚」とあり）の長兄とされ、松前ノ祖と注されている武田太郎なる人物のこと等々、あるいは仏国寺本武田系図などに元光の妹に当たる女子が細川幽斎翁之母儀とされていることなど、我々の探究し学習すべき問題もきわめて多いことなどを知るのである。

最後に、昨年十月の『日本歴史』（吉川弘文館）に米原正義氏が、「若狭武田氏の文芸」と題する論文を発表された。武田元信・元光・信豊を中心に若狭武田氏の優れた文芸活動を詳述されたきわめて親切な御論考であって、教えられるところがまことに多い。しかし、雄長老の出自（その父の決定）について述べられている意見（同誌四六頁）には、私は賛成できない。すなわち、米原氏は「大館常興日記天文七・九・廿。後鑑所収御内書案」に天文七年（一五三八）の九月から十一月頃までに、武田中務少輔信孝が若狭入国の機を窺ったことがみえていることを理由として、小高先生の発表された雄長老の父は、武田信高であるという論証を否定しておられる。米原氏は、龍泉寺に現存する硯の銘に「武田中務元度」とあることと、「中務」の解釈からこれはおそらく武田中務少輔であるべきだから、大館常興日記に載る武田中務少輔信孝と武田信高（「信考」と同音であり、その初名が元度で官名が中務とされている）とは同一人であり、しかも、これは系図纂要六十七にみえる元光の弟元度のことであると考える。また、雄長老の伯父春沢永恩の『春沢録』に、「龍泉寺殿前司農浦澗稜公大禅定門掩土」とあるから、雄長老の父は「前司農」、つまり宮内の官名を有したので若州武田系図に信豊の弟として載っている「信重宮内少輔」こそ雄長老の父に違いない、とされているのである。

米原氏の主張されるごとく司農とはたしかに宮内の官名を表すが、このことを最強の理由として、雄長老の父は宮内少輔の武田信重であり、官名「中務」を称した武田信高がまったく別人であったと断定してよいものであろうか。中務と司農という官には、同一人が生涯のうち時期を異にしてその両者に任ぜられるということが絶対にあり得なかったのだろうか。また、はたしてこれらの称謂が当時の公式の官職名の事実をどれほどの厳密さをもって伝えているものか。とくに、宮内省の唐名といわれる「司農」がこうも宮内少輔を意味し、中務が必ず中務少輔であったというような解釈をしてよいものであろうか。一考を要することではあるまいか。

仏国寺本武田家系図によると、武田元光の子に元度があり、「元光之一男信豊之兄、武田八郎後号中務ト。有故住新保（中略）有城址弘治二年十月五日卒ス号司農蒲澗稜公又称龍泉寺ト。龍泉寺有新保村則此寺葬墳墓在之」と記されている。また、森家本系図・清水家本系図にはともに、元光の子として信豊の次に信高があり、「中将　主宮川霞美之城　弘治二丙辰年十月六日逝　龍泉寺殿前司農蒲澗稜公大禅定門」とされ、玉井家本系図にも信高について「信豊之弟　龍泉寺殿　任中将　法名稜公　道号蒲澗」とある。兄弟の順序が系図によって逆であり、また逝去の日が兄弟同じものと一日相違するもののあることは既述した通りであるが、宮川の新保に居城し、卒後龍泉寺殿（前）司農蒲澗稜公と称されたことからして、私はこの元度と信高がまったく同一人であることにいささかの疑いをも入れ得ない。守家本の一系図にも、信高について「始ハ元度後改信高ト」と朱の書入れがされている。ちなみに、板屋一助は『若狭考』において、中務を「中将と記せるは、中務の唐名中書なるを音につきて呼誤れる也」と説いている。なるほど、『若狭守護代記』所収の若狭の「山城之覚」の冒頭には、「宮川庄新保の山城　武田中書元度」と書かれている。さらに、すでに紹介した通り龍泉寺の過去帳にも、その開基として龍泉寺殿前司農蒲澗稜公大禅定門武田中将信高公と明記されており、同寺各世代墓地の正面中央には等身大にもおよぶ自然石に「龍泉寺殿蒲澗稜公大禅定門」、その側面に「武田中将信高」と刻された開基尊霊の碑が建てられている。

ここでもっとも肝要な事として、小高先生は五山の禅僧として有名な春沢永恩の『枯木稿』のなかに、次のごとき記載のあることを掲げておられるのである。

「龍泉寺蒲澗稜公禅定門肖像握扇帯剣（中略）英甫雄公首座。永禄庚午結制。夢中升率陀天宮説禅。々余命画師。写先考肖像。需而著賛詞。予謂曰。先此応信方公命賛之。豈又雪上加霜乎。不獲峻拒。漫題一偈。寒其謂云。

雲門扇子踍跳処　済水金剛踊躍来　蒲澗踈鐘月西落　率陀天上夢腥時」

と。これは雄長老が先考、すなわち父の龍泉寺蒲澗稜公禅定門の肖像を画師に描かせ、その賛を叔父である春沢永恩に依頼したとき、その求めに応じて書いたものの記録である。この賛の詞序によって雄長老の父は、龍泉寺の開基蒲澗稜公大禅定門であり、この寺院に名を留める武田信高公であると断定して、もはや何の疑いもあり得ない。かくのごとく、小高先生は、雄長老の父が名門若狭武田氏の有力なる一族として宮川に居城し、禅刹龍泉寺を開いた蒲澗稜公であり、その名はその系譜をもっとも密接な立場で伝えている諸家伝来の系図と自ら寺院というべき龍泉寺の過去帳並に墓碑銘において「武田信高」とされている事実を確認された。また、その妻（すなわち、雄長老の母）もこの地名の故に「宮川尼」と称されたものということを事実に即して論証されたのである。

私の見るところ、米原氏は中務とかいう官名を重視するあまり、宮川に住んだ龍泉寺殿こそが雄長老の父であるというもっとも重要な史実を軽んじる結果に陥っておられるように思われる。龍泉寺所蔵の硯の銘記によっても、武田元度（信高）は天文三年にはすでに宮川に住んでいたことが明らかであり、『若狭郡県志』などの郷土誌によれば、龍泉寺が天文十年に新保の城主武田中務によって建てられたことが見えている。このことからしても、米原氏が天文七年に若狭入国の機を窺ったといわれる武田信孝をこの宮川の武田信高と同一視されていることに賛成しがたい。また、我々の主張する信高は元光の実子であり、信豊とは肉親の兄弟であるし、さらに、若狭に伝わる武田家の前述諸系図によると、信高の後をついで宮川とその周辺を領した信方（仏国寺本系図などでは元実、森家本一系図には「始ハ元実後改信方」の朱書入れがある）は、実は信豊の二男である。前記した春沢永恩の龍泉寺蒲澗稜公禅定門肖像の賛詞によっても、信方がかつて龍泉寺殿（すなわち武田信高）の画像に賛を求め、永恩がこれに応じたことが明らかなのである。かかる親密な関係の保たれている両者において、信高が信豊を狙ったというような主張は、私には肯定できない。今は、すでに小高先生によって解明された龍泉寺殿蒲澗稜公武田信高が雄長老の父であるという実地にそくした結論を疑うことよりも、この信高を中心に「武田信重彦五郎 宮内少輔」の名称との関係をこそ明らかにしていきたいというのが私の願いである。

附記

本稿を草して後、私は再び小浜市新保に龍泉寺を訪れた。同寺には、すでに小高先生の紹介された通り、開基画像（賛詞の全然ないもの）とその後をついだ武田信方、すなわち帰雲寺殿前金吾菊潭宗英大居士の画像（前南禅茂林叟幻桃賛のあるもの）が今も伝わっている。ところが、このほかに、ここには龍泉寺の開山であった大功文政大和尚（天正四年八月二十八日寂）の画像が伝えられており、これも開基絵像などと同じく絹本着色のものである。損傷がはなはだしかったため近年京都において表具し直されたものというが、肖像は今も美麗である。しかも、この画像には、「文禄第三甲午仲秋念八日　前建英甫永雄焚香讃」と結ばれた賛詞が書かれているではないか。改装に際して字体（字形）が多少変化することは避けられなかったようであるが、正しく雄長老の筆そのものに間違いはない。かつて小高先生来訪の当時には、この画像はぼろぼろに痛んだまま同寺のどこかにしまい込まれていたものであるとのことであった。今はすでに、小高先生の御覧をいただけないことが何よりも残念である。

次に、現住乙竹孝邵師のお話によると、龍泉寺では毎年十月六日に開基祭りを行い法要を厳修するが、昔から開基家として三宅の玉井喜太夫、本保の清水三郎右衛門らの要家を招待し、その参詣を受ける。言うまでもなく、この日は龍泉寺殿武田信高公の御命日である。聞くところによると、清水家では当日「塩ぬき」の精進をしてきたとのことであった。この日のお供えは、両家よりその年の新米二升宛、玉井家からはほかに里芋の子を藁づとに入れて味噌汁を作り、本膳を設けて質素ながら振舞いをする。酒は一切用いない。これが昔から現在にいたっても止むことのない慣わしである、という。

なお、龍泉寺に伝わる古記録の写には信高公の長男、すなわち雄長老（当時の記録には「英甫永雄和尚」または「永雄和尚」とある）の長兄に当る武田太郎が蝦夷地に渡って松前侯の祖となったということが繰返し述べられている。また、信高の後を継いだ信方を信豊の弟なりと記していることなど、すべて今後の精査探究を期している。

さらに、ごく最近、私は小浜市鹿島の高森有一氏から、熊本県阿蘇郡高森町に武田大和守元実の墓のあることをお教えいただいた。武田元実は若狭より来たりて、名家高森家の先祖である高森伊豫守惟直の客分として禄を食んでいたが、島津勢の総攻撃を受けて高森城が落城するとき城主と共に奮戦してここに最期を飾ったといい、時に天正十四年正月二十三日であった、と伝えられている。

四　雄長老の出自について・補注

『小浜市史紀要』第一輯（昭和四十五年六月）に、「雄長老の出自について」を寄稿したことがあるが、その後、昭和四十六年十月には『禅文化研究所紀要』に伊藤東慎師が「狂歌師雄長老と若狭の五山禅僧」を発表された。また、米原正義氏は大著『戦国武士と文芸の研究』（昭和五十一年十月二十五日発行）のなかに、「若狭武田氏の文芸」について詳述された。

いずれも、小高敏郎先生（学習院大学）の遺著とともに、雄長老を始め若狭武田氏の文芸の研究にとって、不可欠の重要な研究成果である。しかも、右の御発表までに私は両師からそれぞれに知遇を得、以来わが卑見をも申し上げ、種々お教えをいただいた。また、私自身も引き続いて関連史料の探索などに意を用いてきた。ここに、その結果の一部を述べて、旧稿の補注とさせていただきたい。

雄長老の生年

雄長老の詩文を筆写集成した『倒痾集』「天正甲戌元旦試顋」と題する七言絶句があり、その起句に「祝初老」と見える語があることから、小高敏郎先生は、天正甲戌は天正二年（一五七四）なので、この元旦に雄長老は初老、すなわち四十歳を迎えたと考え、逆算してその生年は天文四年（一五三五）であろうとし、それまで全く想像すらできなかった雄長老の享年を六十八歳で入寂と、初めて論述されたのであった（『近世初期文壇の研究』（昭和三十九年）所収「雄長老の伝と文事」第一節「出自・家系」一「享年」）。これは、雄長老の出自について上村観光編『五山詩僧伝』（明治四十五年刊）以下が、若狭武田氏の出、武田信重（宮内少輔）の子と伝えるのみであったのを、「論文は足で書け」という恩師の教えを信条ともされていた小高先生が、国文学者としては初めて雄長老の出自郷貫を求めて若狭を訪問精査されたことと共に、雄長老研究上に画期的な業績となった。

しかし、その後、小高先生の研究が確かな機縁ともなり、建仁寺塔頭の両足院住職である伊藤東慎師が、同寺院内における貴重な資料を駆使しての研究を進められ、綿密な内容の「狂歌師雄長老と若狭の五山禅僧」を発表されたのであった。小高先生の研究をさらに大きく前進発展させ、また修正されるところもある貴重な論文である。

なかでも雄長老の生年を、小高先生が『倒痾集』の「祝初老」の詩句そのほかから推定して、天文四年（一五三五）生れとされた。これは、両足院所蔵の『倒痾集』には「祝初元」となっており、四十歳を意味する「初老」に非ずとしてこれを認めず、さらに詳細な論証を加えたうえで、伊藤師は雄長老の出生を天文十六年と論断されたのである。

私も今は、全く疑いもなく天文十六年生れを信じているし、また、生年が十二年移動することによって雄長老に関する解釈がいろいろと変化してくることにも留意せねばならないと考えている。ところで、私はここに、小高先生が天文四年説を出された因由について、是非とも次のことを記述しておきたい。

数年前、私は国文学者吉田幸一博士から、東京大学史料編纂所所蔵の『倒痾集』の前述「天正甲戌元旦試頴」の写真を拝見させていただくことができた。ところが、そこには紛れもなく「祝初老」とある。小高先生も最初からの論文に書かれている通り、東大史料編纂所本を見られたのであった。しかも、これは両足院に伝来する唯一の原本『倒痾集』を、かつて筆写されたものであった。慎重に模写（臨写）されているのに、どうしてこのような誤りが生じたのかと思いつつ、昭和四十五年七月に両足院にて私が撮影させていただいた『倒痾集』の写真のこの箇所を熟視してみたが、問題の文字は「元」とも「老」とも「光」とさえもみえて判断できない。ついに今夏六月、私は幾度目かの『倒痾集』拝観を伊藤東慎師にお願いしてお許しをいただいた。大きな拡大鏡をも持参して伊藤師にも観察していただいたが、その原本巻頭の第一番に出ているこの詩の「元」字の中央右側には虫損と思われる以下十二丁にまで達する穴があり、一見すると「丶」が加わっていると誤認され易い状況にあった。なんと、この一点が「初元」を「初老」と書写せしめ、天文四年生れの結論が導き出される原因ともなったのであった。しかしまた、この一点こそが雄長老の生年解明の第一歩ともなったものであることを、私は信じて疑わない。

宮川尼と幽斎

小高先生は「雄長老の伝と文事」のなかに、「母宮川尼と幽斎」の一項を設け、「宮川尼は幽斎の姉といわれるが、はたしていかなる関係にあったか」について、「幽斎は三淵伊賀守（一説に大和守）の次男として生まれ、六歳のとき足利将軍義晴の命で叔父細川播磨守元常の養子となったという（寛政重修系譜、細川家記等）。したがって、宮川尼は三淵晴員か細川元常の娘かどちらかである。だが、晴員の女《むすめ》とすると、天文四年には雄長老を産んでいるのだから、幽斎が生まれた天文三年にはすでに武田信豊（これは信高または信重の誤記、永江注）に嫁しており、しかも数え年六歳でまだ物心も十分つかぬ幽斎は細川家へ養子に行ったのだから、二人の関係はきわめて稀薄である。右に引いたごとく（『醒睡笑』など引用）、数十年後に、米を百石も贈ったり、大阪の細川の屋敷に身を寄せたりするのは、了解に苦しむ。しかるに、細川元常の娘とすれば、元常は天文二十三年六月七十三歳で没し、その妻で幽斎の養母にあたる清林院は天文十一年十一月に没しているから、年齢的に矛盾はない。宮川尼はおそらく細川元常の娘とすべきだろう」と述べておられる。

雄長老が、もし天文四年の生れならば、右の解釈も成立し得ると思うが、既述のごとくその生年が天文十六年と修正されたからは、小高先生のいだかれた疑問も氷解し、やはり宮川尼は三淵晴員の娘とされて何ら問題はなくなるわけである。すなわち、細川幽斎は天文三年（四月二十二日）に生まれているので、もし雄長老が天文四年生まれとすれば、その母である宮川尼はそれ以前に武田家へ嫁いでいるから、その実家における宮川尼と幽斎の接触はほとんど皆無に近いということになる。そうであれば、六歳で養子に行った先の細川家の娘とした方が、その後の親密さから考えて可能性が大であるとも言えるであろう。しかし、雄長老が天文十六年生まれであれば、若狭宮川の龍泉寺そのほかに伝存する系図に見られるように、その長兄がいてそれ以前に生まれているとしても、宮川尼が嫁いだのは天文十六年に遠くないと考えるべきである。そうであれば、幽斎がその生家で育った天文三年から六歳になる八年にかけては、姉の宮川尼もここで生活を共にしていたはずである。「三つ児の魂百まで」の言葉もあるが、この幼少の数年間にわたり姉弟として結ばれた絆は、いつまでも切れることがなかったに違いない。

さらに、小高先生も「母宮川尼と幽斎」の項にあげておられる「三淵系図」のなかに、三淵晴員の子として藤孝（幽斎）も女子（号宮川）も明記されていることに、今一度注意を向けていただかねばならない。これまでに、私が学び得た幾種かの関連系図によると、次のようなことがわかった。

まず著名な『寛永諸家系図伝』には、和文体のものとして内閣文庫本および徳川宗家本（徳川林政史研究所蔵）、また漢文体のものとして日光東照宮所蔵本があるが、いずれも細川氏の系図のなかに、もちろん藤孝があり、その兄弟として藤英（藤孝兄）・紹琮・元沖・某と、最後に女子が見えている。この女子には、「宮川と号す。若州武田宮内少輔信重に嫁す。建仁寺十如院長老永雄母」との注記があり、続いて「藤英以下の五人は、皆三淵伊賀守子にして藤孝と兄弟たりといへども、しかも細川刑部少輔元有養子にはあらず」と書かれている。これは細川系図のなかに、ここに養子にきた藤孝と共に生家三淵家における兄弟たちをも掲げているものである。右について一つ注意すべきことは、これらの系図では藤孝を細川元有の養子としているが、それは事実ではなく、正しくは藤孝は将軍義晴の命により細川元常の養子となったものである。このことについて、『寛政重修諸家譜』には、「今の呈譜に、寛永撰譜のとき、肥後守光尚がさゝげし系図に、藤孝をもって元有が養子とす。これを旧記に考ふるに、或は元有が養子とし、或は元常が養子としるし一定せざるによりなほ考索するところ、元有の遺領は元常相続し、しかのみならず元有卒して数十年のゝち藤孝生るゝときは、元常が養子とせし記録実説たるにより、旧きをあらためて呈すといふ」と明快な訂正が加えられている。このことは、細川家記の『綿考輯録』にも詳述されている。細川元常は元有の嫡男であり、藤孝の父である三淵晴員は元常の実弟である。すなわち、元有の外孫に当たる藤孝が再び養子として、細川家を継ぐこととなったわけである。

つぎに、細川家の永青文庫において拝観させていただいた系譜や、第十七代御当主の細川護貞様が同家伝来の「三淵家譜」から筆写してお送り下さった「三淵系図」によると、藤孝（幼名、萬吉）はもちろん三淵晴員の子であり、その同胞のなかに「女子」（宮川）も明記されている。熊本史学会会長の花岡興輝氏が調べて下さった諸史料でも同様であった。すなわち、宮川尼は三淵晴貞の子として幽斎と姉弟関係にあることは、もはや疑いのない事実である。ただ、諸系譜のなかには、女子（宮川尼）を藤孝より後に書いたものや、実妹と記したものまであるが、幽斎や雄長老と交友のあった安楽庵策伝の『醒睡笑』に、「細川幽斎の姉御前に宮川殿とかやいうて」ともあり、永青文庫蔵『御自分方親類之事』の藤孝に関する記録にも「実姉宮川」とある通り、宮川尼は幽斎の姉であることに誤りはない。

ところで、幽斎は三淵家の実子として生まれたことは確かであるが、『綿考輯録』巻一の巻頭に「藤孝君」を掲げ、「天文三年甲午御誕生、三淵伊賀守晴員主之御二男、実ハ将軍義晴公御胤、御母正三位少納言清原宣賢卿之御女也」とあり、『寛政重修諸家譜』にも藤孝の注記に「或はいふ、藤孝は萬松院義晴の男なり。義晴懐妊の婦人を三淵晴員にあたへ、うむところの子男たらば嗣とせよとて、沼田上野介光兼、簗山弥十郎貞俊を附らる」とある。このような説がほかにも見えており、『綿考輯録』にも諸説が縷述されている。その場合、三淵晴員にはすでに藤孝の兄姉に当たる藤英や女子（後の宮川尼）がいて、その母である先の妻（養源院）があったと考えられる。藤孝の実母が、清原宣賢の女（智慶院）であることは確実とされているが、藤孝の後にも弟妹数名が系譜に見えている。これら兄弟姉妹の母が誰であるのかは、系図によって必ずしも定まっていない。しかし、今ここにその詮索はしない。

雄長老の父

雄長老、特にその出自研究の開拓者とも申すべき小高先生の『近世初期文壇の研究』について、その後にもっとも問題とされることとなったのは、永雄の生年もさることながら、その父の名前（人物）の確定如何であった。小高先生は自ら若狭の宮川など関係地を実際に探訪され、現地で可能な限りの精査をも行われた結果、小浜市新保の龍泉寺開基として今も同寺にまつられている武田信高こそ、雄長老の父であることを初めて発表されたのであった。しかし、昭和四十四年十月、米原先生は『日本歴史』誌上にて、「武田信高は官名が中務（少輔）と考えられて別人であり、雄長老の父はその官名から宮内少輔であった武田信重に違いない」との発表をされた。また、伊藤東慎師も、「狂歌師雄長老と若狭の五山禅僧」のなかで、「英甫の父、蒲澗」につき、信高と信重は同一人か否かは簡単に決め難く、今後の研究にまつべきことを詳説された。

小高先生は、雄長老の出自を『五山詩僧伝』では若州の人武田宮内少輔信重の子とし、野崎左文氏も若州武田の出で武田信重の子としているが、信頼のおける武田系図には信重の名が見えないのではないか、とされてきた。ところがその後、私も史料を探っているうちに、「信重」の名を屢々見得ることとなった。

まず小高先生も紹介された「三淵系図」には、晴員の女子に「武田宮内少輔信重妻、号宮川」と注記されていたし、それ故に、誤謬も少なくないといわれるこの系図の記録を信ずるならば、「信重と信高を同一人としなければならない」とも述べられていた（『近世初期文壇の研究』九一頁）。同じく前掲の通り、『寛永諸家系図伝』にも、三淵晴員の女子が「嫁若狭武田宮内少輔信重、建仁寺十如院長老永雄母、号宮川」（「日光東照宮の真名本」による）と明記されている。さらに、前述のごとく、細川家の永青文庫所蔵の「三淵家譜」数本を見せていただいたが、いずれも宮川尼を三淵晴員の女子とすると共に「武田宮内少輔信重室」と記している。

さて、武田氏の系図についてであるが、『続群書類従』第五輯（下）に武田系図が見られる。その最初に掲げられている「武田系図」は、『諸家系図纂』巻四之二に収載されているものを底本とするというが（『群書解題』第一）、これには、元光の嫡男に信豊があり、二男に「信重宮内少輔、永禄比申次衆」、信重の子に「雄長老建仁寺住十如院」と記載されている。続いて『若州武田之系図浅羽本』にも、信豊の弟に「信重宮内少輔」、信重の子に「雄長老建仁寺住十如院」とある。しかし、信豊・信重の父が「元言」と記されているのは、明らかに「元光」の誤りと思われる。次いで『武田系図山県本』があり、元光の子に信豊以下三男をあげ、次男は「信重永正四生。宮内大輔。永禄比申次衆」とされている。伊藤東慎師は、雄長老の父である蒲澗稜公の亡くなったのは弘治二年（一五五六）であるのに、その後の永禄ごろ申次衆であったとの山県本などの記録は如何に解釈すればよいのか、との疑問をも呈しておられる。

また、内閣文庫蔵の『系図纂要』によると、「清和源氏十六」に系図「武田」が収められており、そのなかに「信重彦五郎、宮内少輔」があり、その子に「永雄建仁寺千《（ママ）》如院」と見えている。しかし、この系図では信重を若狭初代の守護武田信栄の子としており、また元光の子としては信豊のみがあり、元光の弟として「元度中務少輔」をあげている。永雄は永享十二年（一四四〇、一説に翌嘉吉元年）卒の信栄の孫ではあり得ないから、この系図には混乱があると見るべきであろう。なお、内閣文庫蔵の『寛永諸家系図伝』の真名本の稿本と思われる題名を欠く系図集（毎冊首に、羅山第四子である林読耕斎の蔵印あり）にも、『清和源氏系図』のなかに「若狭武田系図」があり、ここにも元光の次男として「信重彦五郎、宮内少輔」、その子に「永雄建仁寺、十妙《（ママ）》院」とある。もちろん、『系図綜覧』（第一）に収載されている「甲斐信濃源氏綱要」や「芸州若州両武田」系図のように、信豊があって信重の名がない系図もある。

次に、伊藤師から賜った資料によると、『建仁塔頭末寺署伝記』（享保四年編）に、「英甫諱永雄、建仁第二百九十二世、武田宮内少輔信重子後住南禅語録一巻有倒痾集」と記載されている。おそらく、野崎左文氏などもこのような資料を見られたのであろうということである。また、若狭国守護武田元光が建仁十如院の英甫和尚を招いて中興させたとの伝承をも有する若狭大飯郡日置の大成寺に伝わる『武田累代』、並に『武田姓之図』を拝見させていただいたが、共に信重を「信豊舎弟」とし「宮内少輔」と記している。すなわち、建仁寺関係の記録では、「信重宮内少輔」となっているようである。既述のように、細川家伝来の「三淵家譜」においても、宮川尼を全て「武田宮内少輔信重室（妻）」とし、「建仁寺十如院長老永雄母」と記していることと併せて、大いに注意を要することである。
しかるに、若狭の地元に本来伝わってきたと思われる武田氏系譜には、信重の名が私などの調べた限り発見できていない。まぎれもなく雄長老の父である「龍泉寺殿前司農蒲澗稜公大禅定門」を開基として、今も丁寧に祀る小浜市新保の龍泉寺や関係の旧家に伝えられる系図などには、確かに「信高」と書かれており、そのほかの武田氏関連の寺院や民家に伝える系図には、これを「元度」または「元慶」と記したものもあるが、「信重」の名は見当らない。とくに関心のもたれることとして、これまで若狭で調査された古文書のなかにも、「信重」は発見されていなくて、ただ一点ながら花押のある「信高」名の文書（小浜の西福寺常住あて安堵判物）が見出されているのが現状である。このことは、米原先生も『戦国武士と文芸の研究』のなかにあげ、雄長老の父の決定は今なお容易でないことを認めておられる。

昭和三十三年四月、関西大学国文学会発行の『国文学』第二十一号「雄長老伝参考補正」のなかで、小高先生は『野史』に、細川忠興夫人（ガラシヤ夫人）が石田三成の兵に囲まれて最期をとげることを記した所に、幽斎妹嘗嫁二武田信重一。為レ嫠者。七十余歳。在レ邸」とあることに注目された。この「幽斎妹」は「七十余歳」とあり、幽斎はこのとき六十七歳であるから、これは「幽斎の姉」であると訂正されたうえで、この老未亡人は宮川尼を指すのであろうと説かれている（このことは、『綿考輯録』にも詳述されている）。このとき、小高先生は「ここでも宮川尼が、信重の妻としてあるのは気になる。やはり信重説は、何か根拠があるのかも知れない」と述べておられる。また、『近世初期文壇の研究』のなかでも（九八頁）、「信重は、この信高と同一人か」、同一人とすれば「信重の名はひろく行われている以上、やはり信高の前か後かに名乗っていた名とすべきであろう」とも書かれている。すなわち、現地において発見された資料一辺倒の論を展開されたのでなく、通説との調和について苦慮を残されていたと思う。

私にとって学恩篤き小高・伊藤・米原各師の尽瘁によって、わが国文学史上、また若狭の郷土史研究上にも重要な事柄が次々と解明されたが、特に信重と信高の関係については、さらに引き続いての研究を必要としておられるわけである。思えば、秋冷の山峡を、あるいは盛夏炎天下の遠路、若狭の宮川そのほか各地を訪ね、ひたすら雄長老の出自を求めて、前人未踏とも言うべき道を切り開かれた今は亡き小高敏郎先生の御研究が、伊藤・米原両師を始め、後続の研究者諸賢によって大きく結実完成されることを、切に祈らずにおれない。

最後に、旧稿にも付記したが、若狭宮川の龍泉寺蔵の開山大功文政大和尚の頂相には、「英甫永雄焚香讃」とした賛詞がある。そこには「大功政禅師者大利氏家族而明峰派下之的裔也先之開龍泉禅寺之基於若耶宮川保而安置予之老爺蒲澗楞公之牌以故与禅師結交盟者累歳」云々と書かれている。しかも、この「龍泉寺開基真賛」が、建仁寺両足院蔵の雄長老の詩文集『倒痾集』、法語録『羽弓集』の両書共に収載されている。予（雄長老）の老爺（即ち、父親）が、「蒲澗楞公」（フルネームでいえば、蒲澗周稜）であることが確認できる貴重な一資料の厳存することを、ここに改めて御報告申し上げておきたい。

細川麝香肖像画（永青文庫所蔵）

ちなみに付言すれば、既述のごとく、『寛政重修諸家譜』の細川藤孝の注記に、藤孝は足利義晴の子であり、懐妊の婦人を三淵晴員にあたえるとき、沼田上野介光兼らを付けられたとある。足利将軍に直属するこの沼田氏は、若狭の熊川（福井県遠敷郡上中町熊川）に居城を構えていた。この熊川は、近江との国境に接する交通上軍事上の要衝であるが、幽斎の姉、宮川尼の名のもとともなっている宮川の地（福井県小浜市、旧宮川村）ともほど近い。

また、『綿考輯録』にも「沼田家記ニ云」として、「依台命光兼息女幽斎様ニ御嫁娶御座候」とあり、その訳としては沼田光兼が幽斎を補育したことによる、と述べられている。すなわち、光兼息女の麝香（後に光寿院と称される）は、将軍の命により細川藤孝の正室となったことがわかる。細川家、および沼田家の諸系譜にも、幽斎の室が若狭熊川の城主沼田光兼の女であり、細川忠興の母であることが、それぞれに明記されている。

五　木下勝俊掟書

掟

一　対給人代官等百姓、不謂族申懸、人夫等むさと遣候事、承引仕間敷候。若理不尽之儀にをいては直奏可申事

一　隣国より年貢等無沙汰いたしにけ来候百姓、又盗賊人ゆくゑも不知もの、一切不可拘置事

一　地下おとな百姓に、ひらの百姓一切つかハれましき事

一　検見又下代之者とも罷越候時、百姓として振舞一切無用之事

一　おとな百姓として、下にて耕作申付、つくりあひ取間敷事

一　年貢米之儀、相定候舛を以て可納所事

一　にけうせ候百姓、如先々よひ出し田畠不荒様に可申付候。荒地は三分一之年貢、永荒ハ百姓に遣候事右条々其意を可存候。惣別百姓之儀、一段不便候間、此上にても迷惑仕候儀於有之者、直奏可仕候。猶以可令憐愍者也

文禄四年

十一月二日　勝俊（花押）

遠敷郡本保百姓中

小四郎

この文書、すなわち小浜城主木下勝俊が施政方針として一般に布告した掟書は、若狭の農政史上に特筆さるべき

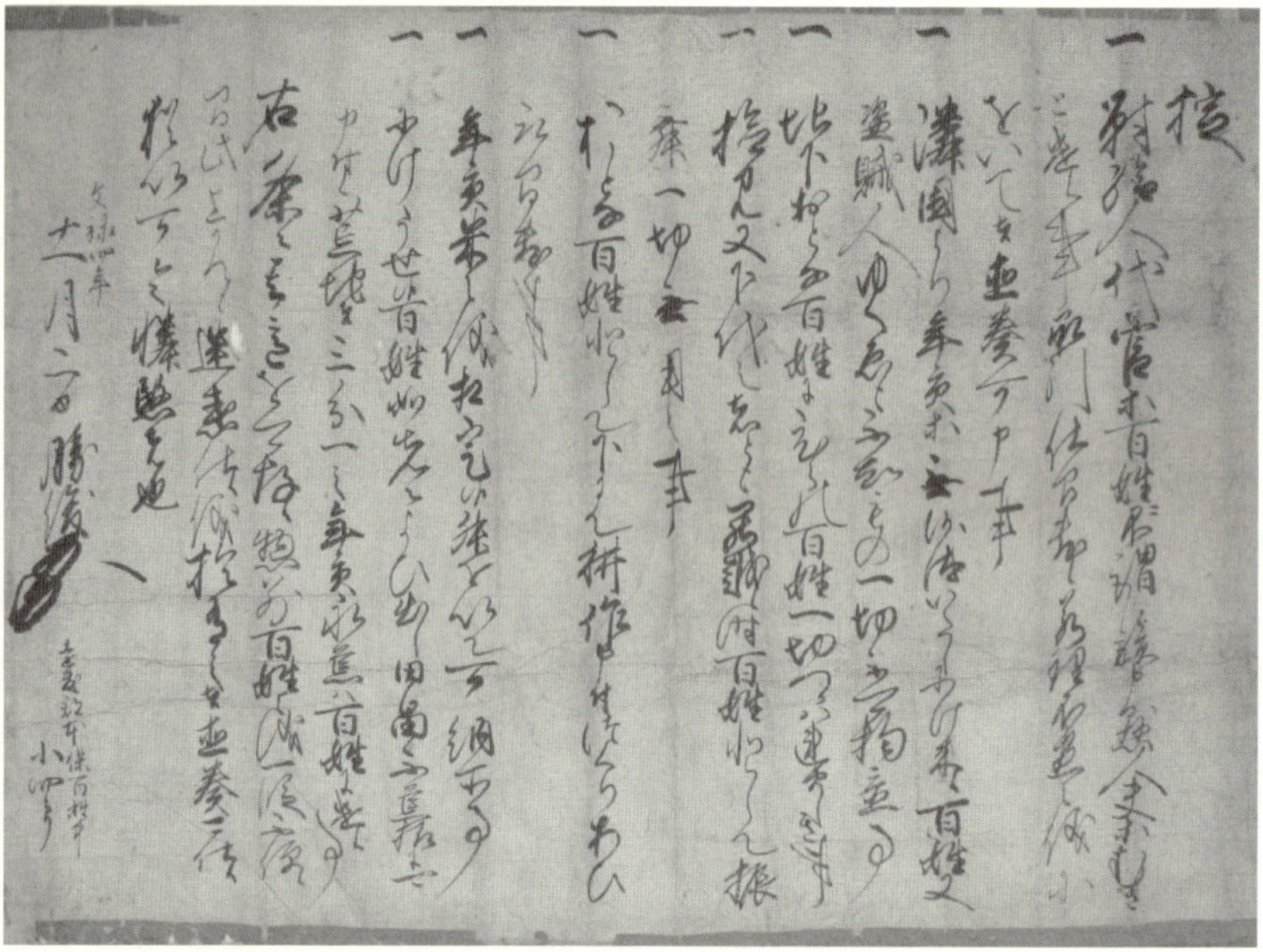

木下勝俊掟書（清水三郎右衛門家所蔵　写真提供・福井県立若狭歴史民俗資料館）

ものの一つであり、広く農民史を学ぶうえの貴重な資料でもある。幸いなことに、すでに三百数十年を経過した今日も三方郡の大音家など若狭の数箇所に、この同一文書が現存している。私がここに掲げたのは、小浜市本保の清水三郎右衛門家に伝わるものである。

文禄といえば、天正に次いで豊臣秀吉の全盛時代であり、文禄元年（一五九二）には豊太閤によって対朝鮮出兵戦争（いわゆる文禄の役）が起こされているし、天正十年（一五八二）に始められた太閤検地は文禄年間に面積単位も画一化されて文禄検地とも呼ばれるなど、我々にもなじみの深い年代である。この文禄三年に、木下勝俊は若狭小浜の城主となって六万二千石を領した。

勝俊の民政は、先の領主浅野長政の時代に何事も準拠するものであったと言われるが、この掟書は殺伐な戦国時代を経た後だけに、当時の領主として巧みな農民統御の方策が秘められており、ことに「百姓愛撫の意味が強調され滲出している」ものとして有名である。

すなわち、地方に出向いている家臣や役人が百姓に理由のない難題を申しかけても引受けるな。もし無理じいするようならば直訴せよ。「おとな百姓」と言われる村内の大百姓や家格をもった百姓に、平《ひら》の百姓は一切使われないように。年貢徴収率を決めるため検見（毛見＝作見）の役人や下役どもがきたとき、百姓は饗応を一切しないように、などのことが強調されている。

また、走り百姓は呼び戻して田畠が荒れないようにさせよ。荒地は三分の一の年貢でよく、耕作不能となった荒地は百姓に支給する、等々の条文もおおむね先代浅野氏の布告と同様である。しかし、結びの「総じて百姓というものは一段と不便（ふびん）であるので、この上にも迷惑をすることがあれば、直接に申し出て来い。なお以て憐愍せしめる（情をかけて配慮する）であろう」と言っていることは、当時としてはほかに類例を見ない異色のものと言わねばならぬ。

これは、戦乱時代の後を受け、さらに太閤検地によって百姓が新たな年貢賦課や役人制度のもとに別な苦しみを味わうこととなり、多くの欠落百姓などをも出したため、領主がその緩和策として考案した巧妙な、あるいは苦肉の方策によるものであるとも言われそうである。そして、それが事実の全てであるのかも知れない。しかし、私は、この掟書には領主木下勝俊の人間性が、その偽りのない声が率直に表現されているものと、密かに信じている。

ちなみに、木下勝俊とは、豊臣秀吉の妻（寧子＝ねね）の弟である木下家定の長男として生まれ、幼少のころから秀吉に仕えて、十九才で九州に、二十二才で小田原に従軍し、また播州竜野の城主、若狭小浜の城主ともなった武将である。

ところが、秀吉の死去した翌々年の慶長五年（一六〇〇）に起こった関ヶ原の合戦に先立って、徳川家康はその居城としていた伏見城を木下勝俊に預けて留守をさせたが、勝俊は石田三成などの西軍が攻撃を加えて来る前に城を脱出してしまった。後世、勝俊のこの行動は武士にあるまじき態度として痛烈に非難もされているが、これは「彼が豊臣と徳川両家の間に立って義理の板ばさみとなり、深刻に苦悩しての結果であった」という批評こそ当を得ているであろうと思う。

関ヶ原の戦後、勝俊は伏見城放棄の罪により領地を没収されて京都の東山に引退閑居したが、ここに彼のもっぱら風月を楽しむ文人としての生活が始まった。時に齢三十二才であったという。それ以後八十一才で没するまで、ひたすら風雅を友とする隠者の生括を続けたが、彼は武将木下勝俊としてよりも、その雅号により歌人「長嘯子」としてあまりにも有名であり、革新的と言われる歌風をもって、今も日本文学史上に大きな業績を残しているのである。

なお、長嘯子の書は、西三条の流れをくむといわれ麗筆をもって知られるが、ここに掲げた掟書は勝俊の自筆ではなくて、その当時の武家文書の通例として右筆、すなわち今の秘書官ともいうべき者が書いており、その花押だけが勝俊の自書したものである

六　京都と若狭を結ぶ宿場町

細川幽斎の妻の里

若狭の小浜を後にして東へ進むこと約一五キロ、北川に沿って開けた平野がもっとも狭くなった所、そこに熊川の町並みがある。豊臣秀吉の相婿でもあり、秀吉に重用された浅野長政が、若狭小浜の城主となった時、交通ならびに軍事上の要衝たるこの熊川に対して「諸役免除」の布告をし、この地の特別の発達を図った。以来、若狭代々の領主は、この政策を受け継ぎ、熊川は江戸時代を通じて近江国境に接する宿場町として繁栄し、また小浜藩の町奉行も置かれ、番所（関所）も置かれてきた。

ところで、江戸時代の宿場としての熊川は広く知られてはいるが、それ以前の室町時代にもすでに戦略上の要地として、足利将軍直属の沼田氏が山城を構えて、この地を守ったことを知る人は少ない。特に室町時代末期から江戸時代初期にかけての武将として、また歌人としても有名な幽斎・細川藤孝の妻（名は麝香、受洗名マリヤ）は、実は、熊川城主沼田光兼の娘であった。藤孝は幾回か熊川の地を訪れたようであるが、ある年の初冬、ここでにわかに連歌の会を催し、熊川の紅葉などを詠んだことが、その連歌集『玄旨公御連哥』に収録されている。また、明智光秀と親密であったとして一般にも知られる連歌師の里村紹巴も、熊川城主沼田氏の所に泊まったことを、彼の『天橋立紀行』に書いている。これらは全くその一例であるが、特に中近世においては、京都から

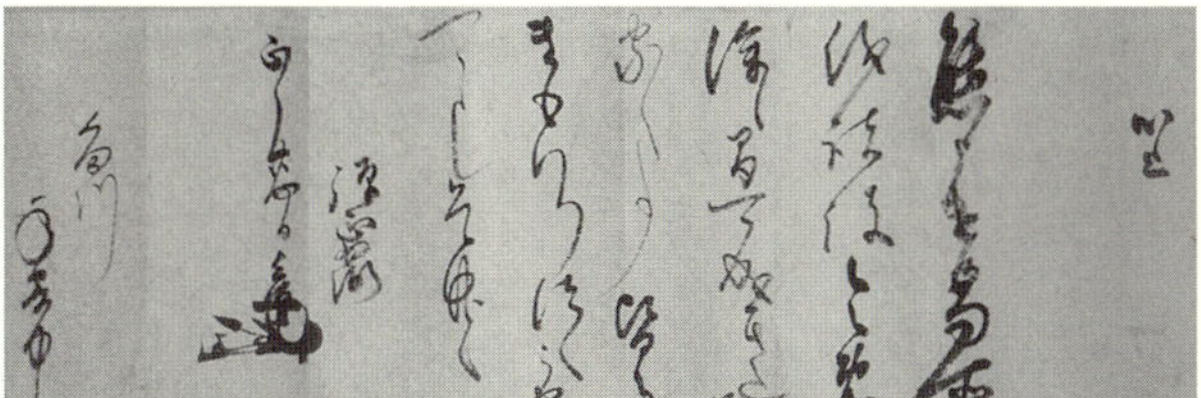

浅野長政　諸役免除状（熊川区所蔵）

江州（滋賀県）を経て若狭の小浜にいたる玄関はこの熊川であり、また、若狭を訪問する人々の一番に落ち着く憩いの宿もこの熊川であった。このことは、とりもなおさず京文化の受け入れ口が熊川であり、その文化の潤いを最初に受けたのも熊川であったことにほかならない。

京から伝わった踊りと祭り

熊川には、大正の初めごろまで「てっせん踊り」という民踊があり、毎年、お盆によく踊られた。古老の話を総合すると、この「てっせん踊り」は、昔、京都の八瀬・大原から伝わったといわれる。特にその音頭は優雅で、ゆるやかな踊りであったらしく、ある老人は京のお公卿さんの踊りを想像させるような踊りであったと言っていた。現在、お盆などによく踊られる熊川音頭は、明らかに江州音頭の流れを引いており、一人の音頭取りを中心に大太鼓・三味線に合わせて、賑々しく踊られるのに対し、「てっせん踊り」は、楽器をいっさい使用しなかった。

踊りの輪の真ん中に、五人ぐらいの音頭取りが床几に腰を掛け、声を合わせて音頭を取った。また、踊りの輪の中にも数人の音頭取りがいて、踊りながら声を合わせた。中央の床几には角樽を据え、酒を灼飲みしながら音頭を取るのがならわしであった。踊りは老若男女を問わず参加し、幼い子供を内側に二重三重、時には七重もの輪になって夜明け近くまで盛大に踊った。場所は、いつも通りに都合のよい広い境内を持つ寺院で行われたが、古くは町の盛り場ともいうべき街道の広場でも踊ったというから、まことに悠長優雅な話である。

次に、私は最近になって初めて気付いたことであるが、熊川には「おひたき」という行事が古くからあった。熊川の下ノ町《しもんちょう》の背後にある山の中腹に、山路を一〇〇メートル以上も登ったと思われる所に境内があり、一間四方の社ながら、立派な稲荷神社が祀られている。伏見のお稲荷さんを勧請したと言われ、今も伏見の大社への代参や総参りが続けられている。創建は少なくとも二百年ほど前か、もっと古いと信じられている。商売繁盛の神さまとして信仰され、熊川在住の信者によって講が作られている。

　ここで春秋二回のお祭りがあるが、特に秋には、「おひたき」（実際には「オシタキ」という人が多い）といって、以前には境内で古い鳥居や薪を燃やし、現今では境内を清掃して集めた落葉や枯れ枝を燃やすことになっている。祭日は、昭和十年頃の記録には十一月の八日が多くみられるが、最近では十一月前半の日曜日などが選ばれている。春秋とも講員一同、多かった時には数十名が神社に参拝のあと、社務所で直会《なおらい》があり、かつては酒宴が盛大になり、家から提灯をともして迎えにくると、伊勢音頭を歌いながら下山、帰宅したという。

「おひたき」（お火焚、オシタキ）とは、おもに京都などで陰暦十一月に行われた火祭りの神事で、宮中・神社・公卿・民家などで庭火を焚く行事であったという。若狭でもきわめて例の少ないこの神事が、ここ熊川に今も行われていることに、私は深い感動を受けた。

見送り幕が自慢の曳山

　熊川における最大のお祭りは、なんと言っても中ノ町《なかんちょう》に鎮座する氏神白石神社の祭礼である。熊川の全町をあげてのこの祭日は、古くは陰暦六月十五日、明治以降は長く五月十五日であったが、現在では五月三日に行われている。熊川の人々が、今も大きな誇りとしているものに、この祭礼に出された「曳山」がある。いわゆる「山車」で、ここでは一般に「やま」と呼んでいる。この曳山は、明和九年（一七七二）から出されることになったと、旧家の記録にある。

　熊川の上・中・下の各町から一基ずつ、すなわち三基が出たり、費用がかさむので毎年一基ずつ交代で出したり、経

復活した白石神社山車と見送り幕

済情勢によっては中止された年もある。しかし、文化・文政の頃には人情華美を好むようになり、三町が競って京都祇園の山鉾にも似た曳山を作り、ことに「みおくり」（見送り幕）は素晴らしいものを用いることとなった。上ノ町《かみんちょう》の「みおくり」も、文政七年（一八二四）に京都で買い求めたもので、ある時にはこれを質に置いて大金を借り、上ノ町全体の経済危機を救ったとも言われ、今も上ノ町の自慢の宝物となっている。

賑やかなこの曳山は、近年ほとんど休止されたままとなっているが、最近は五月三日の例祭に、曳山の代わりに軽トラックを用いて笛・太鼓・鉦と、昔ながらの「囃子」が熊川の町中を練り、各町の本陣には見送り幕が飾られ、さらに「子供神輿」も出るようになって、お祭り気分を盛り上げている。

輸送量が一番多い鯖街道

このごろ、しきりに「鯖街道」という言葉がもてはやされる。若狭の海で獲れた鯖を京へ運んだ道のことである。奈良東大寺への「お水送り」で知られる小浜市の遠敷《おにゅう》明神社（若狭彦・姫神社）の前から根来谷《ねごりだに》をさかのぼり、滋賀県の針畑《はりはた》へ出て京に到達する道が、現地では「一番古い鯖の道」と言われているが、古くから奈良の都と深い関係の保たれたその地の歴史を見れば、それも当然とうなずける説である。しかし、簡単に言えば、若狭から京へ鯖を運んだ幾つものルートはみな鯖街道であり、ことに中世以降は熊川・朽木《くつき》経由の若狭街道こそ、輸送量の「一番多い鯖街道」であったことは明らかである。

若狭の小浜や三方郡などで陸揚げされた朝漁の生鯖を、一塩して熊川へ運ぶと昼になる。ここから保坂・朽木・花折峠と若狭街道を夜通し歩き、大原の小手石《こでし》で小揚《こあげ》（助荷持ち）の助力をも得て、出町《でまち》にいたり、さらに、これを錦《にしき》の市場で朝市にかけたとのことである。熊川から出町までの道のりは一五里といわれ、今は車で約六〇キロメートル、一時間半ばかりで到着できるが、重さ四〇キロから六〇キログラムもの魚荷を担ったり、背負ったりして運んだ労苦は並大抵のものではなかったろう。京都の祇園に、今も若狭の鯖だけを用いて二百年来、寿司を作り続けている店があるが、苦労のかいあって、京都の人々に若狭の鯖や新鮮な魚が大変喜ばれてきたのであった。

熊川には、「負い縄一本あれば生活できる」という言葉があったと言われるように、背負いや担いによる荷物運びが大きな生業の一つであった。また、馬借《ばしゃく》と言って、馬によって運送する人も多く、他所から熊川へ出入りする牛馬を合わせると、その数は三百~四百頭にもなったと言う。時代が新しくなれば荷車も用いられ、今津からは琵琶湖の舟便も利用された。また、小浜から熊川まで川舟で荷物の運ばれた時代もあった。熊川には、古くから十軒前後の大きな問屋があり、さまざまな職業の店も建ち並んで、諸貨物の取り次ぎや商品の売買などが行われ、宿場は繁栄をきわめた。

幸い、熊川には今も天正十七年（一五八九）に浅野長政が下した「諸役免除」の判物《はんもつ》を始め、代々領主の同様の文書とともに、宿場の月番問屋が書き続けた膨大な『御用日記』などが、大切に保存されている。その中には熊川の問屋が取りあつかい、ここで中継された品物の名前や駄数の記録もある。享保十四年（一七二九）の覚書に、「米、大豆、小豆、カレイ、アゴ、干アジ、干ダラ、シイラ、能登イワシ、能登サバ、コダイ、ブリ、鱒、ハマチ、干サケ、カズノコ、ニシン、コンブ、ナマコ、タバコ、厚紙、半紙、足駄、油粕、木地、紅花、ゴマ、コロビ、木ノミ、鉄、銭」などの名が見える。米のなかには、越後・宮津・田辺・三年山《みねやま》・豊岡・出石《いずし》の御蔵米など、他藩のものが目につく。日本海沿岸一帯の諸国、時には北海道の産物も、この熊川を通り、京阪そのほかの地方へ送られていたことが知られる。

大正七年（一九一八）頃、若狭湾に沿って鉄道「敦鶴線」（国鉄小浜線）が開通した時から物資輸送のルートが変わり、急速に熊川は昔の宿場の色彩を失うこととなる。かつて二百戸を越した家数も、今は百三十戸となっている。しかし、町並みそのものは、おおむね昔の姿をとどめており、小浜への通勤者など熊川以外に職をもつ人が多くなっているが、それぞれ商工農や公務などの業に励んで、大事にこの町を守っている。最近、町並み保存地区熊川の歴史を学ぶ機運が高まってきているのは、やはり、この町のもつ伝統によるものであろう。なお、早くから熊川を出て、東京や京阪などの財界での成功者があることも、この町の特徴である。

頼山陽と熊川葛

熊川は、交易中心の町と見られやすいが、土地柄を生かし、また独創的な品物の生産も行われてきた。酒や醤油の醸造、サイダーの製造、コロビ（油桐）の栽培と油絞め、養蚕、炭焼き、消石灰の生産、蒟蒻《こんにゃく》の栽培・製造など、古くから、また近代に入ってから行われたものもある。その特産物の一つに「葛粉《くずこ》」の製造があった。江戸時代の著名な儒者、頼山陽が、広島にいる母が病気の時、天保元年（一八三〇）六月三日に京都から出した手紙のなかに、熊川産の葛粉を送ったことが詳述されている。

そこには「この度、熊川葛粉を上げ申し候。行平にてよきほどにとき、生姜汁を沢山に入れて煮立て、手を停めずねり候て、色スッパリ変り候時、火よりおろし、少しづつはさみ切り、まるめてあたたかなる内に召し上がられ然るべしと存じ奉り候。又々あとより上げ申すべく候。熊川は吉野よりよほど上品にて、調理の功これあり候。潤肺の能もこれあり候間、然るべく候」とある。親孝行の山陽が、母の病気に驚いて、早速、京都で求めた熊川葛を送っているのである。「葛」といえば吉野といわれる「吉野葛」よりも、熊川葛は「よほど上品」といわれた晒葛が若狭の熊川で生産され、出荷されていたことを決して忘れてはならない。

この意気込みに燃えて最近、熊川では、戦後低調となっていた葛粉の生産に有志たちが相集まって、葛根の掘り起こしから晒葛の精製まで力を入れることとなった。熊川の郷土料理として私の第一にあげたいものも、やはりこの葛料理である。くずまんじゅう、くず刺し身、ごま豆腐、鱒などのあんかけ、くずようかん、ぎんなん

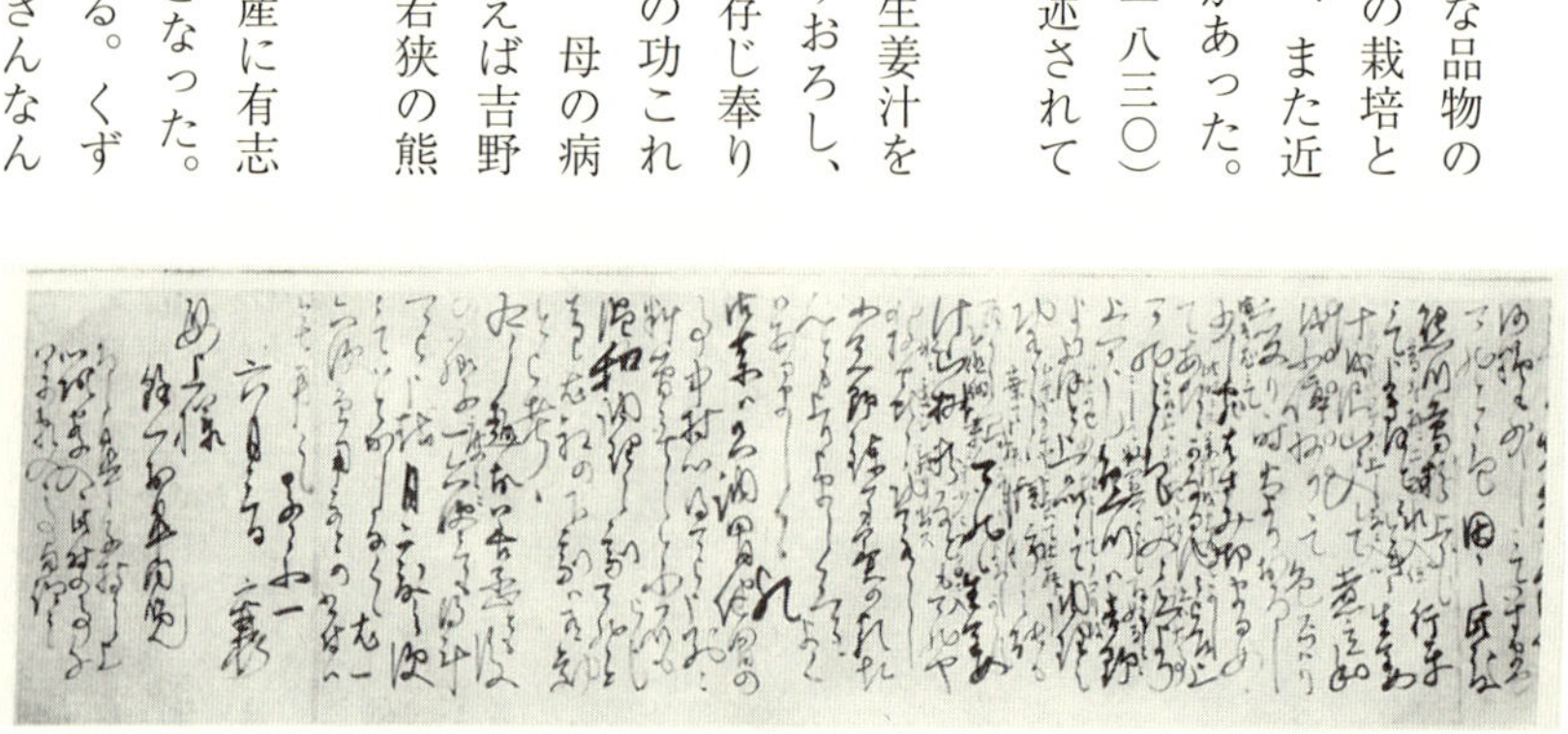

頼山陽書簡

豆腐、などなど。いつか、熊川で作られる葛料理がＮＨＫテレビで全国に紹介されたこともある。やはり、もっともなじみの深く、てっとり早いものは「くずまんじゅう」であるが、熊川のそれは昔からなかに小豆の餡を入れないで、砂糖をかけて食べるのが特色であった。京菓子や精進料理の名声も、若狭の熊川葛に負うところが大きいとも言われるが、熊川の葛料理のよさも、やはり熊川葛そのもののよさによって作り出されるものである。

そのほか、熊川の近くの山には土質の関係で、アクが少なく白くて粘りが強い「やまいも」が取れる。トロロ、オトシイモ、ノリマキなどにして食べる味も、このあたりのものが最高と自負されている。また、蒟蒻が山裾の畑で栽培され、この町で製造、販売されてきたが、豆腐、味噌、胡麻などを用いたシラアエとしても喜ばれている。

熊川宿（中ノ町）

ここで思い出すことに、浄土真宗の門徒が多いこの熊川で、昔から行われている御正忌報恩講がある。これは親鸞聖人の忌日を記念して行われる法会で、全国の真宗寺院の行事でもあるが、熊川では覚成寺、得法寺という本願寺派の二寺院で毎年厳修されている。本来は七日間にわたる大法会であったため、「お七夜《しちや》」とも言われている。熊川では今は十一月下旬ごろ、数日間の法会があり、その最後の夜は大逮夜《おおたいや》といい、参詣者に小豆御飯を主食とするご馳走が出される。その時の料理は、檀徒の婦人たちがもち寄って作るものであるが、その品数が決まっていると言われる。

まず、①小豆御飯、②煮染め（里芋、大根、人参、油揚げ、蒟蒻、ちくわなど）、③アイマゼ（大根のシラアエとも言うもので、大根、豆腐、味噌、酢、砂糖その他を用いて作る）、④オシタシ（白菜など）、⑤豆腐の味噌汁、それに「香の物」が添えられる。とくにアイマゼは、季節感があふれ、御正忌報恩講の代表的料理であり、小豆御飯は親鸞聖人が蕎麦とともに小豆を好まれたからとか、九十歳にして極楽往住をされてめでたいから小豆を用いるとか言われ、不可欠のものとされている。全員が本堂でいただくこれらの味わいは、まことに素朴ながらまさしく信徒の法悦の味そのもののようである。

なお、真宗門徒が多い熊川でも、東端の大杉《おおすぎ》の集落ではほとんどが禅宗（曹洞宗）であったので、いろいろの民俗行事も伝えられている。五月八日は卯月八日（月遅れの四月八日）といい、釈尊の誕生日を祝う灌仏会があり、民家でもテント花といって長い竹ざおの先に、ヤマツツジや山吹の花などをくくりつけたものを立てた。また、九月十五日には法生会といって、百万遍の数珠繰りがあり、各自が料理をもち寄って会食も行われる。

ちなみに、熊川の得法寺には、室町時代のこの地の領主であった沼田氏のお墓が祀られている。また、織田信長が元亀元年（一五七〇）四月に越前の朝倉氏を攻めた時、この熊川に陣宿しているが、随行した徳川家康がこの得法寺に一泊したと伝えられ、今も境内に「お家康の腰掛け松」と言われる曲折した松の巨木がそびえている。最近、この背後に熊川城の城跡と思われる場所が発見された。

参考文献

『細川幽斎』細川護貞　求龍堂　一九七二
「黐刻玄旨公御連哥」『九州大学文学研究』六〇　中村幸彦　一九六一
「紹巴天橋立紀行について」『国文学攷』五三号　奥田勲　一九七〇
「若狭熊川のてっせん踊」『藝能史研究』一七号　永江秀雄　一九六七
「京都・市原の鉄扇節音頭」『藝能史研究』一九号　横山正　一九六七
「江戸時代中期の宿場町熊川」『くまがわ』　亀井清　一九七九
「頼山陽母堂あて書簡」『日本』二〇巻一一号　近藤啓吾　一九七一

七　鯖街道の歴史・民俗・地名

鯖街道と御食国

近年、「鯖街道」という言葉が、よく聞かれるようになった。どこでも鯖を運べば鯖街道であろうが、特に若狭の鯖街道が有名となっている。その説明として、「若狭の海で捕れた鯖に一塩して（軽く塩をふりかけて）、大急ぎで京都まで運んだ道のこと」と、よく言われる。一応はその通りであるが、この道を運ばれたのは、何も鯖だけではない。若狭の名産として、木村蒹葭堂の『日本山海名産図会』にも紹介されている「鰈」や「小鯛」を始め、種々の魚介（貝）や海産物が運ばれた。また、その道も決して一本ではなく、いわゆる鯖街道の目的地も京都のみならず、隣接の近江（滋賀県）や丹波（京都府下）、遠く兵庫県の篠山などへも通じていた。その出発点も若狭湾に沿う各地にあったので、詳しく調べると、その道は網の目のようになっている。

熊川宿と若狭湾をのぞむ
（写真提供・若狭町歴史文化課）

ところで、この「鯖街道」という言葉は、古い記録には全く見当たらず、おそらく昭和三十～四十年代ごろに、文筆家か報道関係者によって言い始められたものではないか、と推定している。なお、この言葉と同様に、古い記録に発見はできないが、「御食国《みけつくに》」という言葉が、若狭で現在さかんに用いられるようになっている。「若狭が御食国であった」ということは、昭和四十五年角川書店発行の『古代の日本』第五巻（「近畿」編）に、狩野久先生が寄稿された「御食国と膳氏―志摩と若狭―」によって、初めて論証され主張されたことであった。

「御食国」とは、天皇のお食料や神へのお供え物である「御贄《みにえ》」を、恒常的に納める国のことである。特に奈良の都「平城京」跡から発掘された木簡によって、若狭から御贄として魚介が送られていたことが明らかとなり、また、平安時代の『延喜式』の記載なども根拠とされての立論であった。その後も種々の木簡が、藤原京や平城京、さらには遠く飛鳥の都の跡からも出土しており、若狭が志摩・淡路・紀伊などと共に、古来の御食国であったことが、今では通説となっているようである。

なお、各国の産物を「税」として納入する「調」（租庸調の調）に、「塩」を納めた国々からの木簡が出土しているが、その数は現在も若狭が全国的にも断然トップであるという。すなわち、若狭の鯖街道は、また重要な「塩の道」でもあった。このように、その名は新しくとも、鯖街道の歴史そのものは、きわめて古いことが知られる。

鯖街道と民俗文化

幾つもある若狭の鯖街道のなかで、小浜から東へ五キロばかり進んだ「遠敷」の地で右折し、若狭姫神社・若狭彦神社の前を南に向かい、山間の「根来」を通り、滋賀県（現高島市、旧朽木村）に入る通称「針畑越え」がよく知られている。この道は、京都府の「久多《くた》」や「鞍馬」を経て、目的地の京都の「出町」にいたる道である。私は、これこそ小浜などでよく言われる「京は遠うても十八里」の道であり、最短距離の鯖街道であろうと考えている。この街道に沿って進む若狭の「遠敷川」の上流に、「鵜の瀬《うせ》」と呼ばれる聖地があり、この清流のほとりにて、現在では毎年三月二日に、奈良東大寺二月堂への「お水送り」の神事が盛大に行われている。なお、この鵜の瀬に近い神宮寺には、奈良時代に二月堂の「修二会《しゅにえ》」（一般に「お水取り」）を始められた実忠和尚が住んでおられたということが、江戸時代の学者貝原益軒の『西北紀行』に書かれている。

次に、小浜からいわゆる「若狭街道」の「熊川宿」を経て滋賀県に入り、「保坂《ほうざか》」で右折して「朽木《くつき》」を通り、南下して「大原」「八瀬《やせ》」と、京都の中心に近づいて行く街道がある。私は、これがもっとも多く利用された鯖街道であろうと考えている。なお、鯖街道は若狭の海産物だけでなく、日本海を小浜（また越前の敦賀）へ運ばれて陸揚げされた種々多量の物資が、この道を馬なども用いて運送されたことが、熊川宿（現若狭町熊川）や小浜に伝わる古文書によって明らかである。また、この道は朽木方面へ入らずに直進して琵琶湖畔にいたり（これを「九里半街道」という）、湖上を舟で運ばれることも少なくなかった。これらの鯖街道によって、若狭と京都との交流が盛んとなり、いろいろな民俗行事、また文化が導入されており、今も確認できる多数の事例がある。日本海と都を結ぶ鯖街道は、また政治の道、軍事の道であり、特に文化の道であった。

さらに、若狭でもっとも西寄りとなる鯖街道として、「おおい町」（旧大飯町・遠敷郡名田庄村）及び「高浜町」から南下し、京都府下の「周山街道」（国道一六二号線）を通り、京都にいたる、地元では「これこそ若狭街道（鯖街道）」と強調されている重要なルートもある。この沿線には、若狭の幾箇所かに「松上げ」とか「おおがせ」という、愛宕神社の神様に火を捧げて防火のお祈りをする行事があるが、京都府下の信仰や民俗行事との関係が深いと考えられる。また、旧名田庄村の西南端に位置する京都府にもっとも近い「納田終《のたおい》」には、室町末期に応仁の乱を避けて、陰陽寮《おんみょうりょう》の頭《かみ》（長官）である土御門家が三代、約九十年間にわたり、京都から来往された所として有名な遺跡や資料が伝えられている。

特筆したい地名

若狭には、まず国名のこの「若狭」を始め、平安初期の公卿・文人であった小野篁と関連の深い伝承を有する「無悪《さかなし》」、その他興味ある地名が少なくない。しかし、ここでは鯖街道が通り、古来の重要な民俗行事も伝わる「遠敷」の地名について、簡潔に述べさせていただきたい。

この「遠敷」とは、今は若狭の小浜市遠敷であるが、昭和二十六年の町村合併までは「福井県遠敷郡遠敷村遠敷」であった。現代では「オニュウ」と読まれているが、平安時代中期以前の発音を示す「歴史的仮名づかい」では、「をにふ」と書かれたものである。おそらく、他所の方にはほとんど読めない語であろうと思われる。ところで、この「遠敷」の意味（語源）については、これまでにアイヌ語や朝鮮語（韓国語）による解釈など、いろいろと説かれてきた。しかし、結論を申し述べると、この「遠敷」とは最初（本来は）「小丹生《をにふ》」と書かれた地名であった。

昭和二十五年ごろから「遠敷」の語源を求め始めた私が、これを「小丹生」と確信するに至ったもっとも決定的な根拠・依拠となったのは、歴史学者松田壽男博士の論考である。まず昭和三十二年四月、古代学協会発行『古代学』第六巻第一号の論文「丹生考―古代日本の水銀について―」であった。この「丹生」とは、「丹砂」または「朱砂」（学術用語「辰砂」）の産地、と言われる明快な所説を一読して即座に深く信ずることができた私は、以来、松田先生に師事させていただくこととなった。

また、同じ頃に私は、江戸時代後期の若狭小浜藩の国学者の名著『若狭旧事考《くじこう》』の中に、「遠敷と云ふ義《こころ》は、今遠敷村のあたりの山々に、美しき丹土の出る処多く、山ならぬ地も然る処多し。故、小丹生と呼《い》へるにやあらむ」と述べられていることに気づいた。さらに、「小《を》」はその地を称える言葉とし、「丹生」については、奈良時代の『豊後国風土記』の「丹生郷」の記述を引用して、「朱砂」の産地であろうとの見解を示している。さすが、近世考証学の泰斗と称される伴信友の卓見に感服させられる。

松田先生は全国にきわめて数の多い「丹生」の現地を、できる限り直接訪ねて歴史的な調査を続けられた。それと共に、同じく早稲田大学に勤務された水銀鉱床学の権威矢嶋澄策博士が、松田先生や協力者の採取された岩石など試料について精密な微量分析をされ、その土地の水銀鉱床の存在有無を判断された。両博士による研究の成果は、昭和四十五年十一月に『丹生の研究―歴史地理学から見た日本の水銀―』の大著となって早稲田大学出版部から刊行された。なお、私は松田先生に随行し、あるいは単独にて福井県を始め、滋賀・京都（丹後・丹波）・岐阜・新潟（佐渡）・富山・広島・山口・徳島・福岡など各府県、数十箇所の現地採訪を行った。

ここで留意すべきこととして、「丹生」の地名が「入」、「仁宇」その他の漢字でも表記されている実例が多いことである。若狭の「遠敷」も正にその好例であるが、これは『続日本紀』和銅六年（七一三）五月に見える「諸国の郡郷名は好字を著けよ」（原漢文）という有名な官命、またそれ以前からある好字・嘉名・二字表記の方針にしたがっての書き替えと判断される。これを実証するかのごとく、昭和三十六年以来、発掘調査の行われた藤原京や平城京の遺跡から出土したそのころ以前の木簡には、若狭の「遠敷」を、「小丹生」と書かれたものばかりが幾点も発見されている。

なお、私は松田・矢嶋両先生の亡き後も、その御研究の徹底的な完成を念願し、機会あるごとに「丹生」とその関連の探究を継続している。また、丹生について民俗学会では、全く別の見解もあるようであり、拙稿をご覧いただいた柳田國男先生からも懇切なご教示をいただいている。「丹生」が全て「朱砂」（主成分は硫化水銀）産地一辺倒の速断に陥らないよう、慎重な配慮も続けている私である。

八　幾通りもの鯖の道

若狭と鯖の道

最近、「鯖街道」という言葉がよく聞かれる。私は鯖街道の本道ともいうべき、若狭街道沿いに住んでいるため、特に関心を有する言葉である。若狭湾でとれた鯖に一塩して（軽く塩をふりかけて）、大急ぎで京都まで運ぶと、ちょうど着いたころに良い味になっていて都の人たちに喜ばれた。そして、この鯖を運んだ道が「鯖街道」であると、だれもが説明してくれる。

まずは、おおむねはその通りである。しかし、若狭から運ばれたのは、なにも鯖だけに限らない。寛政十一年（一七九九）に木村蒹葭堂によって著述された『日本山海名産図会』にも、若狭の鰈、特に塩蔵風乾《しおぼし》した「むし鰈《かれい》」を「天下の出類、雲上の珍味」と絶賛し、また若狭の小鯛をこの所の名物として、同じく淡乾《しおぼし》としたものは「その味、また鰈に勝る」と賛えている。これにてもわかるとおり、若狭からは鯖のほかにも名産として、小鯛や鰈、その他もろもろの魚介（貝）類が、都へと運ばれた。すなわち、「鯖」とは、それらの代表名というべきである。

右の『日本山海名産図会』によると、鯖については「丹波但馬紀州熊野より出す。そのほか能登を名品とす。釣り捕る法、何国も異なることなし」とある。多くの場合、能登（石川県）をもっとも名産地としているわけであるが、何国にても、もちろん若狭の海でも捕れたことに間違いはない。江戸時代、若狭小浜の町人学者と言われる板屋一助が、明和四年（一七六七）に著わした『稚狭考《わかさこう》』（製造商売の巻）に、現在の小浜市西津小松原・下竹原などの漁家では、「鯖を釣ること、第一の業なり」として、小浜湾をはじめ若狭湾で釣っていたが、「近きころは能登国近き海上まで船を浮かぶ」とある。さらに「昔は能登の鯖とて名高かりしに、能登国には鯖すくなくなりて、本国

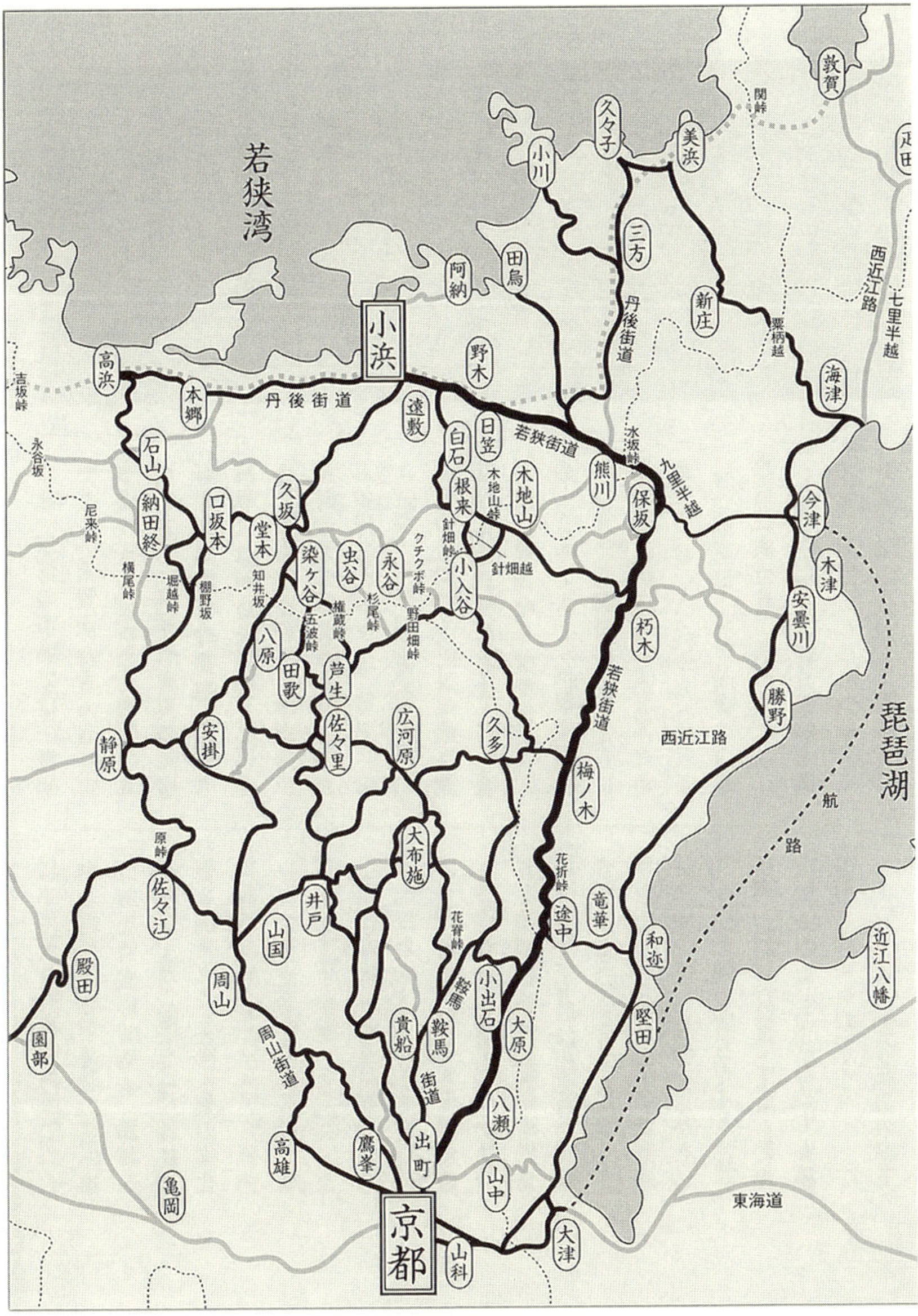

若狭湾
小浜
京都
敦賀
関峠
久々子
美浜
小川
三方
田烏
阿納
丹後街道
高浜
本郷
丹後街道
野木
遠敷
日笠
白石
若狭街道
熊川
水坂峠
九里半越
保坂
根来
木地山
木地山峠
針畑峠
針畑越
吉坂峠
永谷坂
石山
納田終
尼来峠
口坂本
堂本
久坂
横尾峠
堀越峠
棚野坂
知井坂
染ケ谷
虫谷
永谷
クチクボ峠
小入谷
五波峠
権蔵峠
杉尾峠
野田畑峠
八原
田歌
芦生
佐々里
広河原
久多
安掛
静原
朽木
若狭街道
西近江路
七里半越
栗柄越
新庄
海津
今津
木津
安曇川
勝野
琵琶湖
航路
梅ノ木
花折峠
竜華
途中
和迩
近江八幡
堅田
大布施
原峠
佐々江
井戸
山国
周山
殿田
園部
花脊峠
鞍馬
小出石
大原
貴船
鞍馬街道
周山街道
高雄
鷹峯
出町
八瀬
山中
亀岡
東海道
大津
山科

鯖街道地図

（若狭）の方へ魚道付たり」とあって、「鯖のおほくとれる時は一人一夜に弐百本釣り、二宿一船に三千、もっとも大魚なり」（大船は七人乗りなり）とある。このように豊漁の鯖が、どんどん運ばれ、都人、特に広く一般庶民を喜ばせたわけである。

ところで、「鯖街道」、また「鯖の道」という言葉は、私の知る限り、古記録には全く見当たらない。この名称そのものは、おそらく戦後、ここ数十年の間に文筆家によって言いだされたものでないか、と考えている。また、その名の起源と共に、「鯖街道とはどの道か」という質問をよく受ける。たいていの場合、鯖街道とは特定の一つの道を指すものと思い込んでの質問のようである。もともと、これが鯖街道と定まった道があったものでもないし、折に触れて調べてみると、若狭から鯖やさまざまの魚介を運んだコースは、いろいろと多くあり、とうていこれのみとは決め難く、「鯖を運んだ道は、みな鯖街道だ」と答えねばならぬような状態にある。そして、その出発点も小浜に限らず、また到達点も必ずしも京都だけではないし、海産物とともに、いわゆる北前船によって送られてきた物資も多く運ばれた。さらに、それは物流の道にとどまることなく、まさに文化交流の道でもあったことを、いつも私は一息に答えることにしている。

鯖街道、特に若狭の小浜から京都にいたる道筋を語る場合、よく引用されることとして、前掲の『稚狭考』（歌楽祭礼の巻）に、次のような記述がある。

小浜より京にゆくに、丹波八原通に周山をへて長坂より鷹峯に出る道あり。其次八原へ出すして渋谷より弓前・山国に出て行道あり。又遠敷より根来・久田・鞍馬へ出るもあり。此三路の中にも色々とわかるゝ道あり。朽木道、湖畔の道、全て五つの道あり。（後略）

この後にも引き続いて、近江（滋賀県）へ出てからの道が、分岐したり合流したりしていることが具体的に述べられている。ともかくも、右の五つが若狭、特に小浜から京都へ行く場合の主要な道であったことに違いはない。しかし、これ以外にもいくつもの峠道が、京都府（丹波）や滋賀県（近江）へと通じていた。

名田庄を経て

『稚狭考』に「丹波八原通に周山をへて」とあるのは、小浜から南川に沿ってさかのぼり、遠敷郡名田庄村で南下して堂本を通り、知井坂を越えて丹波の八原《やはら》（現在、京都府北桑田郡美山町知見の内）へ下り、さらに南進し、弓削・周山を通り長坂峠・鷹峯を経て京都に達する道。京都の方から言えば、「京の七口」の一つとも言われる「長坂口」（清蔵口・北丹波口ともいう）に入る道となる。

この若狭・丹波国境の「知井坂」については、その地名の由来に関しての伝承がある。地元福井県の名田庄村教育委員会、平成二年発行の『名田庄のむかしばなし』には、鎌倉時代の勇名高き朝比奈三郎にかかわる話として、「昔ここで激戦があり、血の坂道となったので、後にこれを「血坂《ちざか》」とよぶようになったといわれる」、とある。また、京都府（丹波）を越えた所に知見村（現在、北桑田郡美山町）があるが、こちらでも古代にこの国境で戦闘があり、坂道を覆った血が川のように流れたので、血見谷の名が生まれ、村名もこれにより昔は血見《ちみ》と書き、若狭の知三村の遺跡である、などとも伝えられていたという（大正十二年刊『北桑田郡誌』など参照）。

しかし、若狭小浜で元禄六年（一六九三）ごろに書かれた地誌、『若狭郡県志』には、血坂について「斯ノ山高シテ嶮峻、実ニ艱難ノ坂路ナリ。婦人少女コノ坂ヲ越ルノ時、苦ニ堪エズシテ落涙ス。コレヲ紅涙、マタ血涙トイウ」（原漢文）といい、それで「血坂」と称す、と述べられている。かつて私も堂本の民俗調査に際し、この坂道のふもとまで行ったことがある。その傾斜も相当にきつくはあったが、細い路面に、敷きつめられているようにみえる小石（砕けた岩石）が赤く目立っていた。長年にわたり、赤い鉱物「朱砂」（主成分は硫化水銀）の産地「丹生」の調査を続けている私は、全国的にも類似の事例（血原・血田・血川など）のあることから、血坂の名称はこの石の色から起こったものであろう、と想像したことであった。ちなみに、明治三十四年十月、京都伏見の深草にあった京都師団の輜重大隊が馬に大砲を引かせて、この知井坂を越えた。また、大正の初め福知山の工兵隊が馬でここを越したので、路線の大改修と水飲み場の整備が、坂の両側の住民によってなされたことが、はっきりと地元に言い伝えられている（「美山町史・草稿」大泊宇一郎氏、昭和四十七年ごろの記述）。どちらのことも「壮挙」と書かれているが、これこそ兵・馬ともに『若狭郡県志』の説く「血坂」であったかも知れないと思う。

次に、『稚狭考』のいう「八原へ出ずして渋谷より弓前・山国に出て行く道」について、地元で度々尋ねてみた。多くの人から、それは若狭の最西部の高浜町から大飯町の西部を通り、石山峠を越えて東南に進み、名田庄村の奥坂本から口坂本へ出る道があり、古くから重要な飛脚道（郵便物運送路線）でもあった。さらには、口坂本の坂尻から南の山に入り、棚坂《たなざか》（棚野坂《たなんざか》とも）を越えて丹波に行く、この道のことであると教えられた。これは丹波の大及《おおぎゅう》（今は廃村）へ出て、棚野川沿いに南下し、鶴ケ岡・静原・周山などを通り、京都に至った。若狭高浜の海産物も、多くこの道を運ばれたとのことである。既述の『若狭郡県志』にも、これを「田名坂」として、峠には平成の今も石像の地蔵六体がまつられていることが記されており、これが昔から重要な道であったことを示している。ただ、『稚狭考』が「渋谷より弓前・山国に出て」といっている渋谷の地名について、その峠の麓の坂尻《さかじり》に「渋谷」姓の旧家があったことから、ここが渋谷だと一般的に思われているようであるが、渋谷という地名そのものが、このあたりの小字などにも見当たらないことが気がかりでもある。また、棚野坂を越えて丹波へ出る場合、大及へ下りずに東南へ進んで西畑を通り、知見から中村・安掛《あがけ》・深見、弓削と右に左に屈曲しながら周山に達し、あるいは山国の井戸を通って南下する道も、昔は主要なルートであったという。

名田庄村の口坂本から、国道一六二号線をそのまま西に進むと、室町末期に応仁の乱を避けて、陰陽寮の頭（長官）であり、全国の陰陽師の総本締ともいうべき土御門家（安倍氏）が、京都からその領有するこの地に、三代約九十年間にわたり来往したことで特に知られる納田終《のたおい》の集落がある。高浜町からは大飯町の石山峠を越え、切明《きりあけ》を通って坂本にいたる前記の道のほかに、それより西の大飯町久保から名田庄村谷口を通り、直接ここ納田終に達する道も、古くから多く用いられたという。この納田終からは南へ堀越峠《ほりこしとうげ》を越え、丹波の大及に出ることになるが、それ以下は前記の街道と同じで周山を経て京都などにいたる、いわゆる周山街道である。これは、日本海と都を結ぶ物流の、また京都の文化導入の主要な道の一つとしても知られており、今では国道も完備され堀越トンネルもできて、利便の多い幹線道路となっている。

ところで、棚野坂も堀越峠も最初にあげた知井坂の西方に位置するが、その東方には五波峠《ごなみとうげ》があり、知井坂とならんで人馬の往来が多かったと言われる。名田庄村堂本から山間を東南に入ると、染ヶ谷《そめがだに》という集落がある。もともと十戸に足らぬ小村であったが、今では現住者はなくなり、既存の民家などを利用して八ヶ峰《はちがみね》家族旅行村という民宿のようなものができている。この染ヶ谷から南に五波峠を越え、京都府の田歌《たうた》・佐々里《ささり》・広河原《ひろがわら》・花背《はなせ》などを通り、鞍馬に出て京都にいたる道も主要な街道であり、大事な鯖街道であった。かつて鞍馬寺へ参詣した時に地元の方に聞いたところによると、この山門前を通り北上して花背を経て若狭にいたる道こそ、若狭街道であり鯖街道である。昔から鞍馬は「舟のない港」といわれ、ここで木炭や薪を集荷し、若狭からは魚が運ばれてきた。その交換が行われ、ここは市場的な所であった、とのことである。さらに、染ヶ谷から今一つ東に進み、丹波越えをする権蔵坂《ごんぞうざか》がある。五波峠越えはすでに京都まで舗装された道が通じ、車で行けるようになっており、権蔵坂は今では全くの山道となっているが、もとは道幅も割方広くて牛も荷物を載せて通り、こちらが幹線道路で、丹波の芦生《あしゅう》・灰野・佐々里・広河原を経て鞍馬にいたり、京都へ行った。そして、これが京都への最短路であり、ここでは（ここから）「京は遠うても十三里」といった、と教えてくれる染ヶ谷の老人もある。名田庄村の南川で捕われた鮎をイケタゴ（水を入れた桶）に入れ、途中で水を換えながら鞍馬まで売りに行ったという。この染ヶ谷は、文字通りソメガタニというよりは、地元ではシガタン・シュウバタン・シマタン・シブガタンなどにも呼ばれてきたとのこと。『稚狭考』に記された「渋谷」とは、この染ヶ谷（シブガタン）のことではなかろうか、とも思われる。金久昌業氏の詳細をきわめた名著『北山の峠—京都から若狭へ—』全三巻の「上」（昭和五十三年十一月、ナカニシヤ出版発行）にも、この「渋谷というのは染ヶ谷であり」と書いておられる。

なお、権蔵坂にしても五波峠にしても、これらを越えて山道をさかのぼり、右のごとく鞍馬を通って京都に至ったことは確かな事実であるが、京都へはそれよりも少し西側を南下し、上黒田（北桑田郡）また井上を通り雲ヶ畑・車坂・大宮を経て京都に入る別のルートもあった。その途中の上黒田や雲ヶ畑《くもがはた》（京都市北区）で、大正生まれの人たちから実際に聞いた話によると、若狭から鯖や鯖のヘシコ（塩と米糠で押したもの）、いか、干鰈などを売りにきたとのことであり、これこそ若狭街道（鯖街道）である、と強調されている。また、ここで貴重な一史料として、京都市の某美術商が所有されている「洛外図」屛風の逸品の一隅に、この後者の道が描かれており、手前に「雲かはた」、左上に「岩屋不動」があり、その右側には雲ヶ畑から谷間を縫って北上する道に「若狭海道」と明記し、それに「岩屋越丹波黒田に出ル」と書き添えられている。とくに道路を丹念に描くこの見事な屛風絵は、現在、京都国立博物館に寄託されており、江戸時代前期十七世紀半ば過ぎの作と鑑定されている（『日本屛風絵集成』第十一巻、講談社、昭和五十三年発行、狩野博幸氏「図版解説」参照）。右の絵の部分に人影は見えないが、きっとこの街道を若狭から魚やその他が運ばれていたことであろう。因みに右の屛風絵と同様に街道を「海道」と書く表現は、ほかにもしばしばみられる。最初に述べた京都の長坂口にいたる若狭街道も、室町中期の中原康富の日記『康富記《やすとみき》』文安六年（一四四九）四月十三日に、大地震の発生を記録し「若狭海道小野長坂之辺、山岸等崩懸、云々」とあり、すでに「若狭海道」の事例が見えている。

熊川を経て

さて、若狭から丹波へ越える道は、なお幾つかあるが、次には若狭から近江（滋賀県）を通って京都にいたる主要な道路をたどってみたい。古くから多くの魚介に恵まれてきた若狭湾のその内海、小浜湾には、若狭での二大河川ともいうべき南川と北川が注いでいる。この南川をさかのぼった所に、既述した名田庄村が位置するが、一方の北川はその源を滋賀県に発し、西流して小浜に達しているものである。この北川に沿う道が、現在もっとも一般的に若狭街道と呼ばれている。やや詳しくいうと、京都府（丹後）の舞鶴あるいは宮津方面から福井県の敦賀に通じる幹線道

熊川宿（中ノ町）

路が、丹後街道と名づけられているので、いわゆる若狭街道は小浜市から東に隣接する上中町まで、丹後街道と重複していることになる。この両街道は、かつては上中町日笠《ひかさ》で分岐しており、今も残るその路傍（JR小浜線の日笠踏切の側）に、「右じゅんれい道」「左北国ゑちぜん道」とあり、文化十三年（一八一六）に刻まれた大きな石の道標が立っている。現在の国道二七号は、丹後街道とほぼ重なり、または並行して走っているが、上中町三宅で分かれて右手、すなわち南東に入る国道三〇三号が、ここから若狭街道に相当するものになっている。これを北川沿いに進むと、ほどなく滋賀との県境（江若国境）の手前で、江戸時代に宿場町として繁栄した熊川（上中町）にいたる。

旧道（本来の若狭街道）は、一キロメートル以上も続く熊川の町並み（平成八年、文化庁の重要伝統的建造物群保存地区、建設省の歴史国道などの選定を受ける）のなかを通り、三〇三号は町並みの北側を北川沿いに走っている。天正十五年（一五八七）に若狭の領主となった浅野長政（当時、長吉）が、熊川に対し「諸役免除」の判物（お墨付き）を与えてこの地の発展を図り、その後も代々の領主・藩主はその政策を踏襲し、国境の要地としての熊川は、大きな問屋も軒を並べる商業の町としても大いに繁栄した。ここには、町奉行所や小浜藩の米蔵、「番所」とよばれる女留の関所も置かれた。長政をはじめ代々の領主の判物や、代表の問屋たちが書いた多数の「御用日記」などが、今も熊川区有文書として保存されている。その記録によって、鯖やそのほかの魚類のみならず、いわゆる北前船で運ばれ小浜で陸揚げされてきた多量の物資が、ここで中継されたことを知ることができる。小浜市の商家に今も残る『市場仲買永代記録簿』（小浜魚市場仲買仲間の江戸初期以降幕末までの筆録）によると、年間に「往古弐拾万駄六拾万俵」もの物資が運ばれた、

熊川宿と琵琶湖を望む
（写真提供・若狭町歴史文化課）

とある。

現在は熊川区に含まれているその東端の集落である大杉には、熊川の番所より古い時期に関所が置かれていた。京都の大覚寺の文書には、室町中期の永享十年（一四三八）の「大杉之関所」宛のものが見られる。また、明応十年（一五〇一）の『朽木家古文書』にも明瞭に「若州大椙（杉）関」と書かれている。なお、元亀元年（一五七〇）四月、織田信長は越前朝倉攻めに際して、西近江から熊川に来て、当時この地を支配していた松宮玄蕃の所に「御陣宿」されたと、『信長公記』は記述している。また、室町時代には足利将軍直属の家臣である沼田氏が、この熊川に城を構えていたが、その後期の城主沼田光兼の娘の麝香が、文人武将として有名な細川藤孝（幽斎）の正室となっている。幽斎は妻の里であるこの熊川に来て、連歌の会をも催したことが、その作品集『玄旨公御連哥（歌）』のなかに見えている。

若狭の小浜から熊川を通り、琵琶湖の西北岸の今津にいたる道が、その距離からして「九里半街道」と呼ばれていたが、特に近江商人の活動が、古記録にも残されている道である。今津はその名が表すごとく、中世以後の新しい港であり、平安時代以降は今津町に南接する現在新旭町の木津《こうつ》（古津とも書かれた）が重要な港であった。さらに南の現在高島町の勝野は、『万葉集』にも歌われており、『延喜式』（主税、上）を見ると、若狭から都へ運ばれた税物を納めるとき、この勝野津から大津まで船で渡ったことが記載されている。

このように、いわゆる九里半街道を通って、琵琶湖の海路《うみじ》（『延喜式』の表現）を利用するにしても、いくつものルートがあったことがわかる。江戸時代の小浜の仲買仲間文書にも、今津から大津まで、多くの刺鯖《さしさば》や樽鯖《たるさば》などが舟で送られたことが確認できる。なお、『稚狭考』が「湖畔の道」といっている西近江路を通り、湖西を南下して陸路《くがじ》を歩いて京都にまで行くこともあるし、古く奈良時代には、現在大津市の逢坂《おうさか》からさらに南に宇治を通り、平城京に至ったとのことである（『福井県史通史編1』「荷札木簡と税」舘野和己氏）。

小浜から熊川を通る若狭街道（また九里半街道）を今津まで直進しないで、その道中の水坂峠（保坂峠ともいう）を越えた所にある保坂で、右折して進むと、今津町から同じく滋賀県高島郡内の朽木村に入る。保坂では旧道の傍らに、「左わかさ道」「右京道」、また、「左じゅんれいみち今津海道」と彫られた安永四年（一七七五）の石の道標が立っている。保坂から八キロメートルばかり国道三六七号を行くと、朽木村の行政的にも経済的にも中心地の市場《いちば》に着く。朽木村には鎌倉時代の承久の乱以後、近江佐々木氏の子孫がここに定住し、朽木氏を称した。江戸時代には、九千五百九十余石の大名に準じた待遇を受け、藩主朽木氏の陣屋がこの地（朽木村野尻）に置かれていた。また、室町末期には京都の戦乱を逃れて将軍足利義晴や義輝がこの朽木谷に滞在したことがよく知られ、京都文化の影響を残したとも言われている。さらに既述した元亀元年の越前朝倉攻めの際織田信長が、妹婿浅井長政の離反により敦賀から若狭を経て京都へ撤退する時、朽木氏が信長に協力し供応したこともよく知られた話である。若狭街道・鯖街道の名がほしいままに用いられ、今でもその最主要路とされるこの街道の、ここ市場では現在、その名にし負うとばかりに、鯖（本来は若狭の鯖）のナレズシが作られ、大いに宣伝販売もされている。

この鯖街道は魚介のみの道ではなく、文化交流の道であったが、明智光秀とも交流のあったことが知られる著名な連歌師里村紹巴も、この街道を通り歌をも残している。すなわち、永禄十二年（一五六九）二十四日に都を出発し、近江・若狭を経て丹後の天橋立に旅行した記録の『天橋立紀行』には、二十六日にここを通った紹巴が、朽木殿（元綱）から御馬を提供されて若狭の熊川にいたり、そこで沼田氏（細川藤孝室の兄、統兼か清延）の所に宿泊したことが記述されている。細川藤孝の配慮も受けた様子であるが、その道中で、「山中納涼、日ぐらし（蜩）の声めづらしく、雨にもあはざりける心を」として、「笠二本折《おり》（打《うち》）わすれけり雨ふらず照日もささぬわかさの路の

京都　出町

空」と、若狭街道の初夏の情景を詠んでいる。

紹巴とは逆に、朽木から南へ進むと、『天橋立紀行』も記すごとく三里（十二キロメートル）ばかりで、天台寺院として有名な明王院のある葛川《かつらがわ》（大津市）に着き、やがて花折峠《はなおれとうげ》を越え、さらに近江と山城（京都府）の国境にある途中越えがあり、都へと近づいて行くことになる。途中峠《とちゅうとうげ》を下りた所に小出石《こでし》（現在、京都市左京区大原小出石町、紹巴は「小弟子」と書いている）がある。若狭から京都への魚類は熊川で中継され、しばしば夜を徹して歩いて運ばれたが、この小出石までくると「小揚《こあげ》」と言われる「助荷持」が運搬を助けてくれたという。そして、出町にいたり、さらに錦小路《にしきこうじ》にも運んで朝市にかけたなどと、言い伝えられている。今も中京区の錦市場では、焼鯖やグジ（甘鯛）の一塩物など、若狭産と銘打ったものが珍重されている。

ところで、小出石から大原・八瀬を通り、高野川に沿って南へ歩を進めると、出町までに山端がある。江戸中期に京都で発行された『拾遺郡名所図会』巻之二に、この山端を紹介し、「修学寺村の西にあり若狭街道にして八瀬大原の喉口なり」と記している。そこには、江戸時代の学者黒川道祐著の『雍州府志』に、「水源ハ若狭国ヨリ出ヅ」とある高野川と、並行している若狭街道が目前に示されている。その街道には柴を頭上にいただいた大原女などとともに、若狭の魚売りを推測させるような担い姿の男も描かれている。また、現在も国道三六七号に沿って営業されている料亭が、昔の名前で「麦飯茶屋」と描かれている。なお、京都の出町には、六斎念仏総本寺を称される干菜山《ほしなざん》斎教院光福寺がある。豊臣秀吉に干菜（干した大根の葉）を食べていただいて喜ばれ、その山号とともに諸国の六斎念仏講中（仲間）を支配すべき免状をも与えられたという、いわば六斎念仏

（踊り念仏の一種）の総元締めとも言うべき寺院である。私どもが調査したところによると、若狭には過去に百三十箇所ばかり（現在は三十数箇所）で、六斎念仏が行われてきた。これらは室町時代から江戸初期ごろに、京都から伝わったものと考えられるが、いわゆる鯖街道（いくつかの）こそが、これを伝えた道であった。また、若狭の熊川やその近隣に、大正ごろまで「てっせん踊り」という優雅な民踊があり、八瀬・大原から伝わったと言われていた。かねて関心をもち、その音頭集を調べたりしてきたが、京都の洛北の所々に今も、この「鉄仙踊り」、または、「鉄扇踊り」が踊り継がれていることを知った。特に平成九年には八月三十一日の夜、若狭街道が出町に達する少し手前で東に入った所にある一乗寺松原町の八大神社境内で、昔ながらのこの踊りを初めて見学することができた。一乗寺宮本武蔵下り松の決闘が行われたのも、このすぐ側であるという。そのほか、若狭には明らかに京都から直接に習い受けたに違いない芸能や信仰的な行事、さらに文芸などが、古くから多く伝えられている。「鯖街道は文化の道」であることを、数々の実例が証明している。

根来・針畑越え

「若狭小浜から京へ行く五つの道」とよく言われるが、『稚狭考』にその三番目にあげている「遠敷より根来・久田・鞍馬へ出るもあり」という道も、きわめて大事なコースであった。小浜から若狭街道（九里半街道）を東へ五キロメートルばかり進むと、遠敷がある。小浜市制施行までは遠敷郡遠敷村遠敷といわれた所で、奈良時代には若狭の行政の中心地であった。遠敷は、難解地名の最たるものの一つとされているが、最初は「小丹生」と書かれ、奈良時代以前には「をにふ」と読まれていたことが、藤原京跡出土木簡などによって明らかとなっている。この遠敷から街道を右手に入り、若狭姫神社・若狭彦神社（若狭一ノ宮）、また神宮寺の前を通り、奈良東大寺の二月堂へ「お水取り」のお水が送られることで知られる鵜の瀬を左に見て、さらに山間を遡る。道は下根来《しもねごり》から上根来《かみねごり》へと進み、人家も絶えたころ、路傍に一体の地蔵尊をまつり、その側に「ミョウアン水」と呼ばれ、江戸時代に明庵禅師（今では弘法大師との説もある）によって掘られたという池（井戸）がある。この峠を南に越えると、近江の針畑《はりはた》、すなわち滋賀県高島郡朽木村の小入谷《おにゅうだに》へ出る。針畑とはこのあたりの数集落を言い、古代以来の荘園「針畑庄」の謂である。この根来から針畑越えの道は、古くは「京街道」とも称されたと言われ、若狭近江間の主要道路であった。この峠の麓に、今の道筋とは異なるが、昔はそこを通っていたと言われる所に、「モチツキ場」と称される場所がある。この峠の麓に、今の道筋とは異なるが、昔はそこを通っていたと言われる所に、「モチツキ場」と称される場所がある。ここに昔は、餅をついて売る店があった。一人の美しい娘がいたことを伝える「おタネ見たさに釣谷見《つりだに》れば、おタネ隠しの霧がこむ」との俗謡も残されていた。すなわち、往時の盛んな交通を思わせる話である。また、この村では古くは「荷持ち」を生業とする人々が多く、肩に担いだり背負ったり、また牛に乗せたりして、小浜から朽木村などへ荷を運んだ。小浜からは、米・衣類・魚類・乾物・酒など多くの生活必需品が送られ、近江の針畑方面からは、下駄・杉皮などを帰り荷として運んできた。昔は、京都府（左京区）の久多や出町（出町柳）へまでも荷を運んだ、と言われている。

なお、この根来には、土地に結びついたいろいろな伝説が語り伝えられているが、この峠を越える街道について次のような史実もある。既述のごとく、元亀元年（一五七〇）四月、織田信長が越前朝倉氏を攻撃した際、妹婿の浅井長政の離反により、信長の軍勢が急ぎ京都へ撤退する時、朝倉攻めに豊臣秀吉（木下藤吉郎）とともに同行していた徳川家康は、小浜の蓮興寺の住職徳元に案内され、ここから針畑越えをし、鞍馬を経て京都に引き上げたことが、家康の伝記『東遷基業』に詳述されている。また、昭和五十二年に朽木村教育委員会から発行された『朽木村の昔話と伝説』のなかに、若狭から京へ抜ける道は、ここ（針畑）を通っており、「一番古い鯖の道やちゅうて、たしかに若狭から京い（へ）運んだんやな」「一二〇〇年も前の京い（へ）、夜さり魚を運んだ、ちゅうこっちゃ」とある。おそらく古くから、今いうところの鯖街道であったに違いない。私は仮にではあるが、この針畑越えの道を「一番古い鯖街道」、そして熊川・朽木経由の道を「一番多く運ばれた鯖街道」と見なしている。いつからか、若狭の小浜や周辺には、「京は遠ても十八里」という言葉がある。京都まで遠いようでも、せいぜい十八里

（七十二キロメートル）だ、と言っており、若狭人の健脚ぶりと意気を感じさせる。江戸中期の俳人与謝蕪村がおそらく京都で詠んだ名句、「夏山や通ひなれたる若狭人」をも想起する。同じく江戸中期に、小浜藩の家臣によって書かれた地誌『若狭国志』にも、「針畑越」をあげ、「小浜ヨリ京ニ至ル十八里」とある。なお、若狭の国学者伴信友が加えたその注記に、室町時代の著名な連歌師の宗祇も著書に、「若狭国ハ京ヨリ北アリ、小浜ト云フ処マデ十八里アリ」を記しているとあるから、京都小浜十八里は古来よく承知され、よく用いられた道程であったと考えられる。最近、京都トライアスロンクラブの主催で、京都・滋賀・大阪その他からの参加者百余名により、「鯖街道マラニック」（マラソンとピクニックの意）が行われた。今や鯖街道出発点の一つとしてよく注目を受けている小浜市泉町のど真ん中に、私の意見なども求められて地面に「京は遠ても十八里」と彫り込まれているが、この地点から根来・久多川合・八丁平・鞍馬などを通り、京都の出町柳まで実質八十キロメートルを全員が走破された。驚くなかれ、一着のランナーは所要時間八時間三分の快挙を成し遂げられた、とのことであった。

次に、この針畑から京都へ向かう道も決して一つではなく、いくつかのルートがあったようである。地元の方の話によると、朽木村の桑原からは南西の方へ丹波谷、その枝谷のオハヤシ（もと殿様の御林だろうという）を経て、近江（滋賀県）と山城（京都府）境の山を越えて久多に出た。この場合、久多の岩屋谷の山頂を越えたとも聞くし、久多のミゴ谷の奥へ降りたともいい、また、より古い道はオハヤシ谷とヒョウ谷の間の尾根を登っていたとも言われる。この国境の峠には地蔵尊がまつられており、傍には重兵衛茶屋という店があった。いつしか、この道があまり利用されなくなったためであろうが、今では地蔵尊は村の中、峠への登り口に移してまつられ、重兵衛家も同じく麓の地蔵堂の側に移して定住されている。幾十年か前に、この地蔵尊の千百年の供養祭が行われたことを、子供心に覚えていると言われる老人もある。確かにこの道は、古くから都への重要な街道であったと考えられる。また、桑原から針畑川に沿って南へ数キロメートルの所に平良集落があるが、その手前の平良谷をさかのぼって西に入り、山を越えて久多に通じる道があり、これが久多から若狭へ行く道として大いに用いられたといい、根来を通って小浜まで振舞事用の魚を買いに行ったりもしたとのことである。さらに、この久多へは、既述の若狭街道の熊川・保坂・途中谷を通って、すなわち別コースからも、魚を売りに来る行商人もあったという。

針畑の桑原や平良から山を越えて直接に久多に入る道は、若狭と京都を結ぶためにも古くからの主要道路であったが、現在では針畑から出るには、桑原・平良からさらに南下して、小川《おがわ》を通り久多の東端の川合《かわい》にいたる道が整備されたので、これがもっとも多く利用されている。針畑川沿いのこの道は、昔はもっぱら歩いて通り、小川では「小浜へ八里、京十里」と言っていたと聞き、その言葉に若狭人の私はことのほか親しみを覚えた。ここからは、東の梅ノ木へ出て今の国道三六七号と同じく南進し、花折・途中の峠を通り、京都の出町まで十里の道を歩いたとのことであった。昭和三十六年秋のある日、私は針畑の小入谷を地名「小入」（小丹生）探究のため訪問したが、その帰りに同地の方の親切で梅ノ木まで小さな軽自動車に便乗させていただいた。山路の途中に、「なむあみだぶつ」といわれる難所があると聞かされたが、なるほど谷川沿いの険しい狭い道々に、肝を冷やした想い出がある。しかし、今は普通車も楽に通れる舗装道路となり、京都府から再び滋賀県に入り梅ノ木に向かう路傍に、「南無阿弥陀仏」の石碑が静かに立っているのも懐かしい。

久多から京都への道は、梅ノ木回りもあったが、歩いた時代には久多下の町の南にあるオグロ谷（大黒谷）からオグロ坂峠を越え、八丁平《はっちょうだいら》（湿原地帯の東側の道）を通り、大原の尾越《おごせ》・大見《おおみ》を経て、その東南に当たる既述の小出石へ出て、京都へ行くことも行われた。また、大見から南下し鞍馬を経て京都にいたる道も多く用いられた。なお、前述の小川でも、久多とその西の能見《のうみ》峠を越え、南に進んで鞍馬を経て、京都へ行くこともあったという。今一つ忘れてならぬコースとして、久多宮の町から南の山間のコクンド谷（古君道、小君道とも）を進むと、寺谷峠を越え、京都左京区の原産地の大悲山南麓にある名刹、峯定寺《ぶじょうじ》の前にいたる。この寺谷道を経てさらに南下し、花背峠を越え鞍馬を通って京都に入る古くからの重要な道もあった。これは地元の生活道に留まらず、多くの人々に用いられたが、若狭から塩鮭・鯖のヘシコ・ニシンの干物などが運ばれ、花背の八桝《やます》などでは、留守宅でも家の前に吊して帰り、節季勘定で集金に来たというほど、若狭と親密な交流があった。また、ここでは古い仏堂・神社・民家に、若狭何村大工何々と墨書されたものも見られる、とのことである。

遥かな鯖の道

このように辿って拾い調べていくと、若狭と京都の結ばれるルートは実に多く、黒川道祐が名著『雍州府志』に、京都から若狭小浜そのほかへ通じる道が、間道捷径を含めて余りにも多く「枚挙ニ遑アラズ」と述べているが、全くその言葉どおりだと痛感させられる。しかし、今の世に改めて喧伝されている「鯖街道」とは、最初にも触れたとおり、決して小浜と京の都を結ぶ道だけではなかった。その中間の近江国（滋賀県）で、売りさばかれるものも当然多かったであろう。さらに驚いたことに、若狭の鯖が、歴史の町として、また歌でも知られる丹波（兵庫県）の篠山《ささやま》へも運ばれ、特に毎年の祭りの馳走として「すし」を作って食べる習慣が古くから続いてきたという。先年、同地の方々の訪問を受け、篠山の鯖街道の説明を求められた私は、全く思いもかけぬこととして、逆に私の方からその真偽を確かめたく、教えを請うた。その結果、若狭の小浜から名田庄村を経て、すでに幾度も述べた京都府美山町の鶴ヶ岡を通り、篠山まで鯖が運ばれたとのことであった。その教示のもと、私も後日この鶴ヶ岡の旅宿を訪ね、古い宿帳も拝見し直接に話も聞き、また篠山へも赴いて、その伝承が事実であることを確認した。篠山の方々は、小浜の鯖を特に強調されていたが、高浜からも運ばれたことが宿帳で明らかであった。なお、若狭高浜には丹波まで実際に魚を運んだ明治三十九年生まれの老翁が、今も健在である。鮮やかな記憶をもって話されたところによると、そのコースは高浜から南へ、大飯町の福谷坂、安川、久保、久保坂を通り、名田庄村の納田終に出て堀越峠を越え、京都府の美山町鶴ヶ岡、静原、そして京北町周山まで歩いて行った。運んだ魚は一塩した鯖が主であり、天秤棒で担って行き売りさばいたという。今は美山町（当時、宮島村）の和泉《いずみ》に定宿があったとのことであるので、先方へ問い合わせたところ、その翁の鯖は常に美味であったとの確答が得られ、懐かしがられた。

高浜の魚は、丹波や京都へも既述の道を通って運ばれたが、小浜の『市場仲買永代記録簿』を見ると、「高浜から京都の魚店問屋へ持ち通い売りさばいた魚荷は、平日は丹波を通ったが、雪の時には小浜へ出て熊川を通り京都へ行った。ところが、近ごろは雪が消えても通ることがある」旨の記述がある。二百年ばかり前の記録であるが、いろいろなコースや変遷もあったことがうかがわれる。若狭各地の漁獲物が小浜へ集まり、ここから出荷されることも多いが、漁村から直接に近郷近在や遠方まで運んで売り出すことも多く見られた。若狭の東部になる三方町小川《おがわ》の婦人たちが、昭和前期に汽車やバスを乗り継いで滋賀県の梅ノ木まで魚を売りに行ったという話も聞いたが、これも昔の鯖の道の名残りではないかと思う。また、現在では小浜市の漁村である田烏は、戦後ももっとも多量に鯖漁の続けられた所であるが、ここからは近村へも魚の行商が普段に行われ、特に熊川へも多く運ばれたものは、小浜から送られてくる諸物資とともに、ここで中継もされ近江や京都へと鯖街道のルートを搬送されたわけである。そのほか、現在は若狭でもっとも東の三方郡美浜町の河原市から、耳川に沿って南に入ると新庄集落があり、昔はその奥に粟柄があった。ここから滋賀県のマキノ町へ出る粟柄越の道も、若狭と近江や京都を結ぶ鯖街道の一つであり、木炭や海産物が運ばれ、江戸時代には粟柄に番所（関所）が置かれていたとのことである。

最後に特記したいこととして、若狭は山紫水明の地、また「海の幸の国」とよく言われるが、遠く奈良大和の都の跡から発掘された多数の木簡が、そのことを実証してくれている。奈良国立文化財研究所の発表によると、もっとも多くは若狭湾岸で土器を用いて生産された塩（食塩）が、税の中の「調」として送られたことを示す荷札がある。それとともに、天皇の食料や神への供物を意味する「御贄」として、若狭から送られた魚介のタイ・イガイ・イワシ・シタダミ・ホヤ・ウニ・アワビ・カマス等の荷札がいくつも発掘されている。いわゆる奈良の都の平城宮跡からもっとも多く出土しているが、その前の都の藤原宮跡（橿原市）からも、若狭の木簡が発掘されている。さらに、ごく近年には飛鳥の宮跡（奈良県高市郡明日香村）から出土した木簡に、若狭の三方郡（三形評と表記）から、「鯛」としてタイ（田比）の煮た物の送られたことを確認できるものが発見された（奈良県立橿原考古学研究所発表）。これらの木簡は、多くの海の幸は大和の代々の都へと送られていたこと、今いう「鯖街道」、「鯖の道」に相当する道が、きわめて早くから通じていたことを物語っているといえる。このことや、平安時代の『延喜式』の記録をも考え併せて、若狭は重要な「御食国」の一つでもあったことが、最近よく説かれている。また、考古学研究者各位の調査によって、若狭湾岸では土器製塩の遺跡が、奈良時代だけに限っても五十カ所を越えて発見されている。遡ればすでに古墳時代の中期以前、千六百年ほど前の製塩の跡も発見されており、古い時代から若狭の塩が畿内へ送られていたことも認められている。すなわち、長い歴史を有する「鯖の道」は、また「塩の道」でもあったのである。

残念ながら、今のところ若狭から鯖を送ったという木簡は、まだどこからも発見されていない。しかし、能登の国などの実例があり、若狭からもきっと送られていたに違いないと思う。ちなみに、平安末期の『今昔物語集』や、鎌倉初期の『宇治拾遺物語』などの説話集に、次のような興味ある話がある。

奈良時代の天平勝宝四年（七五二）に東大寺が完成したが、その開眼供養の法会を行う時、聖武天皇はその朝一番に前を通った人をこの大法会の講師（または経文を読む役僧の読師）にすると定められた。ところが最初に通りかかったのが、鯖売りの老翁であった。否応なしに高座に登らせたが、供養が終わると読師の姿は突然に消えてしまった。そして、あとに残された籠の中の鯖が、八十巻の華厳経になっていたという。

日本最古の仏教説話集と言われる平安前期成立の『日本霊異記』に鯔《なよし》（ボラ）が法華経八巻に変化したという話があり、これは紀伊国（和歌山県）の海辺で買ったと書かれているし、鯖は日本中どこの海でも捕れたであろうから、鯖街道は若狭独占物でないことは言うまでもないが、東大寺の鯖の説話は、前述のごとく多くの木簡の出土や、また二月堂のお水取りの伝承などから考えて、若狭の鯖でなかったかなと、楽しい想像を馳せている私である。以上に述べたほかにも、鈴鹿峠を越えた三重県の坂下宿や奈良県の吉野において、それぞれ名物とされている「すし」の鯖も、かつては若狭から送られたものでなかったか、との示唆を与えてくださる方々もある。もっと調べれば、思いがけない所へ若狭の魚が送り届けられていたかも知れないし、そのコースも増えてさらに網の目のようになるのではないかとも思われる。

九　小浜藩農政管見

浅野長政掟書

条々

遠敷郡宮川之内

本保村

一　給人代官、百姓に対し不謂やから申かけ、人夫等むざとつかひ候事、承引仕間敷候。がうぎに仕にをひては、直訴可申事

一　盗賊人又はたよりもなく一切しれざる者、かゝへをくまじき事

一　隣国より年貢等とりうせこし候者、相かゝへまじき事

一　ありやうの年貢、相定候舛を以はかり可渡候。年貢を無沙汰いたし未進仕候ハゞ、百姓可為曲事

一　前々よりはしり候百姓、よひかへし田地あれざるやうに可申付候。荒地は半納、年々あれは来年夫役可令用捨候。あれ地をひらき又ぬしなしの田地作毛付候者、末代さいばんすべき事

一　おとな百姓として、下作に申付候て作あひを取候儀、無用ニ候。今まで作仕候百姓、直納可仕事

一　地下のおとな百姓又は、しゃうくゎんなどに、一時もひらの百姓つかはれまじき事

右所定置如件

天正十五年十月廿日

弾正少弼（花押）

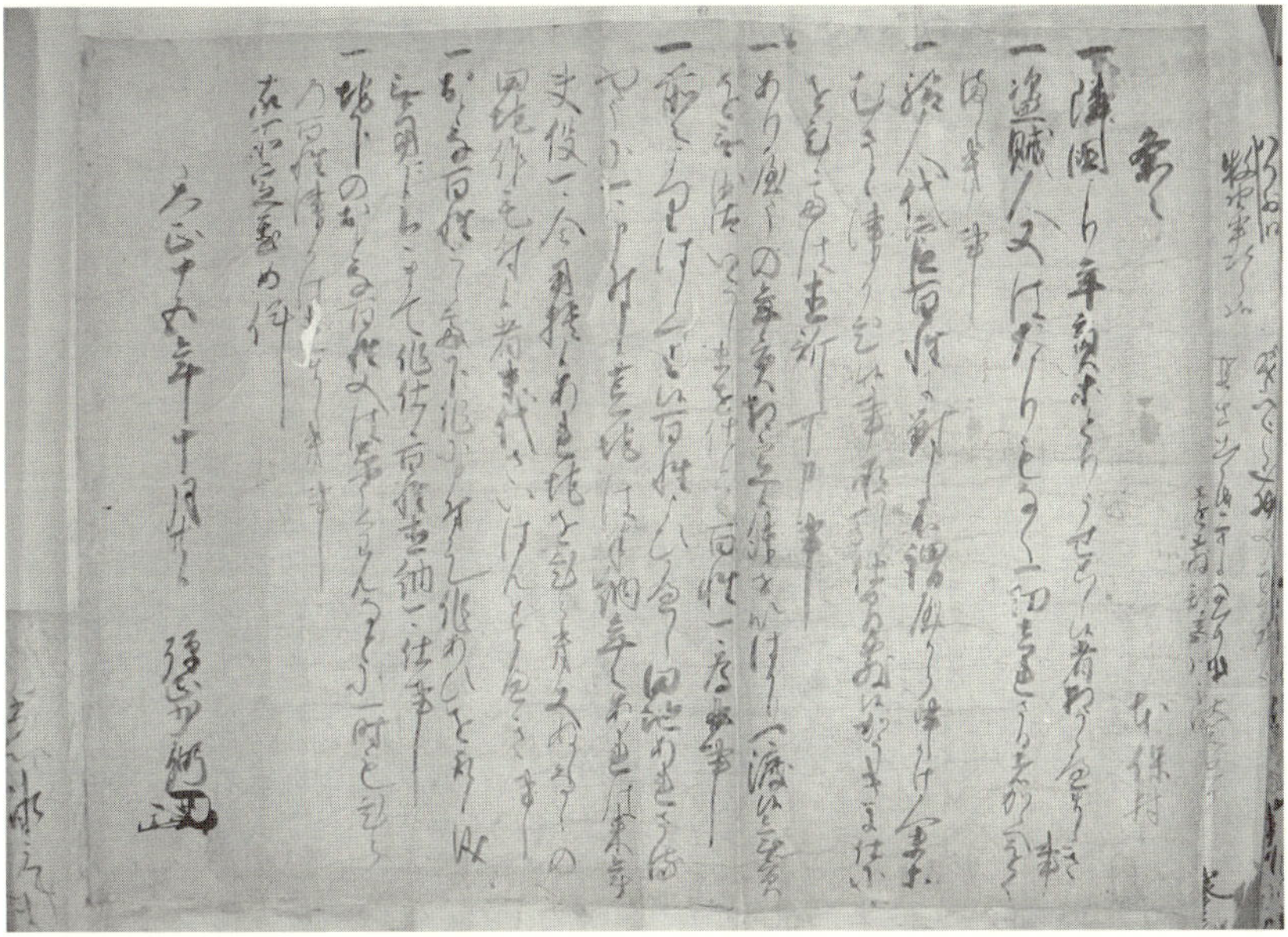

浅野長吉掟書（清水三郎右衛門家所蔵　写真提供・福井県立若狭歴史民俗資料館）

天正十五年（一五八七）といえば、本能寺の変から五年後である。光秀を討ち破った秀吉が着々と全国統一の業を進め、十三年には関白に、十四年には太政大臣に任ぜられ豊臣の姓をも賜ったが、その勢威を天下に誇示するため京都に築いていた有名な聚楽第を竣工したのがこの年であった。秀吉は翌十六年四月にこの聚楽第に後陽成天皇の行幸を仰いで大饗宴を催し、同年十月には京都の北野で画期的な大茶会を開く等々、世は正に秀吉の全盛時代であった。

この天正十五年の秋、秀吉の相婿に当たる浅野長政（当時は長吉、また任によって弾正少弼とも称す）が、若狭一国を与えられ小浜の城主となった。ここに掲げた文書は、若狭の領主となった長政が日ならずして、領内各村に下した掟書の条々である。

長政は秀吉とは特に親しい間柄にあり、秀吉の統一方針に基づいて、いわゆる近世的な治政を施し、ことに検地についての業績は著名である。また、若狭の領主として交通の要衝である熊川の発展のため諸役免除などの方法を講じたり、小浜でも諸種の制度を定めてその経済的発展を促したという。

この条々は、まず走り百姓やそのほかの浮浪者を召しかかえることを禁じ、家臣や役人の越権行為を抑制し、さらに年貢の納め方、耕田の保護について述べ、また直接農業に従事する平百姓保護の方針を強く打ち出したものである。文禄二年（一五九三）に長政が甲斐へ加増移封となった後に、若狭の領主となった木下勝俊は、何事も浅野氏の時代に準拠して民政を行ったと言われるゆえんも、この両者の掟書を比較すれば直ちにうなずかれるに違いない（もっとも私には、その微妙な差異を見のがすことは出来ないが）。

長政のこの掟書は、豊臣秀吉の政治方針を如実に示すものであり、当時における秀吉の政策を知り、かつ秀吉が日本史上に於いて果たした役割を学ぶためにも、まことに貴重な史料である。しかし、私はここでそのような大きな問題には触れ得ない。私は単に、長政の残したこの文書が、織田・豊臣から徳川時代にかけてのいわゆる近世において、若狭の領主が百姓一般に対して示した数知れぬ掟書法度類のなかで、現存するものとしては私の知る限りもっとも古いものであり、少くも若狭の農民史研究のうえではもっとも重視さるべきものの一つであることを申し上げるに留める。そして、この後には勝俊の掟書を始め、京極氏時代を経て酒井藩時代に引続き、長政の条々とほとんど全く同様の掟が、あるいは内容を具体化し、あるいは強調して幾回となく発令されているのである。

ちなみに、浅野長政が豊臣秀吉と相婿であることに関して、少し付言しておこう。秀吉の妻「ねね」すなわち後の北政所は、播州竜野の出身である木下定利の次女であったが、その妹「やや」とともに叔母の婚家の浅野家に養われていた。秀吉はねねと結婚して木下姓を称することになったが、その後、長政は妹ややの入婿となってこの浅野家を継いだのであった。長政は秀吉に重用せられて、文禄の役には軍監として渡鮮しているし、また、秀吉・秀頼二代にかけてその政治中枢に参画し、行政を処理した五奉行の筆頭ともなって活躍した。なお、忠臣蔵で有名な赤穂の城主浅野内匠頭長矩は、この浅野氏の分れで長政から四代目の孫に当たる。

また、北政所や長政の妻の兄（異母兄）である木下家定の長男が後の若狭領主の木下勝俊であり、さらにその次の領主京極高次の妻はつ（後の常高院）は、秀吉の側室淀君の妹である。これらのことから見ても、若狭国が常に秀吉の勢力と不可分の関係にあったことが考えられるし、この地域が重視されたことも充分に想像される。而して、秀吉時代のいわゆる桃山文化の華麗さや、その前後に続く為政者中心の歴史にのみ目を奪われることなく、その底辺に孜々《しし》として働き続け、時代の流れの蔭なる底力となって来た百姓たち、すなわち我らの祖先の生活にも、私は深い注目と探究を続けねばならぬと思っている。

なお、ここに掲げた掟書は、小浜市本保の清水三郎右衛門家に伝わるものであるが、昭和八年発行の『越前若狭古文書選』によると、これと同じ文書が三方町世久見の渡辺宗四郎氏宅やそのほか各地の旧豪の家にも幾通か保存されているとのことである。

木下勝俊掟書

掟

一　対給人代官等百姓、不謂族申懸、人夫等むさと遣候事、承引仕間敷候。若理不尽之儀にをいては直奏可申事

一　隣国より年貢等無沙汰いたしにけ来候百姓、又盗賊人ゆくゑも不知もの、一切不可拘置事

一　地下おとな百姓に、ひらの百姓一切つかハれましき事

一　検見又下代之者とも罷越候時、百姓として振舞一切無用之事

一　おとな百姓として、下にて耕作申付、つくりあひ取間敷事

一　年貢米之儀、相定候舛を以て可納所事

一　にけうせ候百姓、如先々よひ出し田畠不荒様に可申付候。荒地は三分一之年貢、永荒ハ百姓に遣候事右条々其意を可存候。惣別百姓之儀、一段不便候間、此上にても迷惑仕候儀於有之者、直奏可仕候。猶以可令憐愍者也

文禄四年
十一月二日　勝俊（花押）
遠敷郡本保古姓中
小四郎

この文書、すなわち小浜城主木下勝俊が施政方針として一般に布告した掟書は、若狭の農政史上に特筆さるべきものの一つであり、広く農民史を学ぶ上の貴重な資料でもある。幸いなことに、すでに三百数十年を経過した今日も三方郡の大音家など若狭の数箇所に、この同一文書が現存している。私がここに掲げたのは、小浜市本保の清水三郎右衛門家に伝わるものである。

文禄といえば、天正に続いて豊臣秀吉の全盛時代であり、文禄元年には豊太閤によって対朝鮮出兵戦争（文禄の役）が起こされているし、天正十年に始められた太閤検地は、文禄年間に面積単位も画一されて文禄検地と呼ばれるなど、我々にもなじみの深い年代である。この文禄三年に、木下勝俊は若狭小浜の城主となって六万二千石を領した。

勝俊の民政は、先の領主浅野長政の時代に何事も準拠するものであったと言われるが、この掟書は殺伐な戦国時代を経た後だけに、当時の領主として巧みな農民統御の方策が秘められており、特に「百姓愛撫の意味が強調され滲み出している」ものとして有名である。

すなわち、地方に出向いている家臣や役人が百姓に理由のない難題を申しかけても引受けるな。もし無理じいするようならば直訴せよ。「おとな百姓」と言われる村内の大百姓や家格をもった百姓に、平の百姓は一切使われないように。年貢徴収率を決めるため検見（毛見＝作見）の役人や下役どもが来たとき、百姓は饗応を一切しないことなどが強調されている。

また、走り百姓は呼び戻して田畠が荒れないようにさせよ。荒地は三分の一の年貢でよく、耕作不能となった荒地は百姓に支給する、などの条文もおおむね先代浅野氏の布告と同様である。しかし、結びの「総じて百姓というものは一段と不便（ふびん）であるので、この上にも迷惑をすることがあれば、直接に申し出て来い。なお以て憐愍せしめる（情をかけて配慮する）であろう」と言っていることは、当時としてはほかに類例を見ない異色のものと言わねばならぬ。

これは、戦乱時代の後を受け、さらに太閤検地によって百姓が新たな年貢賦課や役人制度のもとに別な苦しみを味わうこととなり、多くの欠落百姓などをも出したため、領主がその緩和策として考案した巧妙な、あるいは苦肉の方策によるものであるとも言われそうである。そして、それが事実の全てであるのかも知れない。しかし、私はこの掟書には、領主木下勝俊の人間性が、その偽りのない声が率直に表現されているものと、ひそかに信じている。

ちなみに、木下勝俊とは、豊臣秀吉の妻（寧子＝ねね）の兄である木下家定の長男として生まれ、幼少のころから秀吉に仕えて、十九才で九州に、二十二才で小田原に従軍し、また播州竜野の城主、若狭小浜の城主ともなった武将である。ところが、秀吉の死去した翌々年の慶長五年（一六〇〇）に起こった関ヶ原の合戦に先立って、徳川家康はその居城としていた伏見城を木下勝俊に預けて留守をさせたが、勝俊は石田三成などの西軍が攻撃を加えてくる前に城を脱出してしまった。後世、勝俊のこの行動は武士にあるまじき態度として痛烈に非難もされているが、これは「彼が豊臣と徳川両家の間に立って義理の板ばさみとなり、深刻に苦悩しての結果であった」という批評こそ当を得ているであろうと思う。

関ヶ原の戦後、勝俊は伏見城放棄の罪により領地を没収されて、京都の東山に引退閑居したが、ここに彼の専ら風月を楽しむ文人としての生活が始まった。時に、齢三十二才であったという。それ以後八十一才で没するまで、ひたすら風雅を友とする隠者の生活を続けたが、彼は武将木下勝俊としてよりも、その雅号により歌人「長嘯子」としてあまりにも有名であり、革新的と言われる歌風をもって今も日本文学史上に大きな業績を残しているのである。

七ツ五分ニ御納所可仕候

若狭の熊川は、豊臣秀吉のころから近江との国境に近い番所（関所）の所在地として、また若狭の中心地である小浜から京都に達する主要街道の宿場町として、特に栄えた土地である。この熊川には、近世初頭以降の各領主の判物を始め宿場としての御用日記など実に多くの古文書が、今も区有として大切に保存されている。

これらは、特にわが国の近世の交易研究史料として、広くこの道の専門家からも注目されているものであるが、そのなかに一通の文書があり、ことのほか私の目を引いて止まない。

其村当年土免ニ可相究旨被仰出候、高頭弐百拾弐石六斗三升五合物成当暮ニつる懸舛を以七ッ五分ニ御納所可仕候、此上ハ田畠少も不荒様ニ念を入耕作可仕候、自然百姓なと走申候ハヽ、相残百姓手前より弁御納所可申候、為其如此候也

以上

元和五年　　　　　　　多賀越中守

三月十九日　　　　　　　　　黒印

　　　　　　　　　　　赤尾伊豆守

　　　　　　　　　　　　　　黒印

熊川村

肝煎百姓中

元和五年（一六一九）とは徳川二代将軍秀忠の時代で、若狭の領主はその義理の甥に当る京極忠高であった。多賀越中と赤尾伊豆は、京極家の有力な家老であり、領主の意を体して領内の百姓たちへ年貢の割当てをしているわけである。

ここにいう土免《どめん》とは、過去幾年かの実績平均から定められた年貢の割当て（定免ともいう）のことであり、その年貢を請負わされること（請免ともいう）であるが、元和五年の三月に早くも、この年の暮れに物成《ものなり》として納所《なっしょ》（上納）すべき年貢の率（これを免という）を賦課されているのである。

この村の米の生産高が二一二石六斗三升五合で、年貢は「つるかけ舛を以て七ツ五分に御納所仕るべく候」とあるが、七ツ五分とは実に「七割五分」のことである。

しかも、このうえは「田畠が少しも荒れざる様に念を入れ耕作仕るべく候」とあり、さらに、もし「百姓どもが走り逃げ去ってしまうようなことがあれば、残った百姓が自分達でこれを弁済し年貢を完納申すべきである」と、命令しているのである。

地形から考えて、当時の熊川村の水田面積は決して大きくなかったはずであるが、産米の七十五％も取立てられた百姓の難渋はまったく想像を絶するものがあったであろう。

そして、これは単に熊川のみでなく、当時の若狭、あるいは全国農民の状態を示す一例に過ぎないと思われる。ただ、ここで注意すべきことは、このころの年貢の割付は、たいてい秀吉が行った太閤検地の結果に従って生産高を定めているので、実際は割付状（免状ともいい、村々に「御年貢免相之事」などと書かれて残っている）に表示されているより、よほど多くの収獲高があったと考えられることである。しだいに土地も広くなり、収量も増えているることであろうが、そのために百姓は涙ぐましい努力を続けてきたに違いない。

しかし、若狭においてこの検地の行われたのは天正十六年（一五八八）と考えられるから、元和五年までわずか三十年にしか過ぎない。おそらく、実収高は大して増えてはいまいと思われる。元和五年から約二十年の後（寛永十七年ころ）、ついに若狭では後任の領主酒井氏に対し、百姓を代表する庄屋たちの年貢軽減の歎願が開始されたのであった。このとき、新道村（熊川に隣接、現在上中町新道）の青年庄屋松木庄左衛門《まつのきしょうざえもん》が出て、あくまでこの減免の一訴願を続けついに慶安五年（一六五二）には磔刑に処されて、その目的を達したことはあまりにも有名である。

かけおち

小浜市（もと宮川村）本保に、清水三郎右衛門というお家がある。室町時代の後半に若狭の守護職であった名門武田氏の子孫であるともいわれる旧家で、徳川時代を通じて長く庄屋を勤められたときの貴重な古文書が数多く秘蔵されている。この清水家の文書の一つに、次のような「覚」（おぼえ、法度と同様のもの）がある。

覚

一　御領私領共ニ年貢引負欠落之百姓、さきさきにて宿を仕候者、可為曲事。付、欠落之百姓指図をいたし、はしらせ候もの、可為曲事事。

一　渇水におよひ前々より不取来用水、理不尽に切取候ニをひてハ、他郷之義ハ不及申、同村にても可為曲事事。

一　井水野山領境等之相論仕候時、百姓刀脇指をさし弓鑓をもち罷出候ニをひてハ、可為曲事事。付、何事ニよらす百姓致口論候時、他郷より令荷担者、本人より可重其科事。

右之条々、従　御公義被　仰出候間、存其旨下々迄堅可申渡者也。

寛永十二年十月十日

田中　釆女（黒印）

三浦七兵衛（黒印）

庄屋　本保村

まず第一条は、御領（ここでは、幕府の直轄領）でも、私領（藩の領地）でも、ともかくそこに住んで働く百姓が、年貢引負《ひきおい》すなわち年貢を納め得なくなって欠落《かけおち》をした場合に、その逃げて行く先々にて宿を貸した者は曲事《くせごと》であること。また、附《つけたり》として、欠落の百姓の指図をしてこれを逃がせた者も曲事である、と令達している。この後に続く二条も「可為曲事」、または「可為曲事事」と結ばれているが「曲事たるべし」（曲事たるべき事）とは、違法なことであり、よって必ず処罰さるべきことを意味し、曲事という場合の処罰は重きは死刑から、軽くて「たたき」「戸締め」などの刑が行われたとのことである。

第二条は、渇水になった場合、すなわち飲料水や田畑の灌漑用水について、いわゆる水飢饉が起こった場合に、「前々より取り来たらざる用水」を理不尽（無理無体）に切り取って自分の方へ流し込む者があれば、他郷同村を問わず処罰すると定めている。これは現在でいう水利権を保護して、百姓間に起こりやすい争いを防止するための条文と言えよう。

第三は、用水のことや山林原野のこと、領地境界のことなどで百姓が争論を起こしたときに、刀や脇差をさしたり弓や鑓（やり、槍）を持ってまかり出る者があれば、曲事たるべき事。また、何事によらず百姓が口論をしたときに、他所から助太刀に参加させる者があれば、それは本人以上にその罪科を重くするといって、争いの拡大を極力防いでいる。

この覚え書は、酒井忠勝が若狭の領主となった寛永十一年（一六三四）の翌年に藩の家老の名儀をもって出されたものであるが、これは歴史学者の意見によると、当時の幕府が各藩に命令したものを、藩主が百姓に対し申し渡したものであると言われる。これが結びの「右の条々、御公義（ここでは幕府）より仰せ出され候間、その旨を存じ、下々まで堅く申し渡すべき者也」の文章ともなって表われているわけである。そして、かかる命令の出されたことは、ここに取締られているような事態がすでに諸国に多発していたことを物語っているとも言われる。百姓が相論をして刀や脇差、弓槍までを持って出かけるというところに、いまだ馴致されない当時の百姓たちの面目躍如たるものがあるではないか。

しかし、こういう気骨と共に当時すでに欠落、走り百姓が相ついで現われていたことをも、この文書は明白に示している。「かけおち」とは、現代では駈落と書いて相思の男女が二人の仲を認めてくれぬ親や世間から逃れて遠く他国へ出奔する場合にのみ言うが、元来はこの文書に用いられているごとく欠落であり脱落であった。一般に走り百姓と言われたものを幕府は欠落百姓と呼んだのであるという。なお、百姓の欠落が集団で行われた場合を逃散《ちょうさん》といい、正保元年（一六四四）に起った越前丹生郡米浦一村の逃散は歴史上にも有名である。

不残死罪に可申付之事

定

一　徒党をむすひ神水をのむ事堅為御法度、若相背もの於有之者、不残死罪に可申付之事
附、其村々にてものこととうりやうを取いたつらもの有之者、前かと可申来之事

一　はてれん並きりしたんの宗旨堅御制禁たり、若其郷組中に有之者、則時に可申来之、あひかくしわきより於聞之者、急度曲事可申付之事

一　惣而ふしんなるものに宿をかし其所にかくしをくにをひてハ、曲事たるへき事

一　組中連判之村壱人も不可為被走之、自然壱人なり共はしり申もの於有之者、五人組之儀者いふにをよはす組中として五日之間に可尋之、若於遅々仕者田畠不荒様に可致之、たとひ荒といふとも其年貢あひたて其上御役等も可仕之事

附、はしらせたる其村之もの丶儀者、猶以重科たるへき事

一　はしり申もの来にをひては、宿をかし彼ものをとめをき則代官え可令注進之、若かくしをくにをひてハ過料として八木五石可出之、其上遂吟味請御意、咎によって死罪に可申付之事

附、はしり申もの丶諸道具預り申もの於有之者、急度曲事たるへき事　（後略）

寛文四年（一六六四）というと、若狭の義民松木庄左衛門が藩主に年貢の軽減を願い続けてついに磔刑に処せられた慶安五年から、十二年の後であるが、今を去る三百余年前の「定」すなわち掟《おきて》を記した古文書が、上中町三宅の旧家（昔の庄屋を勤めた名家）玉井喜太夫家に保存されている。

その冒頭には上掲の通り、百姓どもが徒党を結び神水を飲むことは堅く御法度である、もし相そむく者があれば、残らず死罪に申しつける、と断言している。神水《しんすい》を飲むとは神に供えた水を飲んで誓い合うことで、時には誓約書を火に焼いてその灰を神水に入れて飲むことも行われたという。ともかく、或る事の決行に対する誓いの固さを示すものであるが、このようなことは、すべて法度（禁制）であり、違反者は全員を死刑にすると言いきっているのである。

また、付として、村々でこのようなことの「とうりゃう」（棟梁、頭領、リーダー）となる不逞の輩があるならば、事件の前に申し出てこいと、命じている。

次は、キリスト教を邪宗門として厳禁していることによる定めである。

もし、その村々や組の中にキリシタンを信ずる者があるならば、直ちに申し出よ、万一その存在を知りながら隠しておき、ほかから情報が入ってそれがわかったならば、隠していた者も急度曲事《きっとくせごと》申付くべきの事、すなわち必ず違法のこととして処罰する、と規定している。

その次の三箇条は、いずれも「はしり百姓」の防止と、その対策について述べていると見てよい。走り百姓とは、

特に江戸時代に、生活に困窮した農民がひそかに他村やほかの領国に逃げ去ることで、この事例は全国いたる所に見られたようである。百姓にとってまことに痛ましい話であるが、領主の側ではあらゆる手を尽してこれを厳禁した。いろいろな掟書の中に、走り百姓の禁止とそれへの対処の事が書かれているが、小浜藩から出されたこの玉井家文書もその情況を知るための好資料である。

その大意を述べると、一には、不審な者が来ても宿を貸したり、隠しおいてはならぬ。二には、村の中に作られている組の者同士が連判して走り百姓を出さぬようにし、万一走る者が出たならば、五日間内にこれを探して連れ戻すこと（この項は解釈上さらに吟味が必要）。もし発見が遅れたならば、みんなでその者の田畠の管理をし、田畠が荒れても年貢は立替えて上納し、土木工事などの夫役をも代行すること。村人を走らせた者は、走り百姓以上の重罰に処する。三には、他所から走り百姓の来た時には、宿を貸してこれを家に止めて置き、だれかに直ちに代官まで注進させよ。もし隠していると過料として八木（米）五石を出させる。

そのうえで吟味を加え殿様の御意をうかがって、罪によっては死刑を申しつける。また、走り百姓の道具を預ってやった者も必ず処罰をする、と付け足している。

このあとには、代官や役人が百姓に非道のことを申しかけ物を取り上げたりしたら必ず申し出よ、とも言って秩序の維持と百姓の保護を図っている条文もある。

しかし、決められた年貢は必ず完納すること、奉行や代官から申し付ける法度（規定）には決して相そむくまじきことといい、「右条々堅可相守、此旨若於有違背之族者、糺各之軽重、急度可処罪科」と、厳しく藩主の仰せを伝えている。

附　記

小浜藩とは正確には江戸時代についてのみいうべき名称かも知れないが、藩制の原型が完成したといわれる安土桃山時代をも敢えて排除せず、また、酒井氏に至るまでの若狭農政の基本方針を示していると見られる浅野長政以下の掟書をもここに揚げることとした。

もっとも、以上は私が既に十数年前に「農民史料」と題して執筆した旧稿十二編の中から選んだものである。現在、稿を改めるだけの時間的ゆとりがないため、意に満たない点もあるが、手を加え得なかった。切にお許しを乞う次第である。

特に京極氏の農政を示す絶好の掟書（写し）が現存しており、木下勝俊時代とは異なる余程厳しい当時の状況を察することができる。

十　義民　松木庄左衛門

あらすじ

三百三十年前のことであった。慶安五年（一六五二）五月十六日、若狭の義民松木庄左衛門《まつのきしょうざえもん》は、刑場の日笠《ひかさ》川原を朱に染めて磔木《はりつけぎ》に二十八歳の生涯を閉じた。今年も、やがて緑したたるその命日が巡ってくる。

徳川家康が天下の実権を握った関ヶ原の戦いのあと、その戦功によって若狭の領主となった京極高次は、それまで小浜の後瀬山にあった城を廃止して雲浜の地に築城することとなった。

そのため、戦国時代以来うちつづく戦乱に疲弊しきった百姓たちのうえに、またもや苛酷な労役の提供と年貢の増徴という苦しみが課せられた。特に、百姓達が米と共に納めていた年貢の大豆が、一俵四斗からにわかに四斗五升に、あるいは五斗にまで引上げられたのであった。

さらでだに苦しい百姓たちは、これをどうか元の通り、京極の前の領主木下勝俊の時のように一俵四斗に戻してほしいと繰返し願いつづけた。しかし、城ができあがるまでは辛抱しろと言われて、百姓の願いは全く聞入れられないままに、やがて京極家は出雲へ転封となり、若狭の領主は酒井忠勝にと替わった。

酒井忠勝は、将軍徳川家光や家綱に仕えて長く大老をも勤め、世に名臣第一とまで称せられた有名な譜代の大名であり、中央でも大きな実力を持っていた。新しい国主を迎えた若狭の百姓たちは、好機いたれりとばかりに年貢の引下げを願い出たが、百姓の期待に反して酒井藩では、前の殿様京極家には命令どおり多く納めていたものが、領主が替わったからといって年貢を減らせとは酒井家を侮るも甚だしいといって、百姓の願いは完全に一蹴された。

京極家の時に建て始められた小浜の城は、酒井忠勝の代になって立派な天守閣もできあがり完成したが、年貢の

小浜城址

引下げはやはり実現されなかった。

そこで、寛永十七年（一六四〇）の秋には、若狭全村の庄屋や代表が集まり、皆が一致団結して、酒井の殿様にぜひとも貢納《こうのう》の大豆を四斗俵に戻して下さるようにと願うことになった。しかし庄屋たちのこの願い出はやはり聞入れられず、この嘆願運動が繰返されること九年に及んだが、ついには、主な代表たちが捕えられて牢屋にぶち込まれてしまった。

百姓たちの血のにじむような訴えに対して藩の役人たちは、おどしたり、なだめたり、たらしたりして、その行為と願いの絶滅のみをはかった。固い決意の代表者たちも、いつしか一人去り二人去り、牢屋から釈放されていった。一説によると、獄中において病死する庄屋もあったと伝えられている。そしてとうとう最後には、上中郡新道村の庄屋松木庄左衛門ただ一人が残った。

庄左衛門は、あくまで条理を尽して年貢の引下げを願いつづけてやまず、藩主や役人の威圧に断じて屈服しなかった。若狭の庄屋が一致団結して訴えを起こしてから慶安五年まで、実に十三年もの歳月が費されたといわれるが、すでに幾星霜にもわたる牢獄生活のため瘠せおとろえた庄左衛門を、しかも、どうしても志を変えぬこの義人を、ついに酒井藩の役人どもは無惨にもはりつけに処してしまった。時に、慶安五年五月十六日のことであった。

しかし、この一命を捨てて恐れず、若狭全百姓のために年貢軽減を求めつづけた義民庄左衛門の悲願は、そのはりつけの直後酒井忠勝によって聞き届けられ、大豆は元の通り一俵四斗入りに改められた。

築城と年貢

若狭は、現在では福井県の西南端を占める小さな国であるが、上古の昔から北陸・山陰と京畿を結ぶ要地として、また海上交通にも利便の地であり、水産物にも恵まれた美しい国として知られ、歴史の各時代にわたって政治上にも特別の配慮が払われてきたところであった。

室町時代の後半に若狭の守護となった武田氏は、小浜の西南に位置し『万葉集』にも歌われている名山の後瀬山に城を築いた。文武の誉の高かった若州武田氏も、やがて織田・豊臣の攻勢の前に滅ぶと、信長の重臣丹羽長秀、つづいて秀吉麾下《きか》の浅野長政、木下勝俊が若狭の領主となり、いずれも武田家の後を受けて後瀬の山城に拠っていた。長政は秀吉の相婿、すなわち秀吉の妻寧子の妹婿であり、その五奉行の当座であったし、次の勝俊（後の歌人、木下長嘯子）は寧子の兄の長男であった。

慶長五年（一六〇〇）、家康に召し出されて若狭一国を与えられた京極高次は、淀君（正しくは「淀殿」）の妹である初を娶っており、また、彼女たちの末の妹は徳川二代将軍秀忠の妻となっていた。さらに、秀忠の第四女が京極高次の子の忠高に嫁いできたことを見ても、当時の京極家の権勢がしのばれよう。なお、忠高の名は初め高房であったが、秀忠の一字を賜って改めたものである。

高次の築城は、数年を要して慶長十二年にはできあがったようであるが、その二年後、高次は小浜城中で没した。天守閣だけが築造されていなかったので、父の跡を継いで若狭守に任ぜられた京極忠高は、天守の造営を志した。しかし、その基礎を築いただけで、寛永十一年（一六三四）、忠高は三代将軍家光から出雲隠岐二国を与えられて、雲州の松江へ、今でいう栄転をしていった。

酒井忠勝の若狭入国三年目の寛永十三年には、早くも三層の見事な天守が造られて、ここに近世的な小浜城は完成し、城下町の体裁も備わった、と伝えられている。

京極家の築城に際しては、その付近に住む一村の漁民をほかへ移住させたり、小浜湾に注ぐ南と北の二大河川を海面とともに濠として利用する大工事を行ったり、と難事業がつづけられた。古書や古文書の示すところによると、若狭の海岸一帯の舟が召集されて石を運んだり、遠く秋田の野代（能代）まで板を積みにいかせられたなどのことがわかる。城郭石壁を造るため、石仏・古墳から民家の雨落の縁石まで取らせたということや、築城のため漁民の婦女までが動員されたとも記されている（『桑村文書』、『稚狭考』など）。

なお、小浜の町人学者であった木崎愓窓《てきそう》が書いた『拾椎雑話《しゅうすいざつわ》』には、次のような話がある。京極様から空印《くういん》様（酒井忠勝のこと）の御代に、「おり米」ということがあった。藩の蔵米を高い利息をつけて町家へ貸しつけるものである。町人達は大変に迷惑をした。京極家のとき、「おり米の値はただたかにしたなれば、けふごくくわぬ浜の町人」という落首をしたものがあった。おり米の値をやたらに高くするから、小浜の町人は今日も穀を食えないということで、京極忠高の名にかけて歌った鋭い風刺である。この落首をした者は、調べられて死罪になってしまった。酒井忠勝の時には、おり米の高値に困った町人一同が、訴えを起こそうとして八幡神社へ集まった。そのとき早鐘《はやがね》をついたのが忠勝の耳に入り、「諸人を騒がし沙汰の限り」ということで、張本人の二人が死罪に処せられたとある。

京極家も酒井家も、町家へは米を高く貸し付けながら、百姓に対しては年貢取立てをいかに厳しく行ったか、このことを知る恰好の資料が残されている。すなわち、元和五年（一六一九）三月十九日、京極家の有力な家老が連名で、熊川村の肝煎百姓にあてて出している年貢の割付け状がある。その要旨は、この村の米の生産高は二百十二石六升五合であるから、今年の暮に「つる懸《か》け舛《ます》を以て七ツ五分に御納所《ごなっしょ》つかまつるべく候」と命じている。七ツ五分とは、じつに七割五分を納めよということで、その割当てを早くも三月に行っている。しかも、「この上は田畠少しも荒れざるように念を入れ耕作つかまつるべく候」といい、さらに、もし百姓のだれかが他所へ走るようなことがあったら、残った百姓が自分たちでこれを弁済し年貢を完納せよ、と厳命しているのである。

走り百姓

ここにいう「走る」とは、特に江戸時代に生活に困窮した農民がひそかに他村やほかの領国へ逃げ去ることで、これを「走り百姓」といっていた。この事例は全国いたるところにみられ、百姓にとってまことに痛ましいことであるが、領主の側ではあらゆる手を尽してこれを厳禁した。

若狭では、天正十五年（一五八七）に領主となった浅野長政が赴任してくると、日ならずして領内各村に下した「条々」と題する掟書のなかに、隣国からの走り百姓を召し抱えてはならぬ、この村から他所へ走っている百姓はよび返して田畑を作らせよ、などと命じているのが、初見のようである。長政の施政方針は木下勝俊にも受継がれ、勝俊は文禄四年（一五九五）に領内の百姓に「掟」を出しているが、長政の条々ときわめてよく似ている。特に勝俊の掟書には、単に政略的とはいえないほど百姓に対する思いやりの気持ちがうかがわれ、走り百姓については「前のように呼び返して、田畑が荒れないように申付けよ。荒れた所は三分の一の年貢でよく、耕作不能なまでに荒れてしまった所は百姓に遣わす」といっている。

これが京極家の時代になると、走り百姓の取締りはじつに厳重なものとなっている。寛永五年（一六二八）、忠高の時に「国中郷組御定《ごうぐみ》」として出された条々をみると、全五条のうち第四条までが、走り百姓の禁止とそれに関する罰則である。これは時代の趨勢であると共に、京極家の時に百姓の苦しみが並々ならぬものとなったことを示しているように思われる。

寛永十二年、すなわち酒井忠勝が若狭へ入国した翌年、家老の名をもって領内各村の庄屋あてに「覚」と題する御法度を出している。その第一条に、他の領地から年貢も納めないで欠落《かけおち》してくる百姓に宿を貸してはならない。また、この欠落の百姓に指図をして逃げ走らせたものも処罰するなど、と定められている。この覚書は、結びの文章から判断して、幕府から各藩に命令したものを、さらに藩主が百姓に対し申し渡したものと見られている。一般に「走り百姓」と言ったものを、幕府では「欠落百姓」と呼んだということである。「かけおち」とは、現代では

「駈落」と書いて相思の男女が手に手を取って出奔することのみをいうが、元来はこの文書に用いられているごとく、欠落であり脱落であった。

すでに忠勝が没して二年後の寛文四年（一六六四）には、また酒井藩の重臣が連名で百姓に対し「定《さだめ》」を出している。まことに厳しい命令書であって、ここでも走り百姓の禁止が繰返され、走り百姓が来たときに隠したりしたら、罪状によっては死罪にすると言っている。さらにこの掟書の最大の特徴は、冒頭の条文にあり、すなわち、「徒党を結び神水を飲むこと堅く御法度たり。もし相背く者これあらば残らず死罪に申しつくべきの事」と断定されている。もし、百姓が団結して神に誓いを立て、何かを決行しようとするならば、それだけで全員死刑だ、という時代だったのである。

礫罪のこと

注意すべきこととして、明治の初めまで、一般に松木庄左衛門の訴願や処刑のことは酒井忠勝のときではなく、その前の殿様京極家のときに行われたものである、との言い伝えがあった。驚くべきは、義民の追悼法要までが、たとえば文化末年（一八一八）に二百年忌が、慶応四年（一八六八）に二百五十回忌が、それぞれ行われており、逆算すれば庄左衛門の刑死が元和五年（一六一九）、すなわち京極忠高の時とされていたことになる。しかし、これは明治維新まで若狭の藩主として君臨した酒井家の忌諱《きい》に触れることを恐れた結果にほかならない。義民松木氏を初めて日本全国に紹介した記念碑的名著、小室信介編著『東洋義人百家伝』（明治十七年刊、現在『東洋民権百家伝』として岩波文庫にあり）に収録されている「松木左衛門長操伝」も、この年代説にしたがって書かれている。

一方、文化末年（一八一八）のころ、上中郡天徳寺村の帳面に、これが「承応元年五月十六日」のことと記されていることが知られていた。じつは、「承応」の改元は九月十八日であったので、厳密に言えば、この年の五月十六日は慶安五年であったこととなる。さらに、明治の中葉以降になって『玉露叢《ぎょくろそう》』に、これが酒井忠勝時代の事件であったことが明記されていることが発見された。これは、享保五年（一七二〇）に酒井藩の家臣嶺尾《みねお》信之によって書かれたもので、それ以前五代の藩主の言行を敬仰の心を込めて筆録したものである。ここには、特に忠勝の言行が多く記されており、しかも忠勝の没後五十八年後の記録であるので、きわめて注目すべき資料である。この『玉露叢』による年代の確認は、明治末年に熊川村役場において逸見勘兵衛翁によって編集された、『松木長操氏之傳記』の「緒言」に初めて発表されている。

松木庄左衛門肖像画（松木家蔵）

なお、この傳記は、その後度々印刷に付されて世に出されたもっとも簡潔にして要を得たる古典的な名著である。小野武夫編『徳川時代百姓一揆叢談』（上冊）冒頭の「松木長操伝」（熊川村役場編）も、その一本を収載されたものである。ちなみに、林春斎が著わしたと言われる徳川将軍家の編年史である『玉露叢』があって広く世に知られているが、酒井家のものとは同名ながら全く別書である。頼山陽の『日本外史』の引書に見える『玉露叢』は、おそらく徳川家のものであろう。

さて、酒井家の『玉露叢』の義民に関する記述の要旨を掲げると、次の通りである。

若狭諸郡の大豆年貢の納め方、只今のごとくにては永々百姓の難儀、百姓の難儀は御領主の御難儀であるので、今後は改めていただきたいと、若狭全郡の名主（庄屋）が一致して願い出た。忠勝君はこのことを聞かれ甚だ怒らせ給い、この願いの頭取を糾明された。上中郡新道村の庄屋で松木という者が頭取であることがわかったので、彼の者を日笠河原で磔罪にせよと仰せ付けられた。そのとき、彼の庄屋は磔木の上から、見物の百姓衆よ、よく聞くべし。我は只今、諸百姓のために磔にかかるぞ。大豆貢納のことは願いの通りになるべし。この恩を思いて我が命日には回向せよ、と高声に呼ばわりて死にけりと。彼の言ったごとく、磔罪にはされたけれど、大豆の納め方は、願いし所も願わざるところも、ことごとく願いのごとく改められた。

さらに、そのころ、あの庄屋は無理な御仕置にあったと言って一般の人々は批判したが、忠勝君も御領分を治める御政務の中で三度非道な事をしたが、この度の磔刑もその一つであったと仰せられた、ということである。その願いの筋も道理にかなっているので、今後の押えのために罪には落したが、申し出の通りに御免許があったのだ、とも書かれている。

若狭の郷土誌『拾椎雑話』は、『玉露叢』に遅れること四十年の宝暦十年（一七六〇）に著わされたものであるが、この中にも「新道村松の木と申す者、日笠川原にて磔罪」のこととして、『玉露叢』と相似た記事が収められている。しかし、ここではすでにその事件を「京極家の時、或は酒井家の始とも云」と書いている。なお、大豆の舛目《ますめ》について、従来四斗であったものを「その後五斗入にて納め申すべきことに相成り候につき」そのため訴えを起こしたと述べているのは、ほかに見ることのできない記録として貴重である。一般に舛目は四斗五升に引き上げられたと言ってきたが、これも藩主に対する憚りから五升を控えて言うことになったのでなかろうか。

大豆を手向ける

『玉露叢』にも『拾椎雑話』にも、若狭の百姓がその当時から毎年、義民の霊を祭るために大豆を手向けてきたことが述べられている。若狭の国の各地で、秋になって大豆が穫れると、これを煎ったり、まれにはゆで豆にして、それぞれの家で一番に神棚に供え、「松木《まつのき》さんにお供えする」という習慣が近年まで続けられてきた。言うまでもなく「松木さん」とは、若狭の百姓たちが心からの尊敬と親しみを込めて、義民松木庄左衛門を呼んだ昔も今も変らぬ呼び名である。まことに残念なことながら、最近このような風習がほとんど衰えてしまったが、以前には大豆

松木庄左衛門の墓（正明寺）

の初穂を松木さんに供えていたという話は、若狭のいたる所で聞くことができる。

『玉露叢』などにも記され口伝えにも残る日笠川原とは、もと上中郡日笠村、今では上中町日笠の北東にあたり、この地帯の主流北川の造った川原であった。現在、処刑の地点はここと定かに知ることはできないが、この周辺のどこか一画を示す目印の意を込めて、一本の老松のもとに「義民松木長操遺蹟」の標柱が立てられている。その当時、この日笠村とは、丹後街道から京都に通じる若狭街道の分かれ出る所であり、おそらく、天下の大老の威厳をより広く街道往来の人々に、また諸国に誇示するため、この日笠川原が処刑の地として選定されたのではあるまいか。さらに、時あたかも慶安四年に由井正雪の乱あり、全国の不穏の輩を鎮圧すべく大老酒井忠勝みずからが号令している時であったことも、見過ごしてはなるまい。

庄左衛門の処刑後、遺体は同じく日笠村の禅刹正明寺《しょうみょうじ》に引き取られ、丁重に葬られた。気骨ある住職の計らいによるとも言われている。今この寺の山門をくぐると、すぐ左手に「松木長操《まつのきちょうそう》居士」の墓がある。寛延二年（一七四九）、日笠村中による建立で、死後九十七年にして初めてその法名を表面に刻むことができたものと思われる。しかも、これが現在確認できる最古の墓標であり、松木家の墓地に建てられた安永三年（一七七四）のものよりも古い。

なお、上中町井ノ口の常源寺には、表に南無阿弥陀仏の名号を彫った自然石の大きな墓碑があり、裏面に「宝暦十一年（一七六一）辛巳二月十五日、長操菩提」と刻まれている。また、同じく三宅の久永寺には、それより百余年を隔てる文久二年（一八六二）造立の金剛般若の石塔があり、側面に小さく「松木長操居士菩提」と銘刻されている。領主を憚る義民とは、このように祀り続けられてきたのであった。

昭和八年、新道村の真向かいに当たる熊川の高台に、義民敬慕の熱誠に燃える岡本一雄氏（上中町安賀里出身）を始めとする篤志家たちの尽力と、多くの崇拝者たちの協力によって、松木神社が創建された。四季を通じて美しく見晴らしのよいこの境内は、不思議にも、酒井藩の年貢米を収納した米倉の跡地を、たまたま求め得たものであると聞く。この松木神社を始め、正明寺や生家松木家にあるお墓、あるいは明治二十四年（一八九一）に日笠に建てられた顕彰碑の前には、今も詣でる人が絶えない。

その人となり

松木庄左衛門の死後、その家は廃絶されることなく、その実弟によって受け継がれ、子孫は今に続いて旧名家の歴史と風格を伝えている。『玉露叢』の記事のなかにもすでに、「末今にあり」と書かれている。現在、上中町新道のこの松木家に伝わる系図そのほかの文書によると、庄左衛門の祖父は京都の公卿藤原宗藤の落胤である旨が明記されている。この公家は藤原氏の支流であり、室町時代の初めから松木氏と称するようになった。代々筆道と楽道《がくどう》をつかさどった名門である。昔、庄左衛門の家から公卿松木家へ女中奉公に上がっていた娘が、懐妊して生まれた男子が新道村のこの家に母と共に帰ったと言われ、そのため公家の名を賜って「松木」を姓とし家号ともするようになった、と伝えられている。「松木」と書いて「まつのき」と読む点も、両家が古今を通じ一致して

松木神社

いるところである。

なお、この義民の名を「荘左衛門」と書くことは、明治以降に流布したようであるが、松木家の系図には古くから「庄左衛門」と書かれている。また、「長操」とは義民を称える歿後の贈名であり法名であるので、当然のことながら「ちょうそう」と読まれている。最近、二三の歴史書にみられる「ながもち」などという訓読は、当の松木家でも全く関知されないところである。さらに、研究者によっては、この公卿落胤説をきわめて重視する人と全く無視する人とがあるが、いずれにしても私は、この松木家が古くから小さからぬ力と伝統（隠然たる実力と格式ともいえようか）をもった家柄であったと信じている。

ある歴史学者は、「松木庄左衛門は、時を得て風雲に乗ずれば一国一城の主ともなった器量人であったであろう」と断言しておられる。もし彼が時の権勢に迎合したならば、自らの身分や家柄の安泰は、保証され栄進をも得たに違いない。にもかかわらず、自己の全てを犠牲にして若狭全百姓のために、ついには同志のすべてに離反されてもなお、その志を貫き通したことに、私はもっとも強く心を引かれるものである。古書に「志ヲ得レバ民ト之レニ由リ、志ヲ得ザレバ独リソノ道ヲ行ナウ。富貴モ淫スルコト能ワズ、貧賤モ移スコト能ワズ、威武モ屈スルコト能ワズ。コレヲコレ、大丈夫ト謂ウ」との名言があるが、義民松木長操こそ、正にこの言葉どおりの「大丈夫」にほかならない。

時は流れて、三百有余年後の今日、「米を作るな」とまで命じられている農村情勢を見ていると、うたた隔世の感がしないでもない。しかし、義民庄左衛門と農民の歴史の研究を続けるうちに、私は、いつの時代を通じても変らぬこと―百姓とは、いつも下積みであり、好むと好まざるとにかかわらず、支配者の政策のしわ寄せを背負わされるものである―との思いが去来してならない。政治家の考え方や態度も、本質的には少しも変っていないのではないか。いや、むしろ昔の為政者には為政者としての道がわきまえられていた、とさえ言える。

今もなお、若狭の地に、若狭の人々の心のなかに、脈々として生き続ける義民松木庄左衛門。義民長操の生死こそ、我々農民に、さらにすべての人々に道理と人間愛の尊さを、また、大丈夫の道を教え続けてやまないものである。

十一　行方久兵衛の事績

若狭なる三方の海の浜清み
　い往き還らひ見れど飽かぬかも

遠く万葉の昔、旅行中の歌人も立ち去りかねて詠歎した若狭の海、特にその東部に位置する三方郡の海浜は今もことのほか美しい。もともとこの三方とは三潟の意であって、ここには三つの大きな湖と二つの小さな湖が相接して存在し、そのうち二湖が日本海に通じるなど、それぞれ形や大きさだけでなく水質や生物までも各々特有の性格をもっているといわれる。現在ではこれを総称して三方五湖とよび、この周辺をめぐってさらに眺望絶佳の梅《ばい》丈岳《じょうだけ》（もと万丈岳、標高三百九十五メートル）にまで登る観光道路も整備され、文字通り山紫水明の美を求めて来訪する観光客が近年はなはだ多くなっている。

時は寛文二年（一六六二）五月一日のこと、この美しい若狭の地を突如として襲った天変地変―歴史上にも特筆されている大地震があった。今もこの土地の旧家（美浜町金山の行方弥平治家）に残る古記録によると、この日はそれ以前から天地自然の様子がまことにおかしい状態に感じられたが、「巳の刻（午前十時）に至り申酉の方（おおむね西南西の方角）より大地震おびただしくゆり出で、大小震動すること申のさがり酉の初め（午後五時過ぎ）までも少しもやまず大地を打ち返すばかりにて、親は子を呼び子は親に抱きつきておめき叫ぶ声、実にたとへて言はんかたなき。悪鬼羅刹の異国より攻め来るもかくあるまじき物をと、我と我が身の置き所なきことをのみ歎き悲しむ有様は、ただ吹く風の荒波に舟にて渡海する心地にて息をつぐ暇もなき。かくの如くなるゆゑ、在々所々の神社仏閣まで屋根の瓦の一つとして地に落ちずと言ふことなし。天下万民、村々過半つぶれて人馬多く死す」云々と、その状況を書き留めている。

この寛文の大地震は、若狭湾一帯から大阪湾にかけて揺れたものらしく、『徳川実紀』そのほかの記するところによると、近くでは若狭小浜城の天守閣が崩れ、丹波では亀山・篠山、近江の膳所・彦根、摂津の尼ヶ崎の諸城が崩れた。また、京都では二条城の外部が破損、宇治・大津では倉廩（米ぐら）が崩壊し、江州朽木谷では領主朽木貞綱が圧死したと言われるほどの大異変であった。ところで、この地震は特にここ三方湖とその周辺においては、その東北側の湖岸が海にいたるまで大いに隆起し、逆に西南側が沈下して、全く想像もできない大災害をもたらした。すなわち、三方湖・水月《すいげつ》湖の水は海に通じる久々子《くぐし》湖へと流れていたが、その通路にあたる気山川の河口附近の地盤が二・五メートルあまりもゆり上げられて、湖水の排出が完全に塞がれてしまった。このため、三方・水月の湖水はみるみるうちに氾濫し、ところによっては三・六メートルを越える高さにもなって、湖辺十一箇村を水底に飲んでしまった。住みなれたわが家も田畑も捨てて、あちらこちらの谷間や山陰へと命からがら避難した住民たちの不安と惨状は察するに余りあるものがあった。

この時に若狭の領主は、長年大老として幕政に参画し今は致仕《ちし》して隠居中の空印酒井忠勝の長子、酒井修理大夫忠直であった。忠直は、三方湖一円の非常事態を聞いて、「この村々の難儀を見捨て、また若狭古来の石高を減少にまかせることは国王としての恥辱である。小浜城内の普請は後回しにして、急いで三方湖畔の救援対策を講ぜよ」と命じ、藩士の行方《なめかた》久兵衛と松本加兵衛を現地に派遣した。両人はただちに綿密な実地踏査を行い、まずは地震で隆起した気山川の浚渫を考えたが、どこを掘ってみても花崗岩の岩盤が盛り上がっていて原状に戻すことは不可能となっていた。また、曲折が多くて千数百メートルにもおよぶこの気山川は、将来永久に湖水を排出する水路としては不適当であると判断した。このため、ここに浦見坂《うらみざか》開鑿という一大工事の計画が切実な問題として採り上げられるにいたったのである。これは、今まで三方・水月両湖の水は菅湖から気山川を経て久々子湖へと流れていたものを、水月湖から直接に久々子湖へ流すべく、その間の丘陵、すなわち浦見坂を掘り割ろうとするものである。このことは、すでに酒井氏の前の領主京極氏時代から、三方湖の干拓によって湖畔に新田を得ようとする目的で再三にわたり試みられた計画であったが、至難の業ということでとうてい実現には至らなかった。しかも、それがいつも京都の豪商などの新田の半分を賜わりたいという願いから企画されたことであったのに、思いもかけぬ大地震の惨害は、地域の住民と藩自身のためについにこの浦見坂開鑿工事の敢行を決意させたのであった。

全ては、急を要することであった。行方・松本の建議を採用した藩主忠直は、ふたたび行方久兵衛と梶原太郎左衛門の両人を総奉行として、さっそくこの大工事を開始するよう命令した。両奉行は直ちに浦見坂に行き、普請小屋を建てさせ、工事に要する器具を小浜の鍛冶職に作らせるなどの諸準備をし、千人を越える人足に鍛冶・大工・杖突など数十名を加える陣容を整えて、いよいよ工事に着手した。その鍬初め、今いうところの起工式は寛文二年五月の二十七日であったという。

人夫たちは、二手に分れて浦見坂の南と北からこれを掘り下げることになった。工事は着々と進捗したが、やがて峠の南に一面なめらかできわめて堅い大磐石が現れた。さらに峠の北にもまた大磐石が出て、普通の人夫や工夫ではこれを割ることが不可能となった。奉行の行方は、京都の白川から百人余りと越前からも同様の石工をやとい入れ、また人足も増員して工事を進めさせた。ところが、岩壁は底になるほどますます固く、仕事も行き詰まり状態となり、石工も人夫も全く気力を失ってしまった。奉行の激励も命令も今は聞こうともしないで、大勢の者がそれぞれ小屋に集まって悪口をいい、奉行の無謀を嘲笑するのであった。このとき、「掘りかけて通らぬ水の恨みこそ底なめかたの仕わざなりけれ」と、浦を見る意の浦見に恨みを掛け岩のなめらかで固いことに行方を言いかけた狂歌や、工事を厭い奉行を嘲弄する多くの数え歌などが作られて、しきりに歌いはやされたことが言い伝えられている。

このような状態では工事も進まず、いたずらに出費がかさむだけであるからというので、御普請も中止してはとの評議さえされるにいたった。「さるにても久兵衛残念に存じか様のことにはとかく神の冥助を祈るより外これなしとて毎夜上瀬の社に籠り申され候」と古書『逢昔遺談』は記録しているが、このとき行方久兵衛の心中はいかばかりであったであろう。この上瀬の社とは、気山川のほとりに鎮座される宇波西《うわせ》神社のことで、北陸道の式内社三百五十二座のうち月次祭の奉幣が行われた唯一の名神大社として、古来有名な神社であった。こうして参籠七日目のこと、神前にまどろむうち霊夢のなかに「今少し北に寄せて掘れ」とのお告げを被った。彼は急いで人夫たちを招き集め、この旨の指示を与え、今ひといき精励するようにと命じた。半信半疑で仕事に取りかかった石工人夫ではあったが、不思議なことにわずかの違いでここは初めと異なって、岩盤を切り開くことが可能であった。一同は大いに勇み立ち、工事も大いにはかどって、ついに九月十七日狭いながらも一筋の水路を切り通すことができた。

宇波西神社

　五月から氾濫していた湖水は、いわゆる決河の勢いで久々子湖へと吐き出されたが、新しい川底の左右の土石を洗い流し、特に西岸一帯の岩石を大いに崩した。このことによって水路を広くするのに非常な便利が得られ、一同勇気が倍加するのであった。これより湖水は急速に減退して、十二月には早くも湖畔の数村の村民は自分の屋敷へ立ち帰ることができた。そこで十二月六日、ひとまず工事を中止して全員に休養を与え、明けて寛文三年正月二十五日に再開、その年五月一日にいたって、さしもの大工事も完成をみた。湖水は減少を続けて、その後十日ばかりで湖辺の浸水村落は残らず原状に復帰し、さらに九町七反四畝余の新田を得たのであった。

　藩主酒井忠直は、同年七月自ら現地におもむいてこれを視察したが、翌年にいたって三方・水月・菅の三湖と久々子湖の水準を平均させるようにとの命を下した。このとき両者には約二メートルの落差があったと言われているが、寛文四年二月、またも行方久兵衛は浦見にきてこの工事の采配を振った。また浦見坂を切り下げると同時に、久々子湖から海に注ぐ早瀬川を浚渫し、従来の川口を四倍以上の十六メートル余に広げ、両岸に石垣を積むなどして湖水の排出を充分ならしめた。このとき久々子湖畔にも十二町余の新田を生じたし、三方湖周辺においても数百石の新田ができて、「生倉」と「成出」の二村が作られた。これは、「田地は、いくらも成り出でん」の意味による命名であったという。

寛文二年五月二十七日に始まった浦見坂開鑿工事は、ここに全て竣工をみたが、時に同四年五月二日であった。浦見坂の切通し、すなわち今いう浦見川は長さ三百二十余メートル、山の頂上から川底までの深さ四十一メートル、川底の幅七メートル余、工事に要した延人員二十二万五千三百四十九人、あるいは三十万七千三百五人ともいい、費用は米三千四百五十九俵六升三合九勺、銀九十九貫七百七十四匁八分九厘七毛であったと伝えられている。

この大工事の惣奉行として、時には四面楚歌のなかに立ち最大の辛酸をなめ尽しながら、これを大成させた行方久兵衛の功績は、まことに大きいと言わねばならない。行方久兵衛、名は正成、久兵衛は通称。先祖は常陸の人、祖父は小田原の北条氏政に仕えていたが、天正十八年（一五九〇）主家滅亡の後は上総の山辺の庄に世を忍ぶ生涯を送った。父の正通は、祖父にも劣らぬ勇士であったが、ところどころ転々ののち川越の酒井忠勝に仕え、若狭小浜に転封のあと郡奉行に挙げられ、禄二百四十石を賜った。久兵衛正成は、その長男として元和二年（一六一六）に生まれたが、二十八歳のとき父の病没にあって家督を継ぎ、百四十石を給せられた。三十六歳にして御作事奉行となり、四十四歳で三方郡奉行に進んだが、三年後に寛文の大地震に直面したのであった。

彼の開通せしめた浦見川は、今や三方五湖遊覧の名勝として観光客の注目を浴びているが、流れに沿って舟でこれを下るとき、その右岸岩壁の中央下方に約二メートル四方のマス形の痕跡が認められる。これは世に「浦見坂御普請」と称されたこの難工事の完成したとき、これを記念してその始末と奉行の名などをここに彫りつけさせようとした名ごりであるという。すなわち、久兵衛の問に対して石工は、念を入れて彫刻すれば百年はもつだろうと答えたが、このとき彼の母は、「石に彫った文字など、いつかは消えてしまう。本当に立派な仕事がしてあるのならば、その仕事の成果と共に名前も後世に残るであろう」といって、その彫刻に反対したという。その意見にしたがって文字を刻むことを中止させたので、マス形だけを留めることとなったが、賢明な母の言葉どおり、行方久兵衛の名はその工事の大成果とともにいつまでも消えることはない。若狭の産んだ国学者伴信友は、『故郷百首』のなかに「浦見坂岩きりとほし行水の流れての世にのこるいさをか」と詠んでいるが、浦見川の美しい流れを見るたびに往時をしのんで深い感慨にひたらずにはおれない。

行方久兵衛は、浦見坂開鑿工事に次いで、もと耳庄（現在、美浜町）佐野村の野口から耳川の水を引いて、宇波西川にいたる八キロメートルに近い灌漑水路を通じさせた。これが荒井用水と呼ばれるもので、これによって現在美浜町の金山や大藪などの原野を開拓して新田二百十余石を得、また流域の多くの水田に灌漑の便を与えてこれを良田と化したのであった。荒井用水の竣工後、彼は勘定奉行となり前後十年藩の財務に尽力し、あるいは関東組者頭役となるなど精励を続けた。六十六歳で職を退き、以後は風月を友として余生を送ったが、貞享三年（一六八六）八月十二日、七十一歳を一期として小浜で病没した。法名を仏性院無久といい、小浜の本法寺に（後には、同所の本行寺に）葬った。

浦見川　枡形

大正十年七月、八村（三方町）気山の宇波西神社境内の前に、三方湖辺水害予防・荒井用水両組合によって、「行方久兵衛翁頌徳碑」が建立された。名和又八郎海軍大将の書になる、約三メートルにもおよぶ自然石の堂々たる碑である。自らは刻まなかった行方の名は、今も深く三方湖畔一円の人々の心に銘記され、また、この地を訪れる多くの観光客の胸裡にも消え難いものとなっている。

附記

本文中に、寛文二年五月一日の地震について美浜町金山の行方弥平治家に伝わる古記録を引用している。延宝年間に書かれたと見られるこの「浦見御普請并大地震之事」には、三方五湖周辺の情況だけでなく、若州については「小浜御城天守櫓并土蔵に至るまで棟の瓦の木のくれに至るまで悉く地に落ちずといふことなし」などとも記している。さらに、隣国近江の安曇川上流にある葛川谷の惨状を詳述し、「ゐのき」という在所は東の山が崩壊して屋敷七十四軒、男女四百六十三人、馬三十六疋ことごとく埋没し、葛川は堰き止められてにわかに横十五、六町上下一里八町ばかりの水海が出来したと記している。

『拾椎雑話』巻二十一「天変」のなかにも、この震災の摸様が詳しく書き留められているし、『徳川実紀』の中（「厳有院殿御実紀」）にもこの災害について記録されていることは、本文において述べた通りである。なお、『藩翰譜』を見ると、朽木貞綱は宮内大輔で天文十九年（一五五〇）に三十三歳で戦死しており、その孫に当る宣綱は「兵部少輔、万治二年（一六五九）十二月廿二日致仕、寛文二年五月朔日地震の為死、八十一歳」とあるから、『実紀』のいう朽木入道とは、この宣綱のことである。

行方久兵衛の悉配を振った今一つの事業、「荒井用水の開通」に関連する文書である「金山村大藪村江掛候井守役儀可相勤覚書」は、行方弥平治家に伝わっており、美浜町佐柿において、武長道勝が書いたといわれる「弥美川流域変遷並水論記」なるものも某所に存在している。

著者は、本稿執筆後、昭和五十一年夏に、東京大学地震研究所の宇佐美龍夫教授を三方五湖にご案内した。宇佐美先生は、この大地震の規模について、マグニチュード七・六とされていることを申しそえておきたい。

十二 「膳臣」と伴信友

わが国近世考証学の泰斗とも言われる若狭の国学者、伴信友の名著の一つに『若狭旧事考《くじこう》』がある。これは若狭の旧事《ふること》、とくに国郡郷の地名を古書の記録などにもとづいて考証したものである。このなかに、まず挙げられているのは若狭の国名の由来である。

『日本書紀』履中天皇の三年冬十一月六日の條に、天皇が皇后と共に舟遊びをされているとき、膳臣余磯《かしわでのおみあれし》が酒をついで差し上げたところ天皇の御盃に桜の花びらが舞い落ちたとあり、この珍しい現象を喜ばれた天皇から、余磯は「稚桜部臣《わかさくらべのおみ》」という名を賜ったとある。これによって信友は、こうして余磯が賜った嘉号の「稚桜」という名を領有する国名にもつけて、「和加佐《わかさ》と称《い》えるにぞあるべき」といい、若狭についての美しい語原説を提供している。

伴信友肖像画（小沢市教育委員会所蔵）

また、この「稚桜」の記述の前後には、余磯の先祖に当たる磐鹿六雁命《いわかむつかりのみこと》（六猦命《むつかりのみこと》とも）のことが詳述されている。すなわち、『日本書紀』景行天皇五十三年十月には、六雁命が白蛤《うむき》（はまぐり）を膾《なます》に作って天皇にお進めし、その功を賞されて膳大伴部《かしわでのおおともべ》を賜ったこと。『高橋氏文《たかはしうじぶみ》』は、このことをさらに詳しく述べており、料理を献った天皇から長く宮廷の食膳のことを受け持って奉仕せよと命ぜられ、「膳臣《かしわでのおみ》」という姓を賜ったと記されている。

『高橋氏文』には、六猦命が病で亡くなったとき景行天皇は大いに悲しみ、親王の式に准じて葬儀が行われたといい、六猦命の子々孫々に

脇袋をのぞむ（写真提供・若狭町）

いたるまで若狭をその領国とせよ、との宣命を賜った趣が見えている。なお『国造本紀』には、允恭天皇の御世に膳臣の祖佐白米命《さしらめのみこと》の児荒礪命《あれしのみこと》を若狭の国造に定め賜うたとあるが、荒礪命とは履中天皇紀に見える膳臣余磯のことである、と説明している。また『新撰姓氏録』にも、磐鹿六雁命を大彦命の孫として同様の記事があり、天武天皇十二年（六八三）には膳臣を改めて「高橋朝臣」を賜ったとある。

膳臣の子孫であるこの高橋氏が、磐鹿六雁命以来天皇の供御のことに奉仕し、その後も内膳司に仕えてきたが、延暦八年（七八九）に自家の由緒を書いて朝廷に上申したものが『高橋氏文』である。その全文は現存しないが、諸書に引用された逸文によって、略々完全な形が復元できるとされている。『若狭旧事考』に、「いとめでたき古伝なるを、おのれかき集めて別に注せるものあり」と記されているごとく、信友には『高橋氏文考注』なる著述があり、その貢献はまことに大きい。

『若狭旧事考』『高橋氏文考注』とも、信友の著作のなかでも特に故郷若狭の歴史を正しく解明しようとする学究心と愛郷心が、ひしひしと感じられるものである。ことに感に堪えないこととして、『旧事考』には「膳臣」に関係ありと思われる「膳部山《ぜんぶやま》」というのが、遠敷郡上中町瓜生庄（現、上中町）にあること、「旧《もと》はカシハデと唱《い》ひて、膳臣に由ある大名の地の、もはら山名に遺れるにもやあらむ」と明記していることである。この膳部山の麓の瓜生村脇袋（現、上中町）には、大正五年に発掘された「西塚古墳」を始め、若狭で最大を誇る「上ノ塚古墳」などの前方後円墳が存在する。若狭のなかでももっとも多くの古墳群を擁するこの一帯こそ、その昔の膳臣の本拠地であったであろうとの思いは、近年その調査の進行と共に益々深くなっている。

十三　若狭の杉田玄白 ―日本近代医学の先駆者―

江戸、小浜藩下屋敷で生まれる

日本の近代医学、また近代文化の先駆者とも言われ、特に『解体新書』の翻訳者として有名な杉田玄白は、わが若狭の人、小浜藩の藩医であった。小学校の社会科の教科書にも、杉田玄白は「小浜藩（福井県）の医者」であったことが書かれているが、案外このことを承知されない方々が少なくない。

杉田玄白は、徳川吉宗将軍の時代、享保十八年（一七三三）九月十三日、江戸の牛込矢来（現在の新宿区矢来町）の小浜藩主酒井侯の下屋敷で生まれた。父は小浜藩医の杉田甫仙、母は蓬田玄孝の娘であったという。この時、母親は大変な難産となり、出産の後亡くなっておられる。みな産婦を助けることにかかり切りになっていたが、布切に包まれて側に置かれていた赤ん坊は、幸いにも無事であり、これが母の一命と引き替えに誕生した、杉田玄白の劇的な人生の始まりであった。

杉田玄白画像
（早稲田大学図書館所蔵・重要文化財）

玄白の父甫仙は、医家としての杉田家の二代目で、小浜藩主酒井家の忠音から忠貫までの五代に仕え、奥医師にも任じられた藩医であった。その甫仙の父で玄白の祖父に当たる初代杉田甫仙は、越後新発田《しばた》藩を去り若狭に来て、元禄十六年（一七〇三）に、酒井家に召し抱えられたという。玄白が生まれた時には二人の兄と姉一人がおり、実母の歿後に迎えられた養母（甫仙の後妻）には、一女（妹）が生まれている。

少年時代若狭・小浜で過ごす

江戸詰であった父甫仙が、元文五年（一七四〇）九月に、国元の小浜詰を命じられたので、玄白たちも若狭小浜に帰って来た。この時、玄白は数え年八歳であり、父が再び江戸詰となる延享二年（一七四五）五月、十三歳まで、ちょうど現在の小学生の年代を、郷里の若狭で暮らしたことになる。

感受性の強い少年期を小浜で過ごしたことは、いろいろな人々との接触、あまり頑健でなかった玄白が美しい自然の中で育ち得たことなど、将来のために好ましい体験であったと言えよう。玄白が七十歳の時に書き、後に出版された『形影夜話《けいえいやわ》』の中に、この小浜在住の時の思い出として、それぞれの技の達人とも言うべき幾人かの事例を、直接に見聞したことが述べられているのも、その例証であろう。

初代の祖父は二代目の甫仙をきわめて厳格に訓育したようであるが、父の甫仙はわが子の玄白に強制するようなことはなく、その自発を待ったようである。玄白の長兄は早世し、次兄は他家を継いだので、自分が後継者となるべき自覚も強まったのか、青年玄白は十七・八歳になって、父に向かい「今から良い師匠について、医学を習いたい」と申し出たという。

父甫仙は「その言葉を待っていた」と大いに喜び、漢学の師に宮瀬龍門、医学の師には西玄哲を選んで学ばせた。宮瀬龍門は、著名な儒学者荻生徂徠の高弟服部南郭に師事した学者であった。西玄哲は、当時の江戸でのオランダ流外科の第一人者とも言われ、幕府の奥医師も勤めている。それぞれに最適と思われる師匠を、父は選んでくれていたことになる。もちろん、この両師だけでなく、玄白は生涯を通じて多くの方々から、実に多くのことを学ばれているのである。

玄白外科医への道

玄白が時の藩主酒井忠用に召し抱えられ、藩医となって間もなくのこと、宝暦四年（一七五四）に、京都の著名な医師山脇東洋により、初めて官許を受け公認されての人体解剖（観察）が行われた。斬罪処刑された男性の死体が解剖に付されたわけであるが、京都所司代にその許可願を提出したのは三名の小浜藩医で、その内の二人は山脇東洋の門下であった。その一人の小杉玄適が、自分も立ち合った解剖観臓の模様を、江戸に出て玄白に詳しく伝え、更なる発奮の契機を与えることになった。なお、この解剖の願い出を、優れた理解と英断を以て許可した、時の京都所司代とは、小浜藩主酒井忠用その人であったのである。

山脇東洋は、その観察（観臓）結果や関連事項を、わが国最初の実証的解剖書『蔵志』として、五年後の宝暦九年に出版し、当時の日本の医学界に大きな衝撃を与えることになったのである。この『蔵志』の中には、人体の解剖が許されない時代には、動物のカワウソと人間の内臓は同じなので、それを解剖して見るようにと言われていたが、結果は全く違うものであったとも書かれている。また、犯罪者として処刑され、解剖に付された男性に対し、心からの慰霊と感謝の言葉（祭文）が収められており、私はこのことにも深い感銘を受けるものである。

玄白が三十七歳の時、明和六年（一七六九）に、父の甫仙が亡くなり、玄白は酒井侯の侍医となって、住居も酒井家の中屋敷へ移ったということである。そして、玄白晩年の回顧録『蘭学事始』にも書かれている通り、「山脇東洋先生の『蔵志』をも見て、自分も観臓をしたいと思っていた」との、かねがねの念願が、実現に向かいつつあることが述べられている。

『ターヘル・アナトミア』との出会い

明和八年春のある日、同じ小浜藩医の中川淳庵が、江戸参府のオランダ商館長一行の定宿にて、一行の一人から解剖学の二冊の書物を借り出して来て、玄白に見せた。希望者があれば譲ってもよい、ということであった。その中の一冊、いわゆる『ターヘル・アナトミア』を手に入れたく、玄白は熱望したのである。

しかし、家が貧しくて買うことができないため、玄白は小浜藩の家老である岡新左衛門の所へ行き相談を致している。新左衛門に、求めておいて役立つものかを尋ねられ、玄白は必ずとの目当てはないが、是非とも役立ててお目にかけたいと答えているのである。ちょうど居合わせた、新左衛門と同じ儒学者で、藩主の学問のお相手役でもあった倉（後に青野）小左衛門も、杉田氏はこれを無駄にする人ではないから、と助言してくれたのである。

こうして、その誠と熱意によりこの書物の代価は、お上より下し置かれるよう取り計らいがなされたのである。すなわち藩主酒井忠貫によって、玄白のために『ターヘル・アナトミア』は買い与えられたのである。これは『蘭学事始』にも明記されている有名な史実である。この藩主酒井忠貫は、自らも学問に精励する名君であった。主従ともに、このような理解があったればこそ、その翻訳に始まる日本近代医学の曙がもたらされたのであった。

オランダ語で書かれたこの『ターヘル・アナトミア』は、玄白には「一字も読めないけれど、その諸図は臓腑・骨節が、これまで見聞きして来たことと大いに異なり、これは必ず実験図説したもの」と考えられるので、その図を実物に照らして見たいと玄白が思うのは当然のことであった。しかも、この書物が入手できたばかりの時、「この学問の開かれる時機が来たのか」、「不思議とも妙とも言おうか」として、同じ春の三月三日の夜、明日「腑分《ふわけ》」（解剖）が行われるので、希望ならば千住の骨ヶ原《こつがはら》（小塚原）の刑場へ罷り越されよと、江戸の町奉行曲渕《まがりぶち》甲斐守の家来から知らせの手紙を受けたことや、その成り行きが、『蘭学事始』に詳しく記されているのである。

玄白はこれを非常な幸運と喜び、これは自分独りで見るべきことではないとして、まず同僚の中川淳庵を始め、同志の人々にも知らせている。また、十歳ばかり年長で当時は交流も稀であった前野良沢にも、辻駕籠をやとって手紙を届けさせたとある。翌四日の朝、定めておいた場所に、良沢やその他の朋友も集まり、連れ立って骨ヶ原の観臓の場所へ行き、ここで玄白たちは全く初めての、真剣な解剖の観察をすることになったのである。

初めて見る人体解剖

明和八年（一七七一）三月四日、江戸の町奉行の家来得能《とくのう》万兵衛から知らされた通り、江戸千住の骨ヶ原の刑場で、刑死体の腑分（解剖）が行われた。杉田玄白は中川淳庵や前野良沢などと共に、これを観察（観臓）することができた。この時、玄白は小浜藩主酒井忠貫によって買い与えられた『ターヘル・アナトミア』を持参している。ところが、前野良沢も先年長崎へ行った折に求めてきたといい、全く同じオランダ語訳のこの書物を持参していた。腑分けして一々見せられた品々と、同書のオランダ図とが、全て一致していること、そして従来の旧説と甚だ相違していることに、みな驚嘆したということである。

『ターヘル・アナトミア』の翻訳に挑む

そのかえる道々、良沢、淳庵、玄白の三人は『ターヘル・アナトミア』翻訳の志を立て、その決意をしたのであった。しかも、早速その翌日、前野良沢の家に三人は寄り集まり、翻訳に取りかかることになった。

しかし、『ターヘル・アナトミア』に打ち向かってみると、まるで「艫舵なき船の大海に乗り出せしが如く、茫洋として寄るべきかたなく、たゞあきれにあきれて居たるまでなり」との、後年に明治の福沢諭吉を感泣させたという文言で、その時の状況が玄白の『蘭学事始』に活写されている。文化十二年（一八一五）、八十三歳の玄白の回顧録『蘭学事始』には、わが国の蘭学の始まりと発展、特に『ターヘル・アナトミア』の翻訳、『解体新書』としての出版についての苦心などが詳述されている。その翻訳に四年を費やし、十一回も草稿を書き改めて印刷に付したこと。玄白は翻訳を急がなければ、多病で歳も取っている自分は、これが完成した時には草葉の陰から見ることになると言い、若い同志の桂川甫周などから「草葉の陰」と渾名されつつ、翻訳に精励し続けたこと等々、心を打たれ刮目させせられる記事に満ちている。

杉田玄白には、重大な『解体新書』を始め、この『蘭学事始』や前掲の『形影夜話』の外にも多数の著述があり、また、その著書や玄白の業績について、現在までに歴史家や医学者、その他の方々によって発表された論著は甚だ多く、それこそ枚挙に遑がない。ただ、関心ある方には必読の書と申し上げたい『蘭学事始』については、精確で理解しやすい緒方富雄校註の岩波文庫本、片桐一男博士全訳注の講談社学術文庫本がある。また、玄白の全体像や関連事項を学ぶには、片桐一男の『杉田玄白』（吉川弘文館・人物叢書）が最良の書と思われる。

「杉田玄白」研究で感動の思い出数々

さて、ここでは、私事に陥るかも知れないが、私が杉田玄白について学んできた経緯や体験の中から、幾つかのことを述べさせていただくこととする。もう三十年余りも前のこと、当時、公立小浜病院長であった田辺賀啓先生から、小浜に伝わる杉田玄白翁自筆の文書に、わかりにくい箇所があるので解読してほしいと言って、その写しを見せていただいたことがあった。このことが最初の機縁となり、私は杉田玄白について、特別な関心を抱くことになったのである。それ以来、杉田玄白の優れた研究者であった田辺先生から、私は種々の教えを賜ることとなった。

その後、昭和六十三年、県立若狭歴史民俗資料館では、毎年の特別展のほかに、常設展の一室を利用して企画展を催すこととなり、筆者がその初回の企画を一任された。これが同年七月から八月にかけて開かれた企画展「杉田玄白―日本近代医学の先駆者たち―」であった。この時、私は田辺先生を始め、かねて知遇を賜っていた大野市の医師で福井医科大学で医史学を講じておられた岩治勇一先生、岩治先生から御紹介を頂いた日本医史学会常任理事として著名な京都の宗田一先生、この三名の学者先生方から、特に懇切な御指導と御支援をいただいた。県内外から実に貴重な御蔵書、書画などを拝借展示させていただくこともでき、おかげで専門の方々からも高い評価を賜る企画展となった。

宗田先生からは山脇東洋の『蔵志』など、岩治先生からは『解体約図』（全五枚一組）などを拝借させていただいた。『解体約図』とは、『解体新書』の出版に当たり、幕府の咎を受けないか、また世間の反応を見るために、『解体新書』の内容見本・予告として、その前年の安永二年（一七七三）に発行された物で、現在日本全国に六部しかないと言われている中の一部で、極めて貴重な史料である。また、上述の『蘭学事始』は最初『蘭東事始』と名付けられたとのことであるが、この希少な『蘭東事始』の古写本が、天理大学付属図書館に所蔵されており、特別に期間を限って拝借展示をお許しいただくことができたのである。

また、さすが小浜市立図書館の酒井家文庫には、玄白たちの苦心の結晶とも申すべき『解体新書』や愛弟子の大槻玄沢による『重訂解体新書』と『附図』などの、原本全冊が大切に所蔵されており、深く感激して展示させていただいた。『重訂解体新書』とは、その「凡例」の中に書かれている通り、玄白が『解体新書』出版の後、年を経て今これを見ると学問が未熟で恥しい。それで弟子の玄沢に考訂をしてもらったが、「原書の蘊奥が尽されている」と感謝をしておられる。互いに尊重し合う師弟愛が溢れており、深い感銘を受けずにおれないのである。

玄白には医学関係以外の著述も少なからず、小浜市立図書館蔵『後見草《のちみぐさ》』（写本）には、近年の流行病や大火、洪水、噴火、飢饉、暴動などの続発。更に別の著書『野叟独語《やそうどくご》』には、異国船の強硬な接近など。天変地異、内憂外患の数々について述べ、国家や政治のあり方にも触れており、思わず我が国と世界の現状を連想させられてしまう内容となっている。また玄白が古稀を迎えようとする時（六十九歳）に書いた『鶴亀之夢《つるかめのゆめ》』（宗田先生蔵、複製）は、夢物語の形の戯文であるが、玄白の真意は自己宣伝のみに努める学者仲間や世人を鋭く風刺しているものといわれ、私はとても共感を覚えるものである。

なお、『解体新書』出版に不可欠であった人、若い時から薬草などの本草学や物産のことに優れ、蘭学にも熱心であり、外国にまで名の知られていた中川淳庵、その御子孫である高浜町の中川嘉夫氏から、お家に伝わる淳庵、また淳庵夫妻の肖像画を拝借して展示させていただくことができた。淳庵の父である中川龍眠は、名医であると同時に書家として知られ、その大幅を小浜市の図書館と高成寺様から拝借させていただいた。また、玄白は医学のほかに漢字・儒学も学ばれたので、関連の詩文を市内のお二人の方から出品していただくこともできた。

さらに、杉田玄白は絵画の技法も学んでおり、大小の絵を描いていたようであるが、特に杉田玄白直系のお家に伝わる大作の「百鶴図《ひゃっかくず》」は全くの名作であり、玄白を画家と呼びたくなるほどの優品である。東京に在住の玄白六代目の杉田秀男氏は、この大事な名作の拝借展示をお許しくださった。郷国若狭からのお願いなればこその御快諾と、いたく感激したことであった。また、このことが御縁にて私は引き続き御愛顧を賜ることとなり、昨年は杉田秀男翁の満百二歳お誕生日の記念として、自作の俳句を自書された短冊を御恵贈賜り、私の宝物とさせていただいている。

決して頑健でなかったという杉田玄白は、養生にも心がけると共に、その気力の故にか、晩年には自らを九幸老人と称し、多くの幸せに恵まれたことを喜び、当時として極めて長寿の八十五歳を最後に、文化十四年（一八一七）四月十七日、医学を始め社会全般への偉大な貢献を続けた尊い生涯を終えられているのである。この年の新春に書かれた名筆の『医事不如自然』（医事ハ自然ニ如カズ）は、医人杉田玄白の到達した至言と言われいてる。

後　記

平成十八年に福井県立図書館より図録『杉田玄白と解体新書』が、非力ながら筆者の監修により発行されたことを申し添えておく。

十四　若狭の妙玄寺義門 ―江戸時代随一の国語学者―

義門師の生い立ち

わが福井県には歴史上にも特筆されるべき、優れた二人の国語学者が出られている。私も深く尊敬するお二人のうち、ここではその中の「妙玄寺義門師」について、私の学んだことを中心に書かせていただく。

私は『東條義門』を題名とする書物二冊を所有するが、その一冊は著名な国語学者の三木幸信博士の著書で、昭和五十年発行のもの。他の一冊は昭和十八年発行にて、その前年に國學院大學講堂で開催された「東條義門百年祭記念講演会」での、数名の国語学者による貴重な発表と、義門師の曽孫であり妙玄寺十世住職の東條義山先生による詳細な「妙玄寺義門伝」や年譜などを内容とする、日本文學報國會編の書物である。

この後者に見える義山先生の「妙玄寺義門伝」には、まず「義門の生歿及び其の称呼」について述べられていて、天明六年（一七八六）七月七日誕生、天保十四年（一八四三）八月十五日に五十八歳で逝去されたとあり、その称呼については、義門師および家族の名前や関係などと共に詳しく説明されている。そして、その中で、よく聞かれる「東條義門」の名称について、実は義門の当時には姓はなかったので、著書その他には、義門師自らは「妙玄寺義門」「若狭の義門」「釈義門」、または法名の「霊伝」などと記されており、「東條義門」と書かれたものは一つもないという。明治五年十月に、先祖の住地である三河国東條の名に因んで、初めて「東條」を姓とされたものであるとのこと。それで、「妙玄寺義門」「僧義門」単に「義門」と呼ぶのが穏当であると、義山先生は述べておられる。

私は同様の御教示を義門研究で有名な多屋頼俊博士から、懇切なお手紙を以て承った。

なお、三木幸信博士の昭和三十八年発行の大著『義門の研究』の中には、義門師が大正八年に正五位の贈位を受

妙玄寺

けられた時の御沙汰書にも、「東條義門」とされていた事例を挙げておられる。厳密には「妙玄寺義門」が適正であり、「東條義門」も一般的には、むしろ親しみを以て容認されている。

義山先生の「義門伝」や、三木博士の著述によると、義門師の先祖は前述の如く三河国吉良荘東條の人で、三浦市郎左衛門良興と言い、徳川家康の麾士《きし》（旗本）であったが、後に出家を志し東本願寺門主の教如上人に帰依して、古い寺を再興し良興寺と号し、その子や孫も住職を継いだことが記述されている。

また、若狭国小浜藩主酒井氏の祖である酒井忠利が駿河の田中城から武蔵川越城主として赴任した時、忠利の実母である妙玄尼も川越に引越したが、真宗の信仰が深い妙玄尼のために建てられた新寺を、その逝去のあと、改めて妙玄尼公を開基として、「妙玄寺」と称するようになったことが述べられている。

その後、忠利の長子である酒井忠勝が、川越から若狭へ国替となった時、妙玄寺も小浜に移され、これが今、小浜市広峰に現存する川越山妙玄寺であるという。三河の良興寺三世住職であった「敬伝《きょうでん》」が、川越の妙玄尼の所へ招かれており、後に妙玄寺の初代住職となって、この系譜が今に相続されているのである。

義門師の父「伝瑞《でんずい》」は妙玄寺五世住職であり、義門はその三男であった。長兄は早世したので、次兄の「実伝」が六世を襲ぎ、十四歳の時に義門は丹後田辺の願蔵寺の養子となった。しかし、義門が二十二歳の時、兄の実伝が亡くなったため、義門は妙玄寺に帰り七世住職を継ぐこととなったのである。

義門師の学問

義門の父の伝瑞は、宗門の中でも傑出した学僧の一人であったと言われ、兄の実伝も父に劣らぬ学究の人で、藩主酒井侯の寵遇を受け、将来を嘱望されていた。さらに、九歳で父を喪った義門を十三歳まで育てくれた叔父の慶海《ぎょうかい》も、なかなかの学僧であり、義門が学問をすることについて、この父や兄、また、特に学問の方法について、叔父から受けた影響が大きかったであろう。

義門師は十七歳の秋、初めて京郡の高倉学寮に出て講義を受け、それ以後ここで学んでいる。この高倉学寮は、現在の大谷大学の前身で、東本願寺派宗門教育の中心機関であった。また、義門はここで教えを受けた「霊曜《れいよう》」師を深く尊敬し、後には尾張の養念寺にも赴き、この恩師について宗学を修め宗門の教義を究めるための学びを続けたのである。

義門師は、その他にも師匠と仰ぐ幾人もの学者、また学友とも申すべき多くの研究者から、特に国語（和語）に関する教えを受け、自説をも述べて批評を求めるなど、極めて広範にわたり深い探究を続けている。義門師自身の多数の著述や、また後学の方々による「伝記」、研究論文も多い。

義門師の研究業績について、その全容を語ることはなかなか至難であり、ここには一般にも知られているような、その研究成果と特徴を記させていただく。

義門師の研究の様相

（一）活用の研究

国文法でよく言われる動詞などの活用形は、六段階として「未然・連用・終止・連体・已然（口語では仮定）・命令形」とされているが、この形態は、国学者の本居春庭（本居宣長の長男）の『詞八衢《ことばのやちまた》』（活用研究書）の説く所を土台として義門が初めて六段階とし、また各活用形に「将然言（末然言とも）・連用言・截断言・連体言・已然言・

希求言」と名付け、それが現在にも生きて用いられているのである。この活用については、著書に『活語指南』『和語説略図』『友鏡』などがある。

（二）音韻の研究

義門が高倉学寮で学び始めた翌年、宗祖親鸞聖人の「尊号真像銘文」について、諸本を比較し書写して学ぶことになったようであるが、その中で親鸞聖人が「信心」という言葉（漢字）に、必ず「シンジム」という振り仮名を付けておられる。つまり、信にはシン、心にはシムということである。このことから、わが国の古来の言語音に、「ン」「ム」の両音があったのではないかと考え研究を深めていったのである。その成果は後年、『男信《なましな》』と題して出版され、漢字音また日本語研究のために、極めて貴重な書籍となっている。

（三）国語研究の目的

『義門の研究』の中で著者三木幸信博士は、「繰返していふ。義門が国語の研究に入った目的は、真宗聖教の正解といふ一点にあった」と力説されておられる。浄土真宗の根本経典である『大無量寿経』を始め、浄土三部経の講説を筆録された『真宗聖教和語説』の中に、義門師は、第一条「妙しく語意を弁えんが為の故に」などと三ヶ条が説かれており、経典理解のために、何より国語の研究が必要であるということであった。また、東條義山先生もまた、『妙玄寺義門』（小浜市立図書館、昭和四十五年発行）の「義門の業績」の中で、「語学研究は義門の業績の中最大のものではあるが、実はこれが義門の本領ではなかったのである。義門においては、親鸞の素意を如実に窺い知る為の、いわば副産物であった」と述べておられるのである。

義門師から学ぶこと

（一）義門師の研究

妙玄寺義門師の研究は、まことに広範深遠に及んでいるが、真に幸いなことに、国語学者の三木幸信博士により、義門師の全業績を網羅された『義門研究資料集成』上・中・下巻の三大冊が出版され、さらに『義門研究資料集成・別巻』が刊行されており、義門師研究の万全が期されている。三木博士が、この膨大な義門師関係資料の、完璧なまでの集大成を為し遂げられたのは、恩師の故吉沢義則博士の御遺志と学恩に報いるためであったことが、「集成」の最末尾に記載されている。

義門師について、私自身が学び始めたきっかけは、日本文學報國會編の『東條義門』との出会いであった。全編がすべて貴重な内容であるが、私は、特に仏教学者で国語学者である多屋頼俊博士の発表に、強く心を惹かれた。その御寄稿「義門師の面影」には、義門師の学術上の業績と共に、その人柄について懇ろな文章が綴られていたからである。

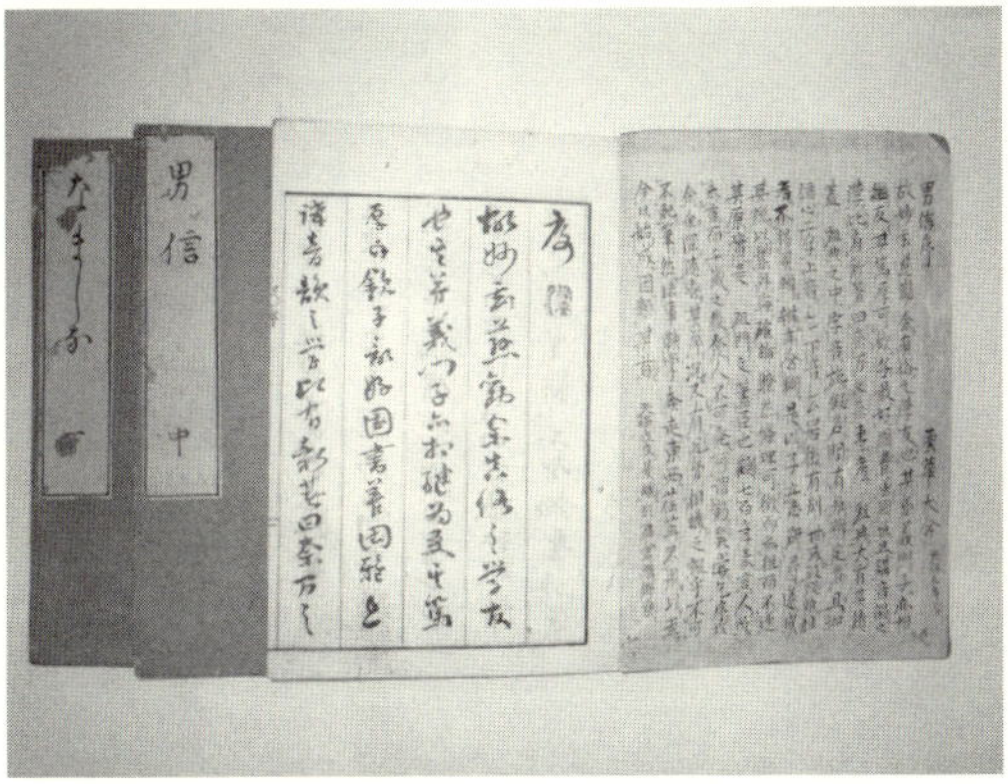

「男信」（妙玄寺所蔵）

（二）『男信《なましな》』について

ここでは、その一二について紹介させていただく。これは既述したことであるが、多屋博士の「義門師の面影」などによると、真宗聖教（経典）によく見られる「信心」という言葉（漢字）は、「シンジン」と読まれるのに、その振り仮名は必ず「信」には「シン」、「心」には「シム」となっているのは何故かと、二十歳ごろ（十八歳とも）の義門師が疑問を抱き、その探究を始め、およそ四十年近くも続けられたその成果が、『男信』（「奈万之奈」）の大著となって刊行されたということである。

その内容は、中国伝来の漢字には、末尾が「ン」で終る文字が無数にあるが、その中には、今これを仮にローマ字で書くと、「n」で終るものと、「m」で終るものとがあり、それが和語（国語）では、「ン」と「ム」に書き分けられていたということを、義門師は全国の地名表記や万葉仮名の使用例を精査し、中国の音韻の研究書『韻鏡』を参照するなどして、論証されたわけである。また、これら「n」や「m」は、わが国では母音のa《ア》i《イ》u《ウ》e《エ》o《オ》を加えて、ナニヌネノやマミムメモと発音されている場合が多く、更にラリルレロ・バビブベボともなっている事例も見られるということである。若狭の地名の「遠敷」も、『遠』の呉音「オン」が「オニ」と読まれている実例であり、越前の「敦賀」は、「敦」（トン）の読みが「ツン」となり、「ツヌ」から、「ツル」に変化した例として、義門師の『男信』に、記述されている。

なお、このような音韻の研究も、義門師の単なる興味や知識欲にて行われたことではなく、「信心」（シンジム）の振り仮名のように、真宗聖教の正しさを証明することを真の目的とされたものであると、多屋先生も三木先生も強調力説されておられるのである。

（三）義門師の面影

多屋先生の「義門師の面影」には、義門師の学問研究の真剣さ、その慎重さ謙虚さが具体的に描かれており、学者の手本とすべきだと讃えられておられる。それと共に、本来信仰の篤い人であった義門師の家庭人としての家族への思いやり、また社会一般に対する奉仕的な行為も詳述されている。さらに、私には忘れられない言葉を「義門師の面影」の中に見出した。その当時、この寺院の辺りでは、「証明寺は琴ひく、願慶寺は三味ひく、妙玄寺は糸ひく」と、はやしたという話がある。義門師の妙玄寺の直ぐ近くには、今も願慶寺と証明寺という歴史ある真宗寺院がある。「糸ひく」とは「糸繰り」をすることで、義門師の夫人も内職でもされたのか、苦しい家計をささえられ、義門師の研究が続けられたということである。金銭や名利を全く度外視し、ひたすら真実を求め学問に精進し、世に貢献されてきたのである。

義門師と郷土

(一)　橋本進吉博士のこと

義門師の郷土は、私どもの郷土でもあり、このような学者としても人間としても偉大な方が出られたことを私をも含めて郷土人は、もっとよく知り喜びを深めたいと思うのである。昭和四十六年三月十二日のこと、敦賀市の敦賀西小学校で、この学校の卒業生である国語学者橋本進吉博士の顕彰碑が建立され、その竣工式が行われた。

この橋本進吉博士こそ、私が先に「わが福井県で歴史上にも特筆されるべき、優れた二人の国語学者が出ておられる」と書いた、そのお一人である。橋本博士のご研究は国語学の全域に及び、特に日本語の歴史的研究に力を注がれてきた。この竣工式には、広く全国各地から多数の方々が出席され、私も在野の一学徒として参列させていただいたのである。

(二)　服部四郎博士のこと

この日、橋本博士のお弟子で、後輩にも当られる東京大学名誉教授で、わが国の言語学者としての第一人者である服部四郎博士も、はるばる御参加になった。そして式典の後に、服部先生が東條義門師のお寺とお墓へお参りしたいと願っておられることを承り、私が御案内役を務めさせていただくこととなった。この時、特に希望されて、方言研究で有名な弘前大学の此島正年博士、女房ことばの研究で有名な日本女子大学の国田百合子博士も同行されたことを記しておく。

(三)　義門師の講義録

私の大きな驚きとして、義門師が多くは妙玄寺で、時には他の寺院でも、真宗経典の講義をされたとのことであり、それを受講者が筆録したものが残されており、後に出版もされている。その中には、若狭の私の在所に近い脇袋の法順寺でも行われ、同じく近隣の下吉田の永願寺の住職など四名が筆記したものもある。師弟ともに熱心に学ばれたご様子をうかがうことができるのである。

（四）『活語指南』について

義門師は幾多の研究を著述した稿本（下書き）を、研究の進展に伴って幾回も書き改められたという。活用の研究を纏めた文法書の『活語指南』は、少なくとも五回は書き改められている。その稿本の一つが、昭和三年の夏に前記の永願寺で、多屋博士により発見された。さらに私が最大の関心を抱くのは義門師の音韻研究書『男信』の二度目の稿本『撥韻仮字考』の写しと思われるものが、現小浜市中井の西広寺で、多屋博士により発見されたことが、「義門師の面影」に述べられている。

（五）私の研究

ここで想い起こすこととして、私は昭和二十五年ごろから、若狭の地名「遠敷」の探究を続けてきた。この語源は「小丹生」であることが明らかとなったが、この「小丹」に「遠」が当てられ「オニ」と読まれる原則を、義門師の『男信』に教えられ、私の研究は完結できたのである。既に数十年も前、妙玄寺へ参上し、十世御住職の東條義山先生（福井県立若狭高等学校長）から、御秘蔵の『男信』を前にして、御親切な御教示を賜ったことに、今も感謝せずにはおられない。

そして、私は、妙玄寺義門師の崇高な信仰心に裏打ちされた偉大なる国語学の成果に対し、深甚なる敬意と感謝を捧げたいと思う。

第二部　地名

一　「遠敷」の語原―遠敷「多」説について―

正徳六年（一七一六）以前に吉田言倫慶斎によって編集されたという『若狭郡県志』巻之第一若狭国郡部の中に、

遠敷郡

向若録遠敷上下宮ノ条下ニ日本称ニ多太明神一想夫レ多ノ字倭訓遠敷之故以ニ遠敷ヲ一換ニル多ノ字一乎本或作ニ多郡一而後改ニ遠敷郡一乎且聞彦火々出見尊ノ神裔称ニ多氏一然則神裔来ニ居此ノ郡一者以レ郡為レ氏以ニ其為レ祖神一之故始祀ニ彦火々出見尊ヲ于此郡ニ一乎

と述べられている。昭和十三年出版の中石政久氏の邦訳などを参照しつつこれを読解すると、この章の大意は「向若録の中に、遠敷上下宮は、もと多太明神と称したが多字の訓が遠敷《オフ》であるために多太明神を遠敷大明神と書くようになり、或は郡名も多郡であったものを遠敷郡と書くようになったのであろう。また彦火々見尊の神裔は多氏を称するが、其裔がこの郡に来居したので郡名をも氏の名と同じく多郡―遠敷郡としたものと考えられる、とある」の意と解釈することができる（私の読解に誤りがあれば御教示を仰ぎたく）。ところで、これを原典である千賀玉斎著『向若録』（寛文年間の著）に尋ねてみると次のように記述されている。

遠敷上下宮

小浜城東里余遠敷有上下宮。祀彦火々出見尊。世称遠敷大明神是也。国民敬仰。本称多大明神。想夫。多字倭訓遠敷之故以遠敷換多字乎。本或作多郡。而後改遠敷郡乎。且聞彦火々出見尊神裔称多氏。然則神裔来居此郡者。以郡為氏。以其為祖神之故。始祀彦火々出見尊于此郡乎。

すなわち『郡県志』が忠実に『向若録』に拠っていることを知るわけであるが、『郡県志』の「本称多太明神」

が原典たる『向若録』では「本称多大明神」であることに留意する必要があろうと思う。かくの如く「多大明神」と書かれてこそ「オホの大明神」即ち「オフの大明神」として「遠敷《オフ》大明神」と置換え得るからである（『若狭郡県志』『向若録』とも伴信友師旧蔵、楯雨竹氏現蔵本による）。

以上の二書の説くところは、明らかに「遠敷」の語原を「多」にあるものとし、多とは彦火々出見尊の御神裔である多氏の名に基くと主張（少なくとも想定）しているものと考えられる。而して、両者とも若狭の歴史上に重要な地位を占める儒学者の所説であって、私もこれを尊重するが、この語原解釈は正しいものということができない。即ち、「多」も「遠敷」も共に「おふ」と読んで少しも疑わないのは江戸時代の儒者として止むを得ないことと思うが、ア行の「お」とワ行の「を」が平安中期以前の国語に於いて正確に区別されていた事実を知るならば、「以遠敷換多字」などとは決して言わなかったはずである。遠敷の名は既に天平十九年（七四七）の大倭国『大安寺伽藍縁起流記資財帳』に「若狭国乎入郡島山佰町」とあるのを初見として、奈良朝時代の記録や平安前期編纂の正史にも「遠敷」の地名や人名が見えているので、『和名類聚抄』国郡部の和訓にも「遠敷」の郡名と郷名を夫々「乎爾不」「乎爾布」としている通り、それが、ワ行の「を」で始まる名称であることは疑いの余地がない。一方、多氏については既に古事記にも「意富」臣とあってその頭音がア行の「お」であることは明らかであるから、「遠敷」を「多」に基くとすることは誤りというほかはない。なお、歴史に著名な多氏は「太」「意富」「意保」などとも書かれているようであるが（「意富」と書かれても「富」は奈良時代の古典の例に従って「ふ」でなく「ほ」と読まれるべきものであることに注意）、すべて神武天皇の皇子神八井耳命を祖とすると記録されており、彦火々出見尊の裔が多氏であるという記録は管見の及ぶ限りでは絶無である。かくて、「遠敷」の起源を「多」に求めることは牽強附会に過ぎぬ、と私は断定する。

ところで、右の遠敷「多」説は必ずしも千賀玉斎に始まるものではなく、さらに遡ってその源を尋ねることができるようである。即ち、江戸初期の儒官として誉れも高い林羅山の『本朝神社考』中之四の中に「若狭比吉神」

「若狭多大神」の二社についてその縁起が記述されているが、この二社は目録に於いては夫々「比吉」「遠敷」と掲示されており、比吉は若狭比吉神（社）、遠敷は若狭多大神（社）であるとされているわけである。そして、若狭比吉神社について神願寺（吉田東伍博士の『大日本地名辞書』によれば神宮寺のこと）と比吉大神《ヒキノ》のことが、若狭多大神社については遠敷明神《ヲフノ》と若狭井のことが述べられている。「神社考」のこの記載によって、羅山が、若狭には若狭比吉神社と若狭多大神社があり且つ若狭多大神とは遠敷明神のことであると考えていたことが知られるのである。羅山のこの考えが、そしてこの「神社考」の記録が羅山の流れを汲む後世の儒者に伝わって、遠敷の語原「多」説となって表われたものと私は推測している（千賀玉斎は羅山の孫弟子に当るという）。しかし、現在、若狭には「比吉神」も「多大神」もお祀りされていないようであるし、恐らく過去に於いてもそのような神社があったとは私には思われない。この比吉神社とは板屋一助著『稚狭考』にも指摘されているとおり若狭比古神社の誤りに違いないし、若狭多大神とは延喜式神名記に於いて遠敷郡十六座の筆頭に見える多太神社のことを読み誤った結果ではなかろうかと私は推量する。言うまでもなく、この多太神社は伴信友の『神社私考』三にも説かれること「多太神社在㆓多太むかしより多田にも書り、多村㆒」によっても知られる如くタダと読まれるべきものである。ところが、延喜式を繙くと近江国伊香郡の神社に「多太神社」とあるが、この読み仮名をオホタ（又はヲホタ）ノ大神と付した例があり、『続群書類従』神祇部所収「清滝宮勧請神名帳」などを見ると大和国十市郡に多大明神《オホノ》と申し上げる神社があるので（これこそ多氏の祖神神八井耳命《かむやいみみのみこと》を祀る神社であろう）、かかる例から考えても、若狭の多太神社も特にこれを「多大神」社とみなした場合には直ちに「おほの大神」となることが想像される。『稚狭考』にも「多田神は遠敷の神におなしといへり、九月十一日これを祭る。同日なり。故にかへたりと故老語りき」とあり、信友も然らば両社に関係があるのだろうかと述べておられるので、遠敷明神と多太神社、或は多大明神との関係についても更に学ぶ必要があるかも知れぬと思うが、その御祭神や縁起に関してはともかくも、「遠敷」なる名称が多太または多大神に起因するということは既述の理由によって承認することができない。また、羅山が神社考に於いて何故に遠敷明神の項に多大神の名を冠したのか、確答はできないまでも、私は上述の如き見解―仮定―を有すると共に、羅山の心裡に現在の吾々と同じく「遠敷」の語原を解き明かそうとする願いがあったものと憶測している。

ところで、林羅山の『本朝神社考』に於ける若狭比古神と若狭多大神についての解説は、彼の甚だしく嫌ったらしい「浮屠ニ関ル」書籍、即ち済北沙門師錬が撰述して元亨二年（一三二二）に上表したところの『元亨釈書』の記述、神願寺の項と東大寺実忠の項をそのまま引用したものと思われる。羅山は「神社考」序に於いて「今我於二神社考一。尋二遺篇一訪二耆老一伺二縁起一。而証二之旧事紀。古事記。（中略）等之諸書一。以表出之。其間又有下関二于浮屠一者上。則一字低書而附レ之。以令二レ見者不一レ惑也。」と言いながらもこの二項を低書していないが、これらの両者を比較してみればその文章が余りにもよく一致することによって、羅山が『元亨釈書』の解説を直接学び取ったことが諒解されるであろう。なお、『元亨釈書』には「若狭比吉大神」「若狭多大神」の名は見えず、但、比古大神を比吉大神と誤って神社考の先例をなしている。『元亨釈書』より更に遡源する記録としては、若狭比古神については菅原道真公編、寛平四年（八九二）成るところの『類聚国史』仏道部七の淳和天皇天長六年三月の条に若狭比古神と神願寺に関する記載があり、遠敷明神については嘉承元年（一一〇六）以降集成された『東大寺要録』の「諸院章」の中に若狭遠敷明神が二月堂閼伽井の香水を献ぜられたことが詳説されている。しかし、両者とも最早「遠敷」と「多」の関係について伺うべき何物もないことは『元亨釈書』の場合と同様である。

最後に、前出『稚狭考』には若狭彦神社について、「神社考」に「多大神とありて遠敷の神の事とし、僧の実忠二月堂鸕鷀の因縁を記されたり」と述べ、引続いて「多・大・遠敷、訓の紛れたるなるへし」とある。これは『稚狭考』の著者が、羅山と同様に「多・大・遠敷の訓が共通するから多大神が遠敷明神になったのであろう」と言っているとも受け取れるが、逆に神社考の所説を批判して「多・大・遠敷の訓が類似するので多大神と遠敷明神を混同したのだろう」と言っているものと解すべきように思われる。即ち然りとすれば、羅山の解釈に対して私と同じ批判をしていることとなるわけである。而して、『稚狭考』の別の箇所には、「〔和名抄〕郷名凡海読於布之安万、之安反佐とあり。海犬養此地の人歟しらす。於布、遠敷相通し、今にてはにの字を副てヲニフといふ」とあるので、この著者板屋一助が「遠敷」の語原を、凡海の「於布」に「に」を副えたものと考えていたことがうかがわれる。しかし、これらの前後を通読しても、凡海と遠敷の関係は全く理解することができないし、「凡海」の訓がア行の「お」で始まることも遠敷と一致しない。ただ、これも「遠敷」の語原解釈が如何に困難であったかを証する一例と言うべきであろう。

二　地名を学び地名に学ぶ ―若狭の「遠敷」について―

若狭の国、今は福井県の小浜市に、「遠敷《おにゅう》」という地名がある。昭和二十六年の町村合併までは、福井県遠敷郡遠敷村遠敷と言われたところである。明治四十年（一九〇七）に刊行された井上頼圀博士ほか編の『難訓辞典』にも出ているこの地名「遠敷」は、難訓難解の最たるものの一つと見られてきた。昭和の初めごろ、県外から赴任された教員が、遠敷郡を「オンジキ郡」と読んだため、在任中ずっと「オンジキ」というニックネームを奉られたという笑い話のような実話も残されている。しかし、その正確な訓みや意味がわからない限り、まずは誰もこの先生を笑うことはできまいと思う。私が初めて、この遠敷の振り仮名（歴史的仮名遣い）の「をにふ」をみて、非常に不可解な感じをいだいたのは十四、五歳のころ、すでに五十数年も前のことであった。その後、いろいろな機縁に触れて、この語の起原を探ることとなり、幸いにも正解を得ると共に、研究の発展をも得たので、その概要をここに述べさせていただきたいと思う。

「遠敷」と「丹生」

関西では「お水取りが済むと春がくる」と言われ、俳聖芭蕉も「水とりや氷の僧の沓の音」と詠んでいる奈良東大寺二月堂の修二会《しゅにえ》は、全国的にも有名な行事である。このお水取りの「お水」を送られたのが若狭の遠敷明神であるという話も広く知られており、遠敷という地名の読めない人達も、この伝承は心得ている場合が多い。すなわち、その遠敷明神の神名のもととなっている地名の「遠敷」であると言えば、よく理解される。ちなみに、十二世紀初め（平安時代院政期）に編集された東大寺の寺誌『東大寺要録』巻第四「諸院章」の「二月堂」の項に、奈良時代の天平勝宝四年（七五二）のこととして、遠敷明神が東大寺の実忠和尚の始められた二月堂の修二会（一般に「お水取り」ともいう）に随喜感慶して、若狭の清浄澄潔の水を閼伽水《あかのみず》として献じられることとなり、「お水取り」が始まったという伝承が明記されている。現在は三月十二日の深夜に厳修される二月堂のこの「お水取り」に先立つこと十日前、三月二日には若狭の遠敷（旧遠敷村下根来）で、「お水送り」の行事が今や盛大に行われている。

ところで、この郡村名ともなっている遠敷の地名の最古の記録は、近年まで、天平十九年（七四七）に書かれた『大安寺伽藍縁起并流記資財帳』に、「若狭国乎入郡」とあるのが初見とされてきた。若狭に生まれた国学者の伴信友（一七七三—一八四六）は、『東大寺戒壇院公用神名帳』に見える「小入大明神」の「小入」も遠敷のことであるとしている（伴信友『神社私考』三ほか）。このような表記からも考えおよぶべきことであるが、「遠敷」との表現はおそらく「当て字」であろうということを、私はアイヌ語を研究する先輩から示唆された。すなわち、戦後まもなく、日本の地名などをアイヌ語で解釈し、遠敷とは「乗船する所」とか、「森のある所」と説く研究者が現れた（島田静雄著『アイヌ語より見た福井県の地名方言伝説』昭和二十五年刊など）。私はこのアイヌ語解をそのまま信ずることはなかったが、日本の地名には漢字による当て字が多いというその主張には大いに啓発された。ちょうどそのころ、私は勤務していた小学校の近くにある遠敷郡熊川村熊川の白石神社で、この社は「乎入谷」より勧請したと記した小さな古い木札を発見して、これが「遠敷谷」を意味すると即座に判断できたので、初めて「遠敷」とは「をにふ」（現在の発音「オニュウ」）の、まさしく当て字であることを確信するにいたった。これが、私の「遠敷」を本格的に研究する第一歩となった。

次いで、私は平安時代の源順（九一一—九八三）の編著になる『和名類聚抄』（和名抄）により、地名を探っていたが、若狭の郷名の筆頭に「遠敷」があり、続いて「丹生」が記載されており、しかも、その読みが高山寺本では、それぞれ「乎迩布《をにふ》」と「迩布《にふ》」、元和古活字那波道円本では「乎爾布《をにふ》」と「爾布《にふ》」となっていて、遠敷と丹生の相関関係が強く暗示されていることを感得した。この「丹生」とは、伴信友の『若狭旧事考』（文政八年稿）に詳述されている通り、東寺の荘園太良庄（小浜市）のことであり、遠敷から一キロメートル余のところにある。すなわち、遠敷とはこの丹生（にふ）に対する「を・にふ」ではないかと、考えずにおれなかった。

「遠敷」の読みに苦心するのは、何も一般だけでなく、江戸初期の儒官の林羅山の著『本朝神社考』を見ると、若狭の遠敷明神を「ヲフノ明神」と読み、別の式内社である「多大神」（正確には「多太神社」）と同一視していることがわかる。羅山のこの考えが、その学統に連なる後世の若狭の儒者や研究者にも伝わり、江戸時代の若狭の地誌の幾冊かにも同様のことが書かれている。しかし、さすが近世考証学の泰斗とも称される伴信友は、『若狭旧事考』のなかで、遠敷の語原について次のように記述している。

　遠敷といふ義《コヽロ》は、今遠敷村のわたりの山々に美《ウルハ》しき丹土の出る処多く、山ならぬ地も然る処多し。故《カ》れ、小《ヲ》丹《ニ》生《フ》と呼《イ》へるにて、小《ヲ》は小長谷《ヲハッセ》小栗栖《ヲグルス》などの小と同じく、その地を称《タヽ》へたる詞なり。豊後風土記に、海部ノ郡丹《ニ》生《フ》、郷ハ、昔人取リテ二此ノ山ノ沙一ヲ該ツ二朱砂一ニ、因日フ二丹生郷一トと云へるにも准《ナソ》らふべし。丹生てふ地名の諸国に多かるも、おほくは同義なるべし（『伴信友全集』第五巻により、別に写本をも参照）。

まことに明快なる解説と言わねばならぬ。私は昭和三十二年七月、旧名「丹生」である小浜市太良庄を訪問し、ここに式内丹生神社が祀られ、その背後の山に美しい赤土のあることをも見聞することができた。

かくて、私が「丹生」を探りつつある時、古代学協会より昭和三十二年四月発行の『古代学』第六巻第一号に、歴史学者松田壽男博士の論文「丹生考―古代日本の水銀について―」が発表され、同年十一月になって親切な研究者の好意により、私はこれを借覧し、また購読することができた。松田論文の主旨は、「全国的に数多い丹生という地名は、丹砂を産出する土地という意味であるに違いない。『豊後国風土記』などにいう朱砂とは、いうまでもなく丹砂または辰砂で、主成分は水銀（Hg）の原料とされる硫化水銀（HgS）である」ということにあり、東洋史学者としての該博な知識を駆使し、特に日本各地の丹生神社の記述を中心にして、初めて「丹生」の本質を解明された記念すべき名論文である。これを一読し得て、私は久しい渇望を癒やされるような喜びを覚え、即座にその所説を信ずることができた。間もなく私は松田博士に、若狭にも丹生や丹生神社のあること、遠敷も小丹生と考えられることなどを御報告し、それ以来、博士に師事することとなった。この時、松田博士からは「百万の味方を得た気持ちがする」という最初のお手紙をいただき、ここに私は「遠敷」さらに「丹生」研究の歩みを確実に進めることとなったものである。

全国各地の丹生や丹生神社を直接探訪して、調査研究を続けられている松田壽男博士は、昭和三十四年七月に小浜市遠敷をも訪問され、私の案内のもと遠敷やその付近の、伴信友もいう「美しき丹土」の試料採取などを行われた。

ここで、松田博士の研究にとって特筆すべき不可欠の事柄がある。すなわち、歴史学による松田壽男の論証を、自然科学の立場から全面的に助けて、「丹生とは硫化水銀の産地なり」という説を実証せしめたのが、鉱床学者（特に水銀鉱床学の権威ともされる）理学博士矢嶋澄策であった。矢嶋博士にはすでに昭和二十一年に、その所属された野村鉱業株式会社から『日本水銀鉱業発達史』の発行があり、そのなかでも地名「丹生」に深い関心と興味を示されている。また、昭和二十八年には、矢嶋博士が客員教授ともなられた早稲田大学理工学部の『鉱山学研究報告』第五十五号に、「日本水銀鉱床の分布について」を発表されている。この論文によると、水銀鉱床付近の母岩等には十のマイナス三乗％位（十ｐｐｍオーダー[1]）の水銀が検出されるのが普通で、十のマイナス五乗％以下となると、多くの場合鉱床とは無関係であることが述べられている。これは実際に水銀の原鉱を採掘する立場からの経験と学理にもとづく結論として発表されていることで、重要な基準となっている。松田博士が現地を踏査して資料を採り、採取して持ち帰る試料は、矢嶋博士がその当時としては最新の方法（一種のカラム・クロマトグラフィーと呼ぶ方法）で分析して、鉱床学的探究を行うという共同研究を昭和三十三年ごろから続けられた。そして昭和三十四年に小浜市遠敷と周辺で採取された岩石や土壌の試料からは十五ｐｐｍの水銀が検出され、水銀鉱床の存在したこと、すなわち遠敷が丹砂（硫化水銀）を生じたところであることが、認められたのであった。

その後、私は「丹生」の意義を確認するため、福井県以外の「丹生」の地をも訪ねることに努めた。松田博士に随

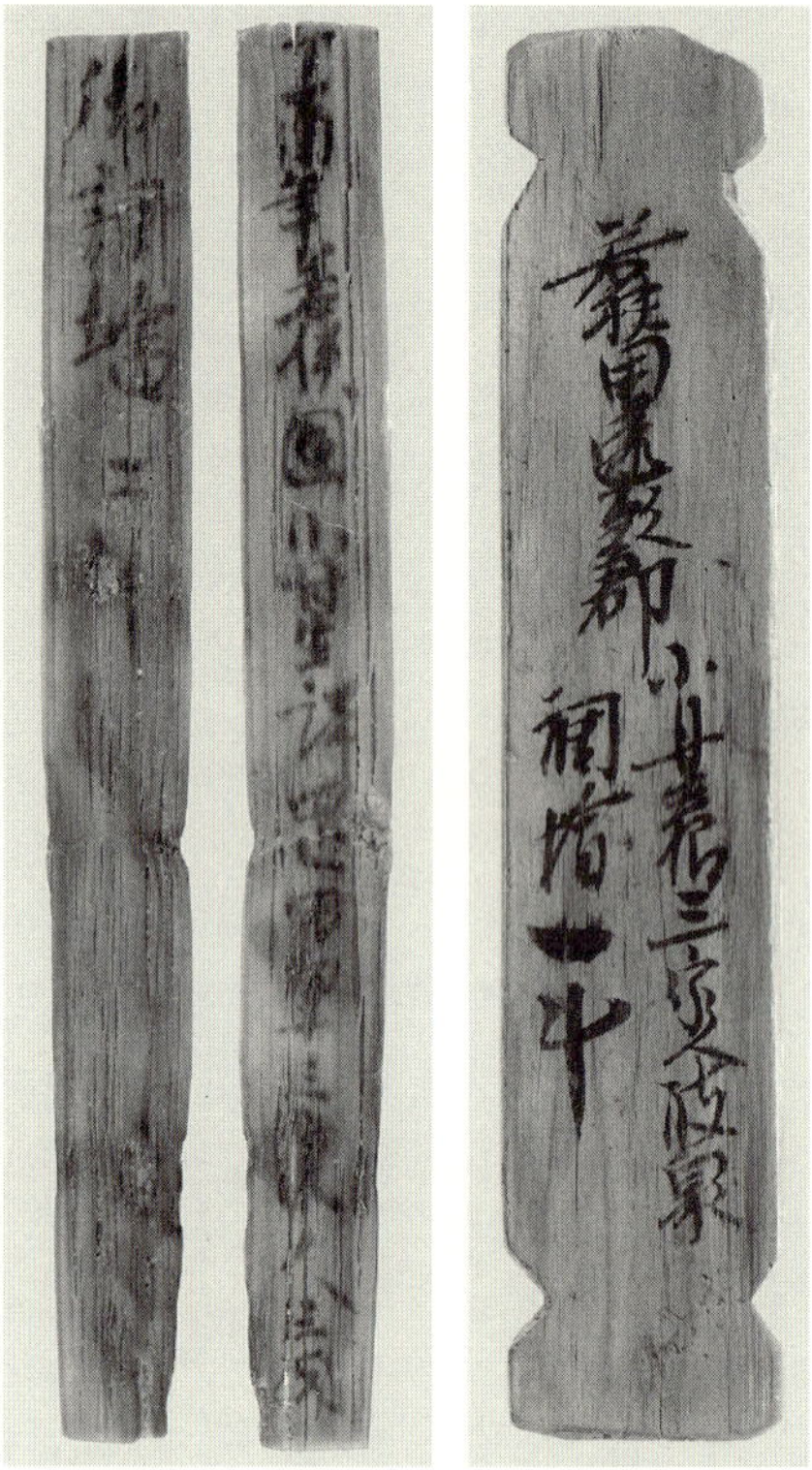

藤原宮跡出土木簡　　平城宮跡出土木簡
（2点とも写真提供・奈良文化財研究所）

行し、あるいは単独で、滋賀・京都（丹後・丹波）・岐阜（美濃・飛騨）・富山・長野・新潟（佐渡）・広島・山口・徳島・福岡など十余府県の数十箇所を訪問した。また、それ以外からも文献や資料の送付をいただいた。そして、そこには端的に「丹生」と書かれた地名もあれば、岐阜県揖斐郡の「門入《かどにゅう》」のごとく、本来の「門丹生」が別の表記に換えられているところもあり、注意を要した。松田壽男博士の研究はついに大成されて、昭和四十五年十一月に早稲田大学出版部から『丹生の研究—歴史地理学から見た日本の水銀—』の大著として刊行された。そのなかには、私が調査に赴いた各地の丹生の試料分析の結果も丁寧に報告されている。

若狭の「遠敷」も、本来は「小丹生」であったであろうことは、既述のごとく伴信友の学問的な推定もあったが、まことに幸いなことに、奈良市の平城宮（京）跡から昭和四十年に発掘された木簡のなかに、「「若狭國遠敷郡小丹生郷三家人波泉調塩一斗」」と記載されたもののあることが発表された(2)。この「小丹生郷」は「遠敷郷」に同じであり、初めて「遠敷」が実際に「小丹生」と書かれていたことを証する貴重な資料となった。しかし、それに続いて、平城京の前の都であった藤原宮跡から、若狭（または若佐）国の遠敷郡を「小丹生郡」、あるいは「小丹生評」と表記した木簡が、幾点も出土した。現在までに確認されている最古のものは、「丁酉年」すなわち文武元年（六九七）に若狭の小丹生評の岡田里から、税として調の塩を送った時の荷札となっている。このように、遠敷に相当する地名を「小丹生」と表記した木簡が、すでに十点ばかり発見され、地名「遠敷」は古くは「小丹生」と書かれていたことが、ゆるぎない事実として証明されたのである。

　これらの場合、「郷」は「郡」の下部組織であるが、「評」は「郡」と同じ区画をいい、どちらも「こおり」と読まれる。文武四年（七〇〇）に制定、翌年の大宝元年（七〇一）に施行された大宝令により、それまでの評制が郡制に改められたものである。

　では、郡や郷の地名が、どうして「小丹生」から「遠敷」に変化したのか、これも重要な問題である。今ではよく言われることであるが、『続日本紀』の和銅六年（七一三）五月二日の条に「畿内七道諸国ノ郡郷名ハ好字ヲ著ケヨ」（原漢文）という官命が出ている。かつ、これには後年の『延喜式』民部（上）にも、「凡ッ諸国部内郡里等ノ名ハ、並ビニ字ヲ用ヒ、必ズ嘉名ヲ取レ」（原漢文）とある所の意味をも含んでおり、要は諸国の郡郷などの名は、「嘉名」を「好字」で「二字表記」すべし、ということであった。この方針は、さらに早くから打ち出されていたようであるが、和銅六年ごろを中心に、若狭の小丹生も「遠敷」に改められたことが、出土木簡によって理解され、全国的に見ても適例の一つとされている。

　しかし、三字を二字に改めたことは了解できても、何故に「遠敷」が「をにふ」を表わし得るのかが、よく問題とされる。結論を言えば、漢字「遠」の漢音はエン、呉音はヲンであるが、この「ヲン」が「ヲニ」と発音されて「小丹《をに》」に当てられ、「敷」の音「フ」をもって「生《ふ》」に当てたものである。漢字には末尾（韻尾）に「ン」と発音されるものが無数にあるが、これには古くは舌音のンと唇音のム（ローマ字で書けばnとm）の別があった。しかも、日本語には本来「撥音《はつおん》」と言われる「ン」の発音がなかったらしく、漢字音のnまたはmを受入れる時、それぞれに母音を加えて、nはナニヌネノのナ行音（さらにはラ行音）に、mはマミムメモのマ行音（さらにはバ行音）として発音したようである。このことを、中国の音韻体系図である『韻鏡』所載の漢字音と日本全国多数の地名などの具体例を対照させて実証したのが、若狭の真宗僧侶で、江戸時代随一の国語学者とも称すべき東條義門（一七八六―一八四三）であった。その名著の一つ『男信《なましな》』に、このことが詳述されており、一読すれば、遠敷の「遠」がヲニと読まれることが、信濃の「信」がシナと読まれ、讃岐の「讃」がサヌと読まれることと共に、充分に納得されるはずである。また、発音だけでなく、「遠」も「敷」も重厚で、かつ意味的にも好字とみられたものに違いない。

はなはだ難解とされる「遠敷」の地名の意義とその表記の変遷については、以上の説明によって理解を得られたことであろうが、関連して付言すると、この珍しいとも思われる名称と用字の神社が、岐阜県揖斐郡池田町にお祀りされていることを知った。かねて松田博士から承っていたことなので、昭和四十一年十一月に私はこの地を訪問した。今は小社ながら、その集落で最古の神社として奉祀尊崇されている「遠敷神社」に参詣したが、一般には読みがわからなくなったためであろうが、「エンシキ神社」と呼ばれ、「遠式神社」とも書かれていた。しかし、いみじくも「ワカサ神社」「ワカサさん」とも称され、おそらく若狭の遠敷との関係をうかがうことができた。また、その旧址で採取した土石の試料からは、四十ｐｐｍの水銀が矢嶋博士の分析によって確認された。なお、この池田町とは北方に離れるが同じ揖斐郡内の徳山村（ダム建設のため今は藤橋村に合併）には、先にもふれた「門入」がある。この集落の氏神八幡神社に奉納された室町時代の文明八年（一四七六）の鰐口《わにぐち》には、明らかに「門丹生」と刻銘されている。そして、ここには水銀鉱山があり、その採鉱跡の一つ蝙蝠穴で、地元の研究者篠田通弘氏らによって、昭和六十年九月に、穴の壁面などから採取された試料を、埼玉大学工学部の小澤竹二郎博士に分析していただいたところ、水銀含有一九五ｐｐｍなどの結果が得られた。最近は化学分析の技術が次々と進み、水銀もきわめて微量のものまで精密な数値をもって測定できるとのことである。

私は平成五年十一月、辰砂鉱採掘処理遺跡として考古学界に有名な徳島県阿南市の若杉山遺跡と、その直ぐ近くの水井水銀鉱山跡を、同市教育委員会の阿部里司氏の懇切な案内により見学させていただいた。また、隣接する那賀郡鷲敷町の「丹生谷《にゅうだに》」と呼ばれる地域の「仁宇《にう》」に丹生大明神をお祀りする神社にも参拝できた。昨年二月には、同じ徳島県の名西郡神山町に「丹生山《におやま》」と呼ばれる山があり、丹砂（辰砂）を採掘したと考えられている穴の壁面で採取された試料を、地元の方から送付していただいた。ただちに、奈良県の大和水銀鉱山跡にあるヤマト環境センターで分析を求めたところ、一、一〇〇ｐｐｍなどの水銀含有数値が報告された。「丹生」の地名を、辰砂（硫化水銀）と同じく赤色を呈する酸化鉄（一般にベンガラ）の産地と主張する研究者もあるが、やはり松田壽男博士が最初から論述されている通り、これは丹砂（辰砂）を生ずる所であることが、歴史的にも科学的にも益々確実となっている昨今である。ちなみにいえば、もともと丹砂や丹生の「丹」の字は、中国最古の体系的漢字字書である『説文解字』に、「丹」とは「巴越之赤石也」とし「丹井に丹を採る象形」の文字であることが説かれている。また、この「説文」のもっとも優れた注釈といわれる清の段玉裁注には、「巴越之赤石」とは「丹沙」（丹砂、すなわち辰砂）をいうことが記述されている。中国古代の戦国時代に成立したとされる『管子』の「地数篇」に、「上ニ丹沙有レバ下ニ黄金有リ」「上ニ赭有レバ下ニ鉄有リ」（原漢文）とある。『説文解字』に「赭」は「赤土也」とあるが、段玉裁は『管子』の「上有赭者有下鉄」を引いて「是レ赭之本義」と注しているごとく、「赭」は酸化鉄の赤土を意味している。なお、ベンガラと同じものに「代赭《たいしゃ》」といわれるものがあるが、これは赤鉄鉱の一種で、中国の山西省代県に産するから名づけられたという。また、硫化水銀の「辰砂」とは、中国の辰州（今の湖南省）から良質のものが出たための名称であるという。ともかく、文字の国の中国では、成分を異にする「丹」と「赭」は、本来はっきり使い分けされていたようである。

ところで、私は福井県以外の丹生を探るとともに、若狭の「遠敷」が「丹生」であることの精密なる確証を求めたく願い続けていた。その時、私が飛鳥保存財団、昭和六十二年十月発行の季刊誌『明日香風』二十四号に発表した「若狭と近隣の朱産地「丹生」」を読んだという高野孝悦氏の来訪があり、遠敷に朱（丹砂）を産したとする私の見解に同意し、ともに現地調査をしたいとの申し出を受けた。それまでから、遠敷の山の中腹に朱を掘ったのではと思われる穴があると聞き、数回の調査を行い、昭和五十九年七月には矢嶋澄策博士の現地訪問をもいただいていた私は、その研究者を現地に案内した。平成三年四月のことである。この時に見ることのできた洞穴は、古代から水銀産地として有名な三重県多気郡勢和村丹生の辰砂の採掘坑と、とてもよく似ているとのことであった。その翌年四月に再び高野氏は、三重県から地質や鉱物の研究者である磯部克氏を伴って来訪。私どもは地元の方の協力をも得て調査を行ったが、特に磯部氏により洞窟壁面から微量ながら、おそらく辰砂鉱と思われるものが採取された。調査後に、私はただちにこの試料の分析をヤマト環境センター（当時、ヤマト分析研究所）へ依頼した。その結果、還元気化原子吸光法により水銀九三〇〇mg／kg（ppm）、重量分析法により硫黄二一〇〇mg／kgとの含有数値が証明された。〇・二％すなわち二〇〇〇ppmの含有があれば、水銀原鉱として用いられるとのことであるので、〇・九三％ともなるときわめて上質の辰砂ということになる。ついに、若狭の遠敷には辰砂鉱床（水銀鉱床）があったこと、遠敷（小丹生）の地名も確かに「丹砂生産地」にもとづくことが証明されたのであった。これは単に一地名解釈のみにとどまらず、それまで「日本の水銀鉱床は中央構造線にそって分布する」と強調されており、若狭などその構造線に外れるものは疑問視または無視されてきた。しかし、この発見確認により、従来の通説は修正されるべきことと、松田壽男博士のかねての主張の正しさが、実証されることとなったわけである。

わが国の各地の伝説や昔話に、宝物の埋まっている所として「朝日さし夕日輝く丘、黄金千両朱千杯」のようなことをいう所があるが、黄金と共に朱、すなわち辰砂は、重要な宝物であった。ところが、その主成分の水銀は、今では中毒の親玉のように目されることになっている。しかし、それは用い方が悪いのであって、水銀や朱そのものに罪はない。私どもの「丹生」の研究についても、水銀が何ppmなどというと、不安がられる場合があるが、調査の対象としている現地の辰砂は、ほとんど採り尽されており、また水銀含有数値もきわめて低いレベルにあるので、中毒の心配など全くないと説明している。

「真朱」と「真金」

しからば何故に朱や水銀が、宝物であり貴重品であったのであろうか。まずは、その美しい朱の色が人の心を捉えたのであろうし、さらにそれから分離して、または単体で得られる水銀の働きの不思議にもおそらく魅せられたに違いない。血の色を思わせるという人々もある辰砂の鮮紅色は、霊的な意味合いにも取られ、信仰的・美術的に使用もされ、あるいは殺菌力による防腐のために、また医薬品としても用いられ、金銀などを溶かして合金を作るという水銀のきわめて特殊な性質も重用され、文字通り錬丹術の主役（主薬）ともなってきた。その用途用法のことごとくはあげ得ないが、私のもっとも関心を有することとして次のような事柄がある。

　昭和三十四年に松田壽男博士を遠敷に案内した時、その道々、『萬葉集』に「真金ふく丹生の真朱の色に出て言はなくのみぞ我《あ》が恋ふらくは」という一首があるが、これは丹生にて採られる真朱《まそほ》（朱砂・辰砂）の水銀を用いて、真金《まかね》（黄金）を精錬することを意味している、と承った。私も時折は短歌を作ることがあり、『萬葉集』にはことのほか愛着をもっていたので、とくに「真金ふく丹生の真朱」の解釈に非常な興味を抱いた。ここで、私の「遠敷」から「丹生」への研究は、さらに「真金」の研究へと発展することとなった。

　この歌は、『萬葉集』巻十四（東歌）の「相聞」のなかにある恋の歌である。その意味は、簡明にいえば、「私は顔色に出して言わないだけです。恋しさは堪え難いものがあります」ということになる。これは『萬葉集』の多数の注釈書の共通した考え方であり、特別に問題はない。[3]ところが、問題はその「色」の序詞となっている「真金ふく丹生の真朱」の解釈にある。この歌は、いわゆる万葉仮名で「麻可祢布久尓布能麻曽保乃伊呂尓伿弖伊波奈久能未曽安我古布良久波」と書かれている。その冒頭の「麻可祢」すなわち「真金」とは、一体なんであるのか。これまで万葉解釈のほとんどすべての書が、この語を「鉄」のこととしている。そして、「尓布能麻曽保」すなわち「丹生の真朱」[4]については、丹生とは地名で赤土のある所。真朱とは赤土のこと、赤鉄鉱を含むので赤い色をしているなどと説かれている。ただ、松田壽男博士の『丹生の研究』の成果をも受容されたと思われる小島憲之博士ほか校注・訳の『萬葉集』三（日本古典文学全集四、昭和四十八年、小学館発行）には、「マカネは金の異名」「マソホは辰砂（硫化水銀）の古名」と明記されている例などのほかは、古往今来みな「鉄」と「赤土」の語釈が圧倒的である。書物によっては、真金を鉄とし真朱は辰砂としているものや、丹生は鉄や水銀を産する地名としているものもあるが、不徹底と言わざるを得ない。

管見のおよぶ限りでは、古くもっとも注目すべきは江戸前期の国学者、僧契沖の見解である。契沖が水戸光圀の求めに応えて書いた『萬葉代匠記』には、「真金トハ鉄ヲ云ト云説」があるが、『説文解字』には「五金ハ黄ヲ之ガ長ト為ス」とあり、また「徐ガ曰《い》フ」[5]として「五色ハ黄白赤青黒ナリ」（いずれも原漢文）とあるので、簡んで言うならば「黄金ヲコソ真金トハ云ハメ」と、真金は黄金であるべきだとの考えを述べている。しかし、「サレド真ハ何ヲモホムルニ付ル詞ナレバ、五金ニ亙リテ云ベシ」として、真金「鉄」説に妥協してしまっている。

松田壽男博士は、これらの諸説とはまったく無関係に、「真金」とは「黄金」（gold）であり、「真金ふく」は「丹生の真赭（真朱）」すなわち丹生で採掘される辰砂の水銀を用い、アマルガム法によって金の精錬（製練）を行うことである、と判断されたものである。もちろんこの相聞歌そのものの目的は、そのように用いられる真朱（辰砂）の真赤な「色」を借りて、思いを述べたものにほかならない。しかし、辰砂を比較的簡単な装置によって蒸留し水銀を得られることや、金の原鉱を砕いて水銀と混ぜ合金（アマルガム）を作り、これを取り出し熱を加えて水銀を気化分離させて黄金を求めるというこの方法を、たとえ大略にても知らなければ、詠める歌ではない。すなわち、すでに当時そのような製錬法が知られていたに違いない、というのが松田博士の主張である。現在にいたるまで、つぎつぎに「丹生」が硫化水銀産地であったことが実証され続けていることを思えば、私にもなおさらその確信が深まってくる。「丹生の真朱」が、ますます鉄と結びつかなくなるからである。

残念ながら、『萬葉集』の時代前後に、水銀を用いて黄金の精錬をしたという記録は、この歌以外に全く見出されていない。そのために、異議も出ることであろう。特に日本での金銀のアマルガム製錬は、江戸時代初めの慶長年間に、イスパニア人から習った方法が佐渡で行われたのが始まりであるということが、定説のようになっており、アマルガム法そのものも十六世紀中頃に、メキシコで発明されたとの考え方もあるとのことである。しかし、私の知る限りでは、古代ローマの博物誌家プリニウスが紀元一世紀の七七年に完成したという『博物誌』のなかに、「水銀について」と題する項で、水銀が「金を精錬するのにも勝れた性能をもっている」として、ややぎこちない感じはあるものの、具体的な説明を記述している。[6] また、ドイツに生まれ「鉱山学の父」とよばれたアグリコラ(一四九四—一五五五)が、一五五〇年に完成した鉱山と採鉱冶金技術の集大成書『デ・レ・メタリカ』(三枝博音訳、昭和四十三年三月、岩崎学術出版社刊)を見ると、金鉱石の細粉と水銀を混じて純金を得る方法が、すなわちアマルガム精錬のことが、具体的に繰返し書かれている。

ギリシャ語で「柔らかい物質」を意味するというアマルガムは水銀との合金であり、[7] 上述のように金を溶かしてその製錬にも利用されるが、これはまた、いわば逆の用法として鍍金《ときん》(メッキ)のためにも用いられる。黄金を水銀に溶かしてアマルガムを作り、銅像の表面などに塗って後、熱を加えて水銀だけを気化させると、いわゆる金メッキができる。たとえば、このようにして造られた仏像が金銅仏である。そもそも、メッキとは金のアマルガムを「滅金《めっき》」と呼んだことから生じた言葉である、という。前述のプリニウスの『博物誌』は、鍍金のことにも触れている。また、十九世紀になってエジプトで発見された三世紀のパピルス文書にも、「水銀を使う本格的なメッキ」のことが書かれているとのことである。[8] さらに早く、中国では戦国時代(前四〇三—前二二一)以降にこの鍍金が盛んに行われ、日本では古墳時代の出土品にこれが見られ、六、七世紀にはわが国でもその技術が習熟されるようになっていた、と言われている。[9] 矢嶋澄策博士は、論文「日本水銀鉱床の史的考察」(昭和三十八年『地学雑誌』第七十三号)のなかで、「アマルガム鍍金の技術が熟知されていた上からは、当然金の精錬に水銀を用いる方法も知っていたものと解釈してよい」と述べておられる。わが国でも、水銀による金の精錬と鍍金の両面の用法が、遅くとも奈良時代にはすでに知られ、行われていたと私も考えたい。

『萬葉集』の巻十六に、「仏造る真朱足らずば水渟《たま》る池田の朝臣《あそ》が鼻の上を穿《ほ》れ」と「何所《いずく》にぞ真朱穿《ほ》る岳薦《おかこも》畳平群《たたみへぐり》の朝臣が鼻の上を穿れ」という歌がある。このなかの「真朱」は、かつては「アカニ」とか「マハニ」と読まれることがあったが、江戸中期ごろから国学者・歌人によって「マソホと訓むべし」とされ、現在すべて「マソホ」と読まれて、東歌の「麻曽保《まそほ》」と同じにされている。歌の意味は「仏像を造るのに必要な真朱《まそほ》が足りないので、どこかにないかと探しているが、あの池田朝臣、あるいは平群朝臣の赤い鼻の上を掘ったら良かろう」ということであり、これはそれぞれ相手にからかわれた歌に対応して詠んだ互いの戯笑歌である。この場合、「真朱」は朱砂（辰砂）のことで、「仏造る」とは単に仏像に朱を塗ることではなくて、その水銀を用いて金のアマルガムを作り、仏像の表面を覆って鍍金（金メッキ）をすることを言っている。さらに、その仏像とは、国家の大事として建立造仏されていた東大寺の大仏のことである、というのが松田博士の解釈である。この見解は、昭和二十六年十二月の『双魚』第三冊の論文「大仏造営と万葉集」のなかで板橋倫行氏も述べられているが、私も松田博士の説に従うものである。

東大寺創建の時、盧舎那大仏像完成のために、黄金と共にきわめて多量の水銀が使用されたことは、『東大寺要録』巻第二（醍醐寺本）の「大仏殿碑文」などの記録によっても明らかであり、加熱のためと思われる炭（木炭）も実に多く用いられていることを見れば、鍍金のためと考えるのが至当である。私は、東大寺二月堂の「お水取り」の起源、ことに若狭遠敷との関係を知りたくて、昭和三十二年七月以来、当時の東大寺図書館長（後の東大寺別当、華厳宗管長）上司海雲師の御指導をいただき、学習を続けてきた。種々の解釈や想定がつぎつぎに出されており、正解は何か、私にはいまだよくわからない。ただ、ここで一言すると、若狭での現在三月二日の「お水送り」の日に、その水源地といわれる遠敷川の「鵜ノ瀬《うのせ》」の近くの神社で、古式ゆかしい神事があり、赤土を神前に供えるなどのことが行われる。また、この地には、東大寺開山の良弁《ろうべん》僧正や「お水取り」を始められた実忠和尚《じっちゅうかしょう》に関連する伝承も残されている。そのため、おそらく広く求められたであろう「仏造る真朱」が、この遠敷（小丹生）の地からも奈良東大寺へ送られたのではなかろうか。それらのことがまた、「お水取り」の発祥に何らかの関係を有したのではないか、と。「遠敷―丹生」の研究を続ける私は、このような仮説、いや空想をもち、昭和四十年ごろ「お水送り」行事の現場からＮＨＫの全国向けラジオ放送のなかで、全くの仮説ながらとして、このことをも語ったことがある。また、昭和四十年九月の福井県郷土誌懇談会の機関誌や、昭和六十二年十月の季刊『明日香風』に発表の拙稿のなかにも、このことに触れておいた。しかし、私には今も実証は得られず、仮説の域を脱していない。

ともあれ、『萬葉集』巻十六の「真朱」も巻十四の「麻曽保」も、朱砂（丹砂・辰砂）を言っているに違いなく、さればこそ「真金」も「黄金」以外は適合しないわけである。これが長らく「鉄」と解釈されてきたのは、それなりの理由があったと思われる。すなわち、平安時代の勅撰集『古今和歌集』の巻二十に、「まがねふくきびの中山おびにせるほそたに川のを《お》とのさやけさ」という歌がある。この初句の「まがねふく」が「きびのくに」にかかり、かつ「吉備の国」は産鉄の国という通念があるため、「真金」とは「鉄」であり、「真金吹く」とは、鉄の製錬をすることに違いないと解釈された。しかも、この推定を『萬葉集』巻十四の「真金」にも及ぼし、鉄としてしまったものである。このことを、はっきり指摘し詳細に批判されたのが松田壽男博士であった。その最初の公表は、昭和三十四年七月、古代学協会発行『古代学』第八巻第二号所収の松田論文「続『丹生考』」にある。そのなかにも紹介されているが、契沖の『萬葉代匠記』に右の歌をあげ、吉備の中山にて鉄を産したので真金を鉄というのだろうか、と述べられている。契沖はまた『代匠記』の後に書いた『古今余材抄』のなかでも、この真金について詳述している。特に『余材抄』には、平安時代末期ごろに書かれた顕昭の『古今集』の注釈書（『古今秘注抄』）に、「まがねとは金をいへど、鉄をもあらがねにむかへていふとこそ」と記されていること、すなわち、あらがね（鉱石）に対して精製した金属を「真金」という（との）ことだ」とあることを引き、契沖は、それならば鉄だけでなく、銀も銅も全ての金属について「真金」というべきであると、ここでも真金は鉄という解釈に疑惑を投げかけているわけである。これは、「まがねとは……いふとこそ」と表現している顕昭自身にとっても、誰かの解説について釈然としないものがあったのでなかろうか、と愚考する。その後も引き続いて調べてみると、真金の「鉄」説はさらに遡ることがわかった。

　これはほかの歌集の注釈書や歌学書にも少なからず見られることであるが、顕昭の『古今秘注抄』（『顕注密勘』による）以前のおもなものには、平安時代後期を順次に遡って、藤原範兼の『和歌童蒙抄』、藤原清輔の『奥義抄』、藤原仲実の『綺語抄』がある。ところがさらに遡って、平安中期にまでいたり、能因法師（九八八―？）の『能因歌枕（広本）』に、「まがねふくとは、くろがねをふくをいふ」とあることを知った。これが管見のおよぶ最古の事例であるが、すべて『古今和歌集』の吉備の歌を基としているものである。逆に時代が降って鎌倉時代になると、仙覚によって文永六年（一二六九）に万葉研究史上の最初に特筆されるべきという『萬葉集註釈』（『仙覚抄』）が著述された。このなかに、おそらく初めて、『萬葉集』巻十四の「まかねふく」につき、「まかねふくとは、くろがねふく也」と書かれている。これを嚆矢として、以後は万葉・古今両集とも、「真金＝鉄」説が行きわたっている。

　たしかに吉備の国には鉄が多く産出されたことは、『延喜式』（主計）などにも吉備の各国から鍬や鉄が貢調されているのを見られることからも、諒解される。しかし、『古今集』に歌われる「吉備の中山」で、本当に鉄が生産されていたのか。松田壽男著『丹生の研究』や、その後に発行された『古代の朱』（昭和五十年、学生社刊）にも詳述されている通り、松田博士は、昭和三十四年と三十九年の八月に、一般に「中山」（また「鯉山《りざん》」とも）称される岡山市一宮の吉備津彦神社の裏山（その西麓には備中の吉備津神社が鎮坐）を、現地に赴いて精査された。その結果、この中山での採取試料の分析によって、高品位の朱砂の産地であるとの数値を得たが、産鉄を認める結果はこの山では得られなかった、と詳報されている。そして、やはり『萬葉集』東歌の「真金吹く丹生」の地と目されている、上野国甘楽郡（現在、群馬県富岡市）の丹生と同様に、この中山でも辰砂を用いる黄金の精錬が行われていたのであろうと、推察されている。

なお、この中山を、吉備の備前国から和銅六年（七一三）に分かれてできた美作国にあり、鉄産地とされる現在岡山県津山市の中山神社のある所、と主張される折口信夫・池田弥三郎・八木意知男氏の説などがある。きわめて慎重を要することで、とても速断はできないが、『古今集』の「まがねふく」のこの歌の左注には「この歌は承和の御べのきびのくにのうた」とあるので、仁明天皇即位の天長十年（八三三）に行われた大嘗会に際しての歌であることがわかる。かつ、『続日本後記』によれば、そのとき悠紀の国は近江、主基は備中国であったことが明確である。おそらくは、俗な言い方をすれば国の体面もあることであり、備中国の（すなわち今の岡山市の）中山を歌ったものと考えるべきでないかと思う。殊に、この歌の次にあげられている清和天皇の大嘗会に際しての、主基国であった美作国の歌を見るにつけても、その感じを深くする。[10] ちなみに時代は新しくなるが、文禄元年（一五九二）に木下勝俊（後の長嘯子）が、文禄の役に従軍して肥前（佐賀県）の名護屋に赴く時、道中のことを記録した『九州のみちの記』を残しているが、そのなかに文人武将らしく、備中の国ではこの中山にいたり、細谷川の辺りにて歌を詠み、吉備津神社に詣でたことなどを記している。[11] 一読すれば、これも正しく備中国の中山であることが明らかである。

さて、私は昭和二十五年以来、若狭の「遠敷」の地名を探り、また「丹生」について多くのことを学んできた。これまで幾度か関連の発表も行ってきたが、一昨々年（一九九四）三月には、日本地名研究所発行の『地名と風土・日本地名研究所紀要』第一号に、「地名「丹生」と歌語「真金」」と題する小論を発表した。これは「歴史の化石」とも言われる地名の真実を解明することと共に、恩師松田壽男博士を始めとする諸先学の学恩に報いたいとの念願の一つの表現でもある。そのなかで、私は特に「ことば」の研究者としての立場から、「真金とは黄金なり」を決定づける一助として、卑見を発表しておいた。ここに、その概要と補足をも述べて本稿の結びとしたい。

まず結論をいえば、漢語の銀（白金）・銅（赤金）・鉄（黒金）を、わが国ではシロガネ・アカガネ・クロガネと訓読したのと同様に、「真金」も一々の文字通りに「マガネ」（『萬葉集』の時代には「マカネ」）と読まれたものである。白金・赤金などは、中国の『説文解字』などにも見えているが、真金は奈良時代以前から日本に伝わり読誦された漢訳仏教経典に、しばしば用いられている。顕著な例として、その当時に鎮護国家のために必読の経典でもあった『金光明最勝王経』（最初『金光明経』）や『法華経』などのなかに、幾回か「真金《しんこん》」の語がみられる。わが国最古の墨跡であり聖徳太子の親筆と伝えられる『法華義疏』の巻頭の部分にも、「動二万徳之厳躯一開二真金之妙口一」の語句があるのを写真で拝見し、私は大変に感激した。仏教学者で梵語学者としても著名な水野弘元師と佐伯真光師に御教示を仰いだが、上述の「真金」とは、原典の梵語（サンスクリット）経典ではSuvarna（またはSvarna）などとなっており、原語の意味は「金《きん》」（英語gold）にほかならない。漢訳する時に「金」とも「真金」ともされたが、実質的には原語に意味の差はなく、「真」の字を冠したのは一種の言葉のあやであろう、とのことであった。なお、「わが国において漢文を国語読みにすることは、早く上代から行われたことのようである」（春日政治博士[12]）と言われ、また、中国の詩文を「飜読飜訳して柔らかな歌語として歌の中に採用した」（小島憲之博士[13]）と言われる通りのことが、『萬葉集』東歌の「真金」にも見られるわけである。

一方、仏典とは別に中国の古典のなかにも、「真金《しんきん》」の用例はもちろんある。私が特に心引かれるのは、中唐の詩人で「粒粒皆辛苦」の作で知られる李紳（七七二―八四六）が、知人の章孝標に応えた詩句である。孝標が進士の試験に合格して自慢した詩を送ってきた時、これをたしなめたものといわれ、その結句に「真金ハ金ヲ鍍セズ」とある。本当の金はメッキしない、ということである。私は、この唐詩の意味や李紳について、昭和三十七年八月、京都大学中国文学研究室の島田久美子女史（現筧氏）から詳細な解説をいただいた。この名言名句を常に肝に銘じたく、そのとき京都大学で複写していただいた中国の『唐詩紀事』に収載のこの七言絶句の写真を、いつも懐中に所持して今日に及んでいる。ところが、今から十年ばかり前、この両詩人の贈答の詩が中国で出版のほかの諸書にも収められているが、李紳に送った章孝標の詩の承句「金鞍鍍了シ長安ヲ出ズ」が、『唐詩紀事』以外の『唐才子伝』などでは、「金湯渡了シ長安ヲ出ズ」となっていることに気づいた。試験に及第して晴れ姿でそちらへ行く、馬の鞍にも鍍金を了え都の長安を出発する、という内容の詩である。それが「金湯渡了シ」、すなわち金湯（金城湯池）と言われる堅固な城の熱湯をたたえた堀を渡り了えて、という意味になっている。書物によっては、「金湯鍍了シ」としたものもあるので、「金鞍鍍了」が次々と変転してしまったことが明らかである。「金鞍鍍了」と言ったがために、「真金不鍍」と応えたに違いない。金湯渡了では全く話が合わず、金湯鍍了では意味が全く通らない。文字の国としては珍しい誤写というべきであろうが、馬の鞍にも水銀を用いてアマルガム鍍金をした古来の技法が、後世の文人たちにも記憶されていたら、このようなことは起こらなかったであろうにと思われてならない。

注

（1）矢嶋論文には「10^{-3}%位」とあり、百万分の十、すなわち十ｐｐｍ台ということ。「10^{-5}%」は〇・一ｐｐｍとなる。

（2）『平城宮発掘調査出土木簡概報（三）』昭和四十年十月、奈良国立文化財研究所発行。

（3）折口信夫博士も、『口譯萬葉集』では同様の解釈をされているが、「東歌疏」のなかでは「口譯以外にも、色には出して、しかも口では言はない、と、いった言ひ方ともとれる」と述べられている（『折口信夫全集』第十三巻）。

（4）「麻曽保」に「真赭」の字を当てることが、契沖の『萬葉代匠記』を始め多く見られる。しかし、鹿持雅澄の『萬葉集古義』などは「真朱」としている。後述する通り、『萬葉集』巻十六の「真朱」が「まそほ」と読まれていることや、その化学成分の意味から考えても、私はこれを「真朱」と表記することにしている。

（5）この「徐ガ曰フ」とは、南唐の徐鍇（九二〇—九七四）の『説文繋伝』に、金の五色について「臣鍇日黄白　赤青黒也」とあることを言っていると思われる。

（6）『プリニウスの博物誌』第Ⅲ巻、中野定雄ほか訳、昭和六十一年六月、雄山閣出版発行。

（7）水銀は、鉄やマンガンなどとは合金を作らないが、とくに金・銀などとはアマルガムを作りやすいとのことである。私は地質学のことはわからないが、黄金と水銀の緊密な関係を聞くと、『菅子』の「上有丹砂者、下有黄金」の説術を思わずにおれない。

(8) ヘルマン・ディールス著、平田寛訳『古代技術』昭和四十四年六月、鹿島研究所出版会発行。
(9) 平凡社『大百科事典』十巻、「鍍金」(香取忠彦氏)。そのほか、考古学関係書。
(10) 八木意知男氏も、『大嘗会和歌の世界』(昭和六十一年六月、皇学館大学出版部発行)のなかで、「大嘗会和歌は悠紀・主基の両斎国から詠進されるが、そこには斎国の地名が詠み込まれるのを原則とする」と自ら書いておられる。
(11) 『長嘯子全集』第二巻、昭和四十七年六月、古典文庫発行。
(12) 春日政治『西大寺本金光明最勝王経古点の国語学的研究』昭和四十四年九月、勉誠社復刊。
(13) 小島憲之「萬葉集と中国文学との交流」『上代日本文学と中国文学』中巻、昭和三十九年三月、塙書房。『萬葉集大成』七、昭和二十九年、平凡社発行。

附記

長い歳月を経た地名の解釈には多くの場合、異説が生じるのは当然とも言える。「丹生」についてもまた然りで諸説はあるが、特に民俗学者や研究者には全く別の考え方が強く、それも単一でなく存在している。民俗学界の最長老と申すべき折口信夫・柳田國男両氏が、それぞれ説術された見解が、その中心となっていたように思われる。柳田先生の関連論文の内の一つに、「稲の産屋」(昭和二十八年発行『新嘗の研究』)があるが、その中で「丹生」の語原について「夙くから、丹土の採取地だからという解釈が知られており、また現に伊勢の南部のように、実地の採掘が続いていた例もあげられようが、それとてもこれほど数多い全国の地名を、説明するには足らぬかと思う。地名に一定の漢字の付与せられたのは後のことで、それには統一の力さえあった」と、述べられている。

また、私が昭和三十五年に職場関係の機関誌に書いた「わらづみの方言―丹生の民俗学的解釈について」の御高覧を仰いだ時、柳田先生から賜った御懇篤な玉翰のなかに、丹生という地名は福井県に多く、殊に越前から美濃にかけて多く見つかるようであるが、として、「それが悉く丹又は鉛朱の産地なりといふことは信じにくく候。御注意あるべく候。自分の考証には、積極ニ(?)ニホとの関係、殊に稲の穂を育つる点にあり、此方は印度支那又は最近のメコン川流域にも多く発見せられ候。此方面も御注意あり度、なお次々のお調べ望ましく候。」（三十五年三月四日）と御教示を戴いた。柳田先生の御高見と特に御懇情に背かぬためにも、当然のことながら諸説を無視することなく、慎重に敬虔に学び続けている私である。なお、私は民俗学界における「丹生」の解釈に関しては、『北陸の民俗』第二集（一九八四年、北陸三県民俗の会）「地名「遠敷・丹生」考」のなかに詳述している。

三　地名「丹生」と歌語「真金」

「遠敷」と「丹生」

昭和三十二年四月、古代学協会発行の『古代』第六巻第一号に、歴史学者松田壽男博士の論文「丹生考―古代日本の水銀について―」が発表された。その数年前、遅くとも昭和二十六年頃から、私はわが郷土福井県若狭の「遠敷」（現代では「オニュウ」と読む）という地名の語原を探究していた。『和名類聚抄』（『倭名類聚鈔』とも書く）の若狭の郷名の筆頭に「遠敷」に続いて「丹生」があり、その読みが高山寺本では「乎迩布《おにふ》」・「迩布《にふ》」、元和古活字那波道円本では「乎爾布《をにふ》」・「爾布《にふ》」と万葉仮名で書かれ、この両地名がそれぞれ対比される状態にあったため、さらにまた、江戸後期に若狭に生まれた国学者の伴信友が、その著『若狭旧事考《くじこう》』に「遠敷と云ふ義は、美しき丹土の出る処多し、故に小丹生《おにふ》と呼《い》ふ」と説いていることなどから、私も「遠敷」は「小丹生」に違いないと考えつつあった。そのため、上記の松田論文を一読したとき、「丹生とは、丹砂（または朱砂・辰砂ともいい、化学成分は硫化水銀）を産出する土地を意味する」というその明快な所説を、即座に深く信ずることとなった。それ以来、松田博士に直接師事し協力もして、「丹生」の研究を続けて今日にいたった私である。その経過については、すでに昭和五十九年四月の第三回地名研究者大会のパネル討論において発表し、また、その翌年には『地名と風土』第二号に、同じく「遠敷から丹生を求めて」と題して小論を発表した。

もっとも、「丹生」の語原についてはいろいろと異説があり、折口信夫や柳田國男を中心とする民俗学者は、丹生とは「稲積み」をよぶ名称の「ニホ」や「ニフ」と同じで、神の降臨を迎える標山《しめやま》を意味し、あるいは「稲の産屋」を表わす語で、新嘗祭の「ニヒ」や、神への供物の「ニヘ」とも関係する言葉である、などと説かれている。

また、丹生を鉱産に関係ある地名と解する場合でも、それを鉄の産地などと主張する研究者が今も少なくない。

ところで、歴史学による松田壽男の論証を、自然科学の立場から全面的に助けて、「丹生とは硫化水銀の産地」説を実証せしめたのが、鉱床学者の矢嶋澄策であった。矢嶋博士はすでに昭和二十一年五月に野村鉱業株式会社から発行されたその著書『日本水銀鉱業発達史』のなかで、「全国には丹生という地名が相当にあるが、この大部分が水銀鉱産地に関係があるのは面白い事実である。丹は水銀であり、水銀の出る所と言ったのが地名となったもの」である旨が述べられている。

実際に採掘のため水銀鉱床を求める手懸かりとして「丹生」を探る矢嶋と、丹生の歴史的解明そのものを目的とする松田との共同研究は、昭和三十三年頃から始まった。松田が現地を踏査して史料を採り、採取して持ち帰る試料は矢嶋がその当時としてはもっとも進んだ方法で分析[1]して鉱床学的探究を行う、ということが続けられた。こうして全国数百箇所にもおよぶ丹生、またその変化と考えられる「入」などについての広大にして綿密な調査が行われ、その結果はつぎつぎと論文に発表されたが、ついに昭和四十五年十一月には、松田壽男の大著『丹生の研究―歴史地理学から見た日本の水銀―』として大成され、早稲田大学出版部から刊行された。

水銀鉱床学の権威とされる矢嶋澄策（昭和二十八年の論文「日本水銀鉱床の分布について」[2]等）によると、「水銀鉱床附近の母岩等には十のマイナス三乗％位（十ｐｐｍオーダー。永江注）の水銀が検出されるのが普通で、マイナス五乗％以下となると多くの場合鉱床とは無関係である」という。私の最大関心事である若狭の「遠敷」についても、松田博士は昭和三十四年七月に現地を訪ね、小浜市遠敷の諸所で試料を採取され、矢嶋博士の分析によって、一五ｐｐｍ前後の水銀が検出されたので、私は「遠敷は小丹生」との確信を深くしたことであった。

また、幸いなことに、昭和三十六年以降、平城宮跡や続いて藤原宮跡、特に後者から発掘された多数の木簡のなかに、後には「遠敷」と表記されているこの地名を、「小丹生」と書いたものが現在までに十点近くも発見された。すなわち、「遠敷」は本来「小丹生」なりということが、実物をもって証明されたのである。

しかも、「遠敷」の語原を探り始めて四十年を経た平成三年の四月、この小浜市遠敷の山のなかに朱を掘ったのではないかといわれる古い洞窟が見つかり、その調査をすることができた。考古・地質・郷土史のそれぞれ熱心な研究者である高野孝悦・磯部克・赤崎一郎氏らの協力を得て、この穴の岩壁に微量ながら残存する辰砂（朱）を採取できたのである。大和水銀鉱山跡にあるヤマト分析研究所における現在最新の方法（還元気化原子吸光法）による分析の結果、実に九三〇〇ｐｐｍの水銀含有が証明された。ちなみに、二〇〇〇ｐｐｍ以上の水銀が含有されておれば、採算の合う原鉱であるといわれたとのことである。若狭遠敷の山中に〝辰砂坑発見〟のこの事実によって、これまで日本の水銀鉱床は中央構造線地帯にのみあり、日本海側には存在しないとよくいわれたが、その誤った通念が破られたのである。「丹生は水銀産地」と主張されてきた松田・矢嶋学説に、一つの見事な実証を加え得たことを、私は喜ばずにおれない。

なお、この遠敷の山のなかに現在まで少なくとも四つの穴が見つかっており、今回辰砂確認の洞窟はそのなかで最大のものである。昭和五十九年七月に矢嶋博士もこの現地を訪ね、それに次ぐ別の穴と周辺について調査して下さった。その結果は、昭和六十年三月　発行の「日本鉱業史研究」会報一九・二〇合併号に発表されている。このとき辰砂は識別できなかったが、原子吸光金アマルガム分析などによる最高二・二八ｐｐｍの水銀検出やそのほかの状況から、かつては三重県や大分県の丹生と同様に、ここでも（水銀を含む）丹土が採取されたと思われることが報告されている。

ここで念のために付言すると、矢嶋博士による水銀鉱床の存在を示す分析数値は、前掲の論文「日本水銀鉱床の分布について」に述べられているが、その後に発表された論文「日本水銀鉱床の史的考察」[3]には、「元来水銀の微量はいかなる岩石にも生物にも存在しているが、その数値は〇・〇〇〇一％以下であって、水銀の鉱床近くの水銀鉱化の影響を受けた地域となると〇・〇〇一％すなわち一〇ｐｐｍ以上の数値となる」とも述べられている。

また、「水銀の微量は地球上のどこにでもある。丹生という土地で水銀が検出されたとしても、だから丹生が水銀産地だという説は間違っている」と言われる学者もある。しかし、そのどこにでもあるという水銀は余りにも微量であり、水銀鉱床の存在を示すような含有率とは桁違いに差があることを知らねばならない。世にいわゆる「クラーク数」というものがあり、アメリカのフランク・W・クラークたちによって地球表層の元素の存在割合を算出し重量%で表わされている。もちろんこのなかに水銀もあるが、その数値は〇・二ｐｐｍ、あるいは〇・ｎｐｐｍ、すなわち十のマイナス五乗%オーダーとなっている。ただし、このクラーク数は、その後の地球科学の進歩により、科学的な根拠が弱くなり、歴史的には重要な意味をもつが、この数値を確定された定数のごとく考えるのは誤りであるとされている。現在もっとも信頼できると考えられる「地殻における元素の存在度」としては、水銀はさらに低く〇・〇八ｐｐｍとの数値が提出されているとのことである。[4]

さらに、最近は化学分析の方法が急速に進み極めて微量の測定まで正確にできるようになったが、矢嶋博士の行った頃の分析法では不充分であり、「丹生」を水銀産地と決定するだけの数値といえないのではないか、という人もある。矢嶋博士も、確かに分析法は進んでいるし、異なる分析法の数値を直接比較はできないが、矢嶋博士が行ったのは実際に水銀鉱床の存在を探査するための分析であり、それに有効の数値を求めたものである。化学の分野における現在の微量分析法の進歩は誠に好ましいことであるが、これまでに行った分析と数値は、鉱床を探る目的には適合したものであった旨を述懐されている。私も、そのことを信頼している。

平成三年、東方出版発行の『真言密教と古代金属文化』の著者の一人である若尾五雄氏は、そのなかで「丹生の研究者の中には、松田博士のあげている水銀のパーセントについて十分に理解しておらぬ点が見られるので、その点も次に記しておきたい。（中略）このパーセントは、歴史学者の松田博士自身の決めたものでなく、野村工業《（マヽ）》という水銀鉱山の技師矢嶋澄策博士の決めたものである。歴史学者の松田博士なら、自己の学説にあわせようとしての無理がないとはいえないが、こうした営利を目的とした会社の技師のこと、いいかげんのパーセントをあげて、もし採掘でもはじめ間違っていれば、それは会社に大きい損害をあたえることになるのだから、こうしたパーセントは決して出鱈目なものではない」と述べられているが、まさに正鵠を得た言葉であると思う。

若狭の難解地名「遠敷」の語原と歴史を求め、「丹生」の研究にも進んだ私は、ある時には松田博士や矢嶋博士に随行し、ある時は単独にて、県内の若狭・越前はもとより、滋賀・京都・岐阜・新潟（佐渡）・富山・広島・山口・徳島・福岡・そのほかの各府県、数十箇所を近年まで採訪し、それなりの目的を達して来た。とくに「遠敷」の語原解明の初志は貫徹できた。松田壽男著『丹生の研究』（三〇七頁）に、「遠敷」という書き方の理由について、「永江秀雄氏はこの方面の専攻者であり、長年この問題を解こうと努力を続けている。したがって不日同氏によって正しい解釈が発表されるであろう」とあることには、すでに応えることができた。(5)

しかし、私には今一つの課題が残されている。すなわち、『丹生の研究』（二六頁）には、「（松田の）説に賛成した国語学の永江秀雄氏は、どこからこんな不思議な考えが出たかを、いろいろ調べていられる。その成果は不日発表されると思うが」と述べられている、「マガネ」という語の解釈問題が後の一つである。

歌語「真金」

昭和三十四年七月に松田壽男博士から初めて教えられたことであるが、『万葉集』巻十四の東歌の中（三五六〇）に「真金吹く丹生の真緒《まそほ》の色に出て言はなくのみぞ我《あ》が恋ふらくは(6)」という相聞歌の一首がある。歌の意味は、「丹生の真緒のような色に出して言わないだけです（心に深く思っている）私の恋は」ということにある。松田博士は「真金（麻可祢《マカネ》）吹く丹生の真緒」について、これは丹生に産する朱砂の主成分である水銀を用いて、混汞精錬法すなわちアマルガム法により金を精錬する意味を有し、この「真金」とは黄金のことである、と説いている。(7)私もこの説、特に「真金とは黄金（gold）なり」ということを固く信じて疑わないものである。

また、『万葉集』巻十六には（三八四一）、「仏造る真朱《まそほ》足らずは水渟る池田の朝臣が鼻の上を穿《ほ》れ」、（三八四二）「何処にそ真朱穿る岳薦畳平群《おかこもたたみへぐり》の朝臣が鼻の上を穿れ」（原文は万葉仮名）という戯笑歌がある。仏を造るために真朱、[8]すなわち朱砂・辰砂が足りないのならば、池田朝臣あるいは平群朝臣の、あの赤い鼻の上を掘ったら良かろう、といっている。この二首は、仏像を造るとき朱を塗って彩色することを表していると解する説もあるが、松田論文ではこれも朱砂の水銀を用いて仏像にアマルガム法による鍍金《ときん》、いわゆる金メッキをすることを意味しているとされている。[9]東大寺創建の時、盧舎那大仏像の完成のため、黄金と共にきわめて多くの水銀が使用されたことは、『東大寺要録』巻第二（醍醐寺本）の「大仏殿碑文」などの記録によっても明らかであり、水銀によるアマルガム鍍金が行われ金銅仏が造られたことは、全く疑問の余地がないところである。

ところが、『古今和歌集』巻二十（一〇八二）に「まがねふくきびの中山おびにせるほそたに川のおとのさやけさ」という歌があり、多くの書物には、吉備の国が鉄の産地として知られているために、この「真金吹く《まがねふ》」を「鉄の製錬をする」意味に解し、「真金」そのものを古今集についてはもちろんのこと、万葉集についてまで「鉄」（くろがね）であると解釈している。これは現代の大部分の国語・古語辞典や国文学書にも見られるところであり、私が現在まで調べ得た結果では、江戸時代・鎌倉時代と遡り、平安時代にまでいたっていることがわかった。

松田博士は『丹生の研究』出版の数年後、昭和五十年に学生社の求めに応えて、一般向きに『古代の朱』なる一書を出版された。このなかで、古今集の「まがね吹く吉備の中山」について、「私が調査した限り、吉備の中山は高品位の朱砂の産地であるが、鉄の気はみじんもない」と強調している。いったい、吉備の中山とはどこなのか、研究者にも諸説があり地元でも決しかねるのでないかと思うほどであるが、松田博士は現岡山市一宮の吉備津彦神社の裏山を、一般の呼称どおり「中山」として調査し、また、古今集の「まがね吹く」もおそらく、この中山や周辺で得られた朱砂を用いて黄金の精錬をした事実にもとづいて詠まれたものであろうことを述べておられる。[10]

鎌倉時代の僧仙覚の著『万葉集註釈』（仙覚抄ともいう）は、巻十四の「まかねふくにふ」の歌につき、「まかねふくとはくろがねふく也、にふはところの名越前にあり、云々」と説いている。また、源俊頼の歌集に顕昭が注を加えた平安末期の『散木集注』の中には、「顕昭云。まがねふくきびの中山と云歌につきて。鉄とのみいひ伝へたり。金をいふべからず。金を真がねといふ事ぞおぼつかなき。而万葉歌は。にふは播磨の所名なり。然は彼所のまそと云歟」とある。

江戸時代に入ると、北村季吟の『万葉拾穂抄』があるが、これには「仙曰《いわく》」として『仙覚抄』の前掲の説をあげている。賀茂真淵の『万葉考』には「麻可禰布久《マカネフク》」について、「真金は鉄をいふ、吉備中山には今も鉄を出す故に、まがねふく吉備の中山といへるが如し。丹生の郷は、和名抄の上野の国に出たり、ここにや」と述べている。真淵の高弟橘千蔭の『万葉集略解』や、江戸時代万葉研究の集大成といわれる鹿持雅澄の『万葉集古義』も同然にて、真金を鉄、丹生を上野国（群馬県）甘楽郡にありとしており、この解釈がそれ以後もほとんど定着しているようである。

ただ、昭和になって歌人土屋文明は『万葉集私注』のなかで、近江（滋賀県）伊香郡丹生村（余呉町）をあげ、ここに匹敵するほどの条件は何処の丹生にも具わらないといい、これを東歌の丹生の地とし、かつ鉄産地として解説を加えられている。私も松田博士もこの地を訪問し、調査した結果は、まさしく「丹生」であり、採取試料からは十ppm台の水銀検出をもみた所であった。

さて、もっとも古く「真金」を「鉄」と解釈した例を探ってみたが、私の知る限りでは、平安中期の能因法師の名著とされる『能因歌枕（広本）』に、「まがねふくとは、くろがねをふくをいふ」とあるのを初見とする。次いで平安後期に入り、歌語の解説書として著名な藤原仲実の『綺語抄』、藤原清輔の『奥義抄』、藤原範兼の『和歌童蒙抄』なども、すべて「まがね」を鉄（くろがね）としている。古今集の注釈書として、とくに重んじられた鎌倉初期の藤原定家の『顕注密勘』にも、平安末の顕昭の「まがねとは金をいへば、鉄をもあらがねにむかへて云とこそ」の解釈がそのまま掲げられている。

かくのごとく、平安中期の能因以来、現代にいたるまで、厳密にいうと松田壽男の『丹生の研究』の所説が認められるまで、わずかの例外を除いて、(11)「真金とは鉄なり」の説が圧倒的であった。ただ、その間に、稀に見る注目すべき見解を述べているのが契沖であった。すなわち、『萬葉代匠記』巻之十四（下）に、麻可禰布久について、「説文云、五金黄為二之長一（中略）。かゝれば簡《えら》びて云はゞ黄金をこそ真金とは云はめ、されど真は何をもほむるに付る詞なれば五金に亘《わた》りて云べし」と言っている。また、『古今余材抄』のなかで「まかねふくきひの中山」の歌について「顕注」を引きながら、「真金は金をいふと知なから、くろかねと釈せられたるは、吉備の中山は鉄を出す所なりける歟。金をもとゝして、くろかねをもまがねといはゞ白かねあかゝね、惣してあらかねにむかへてふけるかねをはいづれをも申へきなり」といい、「黄金をこそ真金と云うべきである」のに、鉄と解釈することに甚だしい疑問を提起している。しかし、長年の「くろがね」説に押し切られてしまった感がある。[12]

松田壽男は初めて、この万葉集の「まかねふく丹生」を、丹生の朱砂から得られる水銀を用い、アマルガム法によって黄金の精錬をする意を含むと解釈された。私も、その解釈を正しいと思う。ただ、奈良時代にアマルガム法による鍍金の行われていたことは紛れもない事実であるが、金精錬の記録が見出せないために異議も出ることであろう。特に日本での金銀のアマルガム精錬は、江戸時代初め慶長年間にイスパニア人から習った方法が佐渡で行われたのが始まりであるということがほとんど定説のようになっており、アマルガム法そのものも一六世紀中頃にメキシコで発明されたとの考え方さえもあるようである。

しかし、一九世紀になってエジプトで発見された三世紀のパピルス文書に、「水銀を使う本格的なメッキ」のことが書かれているとのことであるから、[13]すでにその当時、アマルガム鍍金法は知られていたはずである。また、古く一世紀中頃のローマのプリニウスは、『博物誌』の第三三巻「金属の性質」のなかで、水銀を用いる鍍金のことを述べ、且つ水銀による金の精錬についても明記している。[14]さらに早く中国では、戦国時代以降にこの鍍金が盛んに行われ、日本では古墳時代の出土品にこれが見られ、六・七世紀にはわが国でもその技術が習熟されるようになっていた、と言われている。[15]矢嶋博士も、論文「日本水銀鉱床の史的考察」のなかで、東大寺の大仏修理にも水銀が用いられたことに関連し、「アマルガム鍍金の技術が熟知されていた上からは、当然金の精錬に水銀を用いる方法も知っていたものと解釈してよい」と述べられているが、私も全く同感である。

ここで、私は「真金とは黄金なり」を決定づけるべき卑見を申し述べたい。[16] 結論からいえば、これは漢語の銀（白金）・銅（赤金）・鉄（黒金）をシロガネ・アカガネ・クロガネと訓じたのと同様に、特に真金の場合は、奈良時代以前から伝来してわが国で読誦された漢訳仏教経典の用語を直訳訓読したもの、と私は推断する。たとえば、その当時に最もよく読まれた『金光明最勝王経』（初めの漢訳本『金光明経』）などにも、「真金《しんこん》」の語が幾回か見られるが、これはこの経の題名にも含まれている梵語（サンスクリット）のSuvarna（またはSvarna）などの訳語であり、原語の意味は「金《きん》」（英語gold）のことである。この金をいう梵語は、ほかにもいろいろある由であるが、仏典の「真金」は黄金でこそあれ、決して鉄ではあり得ない。春日政治著『西大寺本金光明最勝王経古点の国語学的研究』（「斯道文庫紀要」第一）にも、「我が国に於て漢文を国語読みにすることは、早く上代から行はれたことのやうである」と述べられている。春日博士がこの西大寺本を平安初期と思われる精細な訓点により当時の国語様式に読下しをされたなかに、仏道修行のたとえ話としてではあるが、金礦を得てこれを砕き鑪のなかに入れて「銷《ケ》チ錬《ネヤ》シテ」（すなわち精錬して）清浄の金を得るとか、また端的に「真金あり、鎔《キタ》ヒ銷《ケ》シ冶《ウ》チ錬《ネヤ》す」とあることなどを見れば、「真金」はより単純直接的に「マカネ」と訓まれていたに違いない、と思われる。

サンスクリットに詳しい仏教学者の水野弘元、佐伯真光両師の御教示によると、金（gold）を意味する梵語が漢訳されたとき、二字の「真金」とも一字の「金」ともされたもので、実質的には原語に意味の差はなく、「真」の字を冠したのは一種の言葉のあやであろうとのことである。「言葉のあや」は正に雅語（みやびの言葉）であり、わが国の「まかね」も日常語としてではなく、歌ことば「歌語」として用いられた、これまた正に雅語であったといえる。万葉集には「麻可祢」と書かれており、マカネと読まれているが、古今集では「マガネ」となっているようであるのも、これはほかの例と同様に、この語の頻用（慣用）度が進んでから連濁するようになったもので、万葉時代には「真金」を直訳訓読していまだ日の浅い造語、新しい雅語であったことを表明しているのではないかと思う。

なお、仏典とは別に、私は中国自体の古典の中に「真金」の用例を探ったが、唐詩などにこれを見出した。その一つに、「粒粒皆辛苦」の作で知られる中唐の詩人、李紳の七言絶句がある。詩名の高い章孝標が進士の試験に及第し、自慢した詩を送って来たとき、これを見た紳がたしなめたものであるが、そのなかに「仮金《にせがね》ハ方《まさ》ニ用二ヒテ真金一ヲ鍍ス、若是《もしこれ》真金ナラバ不レ鍍セレ金ヲ」とある。ところで、孝標の詩には、その承句に「金鞍鍍了シ出二ズ長安一ヲ」とある（『唐詩紀事』による）。乗馬の鞍に鍍金も完了し、晴れ姿で長安を出発する、というのである。ところが、中国で出版の諸書（『太平広記』『唐才子伝』『摭言』など）に、これを「金湯渡了シ」すなわち金城湯池を渡り了え、または「金湯鍍了シ」としたものが見られる。「鞍に鍍金を了え」といったから「真金を鍍す」または「鍍せず」と応えたに違いなく、「金湯」云々では話がまったく合わない。中国後世の文人たちに、いつしか水銀を用いた古来のアマルガム鍍金のことが忘れられたための転訛であったろうと思う。

ちなみに、わが国の字書『類聚名義抄』（観智院本）を見ると、「釦」の和訓のなかに「マカネ」「コガネ」などがある。最近の国語辞書や古語辞典に、「まがね」を「鉄」と説き、その古い用例としてこの名義抄の「釦」の訓「マカネ」をあげているものがある。しかし、それはマガネを鉄と思い込んでいるための誤りであって、名義抄の「釦」には鉄の意味や訓みなど全く示されていない。むしろ、その九行前に掲げられている「金」や「黄金」の訓にも「コガネ」とあり、「釦」にも同じく「コガネ」とあることを知るとき、「マガネ」の真義も自ら明らかというべきでなかろうか。[17]

注

（1）活性アルミナを用いる一種のカラム・クロマトグラフィーとよぶ方法。昭和二十七年に矢嶋澄策・芦沢峻の共同研究により開発完成された。

（2）早稲田大学理工学部鉱山学科「鉱山学研究報告」第三巻第五五号。

（3）昭和三十八年『地学雑誌』第七三号所収。『金属の文化誌』平成三年、三一書房刊に転載。
（4）浜口博編『超微量成分分析1―地球化学的試料―』昭和四十五年、産業図書株式会社刊。東京天文台編『理科年表』その他。
（5）「小丹生」が「遠敷」と表記されたことについては、『地名と風土』第二号の拙稿、「木簡に見る若狭の地名」（福井県立若狭歴史民俗資料館『紀要』第三号、一九九〇年）、そのほかに記述した。
（6）原文は「麻可祢布久　尓布能麻曽保乃　伊呂尓弖弖　伊波奈久能未曽安我古布良久波」。
（7）『古代学』第六巻第一号所収論文「丹生考」、および『丹生の研究』。
（8）「朱砂」と解される「まそほ」は「真赭」とも書かれるが、『管子』地数篇に「上ニ有二レバ丹沙一者、下ニ有二リ黄金一」「上ニ有レレバ赭、下ニ有レリ鉄」とあるごとく、本来「赭」は鉄系の赤土を表わすから、「まそほ」は巻十六の原文と同じく「真朱」と書く方が適していると思う。
（9）これとまったく同じ考えを、昭和二十六年十二月の「双魚」第三冊に板橋倫行氏が論文「大仏造営と万葉集」のなかで述べられている。同氏著『万葉集の詩と真実』淡路書房新社、昭和三十六年刊、所収。
（10）『丹生の研究』三四三、三四四頁。
（11）江戸後期の上田秋成は『冠辞考続貂』巻六で、真金を「銅・鉄の美称なり」としている。昭和に入って出版された井上通泰の『万葉集新考』では、「マガネは金属の総称にて、こゝにては水銀ならむ」「ニフは丹すなわち丹砂を産するによりて負へる地名なり」といい、昭和十一年発行の豊田八十代著『万葉集東歌の研究』には、「麻可禰は、金属の総名にも用ひる語であるが、こゝは丹即ち丹砂のことに用ひたものと思はれる」とある。共に正解に接近してはいるが、隔靴掻痒の感がある。
（12）「くろがね」説の嚆矢ともいうべき能因の歌に、「まがね」を詠んだものが少なくも二首ある。その一に、「五月雨にとくるまがねをみがきつつ照る日と（に）見ゆるます鏡かな」がある。この「まがね」は鉄と思わざるを得ないが、この歌の詞書によると、これは『白氏文集』の新楽府の詩、「百錬鏡」に因んで詠んだ和歌であることがわかる。しかも、白楽天の賦した鏡は銅鏡であるので、その当時に能因は「まがね」をどれぐらい厳密に考えていたか、私には疑問が残る。

（13）ヘルマン・ディールス著、平田寛訳『古代技術』昭和四十四年、鹿島研究所出版会。

（14）『プリニウスの博物誌』第Ⅲ巻、中野定雄ほか訳、昭和六十一年、雄山閣出版刊。

（15）平凡社『大百科事典』十巻、「鍍金」（香取忠彦）の項。その他、考古学関係書。

（16）山田孝雄著『国語の中に於ける漢語の研究』昭和三三年、宝文館　宮崎道三郎「漢字の別訓流用と古代に於ける我邦制度上の用語」明治四十三年、法学協会雑誌二八の五（中田薫編『宮崎先生法制史論集』昭和四年、岩波書店刊）

（17）「釦」について、許慎の『説文解字』に「金飾器口」とあり、段玉裁のその注には「謂以金涂器口、許所謂錯金、今俗所謂鍍金也」云々、とあることも見落してはならない。

四　遠敷の語原 ―菊地清光氏の異議に応える―

昨年九月の『古代日本海文化』第二五号に、私が「若狭における辰砂坑発見概報―遠敷は小丹生―」と題して発表した文字通りの「概報」に対して、本誌第二六号に、菊地清光氏の「遠敷（オニュウ）のオは美称か」という文章が掲載された。別に回答を求められている様子にも見えないが、会員読者各位の疑惑を生ずる恐れもあるので、ここに、菊地氏が「疑問」として羅列されたことがらについて、簡潔に述べさせていただきたいと思う。

まず、伴信友が「遠敷は小丹生なり」といったとおりだとわかるまでに、（永江は）四十年もかかったのか、との発言について。私の概報をどのように読まれたのかは知らないが、私は伴信友の説を証明するために遠敷や丹生の研究をしたのではない。私は私独自の研究を進めているうちに、偶々先学の伴信友も私と同じく「遠敷は小丹生」との正解を百数十年も前に、その著書に明記詳述しておられたことを知り、さすが近世考証学の泰斗と称讃される学者だと尊敬の思いを深くした、ということである。

私は「遠敷」の語原を探究し始めてすでに四十年を超えることとなるが、学問研究が空想や独断に陥らぬ結論と実証を得るまでには、筆舌に尽し難い苦労と歳月を要する例の多いことは、体験者であれば身にしみて理解されるはずである。

菊地氏は、「他にどんな説があり、それらにはどんな欠点があったのだろうか」と指摘されているが、「遠敷」の語原については、古来さまざまな説がある。私は、可能な限りそれらの諸説の一つ一つを慎重に学び、確信が得られるものかどうかを充分に検討することに努めた。古くは、江戸時代初期の幕府の儒官である林羅山さえも、若狭の「遠敷」の読みには苦心した様子が、その著述の間にうかがわれて誠に興味深かった。また、近年は柳田國男先生からも直接に懇切なお教えもいただき、遠敷や丹生の解釈が独断や偏見に陥ることのないよう、細心の注意を払ってきた。これらのことは、長年の間に既に多くの論稿に発表してきたところである。

次に、私はわが国の地名など日本語の中に、アイヌ語や朝鮮語が全く存在しないなどとは言っていないし、思ってもいない。私は戦後昭和二十年代に、私の先輩で樺太（サハリン）から引き上げてきた熱烈なアイヌ語研究者と懇意であったため、多くの日本地名のアイヌ語解釈を聞かせられた。その当否は別として、漢字による今の地名には、当て字が多いという事実について、その先輩から目を見開かされたことを感謝している。

また、アイヌ研究の最高峰と申すべき金田一京助博士にも、地名のアイヌ語解や国語の歴史に関し直接お教えを仰ぎ、親しく賜ったお手紙や私の繰返し熟読したその著書を今も大切に秘蔵している。そのほかにも、存じ上げているアイヌ語による地名研究者諸賢もあり、私は決してアイヌ語を軽率には考えていない。

朝鮮語にしても、日本語に一番身近い言語としてはもっとも多く朝鮮語があげられるし、地理的歴史的に見ても日本と朝鮮（韓国）との関係ははなはだ密接であり重要である。しかし、最近氾濫しているように、日本の古典をほしいままに朝鮮語を当てて解釈したり、日本語を日本語で解釈することを国粋主義といって排斥し、朝鮮語といえば何でも正解とする極端な論者まで出現している風潮は、とうてい是認することができない。

かつて若狭で、「遠敷」をアイヌ語といっていた人が、次には朝鮮語といい、その解釈がある作家の筆に乗り全国に紹介されたため、現在も「遠敷」を朝鮮語と信じている読者が全国に多数いる。ここでは余談ながら、その語原説を提唱した同じ人が「若狭」も朝鮮語の「ワッソ・カッソ」で「行ったり来たり」だという説を唱えたが、これを伝え知った韓国の日本文化研究者から、「そのような語呂合わせ的な解釈をされては、朝鮮語が迷惑する」と厳しく批判された、という事実さえあった。

ところで、私はもちろん、アイヌ語説や朝鮮語説を排撃したり封じ込めるために「遠敷」などの語原や国語の歴史を探究せんとしているものではない。ひたすら歴史の、日本の「真実」を求め学ばんとするものにほかならない。

さて、菊地氏は私の「純然たる日本語」という表現を指して「あいまいな言葉」と言っておられるが、これは格別に厳密な意味づけを込めて用いた言葉ではないから、「曖昧」と取られたのならそれはそれでよいと思う。日本語の系統や成立を一語でもって言い尽すことは、何人にも可能なことではあるまい。私のいうところの「純然たる日本語」とは、今もって「これは朝鮮語だ」、「おれはアイヌ語だ」などとその出自を主張して日本語になり切っていない、いわゆる借用語に当たるものを除き、敢えて言えばそれ以前から渾然たるひとつの国語として存在した言葉を意味して私は用いた。おそらく私の言わんとしたところは、多くの読者の賢察をいただき得たものと思う。

ここで、菊地氏の今回の異議について私の是非とも言及せねばならないことは、「オニュウのオは美称か」ということであろう。「小丹生」の「小」は、伴信友がほかの例をもあげて「その地を称へ《タ》たる詞なり」と説いていることにしたがう以外に、私には今そのほかの見解を有し得ない。とくに、昨年四月に遠敷の山中で辰砂鉱を発見したとき、それを直接採取された地質研究者の磯部克氏が、わが国で古代からもっとも有名な朱の産地であった伊勢の丹生鉱山の辰砂と比較されて、次のような言葉を洩らされた。「伊勢の丹生鉱山の辰砂には、砒素が含まれているためか鮮紅色とは言いがたいが、遠敷の辰砂はまことに美しい」と、嘆声とも言うべき言葉を洩らされた。このとき私は、「小」を美称とする意味の理由にも連なるものかと嬉しく思わずにはおれなかった。将来もし、さらに的確な「小」の解釈が見出されるならば、私は自説を改めるに些かも吝かではない。

最後に、問題は菊地氏が「追記」として列挙し、「オニウと発音できる地名」「オニウにとてもよく似た地名」として読者に示した十四箇所の地名にある。これらを掲げて「小丹生」の「小」は美称でないと結論づけようとされているようだが、それらの地名のすべてについて、私の直接調べた結果は次の通りであった。菊地氏の掲載の順を追って述べよう。

栃木県塩谷郡喜連川町の「小入」は「オイレ」と呼ばれており、オニュウとは決して言われていない、とのことである。同県今市市大字長畑の小字「遠入」は、「トイリ」である。群馬県碓氷郡松井田町の「遠入」は、「トオイリ」とのみいう。ここには入山（イリヤマ）村があり、その一番奥の遠い所の意だろうと考えられている。同県甘楽郡南牧村の「大入道」は「オオニユウドウ」といい、小集落の通称であった。

長野県大町市の「尾入沢」は、「オイリザワ」である。これは同市の大字平に高瀬入（タカセイリ）の字があり、その谷間にある地名である。同県木曽郡開田村の「大入」は、「オオイリ」と呼ばれている。それに続いて、「下入」（シモイリ）「中入」（ナカイリ）もある。愛知県北設楽郡東栄町の「大入」は「オオニユウ」である。これは大字東薗目の字名であるが、平安時代の花山天皇（すなわち「王」）がお入りになったので、「大入」（王入）というとの伝説があり、大入川もある。

滋賀県高島郡朽木村の「小入谷」は、まさしく「オニユウダニ」と呼ばれているが、ここは若狭の遠敷と峠を境に隣接の位置にあり、この「小入」は「遠敷」と全く共通するものである。私は昭和三十六年十月に現地を訪れ、ここで採取した鉱物試料から、矢嶋澄策博士の分析からは、十のマイナス四乗％、すなわち水銀鉱床に関係ありと見なし得る水銀含有の数値が得られている。

岡山県玉野市の「大入崎」は「オオニユウザキ」で、瀬戸内海に突き出た感じの岬である。鳥取県気高郡鹿野町末用に通称「鬼入道」があるが、これは「キニユウドウ」である。広島県世羅郡世羅西町に「大入谷」という小字名があり、これは「ダイニユウダニ」と呼ばれている。このあたりを「大入」（ダイニユウ）と称しているが、菊地氏の示された「大入部」という地名は、同町役場でも大入の古老も全く知らないとのことである。

香川県小豆郡土庄町渕崎に、通称「小入部」という地名があり、これは「コニユウベ」といわれるが、語源は不詳ながら隣接する同郡池田町の入部（ニユウベ）に対するものでないか、という。福岡県築上郡大平村西友枝に「大入」なる小集落があるが、これは「ダイニユウ」と呼ばれる。ちなみに付言すると、福岡県には糸島郡二丈町にも「大入」があり、ここはJR筑肥線の駅名「大入」の読みでもわかる通り、これも「ダイニユウ」である。私は、この二丈町大入を昭和四十一年十一月に探訪し、その山中に入って試料採取をしてきたが、美しい赤土の中から水銀含有十のマイナス三乗％の分析結果が得られ、この「大入」の「入」を「丹生」と判定することができた。これも私の十数都府県の数十箇所にわたる「丹生」の現地採訪調査の一つであるが、詳細は恩師松田壽男博士著『丹生の研究』に報告されている。

以上、私の今日までの調査結果を簡単に記した。いちいち述べることをしなかったが、「入」のつく地名はニウにしても、イレ・イリにしても、村の奥の山間に入り込んだ土地に多かったし、そのような意味に取られている例が大部分であった。今それを即断しようとは思わないが、上述した通り滋賀県の「小入谷」以外は、すべて菊地氏が考えられたような「オニュウ」という呼称は現実には一つも存在しなかった。

特に注意すべきは、菊地氏は「大」の「オオ」と「小」のオを何のおかまいもなしに混同しておられることである。遠敷や小丹生の語頭の「オ」は今「O」と発音されているが、その歴史的仮名遣いは「ヲ」(を)であり、端的にいえば、発音はワ行の「wo」であった。これが「大きい」などのア行の「オ」(お)と同音になったのは、平安時代以降のことである。菊地氏は「記・紀、万葉成立以降のことしか念頭にない人に向かって説くのは、まことにつらい……と、しみじみ思わされる」と言っておられるが、「平安時代以前の仮名遣い、すなわち古代国語の音韻などまったく念頭にない方と論争(?)せねばならぬ」とするならば、私は何と言ったらよいのだろうか。

もちろん、地名やその読み・表記は、長い歴史の間に変化もする。菊地氏の列記された地名には、滋賀県の「小入谷」以外にも、最初「小丹生」と同じものがあったかも知れないが、それを実証したうえでなければ「小」が美称か否かを云々する資料にはなり得ない。単に「発音できる」とか、「とても似ている」などとの「あいまいな」思いつきだけで、それらを提起されても学問上の証拠としては効力がない。

ともあれ、私が本誌第二十五号に発表した「概報」は、もっぱら「遠敷」のことのみをいったものである。それに、今なお全国に流布している遠敷の朝鮮語解とそれ以前に存在したアイヌ語による解釈が当たっていなかったことを、付随的に述べたまでである。私は常々、各々それぞれの立場と研究を互いに尊重しつつ、また力を合わせながら地名を始め歴史の解明に尽すことがもっとも望ましいと考えている。それ以外の何物もない。願わくは今後、菊地氏が、また会員各位が、もし若狭の遠敷と同じ「小丹生」（をにふ）に相当するような地名を実際に発見されたならば、なにとぞお教えいただきたい。謙虚に真剣に学ぶこと四十年の道を、私は今も歩み続けている故に。

五　木簡に見る若狭の地名

「若狭」と「若佐」

若狭の国名の古書における初見は、『日本書紀』の垂仁天皇の巻の三年三月の條、天日槍の記事の割注にあり、書紀の本文では天武天皇の巻の四年二月の條にある。古事記では、仲哀天皇の段に若狭国があり、さらに、遠く開化天皇の段には注に若狭が見えている。また、『万葉集』には周知のごとく、巻四に若狭道《わかさぢ》乃《の》後瀬山《のちせやま》、巻七に若狭在三方之海《わかさなるみかたのうみ》と歌われている。

これらの記紀万葉の用例の通り、若狭の国名は古くから「若狭」に定着しているために、その字面から若狭とは狭い国だという印象を知らず知らずにも受けやすく、若狭でも自らその解釈に安んじている人々も少なくない。地名には当て字が多いことを経験的に知る私は、いつもこの解釈に疑問をもっているが、私にとっては喜ぶべき若狭の地名表記が、藤原京の木簡のなかに見出された。

持統天皇八年（六九四）から元明天皇の和銅三年（七一〇）までの都、藤原宮跡から発掘された多数の木簡のなかに、若狭の国名については今日までに次のような記載がみられる。

①　「己亥年若佐國小丹匚（生）（表）
　　「三家里三家首田末□（呂カ）（裏）

②　「>□若佐国小丹生評

③　「庚子年四月若佐国小舟生評木ツ里秦人申二斗

④　「丁酉年若狭國小丹生評岡田里三家人三成

「御調塩二斗

⑤　「丁酉年　若佐國小舟匚　□里／秦人匚　□□斗

⑥　「若狭國小丹生郡手巻里人□」

「　芝一斗　大根四把

⑦　「若俠十五両二文

「□隠伎廾両　志麻十二両／三文

以上、国名について確認されているものだけを掲げたが、①②は奈良県教育委員会より発表されたもの（『藤原宮跡出土木簡概報』『藤原宮』）、③以下は奈良国立文化財研究所から発表されたもの（『藤原宮木簡―解説』『同、二解説』『藤原宮出土木簡』五）である。このうち④と⑤が一番古くて文武天皇元年（六九七）、①が文武天皇三年（六九九）、③はその翌年のものである。⑥は年次はないが、それまでの「小丹生評」が「小丹生郡」となっているので、大宝律令の施行された大宝二年（七〇二）以後のもの、もし大宝令の施行は大宝元年（七〇一）という説にしたがうならば、それ以後のものに間違いない。したがって②の方が、この⑥よりは古いことになる。

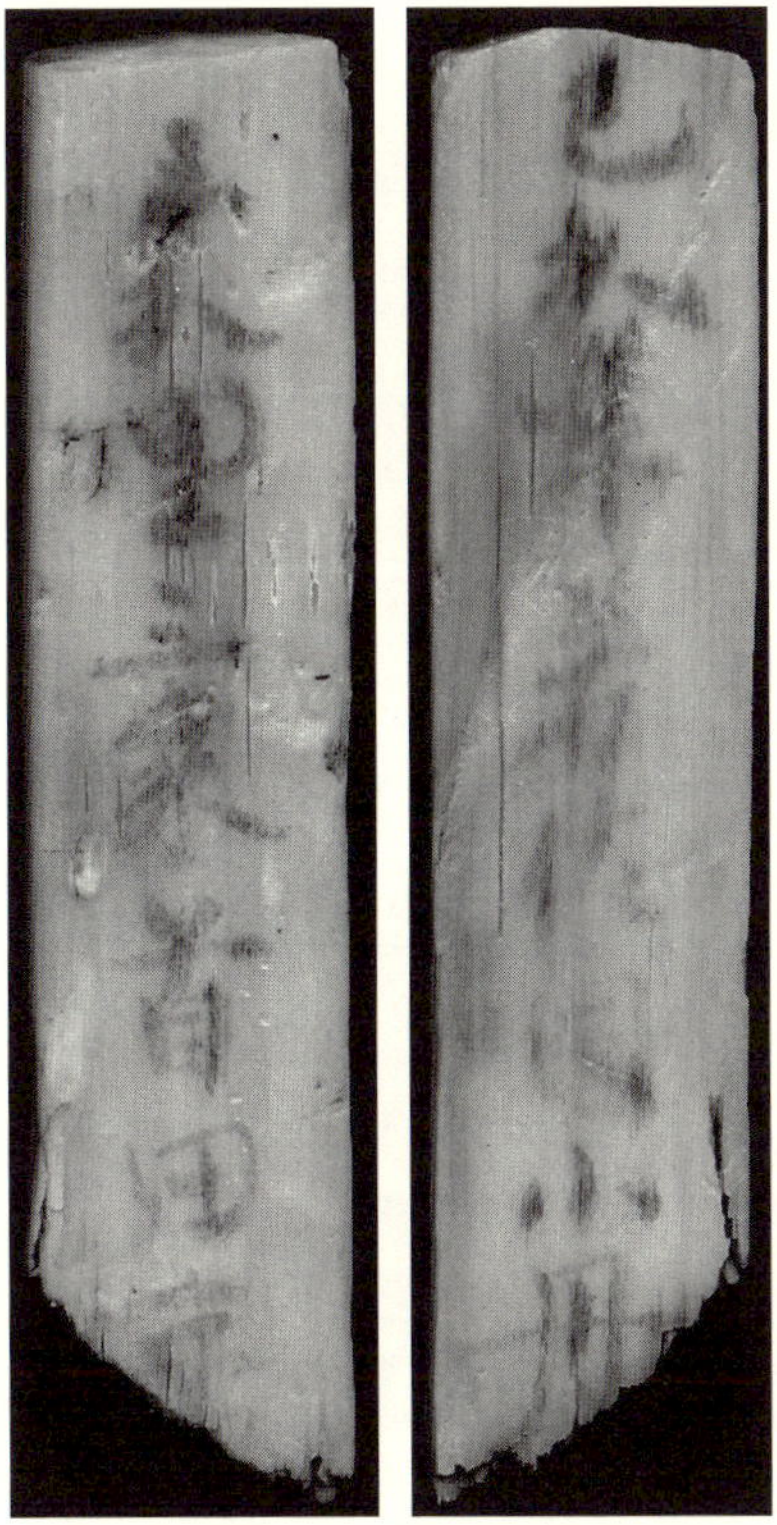

藤原宮跡出土木簡①
（写真提供・奈良県立橿原考古学研究所）

このように地名解釈にとっても木簡はきわめて貴重な史料であるが、これだけでは「若佐」と「若狭」の

藤原宮跡出土木簡③
（写真提供・奈良文化財研究所）

どちらが先であったかはいまだ断定はできない。しかし、これらの諸例から若狭の語原は、「狭い」という感覚から少なくとも一応は脱却して考究すべきだということだけを、私は主張したい。

なお、若狭の語原説はこれまでから多数あるが、私は充分納得できる解答をまだ得ていない。現在よく唱えられている説に、これは朝鮮語で、ワッソが「来た」、カッソが「行く」、ワッソ・カッソが「行ったり来たり」で、このワカソからワカサ（若狭）になったという話が、人気を博しているようである。漢字にとらわれないのは良かったが、先年この説明を読んで韓国のソウル東国大学校教授・日本学研究所所長で、日韓の地名研究者でもある金思燁氏は、「こんな語呂合わせのような解釈をしたら朝鮮語が迷惑する」とまでいわれたことを、ここに一言申し添えておきたい（『地名と風土』第五号　三省堂発行）。

『遠敷』は「小丹生」

現在、福井県立若狭歴史民俗資料館の所在する地は小浜市遠敷であり、昭和二十六年の町村合併までは福井県遠敷郡遠敷村遠敷と称された所である。また、ここは奈良東大寺の二月堂お水取りの閼伽水を送られた遠敷明神の鎮坐地として、古来有名である。この遠敷は今、「オニュウ」と呼ばれているが、井上頼圀博士ほか編集の明治四十年刊『難訓辞典』にも載っており、全国的にも難解地名の一つとされてきたものである。

江戸時代以来、先学たちもこの語原解釈には苦心されたことが諸書の記事にうかがわれる。そして、さすが近世考証学の泰斗といわれた若狭の国学者の伴信友は、その著『若狭旧事考』において、遠敷という意義は今の遠敷村辺りに美しい丹土の出る処が多く、それ故に小丹生と呼んだのであり、小は小長谷・小栗栖などの小と同じく、その地を称えた言葉であることを詳説し断定している。

伴信友とは別個に、私も昭和二十五年ころ以来この不可思議な「遠敷」の語原解明に努めてきたが、これまた「遠敷は小丹生なり」との結論に到達した。この間、私は特に、「丹生」とは硫化水銀を主成分とする丹砂（朱砂・辰砂ともいう）を産する地であるとして、「丹生の研究」を大成された歴史学者の松田壽男博士、およびその共同研究者で水銀鉱床学の権威である矢嶋澄策博士の大きな学恩を蒙った。その成果は、松田博士の大著『丹生の研究』（早稲田大学出版部刊）に詳しく解説されており、また私自身これまでにいくつかの小論を発表しているので、ここでは詳述を避ける。

ところで、この遠敷の語原についてもまた、かつてはアイヌ語説、現在は「遠くにやる」などという朝鮮語説が唱えられて、衆人の関心を集めている。しかし、もはや議論の余地もなく、「遠敷とは小丹生という日本語だ」という決定的な史料が出現したのである。すなわち、藤原宮跡と平城宮跡から出土した木簡に、後の「遠敷」に該当する地名を「小丹生」とした記載が十例ばかりも発見確認されたのである。前に掲げた藤原宮跡出土木簡の①から⑥までのすべてに小丹生の実例が見られるし、その他にも小丹評などの表記がある。

さらに、注意さるべきものとして、平城宮跡出土木簡のなかには次の記録がある。

⑧　「若狭國遠敷郡小舟生郷三家人波泉調塩一斗

⑨　「若□國小舟生郡野里中臣ア乎万呂御調塩三斗

「和銅五年十月

⑩　「若狭国遠敷郡玉杵里五百

「木ア□波調塩三斗和銅六年□月

このほかに、少丹生里と書かれたものもある。平城宮の木簡は、奈良国立文化財研究所によって、調査され発表

平城宮跡出土木簡⑩
（写真提供・奈良文化財研究所）

されたものである（『平城宮発掘調査出土木簡概報』三、十一、十二）。

藤原宮出土、及び平城宮出土の上掲のほかにも数多い木簡を見ると、遠敷の地名は藤原宮ではすべて「小丹生」、平城宮ではごく早い時期には「小丹生」とも書かれ、その後において「遠敷」が用いられたことが明確である。その変化の理由は『続日本紀』和銅六年（七一三）五月二日の条に「畿内七道諸国、郡郷名ハ好キ字ヲ著ケヨ」（原漢文）とあり、これは後年の『延喜式』に、「凡ソ諸国部内郡里等ノ名ハ並ビニ二字ヲ用ヒ必ズ嘉名ヲ取レ」（原漢文）ともあるところから、地名は好い字を用い二字で表記するようにとの官命が出たことによる、と解釈される。

この方針にしたがって、そのころから若狭の「小丹生」も好字と考えられる「遠」と「敷」で表わされるようになったものである。前掲木簡の⑨と⑩は、その変化をみごとに示しているといえる。ただ、ここで一考を要することとして、木簡の⑧には「遠敷」と「小丹生」の両者が用いられているが、これは郡名の方の改字が厳格に守られ、郷名の方はさほどでもなくて旧記の習慣がここでは改められなかったものであろう。

また、一つ注意を必要とする次の木簡の出現が、昭和六十二年に奈良国立文化財研究所発行の『平城宮発掘調査出土木簡概報（十九）』の中に発表された。

⑪　「若狭国遠敷郡遠敷里□□果□ 調塩一斗 □□
「和銅四年四月十」

これは『続日本紀』に記された和銅六年五月二日を、郡郷名の二字表記実行の絶対基準日と考えていた場合には、全く解釈に苦しむべき問題となる。しかし、風土記の研究で知られる秋本吉郎教授が強調されているごとく「地名の二字表記といふことは、（中略）それは和銅六年にはじまったことではなく、すでに持統朝庚寅年（六九〇）の改名にも実施せられてゐることであり、古文書や国史の記載がこれを裏書きしてゐる」として、『播磨國風土記』の餝磨郡少川里や揖保郡越部里の例などをあげておられること（『風土記の研究』昭和三十八年十月一日、大阪経済大学後援会発行）を知れば、和銅四年に「遠敷」が用いられても、必ずしも驚愕するには及ぶまいし、古くからの「小丹生」表記が一挙に「遠敷」とならなかったのも、過渡期の一時的な止むなき混乱と解すべきであろう。

次に「遠敷」の二字表記は理解されたとしても、これが何故「オニュウ」（旧仮名遣い「をにふ」）と読まれるのか、との疑問に答えたい。まず知るべきは、この場合「遠」の発音はオ（旧仮名遣い「を」）ではなくてオニ（旧仮名遣い「をに」）であること、「敷」はフ（「ふ」）一音節のみであるということである。「遠」は漢音でエン（「ゑん」）、呉音でオン（「をん」）と読まれる漢字である。このように漢字には、「ン」で終る文字が無数にある。ところが、これら鼻濁韻尾と言われるンにはmとnの二通りがあり、仮名では多くムとンに書き分けられており、この漢字が日本語の中では、mの方がマミムメモ（さらにはバビブベボ）、nの方はナニヌネノ（さらにはラリルレロ）として用いられている例が、地名そのほかに実に沢山ある。例えば、信濃のシナノ、讃岐のサヌキ、因幡のイナバ、敦賀のツルガ、印南のイナミ、安曇のアヅミ、三郎のサブロウなどである。

これらのことを明確にされたのが、江戸時代後期に若狭小浜に生まれた優れた国語学者の東條義門であった。上野国の地名にもとづいて命名されたその名著『男信』には、このことが詳細にかつ整然と論じ尽くされている。そこには、若狭国の「遠敷」（ヲニフ）の地名もその一例として示されているのでる。

「玉置」は「タマキ」

昭和三十六年六月八日、私は福井新聞の文化欄に「「玉置」という地名」と題する一文を寄せた。それは遠敷郡上中町玉置（旧野木村）の「玉置」を、町内の有線放送でも「タマオキ」というようになってきたので、「これはタマオキではなく、地元で言っている通りタマキが正しい」と説明したものであった。そして、そのもっとも主要な典拠としたのは、平安時代の百科事典ともいわれる『和名抄』（『和名類聚抄』）の高山寺本に、玉置の訓が「多末支」（たまき）と万葉仮名で示されていることにあった。この写本が諸学者の最近の研究により平安時代末期以前に書写されたものであることが明らかにされていたので、少なくとも玉置は八百年以上も前からタマキであったことが確認されると主張したものである。

すでに述べた若狭の「遠敷」の名が古書に見えるのは、奈良の『大安寺伽藍縁起并流記資財帳』に「若狭國乎入郡鳩山佰町」とある天平十九年（七四七）の「乎入」（ヲニフ）の記録を別とすれば、正倉院文書にある天平勝宝四年（七五二）の『造東大寺司牒解』に記された「若狭國伍拾戸　遠敷郡玉置郷」という郡名を初見とするとされてきた。この同文は『東大寺要録』にもあり、私も十年ばかり前に旧国宝本の「要録」のこの記事を直接拝見でき、大変感激したものである。いうまでもなく、遠敷の郡名のみならず、若狭の「玉置」の地名もまた、これが知り得る限りの最古の記録であった。

ところが、昭和三十六年に初めて木簡が発掘されたという平城宮跡から、まことに幸いなことに昭和三十八年には多数の木簡のなかに次のものが出土し、これが奈良国立文化財研究所により発表された（『平城宮木簡―解説』昭和四十四年十一月二十五日発行）。

⑫「若狭國遠敷郡玉置郷田井里三次君國依御調塩三斗
「　神龜四年閏月七日

⑬「玉置驛家三家人黒万呂御調三斗
「　天平四年九月

ほかにもう一点、「玉置郷」と推定されるものが報告されている。これらの木簡によって神亀四年（七二七）、天平四年（七三二）と、玉置の記録はこれまでの事例を確実に二十年も遡ることになった。

その後も続々と発掘される平城宮跡の木簡、さらに藤原宮跡の木簡のなかに、いくつもの若狭國玉置郷、または玉置に該当する地名が発見されているのである。既に掲げたもののほかに、玉置の確認される木簡として、次のものが発表されている（『平城宮跡発掘調査出土木簡概報』十九）。

⑭　「若狭国遠敷郡玉置郷田井里秦人足結 庸碎粟六斗

　　「養老二年十月

⑮　「玉置郷伊都里舂白米 五斗

これらのうち、年次の明らかなものを新しいものから拾うと、⑬天平四年（七三二）の「玉置驛家」、⑫神亀四年（七二七）の「玉置郷」、⑭養老二年（七一八）の「玉置郷」となり、その上は⑩和銅六年（七一三）に「玉杵里」とあるのが間違いなく玉置のことであり、「杵」は九州の地名などによく見られ、万葉仮名でも「き」を表わす用字である。すなわち、玉置は本来「たまき」であったことが証明される。藤原宮の木簡にも次のごとく「玉杵」と推定されるもののあることが、昭和五十年の『藤原宮出土木簡』（奈良国立文化財研究所発行）に示されている。

⑯　「己亥年□□(月)玉□(杵)里人若倭ア身塩二斗

この己亥年とは文武天皇三年（六九九）であり、玉置の記録としては今のところもっとも古いものとなる。同じく藤原宮の木簡には、既掲⑥の「小丹生郡手巻里」がある。「手巻」は勿論「たまき」と読み、後の玉置に違いない。ところで、この木簡には「小丹生郡」と記されてい

平城宮跡出土木簡⑮
（写真提供・奈良文化財研究所）

るので、既述の通りそれまでの「評」制を改めて「郡」を用いるようになった大宝律令施行の大宝二年（七〇二）、もしくは大宝元年以後のものであり、⑯の木簡よりも新しいと判断される。それにしても「玉置」は「たまおき」でなく「たまき」であることを、いよいよ確信するとともに、地名表記の妙に感なきを得ない。

最後に、私は特に地名解釈を主な目的として、木簡について学ぶことが多いが、数年前から、ひそかに「木簡年代学」と名づけ、まったく私の覚えのために次のような年表を作っている。おおむねの基準として参考までにここに記載し、拙稿の結びとしたい。

表　木簡と年代（木簡の年代学研究のために）

六九〇年	「庚寅年籍《こういんねんじゃく》」作成　二字改名一部実施	持統天皇庚寅年　四年
六九四年	藤原京遷都	持統天皇八年
七〇二年（七〇一年）	大宝律令施行　「評」制を「郡」制に改編（大宝令施行）	大宝二年（大宝元年）
七一〇年	平城京遷都	和銅三年
七一三年	「諸国郡郷名著好字」官命 『続日本紀』和銅六年五月甲子（二日）	和銅六年
七一五年	郷里制実施（従来の里を郷とし、郷の下に新しい里二、三を置く）	霊亀元年
七三九年（七四〇年）	郷里制廃止　郷のみの郷制へ　（注）	天平十一年（天平十二年）
七八四年	長岡京遷都	延暦三年
七九四年	平安京遷都	延暦十三年

（註）郷里制の実施・廃止は岸俊男先生のご研究による。

　なお、私は昭和四十二年六月に若狭へ来訪された岸俊男先生から、藤原宮の木簡について御教示を、続いて平城宮木簡について狩野久先生のお教えを賜った。その後、奈良国立文化財研究所の諸先生方からも、御親切な御指導と御高配をいただいて今日にいたっている。また、繰返し御懇教を仰いだ秋本吉郎先生のことも常に忘れることができない。すべて篤い学恩に背くことなきかを、ただ恐れるばかりである。

六　御食国若狭の木簡 —御贄の魚貝と酢のこと—

御食国

『万葉集』の巻六（一〇三三）に

　御食国志摩の海ならし真熊野の　小船に乗りて沖辺《へ》漕ぐ見ゆ

という大伴家持の歌がある。「御食国」は「みけつくに」と読まれ、「天皇の食膳に供する物を献上する国」のことと解されている。『万葉集』にはこのほかにも、巻六（九三三・九三四）に山部赤人が長歌と短歌に「御食都国《みけつくに》」「三《み》食津国《けつくに》」と詠み、この御食国は淡路の野島を指している。また、巻十三（三二三四）には「御食都国」として、「神風の伊勢の国」が歌われている。

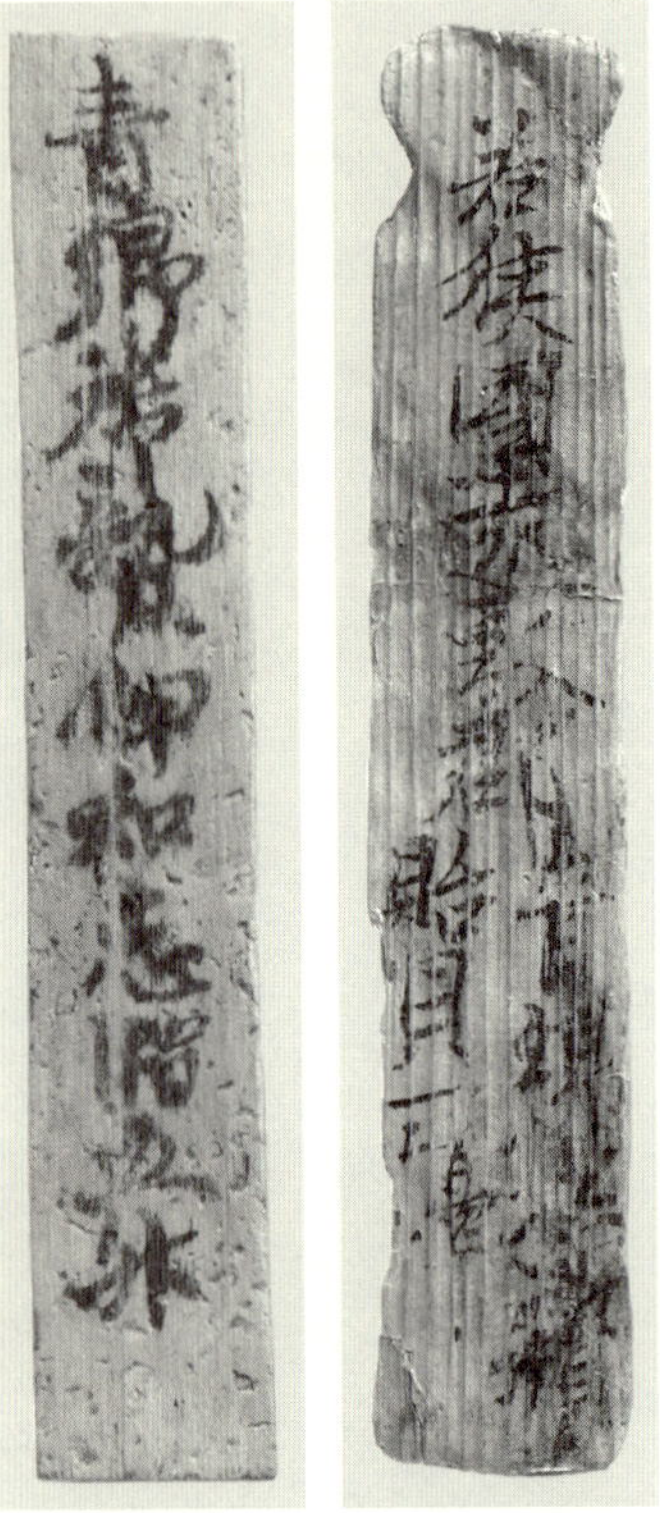

木簡にみられる若狭の御贄
（写真提供・奈良文化財研究所）

ところで、昭和四十五年に奈良国立文化財研究所の狩野久技官が「御食国と膳氏—志摩と若狭—」なる論文を発表された（『古代の日本』第五巻「近畿編」角川書店）。狩野氏は、そのなかで「大和・若狭・紀伊・淡路の四か国とともに、志摩は古代において御贄《みにえ》の貢進国として特殊な地位を占めていた」として、古くから御食国として知られてきた志摩国について論じ、続いて志摩と歴史的によく似た特徴を持つ若狭国についても述べられている。昭和五十七年に若狭歴史民俗資料館が開館した時、歴史資料の展示のなかで奈良時代に関するコーナーに「御食国若狭」という標題が付されたが、これは全国的にも広い注目と高い評価を受けられた右の論文を参考にした。

若狭を「御食国」とした古い記録はこれまで見つかっていないが、平安時代の『延喜式』（内膳司）を見ても、若狭国は御贄（天皇のお食料）の主要な貢進国であったことが明らかである。すなわち、若狭国は旬料として大和・志摩・紀伊・淡路と並んで、毎月上旬・下旬にそれぞれ雑魚七担を、また節料として山城・大和・河内・和泉・摂津の畿内五国と近江・志摩・参河・紀伊・淡路と並んで、正月元日・七日・十六日の三節日にそれぞれ雑鮮味物十担を、なお年料としては生鮭・山薑《わさび》・稺海藻《わかめ》・毛都久《もずく》・於己《おご》を貢進することになっていたことは、岸俊男（当時）橿原考古学研究所長（京都大学名誉教授）が「膳氏とお水取り」（『季刊明日香風』十五号）にも、述べておられる通りである。

さらに、藤原宮や平城宮跡出土の木簡について、直接その発掘調査や解読に当たられた岸俊男・狩野久両先生は、前掲の論文に若狭から送られた木簡についても述べ、若狭の調として塩の木簡が多く出土したことと共に、御贄として「多比鮓《たいずし》」・「貽貝《いがい》」・「伊和志腊《いわしきたい》」の三点の木簡（いずれも若狭国遠敷郡の青里・青郷からのもの）が発見されていることを特筆しておられる。これらのことを総合してみれば、若狭を「御食国」と称することは決して誤りでないことが了解されよう。

多比鮓

若狭を御食国とする決め手の一つともなった青里の「多比鮓」、青郷の「貽貝」・「伊和志腊」の木簡は、それぞれ順次に昭和三八年・三九年・四〇年に、奈良国立文化財研究所（以下、奈文研と略称）の報告書に発表されたものである。以来、この数多からぬ木簡がきわめて重要視され、御食国の名声を保つ上に大きな任を果たしてくれること、すでに二十数年におよんだ。

　ところが、まことに幸いなことに、平城京では長屋王邸宅跡などのぼう大な木簡発掘が続けられているが、平成二年五月・同十一月・三年五月と奈文研から発行された報告書に、相次いで、これまた若狭国遠敷郡の青郷（青里）からの御贄として「鯛」・「鯛腊」・「鯛鮓」・「海細螺」・「貽貝鮓」・「貽貝《いがい》富也《ほや》交作《まぜずし》」・「貽貝富也并作」・「加麻須腊」、中男作物としての「海藻」、また遠敷郡車持郷からの御贄として「細螺」、さらに三方郡からの御贄の「宇尓《うに》」や「鰒鮓《あわびずし》」に付けられた木簡の出土があったことが発表された。かくて、若狭から海産物を御贄として献上したことを実証する木簡は、一躍四倍にも増えたわけである。

　上掲の木簡にみえる遠敷郡の青郷や青里は現在の大飯郡高浜町の青郷《あおのごう》あたりと判断されるが、この場合に、若狭国の大飯郡は平安時代初期の天長二年（八二五）秋七月十日に、遠敷郡を分割して建てられたこと（『日本後期』巻三十三、『日本紀略』前篇十四による）を承知していることが必要である。また、一番初めに発見された「多比鮓」（鯛鮓）の木簡には、「若狭国遠敷郡青里」との地名表記があるが、これがその形式から見て平城京遷都の七一〇年から郷里制実施の七一五年までの間に書かれたものとすれば、わが国で今のところもっとも古い明確な「鮓」の記録となるであろう。

　この多比鮓を始め若狭の木簡に多く見える「鮓」とは、このごろ寿司屋で食べる御飯に酢を交ぜたもののうえに魚貝の肉片を置いた「鮨《すし》」ではなくて、簡潔端的に言って「ナレズシ」のことである。二世紀末から三世紀初めに出た後漢の劉熙《りゅうき》によって書かれた訓詁字書の『釋名《しゃくみょう》』に、「鮓ハ菹《つけもの》ナリ。塩米ヲ以テ魚を醸《かも》シ、以テ菹《つけもの》ト為シ、熟レテ之ヲ食フナリ」（原漢文）という、明快な解説がある。

　若狭には今も、小浜市旧内外海《うちとみ》村地区のほとんど全集落でナレズシが作られている。これは鯖などを塩と米糠で押したヘシコのケダシ（塩気出し）をしてから、御飯と麹を混ぜたものを詰めて押し発酵させたものである。滋賀県の琵琶湖のフナズシなどもナレズシであるが、若狭の少なくとも現在のそれは、必ずヘシコから作るので滋味があり、麹を混ぜるため発酵も早く二十日前後の短期間で食べごろに熟成できるという特長をもっている。千八百年前の中国の『釋名』が説く本来の「鮓」が、千二百数十年も前に若狭で作られ奈良の都へ送られたが、今もそのナレズシが若狭に作り続けられているのである。

なお、木簡に記されている「伊和志腊」「鯛腊」などの「腊《きたい》」とは、魚や鳥の干物（丸干し）のことである。すでに『釋名』にも出ているが、わが国では万葉集そのほかにも用例がある。平安中期に著された『倭名類聚鈔』（略称『和名抄《わみょうしょう》』）には、「腊」は「和名木多比《きたひ》、乾肉也」などとある。

海細螺

既述のように、一昨年発表された平城宮跡出土の若狭からの木簡のなかに、御贄の品名として「海細螺」というものがあった。この海細螺が私にはどうしても読めなくて、大変に苦心した。ただ螺線の「螺」の一字を手がかりに、辞書字典などを調べた結果、この海細螺は「シタダミ」と読まれる古語で、海に棲む巻貝の名であることが、ようやくわかった。しかも、これが奈良時代の記紀万葉、風土記にまでその名がみえていることを知り、恥ずかしくなってしまった。

海細螺は「細螺」とも書かれるが、若狭でも遠敷郡車持郷からの御贄として、「細螺」と書かれた木簡が平城宮跡から出土したこともすでに述べた。なお、『播磨国風土記』には、揖保郡に「細螺川《しただみがわ》」の名があり、細螺が多い故にかくいうと語原を説いているが、これは淡水産の貝なので、若狭などの海細螺とは別種のはずである。

『古事記』（中巻）には、神武天皇の歌として

神風《かむかぜ》の　伊勢の海の　大石《おひし》に　這ひ廻《もとほ》ろふ　細螺《しただみ》の　い這ひ廻り　撃《う》ちてし止まむ

とある（訓み下しは、岩波書店刊『日本古典文学体系』1による）。『日本書記』（神武天皇即位前記）にも、これと同様の歌謡があり、伊勢の海の大石に這いまわる細螺のように、這いまわって、必ず敵を撃ち負かそう、撃ちて負かさ

ずにおくものか、の意とされる。また、『万葉集』巻十六（三八八〇）には、能登の国の歌（民謡）三首のなかの一つとして、このシタダミが詠まれている。

これらの場合、原文は『古事記』では「志多陀美」、『日本書紀』では「之多儾瀰」、『万葉集』は「小螺」と書かれているが、すべて「しただみ」と読まれる。若狭の木簡に表われた「海細螺」の記載は、奈良時代の『養老律令』の「賦役令」のなかに「海細螺一石」とあることが、その注釈書の『令義解』『令集解』にあり、後に付された傍訓もあって、シタダミと読まれたことが理解される。また、平安時代の大嘗祭に阿波国から細螺の献上されたことが、『延喜式』（神祇七）などに見えている。

では、このシタダミとはどのような貝なのか。私はまず、万葉集に歌われた能登を中心として、近辺におけるシタダミの実例を調べることとした。その結果、この貝とその呼び名が能登地方のみならず、越前海岸から若狭の小浜市田烏あたりまで断続的ながら、またシタダメなどの転訛もあるものの、今も現に存在することを確認できた。

文献上の解説をも努めて探ったが、優れた研究者も少なからず、このシタダミの語がおもに、日本海側の中部から東北にかけて広く生きていることを学び得た。本居宣長が、『古事記伝』十九之巻にも紹介しているごとく、古くからこれを「きしゃご」（きさご）と解する説と、別の貝とする説とがある。結論的にいえば、共に似た巻貝であるが、キサゴは浅海の砂中に棲むもので、シタダミは神武天皇の歌にも明らかな通り、海中の岩石に付着しており、現地における用語の実態からみても、シタダミとは標準和名コシダカガンガラといわれる径三センチぐらいの巻貝とその仲間をいい、ゆでたり生のままでも食べられる美味の貝のことである。これを若狭でも、あるいは全国的にもシリタカとかタカジリなどと呼ぶ所が多いようであり、小浜以西にはニナそのほかの語も用いられている。もしかすると、現在シタダミの用例については、若狭が南限であるのかも知れない。

貽貝富也交鮓

平城宮跡から最初に発見された若狭の御贄の木簡に、「多比鮓」（鯛鮓）に次いで「貽貝」があったが、私にはこの貽貝がどのようなものかも全くわからなかった。イガイ、イガイとよく尋ねたが、そのたびに、これを知る人からはよくニタリガイというとの回答が与えられたものである。そのニタリがまた理解できない私であったが、いつか三方町食見であったが、ある民宿で小宴に列したとき、またイガイを尋ねた途端、今このお膳の上に出されているのが貽貝だと教えられた。その味わいよりも、私にはようやくイガイやニタリの理解できたことが、よほど嬉しかった。

　貽貝は鮓にもして都へ送られたようで、遠敷郡木津郷（現在の大飯郡の高浜）からの御贄の木簡に「貽貝鮓」がある。さらに青郷からの御贄に、「貽貝富也交作」および「貽貝富也并作」があった。両者とも、最後の「作」字は「鮓」のつもりで書いたものと思われるし、「交」は「まぜる」であり、「并」は「ならべる」であるが「まぜる」意味もあるので、どちらも「まぜずし」と読んでよいであろう。

　その解読の有力な参考資料として、平安時代の記録ながら『延喜式』（主計上）を見ると、若狭からの「調」（土地の特産物を税として貢進したもの）のなかに、「貽保夜交鮨《イカヒホヤマゼズシ》」がある。この保夜とは「ほや」で、普通は「海鞘」「老海鼠」と書かれ、原索動物のホヤ目に属するものの総称であるが、このうちマボヤが食用に供されるとのことである。木簡の「富也」も、奈良時代の「富」（冨）は「ほ」と読まれているので、もちろん「ホヤ」である。ホヤの古い記録は珍しいらしく、延喜式の若狭の調のこの交鮨のことが多くの解説書によく引用されている。今や、いにしえの奈良の都に送られた若狭の木簡に、この「交鮓」（交作）が確認されたことは、まことに痛快事である。

　さらに私は、ごく最近になって実に愉快な学習をすることができた。すなわち、吉川弘文館発行の『日本歴史』本年一月号に、永島福太郎関西学院大学名誉教授が「石花（保夜）と牡蠣」と題される論文を寄せられた。私が、「ホヤ、ホヤ」と尋ね回っている折でもあり、大いに興味をもって拝読し、永島先生に上記の貽貝富也交鮓の木簡のことをお知らせしたところ、先生も大いに喜んで下さった。

　ところで、その論文によって私は初めて、『土佐日記』の承平五年（九三五）一月十三日の条に、「ほや（保夜）のつま（妻）のいずし（貽貝鮓）、すしあはび（鮓鮑）をぞ、こころにもあらぬはぎ（脛）にぞあげてみせける」という記事のあることを承った。早速『土佐日記』の注釈書を幾冊かひもといて、「ほやのつまのいずし」とはホヤと交ぜ（あるいは、并べて）作られたイガイの鮓であることを知り、さらには紀貫之がここでいうホヤは男性を、「さも似たり」と言われるイガイやアワビは女性を意味する諧謔的な表現として用いられていることを教えられた。もし人間の思うことが昔も今も共通するとすれば、御贄のころは果たしていかがであったのだろうかと、考えずにもおれない。

七　「無悪」考　―地名と小野篁伝説について―

井上頼圀博士らの編著になる『難訓辞典』（明治四十年、啓成社）をひもとくと、「無悪　サガナシ」とあり、「地名。若狭国遠敷郡―村」と註されている。若狭なる「無悪村」、すなわちここ数年前までは遠敷郡鳥羽村無悪であったこの大字は、今では上中町無悪として私の住所と同町内にある。右の辞書にも難訓の一つとしてあげられ「サガナシ」と訓まれているこの地名、「無悪」とその起原について、私は最近多少の探査を試みたので、ここにその大要を述べて諸賢の御高見を仰ぎたいと思う。

小野篁の墓

多くの地名には、たいてい何らかの語原説が付随しているようであるが、この「無悪」についてもまた概ね次のような説話が語り伝えられている。いま、若狭郷土シリーズの一『若狭の伝説』（堀口久夫編、若狭人発行所昭和二十九年刊行）なる小冊の記事を引用すれば、次の通りである。

鳥羽村無悪（さがなし）の安楽寺にある本尊聖観音は、重要文化財として指定されているが、この寺の開基は小野篁（おの・たかむら）であるといわれる。篁卿は遣隋使として有名な小野妹子の末孫で、書家として名高い小野道風の父であるが、第五十二代嵯峨天皇に仕え信任篤かったが無実の罪で隠岐の国へ流された。その時の歌に、和田の原八十島かけて漕ぎ出でぬと人には告げよ海人の釣船、さらに謫行吟七十句をつくり慷慨の情を述べたので帝の勘気が解け、再び都に召し戻された。その句のなかに、『世に悪（さが）無くば無事ならん』という意味があったのを、帝は『さが（嵯峨）なくば』と解されたという。篁卿は帰りの船中で時化に遇ったが奉持した観音の加護により田烏浦に上陸、附近に一寺を建立して観音を祀りこれを無悪山安楽寺と名付けたが、現存の地名無悪ともなっているがその名はさきの詩の文句から出たものだという。

「無悪」の地名起原に関して現在も右と同様の主張をなす郷土史家があり、また中央から来訪した歴史学者で、その説を卓見として支持する人もあると聞いている。ところで、無悪の地名に関するこの説明は、大正五年発行の『鳥羽村誌』のなかにもすでに見え、かかる解説が最近に始まったものではないことを物語っている。なお、この無悪の地には、今も古刹無悪山安楽寺があり、同寺縁起によれば、「行基菩薩の御作で小野篁卿の御念殊仏」といわれる本尊聖観世音菩薩立像は重要文化財（旧国宝）として崇められ、また、その境内には小野篁を祭るといわれる二基の古めかしい石塔（宝篋印塔様式）が立ち並んでいる。したがって、上述の説を信奉するならば、「無悪」の地名解はすでに完うされているということもできるわけである。

しかし、幸か不幸か、私は従来の説に服することができなくなった。その故は、まず小野篁と「無悪」なる字句とを結びつけるべき確実な根拠が得難いこと、従来の説明では地名「無悪」は全てサガナシと濁って読まれているが、事実は清音サカナシであること、サカナシが本来サガナシであったと仮定しても、「さがなし」という言葉は地名として相応しくないと考えられること、などによる。そしてまた、私はこの地名解釈のために、より有力なヒントを与えられることによる。以下、私の考えと調査し得たことがらを順次述べてみたい。

若狭における「無悪」の地名解説者は、ひとしくその根源を小野篁の「謫行吟」に求めているようである。すなわち、その隠岐国へ配流になる路中にて賦したと言われる謫行吟七十韻のなかに、「世に悪（サガ）なくば無事ならん」との意を含む句があり、地名「無悪」はこの詩句に基づくものと説いている。しかも多くは、嵯峨帝はこれを「サガ（嵯峨）なくばよからん」と解せられたと述べ、あるいは、帝はこれを御覧ぜられあわれと思われて、彼を召し戻されたとさえ述べているものもある。ところで、篁が謫行吟を作ったということは、『日本文徳天皇実録』巻第四の仁寿二年十二月廿二日、参議左大弁従三位小野朝臣篁薨の条に、次の通り明記されている（『新訂増補国史大系』第三巻）。

承和六年春正月遂以レ捍レ詔。除名為二庶人一。配二流隠岐国一。在レ路賦二謫行吟七言十韻一。文章奇麗。興味優遠。知レ文之輩。莫レ不二吟誦一。（前後略）

私は、右の記録を史実と考えてよいのではないかと思うが、謫行吟そのものは現在その断片すらも伝わっていない様子であると聞いている。なお、嵯峨上皇がいかに篁の文才を愛されたとしても、「世に嵯峨なくば善し」と吟ずるような謫居の人を、しかも、その故を以て召還せられるとは、不可解なことであると言わねばならない。

しかし、不可解な説は、何も郷土史家のなかだけで語られているとは限らぬようである。即ち、著名な古典の中にも、次のような説話が述べられている。長治・嘉承（一一〇四—一一〇七）頃の成立といわれる『江談抄』第三には、「嵯峨天皇御時落書多々事」と題し

嵯峨天皇御時。無悪善ト云落書。世間爾多多也。篁読云。无悪《サガナクバ》善《ヨカリナマシ》。篁読云々。天皇聞レ之給天。篁所為也ト被レ仰天蒙レ罪トスル之処。篁申云。更不レ可レ作事也。才学之道。然者自今以後可二絶申一云々。天皇尤以道理也。然者此文可レ続ィト被レ仰。令レ書給。十廿卅五十海岸香。有レ怨落書也。（後略）

とあり（『群書類従』巻第四百八十六による）、建長四年の序文を有するという『十訓抄』の、第七「可レ専二思慮一事」のなかにも

嵯峨帝御時。無悪善と書たる落書有けり。野相公によませらるゝに。さがなくばよしとよめり。悪はさがといふよみの有ゆへ。みかどの御けしきあしくして。さては臣が所為かと仰られければ。かやうの御うたがひ侍るには。智臣朝にすゝみがたくやと申ければ。御門。

一伏三仰不来待　昼暗降雨恋筒寝

とかゝせ給て。是をよめとて給はせけり。

月よにはこぬ人またるかきくらし雨もふらなん侘つゝもねん

とよめりければ。御気色なをりにけりとなん。おとし文はよむ所にとが有といふ事。是より始めるとかや。

とある（『新訂増補国史大系』第十八巻）。また『宇治拾遺物語』巻第三にも「小野篁広才事」と題する項に

いまはむかし。小野篁といふ人おはしけり。嵯峨の御門の御ときに。内裏にふだをたてたりけるに。無悪善とかきたりけり。御門篁によめとおほせられたりければ。（中略）さがなくてよからんと申て候ぞ。されば君をのろひまいらせて候なりと申ければ。是はをのれはなちてはたれか書んとおほせられければ。さればこそ申さぶらはじと申て候つれと申に。御門さてなにもかきたらん物はよみてんやとおほせられければ。なにゝてもよみさぶらひなんと申ければ。片かなのねもじを十二かゝせ給て。よめとおほせられければ。ねこの子のこねこ。ししの子のこじゝとよみたりければ。御門ほゝゑませたまひて。事なくてやみにけり。

と述べられている（同『国史大系』）。

右の三書における説話では、「無悪」なる字句をすべて落書のなかに置いており、かつ、いずれもたわいない物語りに過ぎぬようである。ただ、「サガなくば、よし」（サガなくてよからん、サガなくばよかりなまし）と読んだことによって、篁が嵯峨帝の怒りにふれたと説いていることは、前述の謫行吟の場合よりも実情に適した解釈と言うことができよう。しかし、両者とも「嵯峨天皇というのは御追号で、崩御の後につけたものであるから、この話が事実でないことは明白である」という批判の前に、立向かうことができるであろうか。また、「無悪善」というような用字用語が果して許され、「さがなくばよし」などと読み得るものかどうか。特に、これが謫行吟に詠まれたとするならば、詩をもっては白楽天にも比せられたという野相公が、その用語を誤るはずもないが、無悪善なる詩句が果して漢文学（中国語法）的にも認められるや否や、斯学専門の方のお教えも仰ぎたいと思う。

次に、私のもっとも疑問に思うところは、「悪」をサガと読むことにある。「無悪善」の字句には「悪が無くて

良い」という意味が含まれている、少くもその意を表わそうとしているように思うが、「無悪」をばサガナシと読んで良いものであろうか。抑「さが」とは何か、「さがなし」とはいかなる語であるか。『増補俚言集覧』によれば、『和訓栞』には「さが」について

日本紀祥〇善〇性〇ともに訓り直をスグとよみ清をスガとよむも皆通せり祥善性直は本性の徳なる事知るべし

とあるという。『言海』には、「さが」（祥）の語原を「幸《サキ》ノ転カ」とし、「吉キ兆。吉兆」のことと説いている（『明解国語辞典』では、性の「さが」を〔「相」の字音にもとづく〕と説明している）。また、平凡社の『大辞典』にも、サガ（祥）は、①しるし。前兆。②めでたきしるし。吉兆。と説かれており、古今を通じて国語の「さが」（祥のみならず性についても）を「悪」と説いたものはない。『和訓栞』には、「されば孝徳紀に瑕字をサガとよめる僻也」とさえ示している（尤も、孝徳紀のこの瑕字はサガではなく、事瑕＝居騰作柯と注記されているからサカと読まれているものであるが）。次に、「さがなし」について見れば、『言海』には「善カラズ。ワロシ」とあり、同書を始めほとんどの書物がこの語に「不祥」なる文字を当てている。『日本書紀』には、「不祥」および「不良」なる字句が数箇所に出ているが、すべてサガナシと訓まれている。とくに、飯田武郷著『日本書紀通釈』によれば、「神代上四神出生章」の

次生ム二素戔鳴尊一ヲ〇此神性悪常好二器恚一。

における「性悪」を、「ヒトトナリサガナクシテ」とさえ読んでいるようである（ただし、飯田季治著『日本書紀新講』では、「ひと、なりさがあらくして」と読まれている）。すなわち、不善や悪こそ「さがなし」であって、もし「無悪」を「さがなし」に当てようとするならば、その意が反対になってしまうであろう。

『和訓栞』には

サガナシ日本紀悪字不祥字不良字なとよめり無善の義也万葉集に恐をもよめりおそろしき意也小野篁が無悪善の三字をサガナクハヨカランとよみしと云る小説あり、愚按、篁、無悪善の三字を読事宇治拾遺十訓抄に見ゆ

とあることが『俚言集覧』に見えている。私は、和訓栞の著者がかくまで詳しい解説を加えながら、「小野篁が無悪善をよみしと云る小説あり」にとどまらず、何ゆえ一歩を進めて、「愚按ずるに、かかることは歴史にもあらず言葉の法にも違える僻事なり」と断じなかったのだろうかと、不思議に思うほどである。

以上のごとき考察の結果、私は「無悪」をサガナシと読むことを不当なりと判定するものであり、また小野篁と「無悪」なる語との結びつきも歴史的事実としては根拠薄弱なりとして否定しようとするものである。したがって、若狭の地名「無悪」をサガナシと読むことも、その字句の故をもって無悪と篁とを関係づけることをも、私は承認することができない。また、もし「無悪」が本来「さがなし」なる地名を表記したものであると仮定しても、自らの郷土に不祥や不良を意味する名付けをし、安んじて語り継ぐはずもない。特に、遠く和銅六年の官命にも「諸国郡郷名著好字」とあり、全国の多くの地名にもはっきりとその思想の見られることを思えば、地名サガナシ説は撤回せざるを得ないであろう。まして、嵯峨帝を「のろひまいらせるもの」ともされて、帝の御機嫌を損じたという「無悪善」なる落書を、この地名の根源とする説の当否については、もはや論じるには及ぶまい。そして、若狭なる「無悪」は、やはり現地の人々のすべてが実際に呼んでいる通り、サカナシこそ正しい訓みであるに違いない。地名や方言の研究において第一に尊重さるべきことは、逞しい推測や飛躍した理論よりも、まずあるがままの事実を素直に観察し把握することであると、私は常に自戒している。

さて、しからば「サカナシ」とは何か、「無悪」の文字は何を意味するのか。卑見によれば、サカナシという言葉（地名）と無悪の漢字とは、意味のうえにおいて本質的な関係はない。すなわち、「無悪」はサカナシの音を表わすための当て字にほかならない、と考える。そして、一見難解と思われるこの文字を用いた理由は、少くもその第一の理由には、やはりこの郷土の地名に好字を用い、嘉名を著けようとする考えがあったに相違ない。「悪」にしても「無」にしても、その一字一字を見れば決して嘉字であるとは思えないが、無をもって悪を否定することにより始めて好ましい意味合いの表現に成功しているといえる。おそらく、これらの文字がここに使用され始めた時にはすでに、この地名の確かな起原は不明瞭となっていたに違いない。しかも、サカナシのナシが「無し」を想わせるまでにいたっていたとすれば、サカに悪を当ててこそ、この地名を嘉名に改めようとする願いに適合するものである。而して、「悪」をサカと読むのは、決して「さが」の転訛ではなくて、「さか」すなわち「逆」であり、悪逆無道などの語をなすところのものである。すなわち、地名「無悪」の意味＝その用字用語の念願とするところは、「逆無し」であり「悪無し」であって、そのまま「善」にほかならない。しかし、無悪の文字が、この地名をかかる嘉き名とし得ていることは、必ずしもサカナシが最初から「無悪」の意であったことにはならない。すでに触れた通り、「無悪」はサカナシの当て字にほかならず、地名サカナシの起原は自らほかにあるもの、と私は考えている。

以下、問題の焦点「サカナシの起原」について述べよう。なお、地名に「無・悪」字を用いることは、やはり思い切った用字法と考えられるので、これがこの地名に当てられる前にすでに「無悪」なる熟字の用例があったのかも知れないし、あるいは、この地には漢字にも通じた非凡な命名者がいたかも知れないとも、考えられる。

ところで、次に述べる「サカナシ」の語原解釈は、必ずしも私自身の創意によるものではなくて、私は明らかに柳田國男先生の名著『地名の研究』の所説に、ヒントを得ている。むしろ、その所説をわが郷土の実際に当てはめて実証したというべきかも知れない。すなわち、『地名の研究』（実業之日本社、昭和二十九年）には、「軽井沢」の地名考説に関連して

峠路の取掛りに此地名（カルヒ）の起った事由は、つまり其地迄は馬の背で荷物を運び来り、それより上は馬が通はぬ故、其荷を小さく解き分け人の背で山を越す支度をする為に、自然に足溜りとなり村里なども起立したので、同じ碓氷の東麓にもある阪本の宿、古くは郷名にも存する阪梨（阪足の約）さては馬返しと云ふ休茶屋の如き、何れも此事情の為に出来た地名である

このように説かれている（三〇八頁）。ちなみに、カルフ（カルヒはその連用形）とは「カラム・カラグなどなど語原を同じくし、縄の類で背に結附けることであろう」とある（同書同頁）。私は、「阪梨（阪足の約）」を一見する

におよんで、「無悪」に対する日頃の疑問が忽ち氷解するのを覚えた。すなわち、「無悪」の起原も「坂の足」であり、この文字はその当て字に過ぎないと、即時に判断したのである。そして、実際に「無悪」の地を訪問することによって、私はこの推定に誤りなしとの自信を深めることができた。

「無悪」集落の背後には、高さ百米ばかりの山が控えており、その山はおおむね南北に連なって、この上中町（旧鳥羽村）と隣接の三方郡三方町（旧十村）とを限っている。そして、無悪なる無悪山安楽寺の前を通過する一本の道路は、紆余曲折を重ねつつ坂道となって背後の山に登り、越えて十村の田上に降っている。頂上（峠）までの延長二、三百メートル、幅員一メートル前後の山路は、比較的よく手入れされていて、往時における利用度の高かったことを物語っている。なお、その峠には小さな石の地蔵尊が祀られているが、数年前までは山越えする人々の休憩所ともなっていたというお堂は、今は跡を留めているに過ぎない。また、この坂道は、無悪の反対側の地名を取って田上坂とよばれているが、大正年間近くに鉄道が敷設されるまでは、鳥羽村一帯並びに隣接の海岸地帯から、三方郡方面へ通ずる唯一の主要道路であったという。山も高からず路も険しくはないが、遠くからの通行者はこの麓に到っておそらく一時の憩いを求めたことであろう。坂の麓—「坂の足」は、いつしか約まって「サカナシ」となったに違いない。そして、これが地名として固定化するにしたがって、いつかその起原も忘れられ、最初に述べたような理由で「無悪」と書かれるにいたったものであろう、と私は推断するのである。

もちろん、サカナシなる地名は、若狭の「無悪」のみではない。その類例を、柳田國男監修・民俗学研究所編の『綜合日本民俗語彙』やそのほかの所説にしたがい、『大日本分県地図併地名総覧』（国際地学協会、本年度刊）によって調べてみたが、熊本県阿蘇郡一の宮町には、阿蘇山の北方、滝壺坂の南に、「坂梨」「中坂梨」「北坂梨」（いずれも旧坂梨村）なる大字があり、和歌山県東牟婁郡那智勝浦町には、峯山（八七九メートル）の東南に「坂足」なる地名がある。また、対馬の下県郡豊玉村大綱には、「坂ナシ」なる小字があるとのことである。ところで、これらのサカナシがいまだ「坂足」と書かれている時には、その地名起原も想像に難くないが、「坂梨」と書かれてはすでにその本来の意味が見失われたと見えて、阿蘇地方の俚諺には「坂に坂なく坂梨に坂あり」といわれているという（『綜合日本民俗語彙』）。ところで、平凡社の『大辞典』によれば、那波活所（一五九五―一六四八）著わすところの『活所遺藁』九には、前記阿蘇郡坂梨村の「サカナシザカ」（坂無坂・坂梨坂）について

今蓏無レ坂之坂、倍二於箱根一、而名レ無レ坂何也、予按、謂レ大称二莫大一之類也、非レ有レ佗也矣、又日、自二豊後一視レ之、如レ無レ坂故名此説亦通

とあるが、サカナシの語原解釈の難しさを物語って面白い。まして「無悪」と書かれるにいたっては、小野篁伝説と結びつくのもまたやむなきことであろう。ここにおいて、多くのサカナシに対する柳田先生の解釈を思うとき、まさに卓見なるかなと感じ入らずにはおれない。なお、全国各地を訪ねれば、サカナシなる地名はこのほかにも求め得ることと思う。

以上をもって、私は地名「無悪」の起原を明らかにし得た、少くももっとも可能性の大きい一試案を提供し得たものと思うが、私にはいまだ解明を望む疑問が残されている。すなわち、都から見れば辺鄙なる若狭の一隅に、何故に小野篁卿の遺跡や伝説が保存されているのか。その地名の起原については、おそらく篁と直接の関係はあるまいとの結論に達したが、古くから、そして今もなお篁卿の御念殊仏と称される観音像が祀られ、また同じ境内に卿を祭るといわれる石塔までが存するのは何故であろうか。たとえ、伝説のすべてが史実ではないとしても、その根原となる何らかの事実は存在したのであろうと思う。しかし、残念ながら私は、篁と若狭の関係を一般の歴史書においては全く発見することができない。また、「小野篁集」（桂宮本による）や、「経国集」「扶桑集」（群書類従）を一見したところでは、やはりこのことはうかがい得ないようである。さらに、単なる伝説なりとしても、「無悪」とか「無悪善」なる語句が、若狭において篁と結びついて説かれているのみならず、すでに平安のむかし都において書かれたであろう『江談抄』以下の古典にもまた、これと類似の事柄が述べられているのは、いかなるゆえによるものであろうか。これらの説話の発生は都鄙いずれが先なのか、あるいは両者は全く別個に発達したものか。ま

た、この説話の成立起原には、やはり史実に連なる何物かが存在するのであろうか。私は、ただ地名や方言の探究を続けるのみで、歴史についても説話についても全く無知であるので、わずかなりとも先学の御教示を仰ぎたく、如上の卑見についても御叱正を賜りたく切に念願してやまない。

最後に、最近活字本として刊行された『若州管内社寺由緒記』（原本は延宝三年の書）のなかに、無悪村なる無悪山安楽寺のことも記載されているが、この本尊「正観音」について

　右観音の由来は嵯峨天皇の時無悪谷の落書に付而小野篁隠岐の国へ配流有レ之其子道風禁庭に召れ額を被レ為レ書候御褒美に父篁配流を御免被レ遊北国のたんたいを被レ下　篁配所にしも昼夜此観音を信し一度此難を遁れて堂建立可レ仕旨暫願有レ之の由仍而此境に御堂建立有レ之由申伝候　長々敷由緒書も有レ之候処一度の火災に焼失候由云伝へ斗候間拙僧代に至遂二吟味一有増縁起も認置候　宗旨は往古は真言宗にて寺領も多坊も六坊御座候由に候へ共大閤の御代に落申候故坊も絶勤行仕僧も無レ之弥大破におよび候　六十年斗より禅宗に罷成候

　　九月廿七日

とある。これは、無悪の地名や安楽寺に関する記録として、現在披見し得るものではもっとも古い文書である。さらに、現存する「無悪山安楽寺縁記」（明治年間に罹災焼失のため復製されたもの）にも、当寺が篁の開基にかかることを詳述しているが、その地名起原については全く触れていない。すなわち、「無悪」の地名起原を小野篁伝説と別途に求めることは、決して安楽寺聖観世音の信仰と背反するものではない、と言い得よう。付言して、もって本稿の結びとするしだいである。ちなみに、小野篁は雷が嫌いであったので、安楽寺本尊なる聖観音に雷除けの祈念をしたが、そのために無悪には今にいたるまで一度も落雷がない、とも言い伝えられている（かつて、安楽寺では、雷除けのお守りを発行していたとも）ということである。

八　「玉置」は「タマキ」

遠敷郡上中町に「玉置」という集落がある。これは一般に「タマキ」と呼ばれているが、もう三十数年も前のこと、町の有線放送や一部の人々が、時々これを「タマオキ」というので、気ざわりになってこの地名の歴史を調べた。その結果を私は、昭和三十六年六月八日の福井新聞「文化」欄に寄稿した。

玉置をタマオキというのは、この文字を丁寧に読もうとしたためであろうが、言葉や文字には、伝統的ともいうべき長い習慣的な読み方がある。地名や人名については、特にそのことが尊重されねばならない。江戸時代後期の国学者、伴信友の著書によると、玉置はそのころもタマキといわれ、村人は「玉木」とも書いているので、古くからそう呼んだのであろう、と説かれている。

さらにその時、私の調べ得たこととして、平安時代の『和名類聚抄』（略して「和名抄」）に、玉置の地名があり、これに「多末支」すなわち「タマキ」の読み仮名が付けられていた。これは「和名抄」の一写本で、八百年以上も前に書かれた「高山寺本」に明記されていることである。また、これまで玉置の名が見える最古のものとして、奈良時代の天平勝宝四年（七五二）、東大寺に関する記録が知られていることをも紹介しておいた。

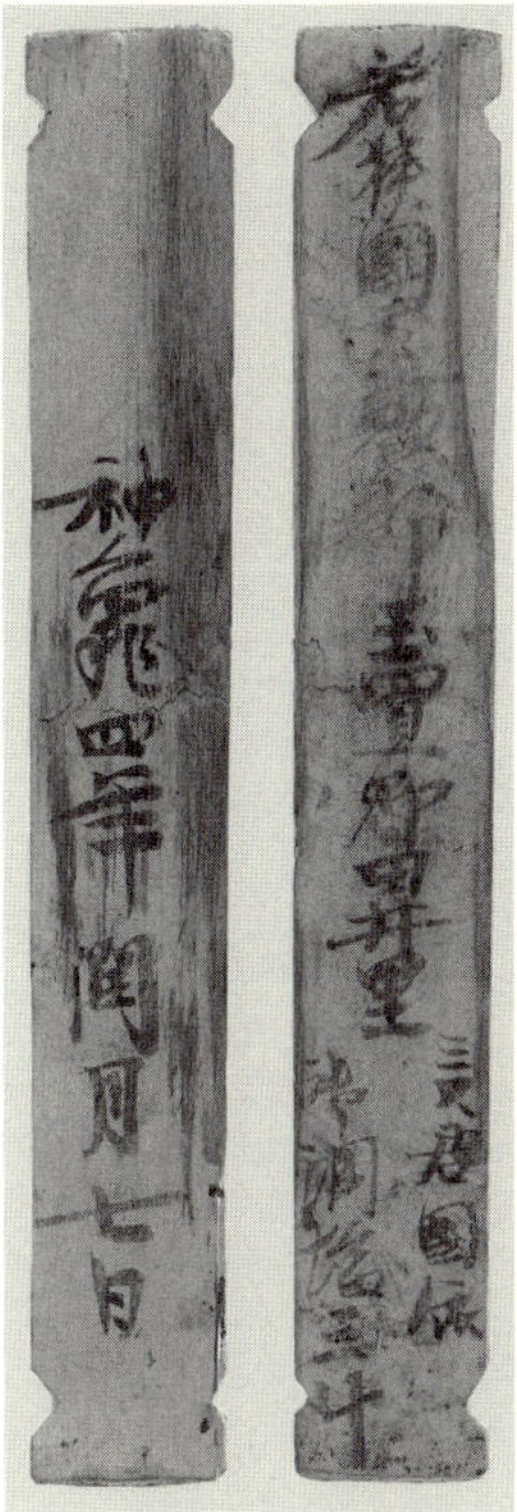

平城宮跡出土木簡
（写真提供・奈良文化財研究所）

ところがその後、昭和三十八年

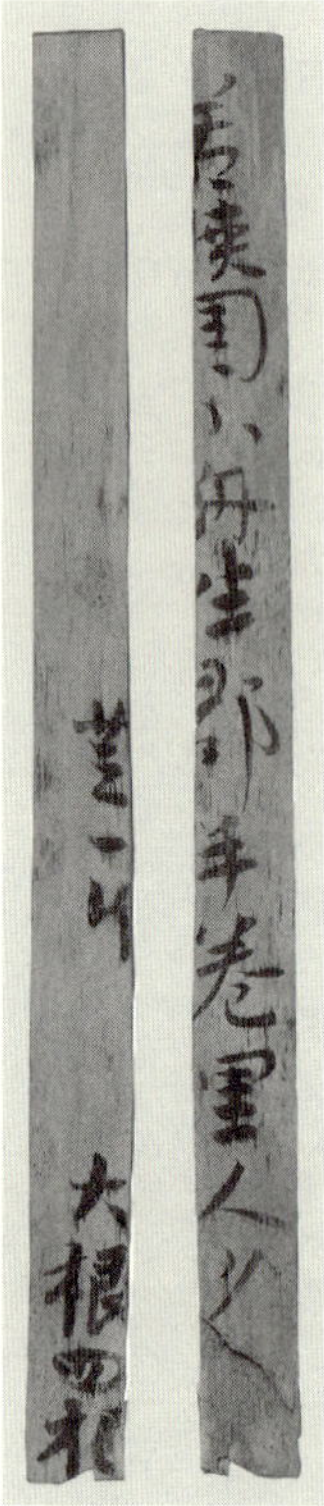

藤原宮跡出土木簡

平城宮跡出土木簡

（2点とも写真提供・奈良文化財研究所）

にいたって、奈良の都、平城宮の跡から発掘された多数の木簡のなかに、「玉置」の名が出現した。一つは神亀四年（七二七）のもの、今ひとつは天平四年（七三二）のものである。いずれも若狭の玉置から都へ、「調」すなわち税として、塩を送った時の荷札である。以下、木簡はすべて奈良国立文化財研究所のご教示による。

玉置の木簡は引き続いて出土し、養老二年（七一八）のものも発見された。とくに注目すべきものとして、和銅六年（七一三）の「若狭国遠敷郡玉杵里」と書かれた木簡も発見された。「玉杵」とは、「杵」は「き」であり「タマキ」にほかならない。さらに、平城京より古い都、現在の橿原市にある藤原京の宮跡から、「若狭国小丹生郡手巻里…」の木簡が発掘された。小丹生郡は遠敷郡、「手巻」の手は「た」を表す。すなわち、藤原京時代、西暦七一〇年以前から、今の「玉置」は「タマキ」であった。

第三部　民俗

一　上根来の伝説と堂本の民俗など ―民俗調査報告拾遺―

福井県教育委員会から昭和三十九年度（一九六四）民俗資料緊急調査員を命ぜられ、私が小浜市上根来《かみねごり》と遠敷郡名田庄村堂本《どうもと》の民俗調査を担当した。その結果については、取りまとめて県教育委員会から刊行されることになっているが、そこでは紙面が限られて充分な発表ができないので、その補遺の意味を兼ねて、私が特に広くお伝えしたいと思うことがらについて、ここに報告させていただきたい。

上根来の伝説・そのほか（主として、当地の最古老である前田八十八翁八十四才夫妻の御教示による）

（一）大明神

太古、若狭彦大神が兄神とともに、近江国の方から上根来との境の山を踏み分けてやってこられた（この神々は、海幸彦・山幸彦として有名。すなわち若狭彦大神は彦火火出見尊、兄神は火照命である）。ところが、兄神が山の頂上の「大明神」と今も呼ばれる岩の上で昼寝をしておられる間に、弟神は兄神に先んじて遠敷の地にいたり、この地を占めてここに鎮坐された。これを見た兄神は、大急ぎでゴザ（茣蓙）を敷いて山をすべり降りて来られたが、それ以来、兄弟二神は不仲になってしまわれた。なお、大明神の西側にゴザ岩といわれる大岩があるが、そのときの名残りを留めるものであるといい（御座をされた岩との説もある）、また、大明神の南に馬ツナギバとよばれる場所があるのは、兄神が乗馬をつないでおかれた所だともいう。そして、そのときに兄神は宮川村（現　小浜市）の加茂に鎮坐されることとなったが、後世まで遠敷と加茂の村人たちも相容れず近年まで婚姻もできなかったといわれる。

(二) 不動さま

紀州のネゴロから不動明王がこの地に来られ、最初は上根来と中ノ畑の間から北東に入るネゴリ谷へみえた。しかし、そこが気に入らないため、上根来の坂尻の奥にある通称ヒラダニに来て鎮坐された。今も石の祠に祀られているが、ここには不動の杜とか不動の滝もあり、昔から旱魃に際しては、この不動さんに雨乞いのお祈りがされた。(筆者補注) この根来はその昔、徳川家康が通過したことがあるとも言われ、この地名と家康の鉄砲百人組の一つである「根来組」との関係を推測する向きもある。しかし、この不動さまの伝説が示すように、もっと古く和歌山県那賀郡根来村の新義真言宗大本山「根来山大伝法院」(根来寺ともいう) との関係を探ることの方が肝要かも知れない。また、ここの地名が明確にネゴリと呼ばれていることは、根来寺や根来組のネゴロとその起源が全く別であることを示しているものかも知れない。

(三) ボンガ屋敷

滋賀県境の山上に、ボンガ屋敷、またはボンノ屋敷と呼ばれる寺院跡があり、クズガネ (葛の根) 掘りを行ったときなどに土器の破片が出ている。そして、これは織田信長に攻め亡ぼされたものらしいとの言い伝えがあり、天台宗の寺院であったようだともいわれる。また、釣谷《つりだに》とよばれる別の山間にもボンガヤシキという平地があり、これも寺跡と言われている。なお、上根来の坂尻地区にはジョウド寺という寺院があったが、今はその跡だけが残っている。ちなみに、この坂尻とは、上根来の南端すなわちもっとも滋賀県寄りにある小集落で、現在は民家が三戸あるため俗に三軒屋とも呼ばれているが、昔は記憶されているだけでも七戸が所在しており、さらに古くはもっと大きな村落であったかも知れないと考えられる。

(四) 平家の落武者

上根来の坂尻地籍は古くは、平家の落武者が住んでいた所と言われるが、坂尻の南東の山麓に明治末年に新田開発のため畑を掘ったところ、地下五尺ぐらいの所に、石囲いをしてなかで火をたいた跡が幾箇所も並んで出たし、大きな墓石も現れ、尺余の刀が発掘された（前田翁確認）。

（筆者補注）これらの住居などは誰のものであったのか不明であるが、平家の落武者に関係あるものではないかとの推測もなされてきた様子である。正鵠を得るためには、歴史学、考古学の調査を併せ行わねばなるまいが、おそらく上古の遺跡ではなかろうかと想像される。

（五）安倍晴明の池

上根坂尻の旧家である前田安左ヱ門家（前田八十八翁宅）の邸内にある池は、むかし安倍晴明が来て掘られたもので、これを大事にしていたら火災は起らぬと言われた。その言にしたがって坂尻には昔から火事がない。

（六）ミョウアン水

上根来から近江の針畑（滋賀県高島郡朽木村）へ越える峠道は、昔はこの地方のもっとも重要な交通路の一つであったが、今もその頂上近くの路傍に一体の地蔵尊が祀られ、その前に「池」と呼ばれる井戸がある。これは、ある時にミョウアン和尚という偉い坊さんが来て、旅人たちのために掘られたものである。そのとき、ミョウアン和尚は井戸に蓋をして、水が充分に溜るまで蓋を取ってはならぬと言われたが、誰か（一説に、上根来の和尚）が早くなかを見たさに蓋を取ったため、その時の水位までしか水が溜らぬ井戸となってしまった。しかし、その後ここに釣瓶を降して水を汲み、旅人や荷持ちの人々が喉を潤すことができた。今もって、この水をミョウアン水と呼んで尊んでいる。

（筆者補注）このミョウアン和尚とは国富村（現、小浜市）の奈胡か羽賀の住僧であったらしい、という当地の西本平治郎氏の教示をヒントに、ミョウアン和尚について調べてみたところ、国富村太良庄の長英寺中興開山の明庵禅師であることがわかった。禅師は、天和二年（一六八二）に三方郡南前川村野々間の山竹五郎助家に誕生、七才のとき向陽寺の点外愚中禅師につき得度、修行を重ね後には小浜空印寺の住職（十六世）となり、藩主酒井忠用の帰依が深かった。延享二年（一七四五）七月、太良庄長英寺の火災に遭うや即時空印寺を辞し、長英寺の復興に努め三年後にめでたく落慶。明和五年（一七六八）、八十七才にて同寺で遷化された。真筆や絵像、記録が大徳としての行跡と共に今も伝え残されている。

（七）モチツキ場

古くは京街道とも称され若狭近江間の主要道路の通じたここ上根来は、恰も宿場のような地位を占めていたが、江州への峠道の麓に、今もモチツキバと呼ばれる場所がある。ここは往時、旅行く人々に餅をついて売る店があった所と言われ、そこに一人の美しい娘がいたことを伝える「おタネ見たさに釣谷見れば、おタネ隠しの霧がこむ」という俗謡が残されている。なお、釣谷と呼ばれる山間の一隅にあるモチツキ場（跡）は、現在の道筋とは離れているが、古くはここを通り峠を越えて針畑方面へ出たものと考えられている。

そのほか、下根来鵜ノ瀬の「お水送り」などに関連する伝説についても報告すべきであるが、調査が不充分であるので後日を期したい。

堂本の民俗行事・伝説など（主として、当区の湯上新兵衛翁七一才の御教示による）

（一）正月ッアン

堂本では大正十年ごろまで、新年を迎えると正月ッアンまたはオ正月ッアンというものを祭った。これは、座敷の戸か壁の際にムシロを敷いて米一俵を置き、その上方にチョウモンから三尺ぐらいの横木をつるして稲七把をかけ、さらにその中央からクルゲというものを米俵の上にくるように吊りさげたものである。この米俵には白米四斗二升を入れ、俵の両端上部には向って右にワカバ（ユズリハ）、左には女松（いずれも三枝と、松はマツカサを有するものを選んで）を立てる。また、このクルゲとは麻のオを績む桶のことであるが、そのなかには白米を八分目ほど入れ、白米の上には鏡餅一重ねとミカン・串柿・昆布が載せられる。こうしてクルゲは桟俵で蓋をし、その上を荒縄で十文字にくくり、その端をもって上の稲木に吊すわけである。なお、クルゲには、半紙の上端のみを残して一寸巾ぐらいに切り込みを入れたマエカケを、コヨリでゆわえつける。

次に、稲をかけた横木の両端には、アラマキといってワラットに塩サバ一匹とジャコ一匹ずつを入れたものを一つずつ吊し、なお、各端にモチバナをもかける。モチバナはワラに小さい餅五箇ずつをつけ、さらにこの幾本かを大きなカサモチで束にしたものであるが、この正月ッアンには十二本（閏年には十三本）を束にしたものが用いられる。これは神棚や床の間用のモチバナが五本か七本のものであるに対して、もっとも豪華である。また、この正月ッアンの前方にはムシロの上に、川原から拾ってきた平たい石を置き、それに二重カワラケを載せてお灯明を献ずるが、これまた神棚そのほかには一重カワラケを用いたことから考えても、正月ッアンがいかに鄭重に祭られたかがわかる。

かくて正月十一日になるとツクリゾメが行われるが、ここでは新年の明け方の畑地に、正月ッアンのワカバと松を立て、その中央正面にクルゲを据えてこれを祭り、鍬で数回その前の地面を打ってツクリゾメとした。なお、正月ッアンのアラマキの塩サバとモチバナの餅は大切に保存され、サバは三月下旬ごろの麻種播きの日に焼いて食べ、モチバナの餅は正月オワリと呼ばれる六月一日に煎ったりなどして食べて祝うこととされていた。

(二)　マツアゲ

うら盆の日、すなわち七月二十四日には愛宕講があるが、その前日から京都の愛宕神社へ代参していた二人の当番がお昼ごろに帰村すると、代参者は直ちにお寺（曹洞宗、見性寺）の下を流れる堂本川で全身を清め（これをオカワという）、そのまま家に帰らず寺に上って出迎えの講員一同と挨拶を交わす。その後、お寺で（以前は、村中が上下二組に分かれそれぞれの当番の家で）お講が行われる。ところで、この夜、見性寺の近くの仁吾谷口の広場でマツアゲという特殊な民俗行事が催される。

このマツアゲとは、トロギとよばれる全長二十メートルもある二段式の杉の柱の頂上に、麻木と竹で作ったモウジといわれる大きな漏斗状のものをつけ、そのなかに麻木・ワラ・カヤなどを入れておき、あとで参詣者がタイマツ（肥松のジンを用いる）に火をつけてこのモウジに投げ入れ、これを燃やすものである。しかも、その火種は、堂本から丹波へ通じる知井坂の登り口に祀られる愛宕社（小祠）の御神灯から移されるものであって、このマツアゲは正に聖火の祭典ということができる。そして、これは愛宕神社に献ぜられるものともいい、仏の供養のために行うものという人もある。また、このマツアゲの場所へは女性や忌みのある家の男、さらに他所者も一切立ち入ることを許さず、寺の境内から拝観させるのみという戒律が厳守されている。なお、このマツアゲは同夜、同じく名田庄村の槙谷・染ヶ谷・三重・下・虫鹿野・出合・木谷などでも行われる。

（筆者補注）西角井正慶博士編『年中行事辞典』には「愛宕火」の項に、この地に隣接する京都府北桑田郡でも、「七月二十四日に長さ十二間もある木の先に麻がらで大きな茶釜形の火打を作り、なかに枯竹・松枝・麻稈をつめ、これを河原に立て、下から炬火を投げ上げて燃す」行事のあることが紹介されている。なお、新村出博士編『広辞苑』には「あげまつ」＝揚松の語をあげ、盆の行事として「柱の頂上に籠をつけ、これに藁や鉋屑などを入れ、下から小松明を投げ上げて火を点じる」もので、「柱松」「火上《ひあげ》」「投炬火《なげたいまつ》」ともいうことが説かれている。

（三）文七踊り

うら盆の夜、マツアゲの終った後に見性寺の境内で盆踊りが行われる。これは名田庄特有のもので「文七踊り」といわれ、ジョロリクドキという音頭に合せて踊る。名田庄の中でも下《しも》集落の苅田比咩神社で踊られる文七踊りが、昔からの伝統をもっともよく保持しているといわれ、昭和三十七年五月十五日付で福井県の無形文化財に指定された。しかし、堂本の人たちは、この踊りと音頭は丹波から伝わったものであり、それを最初に受け入れたのは堂本であったと今も自認している。

（筆者補注）文七踊りについては、福井県教育委員会編『文化財調査報告』第十四集に、斎藤槻堂氏が詳述しておられる。

（四）豪農藤本弥助

堂本の南端から丹波の知井村（現、美山町）知見へ越える知井坂（普通、チザカと呼ぶ）が通じているが、昔その麓に藤本弥助という豪農が住んでいた。その邸宅は城かとまがうばかり豪壮なものであり、同氏の一建立による見性寺には今も立派なお墓が残っている。この藤本氏はほかの地方から移り住んだ者と言われているが、五十年余り前まで存続していた。すでに血統は絶えて、今では広い邸跡と他人によって家名のみが伝えられている。なお、藤本弥助は、堂本一帯の田地のほとんど全てを占有していたと言われ、田のできや仕事ぶりを馬に乗って見まわるのが常であった。ところがある時、堂本川の近くのイモネ山麓にある温泉で、馬の脚を洗おうとしてそこへ馬を引き入れたため、温泉の湯が止まってしまったとも言われている。ちなみに、この付近には今も湯上《ゆがみ》河原という地名が残っている。

（五）宝珠院

昔、堂本のシモジョウと呼ばれる所に森次郎三郎という一人の侍が住んでいたが、その一建立によって宝珠院という寺が造られた。この次郎三郎は、カミジョウの藤本弥助と並んで、堂本集落の草分けと想定されている人である。そのお墓は邸の近くにあったが、五輪塔などは数十年前にお寺へ移された。また、森氏の祀ったという稲荷の小祠がその邸跡にあり、今も森次郎三郎の家臣の末裔という湯上新兵衛家によって祀られている。なお、この湯上家の七代前の先祖（天明五年（一七八五）没）が、堂本の小村で見性・宝珠の二寺院を持つことは経済上無理であるとの理由から、宝珠院の檀家もみな見性寺につくことを提案され、一同も喜んで実行に移したといわれる。思うに、当時（天明二年～八年）は、いわゆる天明の大飢饉に襲われたときであり、壇中の合併も定めしこのことに関係するものであったろう。したがって堂本では全戸が見性寺の檀家であり、一方、堂本集落の集会はこの宝珠院で行われてきたという。しかし、最近ではこの宝珠院をトタン葺きの小堂とし、御本尊の子安地蔵を祀るのみとなっている。

（六）弘法屋敷

堂本川の支流である仁吾谷川を遡ること二十六町ばかりの所に、足谷《アシタニ》という山があるが、その足谷山の頂上近くに弘法屋敷と呼ばれる場所がある。昔、弘法大師がここに邸を開こうとして登られたといわれ、そこには今もそのコメ石と言われる大きな石が残っているという。ところが、弘法大師は百谷のある所でなければ邸は開かぬと言われたが、この仁吾谷には九十九谷しかないという人があったので、ついにここに邸を開くことを中止し、高野山へ行きそこに邸（道場）を開かれたのである、と言い伝えられている。

（七）ヌスット屋敷

仁吾谷の川口から七、八町入った山腹に、ヌスット屋敷と呼ばれる少しばかりの平地があり、大きな石が幾百個も集まっている。これは昔、山賊が棲んでいた所で、この石は捕手が来たときこれを捲くり落して撃退するために集めていたものであるという。

以上をもって、小浜市上根来と名田庄村堂本の民俗資料緊急調査報告の補足とさせていただきたい。

二　「お水取り」の起源

若狭は〝海のある奈良〟であるというのは、いつだれがどうして言い始めたことか知らないが、たしかに味わいのある言葉である。私は年来、若狭の特に「遠敷」という地名について探究してきたが、このことに関連していつしか、有名な奈良二月堂のお水取りと若狭遠敷との関係についても学習すべく志している者である。即ち、海のある若狭の水清き遠敷から、奈良へ聖水が送られるという昔ながらの伝説とその行事に、尽きぬ興味を抱かずにはおれない。

お水取り（写真提供・福井県立若狭歴史民俗資料館）

「お水取りがすむと春が来る」といわれる奈良東大寺の〝お水取り〟とは、東大寺二月堂で毎年行われる修二月会（または略して修二会《しゅにえ》）、すなわち旧暦二月一日から十四日まで（現行は新三月一日から二週間）実施される十一面悔過法の全体を意味するのが現在一般のならわしとなっているが、本来はその修二会も終りに近い二月十二日の深夜、二月堂の傍にある若狭井から香水《こうずい》を汲み上げる儀式のことである。伝説によると、この修二会は東大寺開山の良弁僧正の高弟である実忠和尚によって、天平勝宝四年（七五二）に始められたと言われる。そして実忠和尚がこの行法の間に全国の神々を勧請されたとき、若狭の遠敷明神だけが魚取りをしていて遅れて参加されたのであるが、まことに有難い法会であることを喜ばれて若狭国の良水を閼伽《あか》の水として献じたいと言われた。その託宣の終るや二月堂の前庭の大岩をうがって黒白二羽の鵜が飛び出し、その穴から甘い泉がこんこんと湧き出して香水が充満した。ここに井げたを組んで閼伽井《あかい》とされたのが、今に至るまでお水取りの厳修されている若狭井であるという。

お水取りに関する右の伝説は既に周知のところであって、古くから多くの書物にも語られている。ところで、その最も古い記録は管見の及ぶ限りでは、嘉承元年（一一〇六）から長承三年（一一三四）の間に編集されたという『東大寺要録』巻四「諸院章」にある。平安末期のこの記録より更に古いものは、今のところ発見されていないようである。なお、『東大寺要録』にも「彼大明神在二若狭国遠敷郡一国人崇敬具二大威勢一前有二大川一川水硂硍奔波涌流由レ献二其水一河末渇尽俄無二流水一是故俗人号二無音河一云々」とあるように、若狭から遠敷明神がお水を送られたので、その神社の川下は流水が尽きて「音無河《おとなしがわ》」と呼ばれるようになったとは地元の遠敷でも言い伝えられているし、お水送りの水源と言われる遠敷川の鵜の瀬《うせ》では、古くから現在に至るまで幾変遷を経つつも、〝お水送り〟の行事が年ごとに厳修されているのである。

海があり清流に富むのは何も若狭だけではないものを、なにゆえ若狭の遠敷から奈良東大寺へ水が送られた（という）のであろうか。どうして遠敷と東大寺の間に、かくも密接な関係が発生したのか。歴史を学び郷土を知る上に、興味も深く重大でもある「お水取りの起源」について、探り初めて既に十年近くになるが、今なお私には解明の見通しさえもついていない。自ら郷土史研究上の重要な一問題として、ライフワークの一つとも考え、今後も私は、お水取りの発祥について学びつづけたいと思う。なお、今日まで学び得たことの概要を、仮にまとめると次の通りである。

まず、東大寺においても現在では、お水取りが若狭と東大寺を結ぶ伝説を背景として行われるに至ったその原由については、不明のようである。東大寺図書館長の上司海雲師の御教示によると、前述の如きお水取り伝説の発生は「実忠和尚と若狭、或は東大寺と若狭との関係から」ではないかと思うとあり、具体的には研究者によって、荘園関係からだとの考え方、若狭と二月堂との水質が同じだと思うという水の研究者の意見、印度・支那方面から若狭へ僧侶とか文化とかが或る時代に入ってそれが奈良に来たことを意味するとの見解、などがあると言われる。

奈良在住の歴史研究者である桑原蓼軒氏の御示教によって、貝原益軒の『西北紀行』に次のような記事があることを知った。即ち「遠敷（小浜より一里許）、上下の祠あり、山上の神宮寺、これ古の僧実忠が住せし処なり」と。まことに重視すべき記録である、が、更にその根拠となった史伝がほしいし、詳細な考証が必要とされるであろう。なお、東大寺開山の良弁僧正は、幼いときワシにさらわれて来て義渕僧正に拾養されたという有名な伝説があり、その出生地も江州の志賀の里・山城の多賀・相模などと数説がある。ところが、若狭遠敷のお水送りが行われる鵜の瀬の近くに原三郎兵衛という名家が今も伝わっているが、実は良弁僧正はこの家の子であり、ワシ或はタカにさらわれて行ったものである、との言い伝えが地元に残されている。しかも、この原家は若狭の井太夫と称して、お水送りやその他の神事にも古くから重大な役柄を勤めてきたという。

現在、近畿随一の民俗研究者である井上頼寿先生のお教えによると、若狭国は古くから海産物などの食糧品を中心として王都（奈良・京都など）へ通じていたため、これらの中から特に人生と日常生活のすべてに最も必要な水によって、この水が若狭から奈良に来たという象徴的な伝説が発生したものと考えると言われる。そして、その裏付けとなる多くの伝説や記録を教えて下さった。黒川道祐の『雍州府志』に、京都の（八瀬大原の近くの）高野川の上流は若狭なりとあるし、京都の古い伝説に、堀川の上流は若狭なりと言い、一条で東西に分れているが西の川を今も若狭川という。京都西七条にある水薬師寺は、古く大池があり若狭の海から地底をくぐって潮水が通じていたと伝えられ、若狭からの水流が豊富であったときは尺余のアジが泳いでいたが、今ではメダカぐらいのアジが現存していると言われる。狂言「こぶうり」に「若狭の海のコブ召され候え」など、ともある由である。

ところで、最近、私自身が着目していることとして、遠敷（ヲ―丹生）は丹砂または水銀産地であったという歴史学者松田壽男博士の学説と実証に基く見解がある。奈良東大寺の大仏を完成（その最終仕上げとしての鍍金を）す

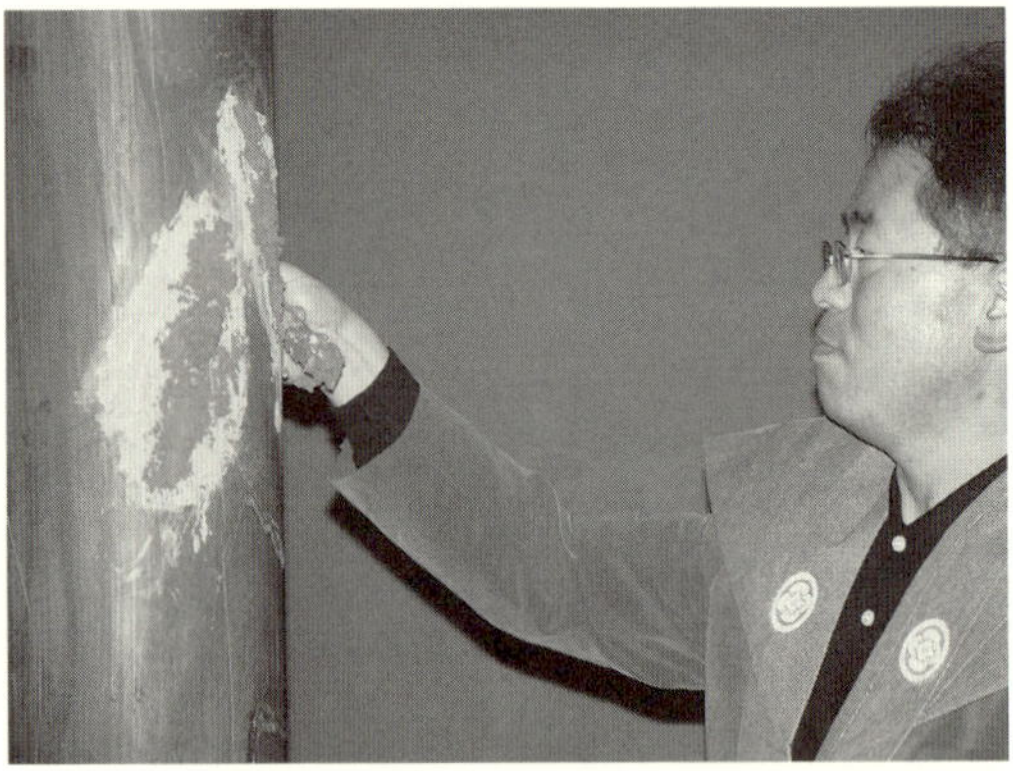

山八神事（写真提供・小浜市教育委員会）

るため、各地から水銀を求められたことは既に明らかとされているが、若狭遠敷にもそのための結びつきがありはしなかったか。また、万葉歌の「まがねふく丹生」にさえ比定する学者すらある近江伊香郡の丹生神社で、赤土（丹土）を神前に献じてのち参拝者の額に印する行事が古くから行われているが、遠敷鵜の瀬の近くの八幡神社でお水送りの当日に行われる山八の神事でも、神前に供えた赤土を参拝者が指につけてなめ、また牛王紙に印する行事のあることが、何かの共通性を表わすようにも思われ、前途遠き研究の一時に憩いと楽しみをも覚えている私である。

三　伝承　若狭の水と京とのつながり

関西で「お水取りがすむと春が来る」と言われてきた奈良東大寺の修二会《しゅにえ》、いわゆる「お水取り」は、今や全国に知れわたる有名行事となっている。もちろん、これは奈良の都のことであり、京都の話ではない。しかし、長年にわたり若狭と奈良の関係を探ってきた私は、その結果のひとつとして、京都にその中継地ともいうべき伝承の存在することを知り得たので、ここにそのことを述べてみたい。

平安時代の後期、嘉承元年（一一〇六）からまもなくの間に編集されたと考えられている『東大寺要録』の記述によると、東大寺の二月堂で行われる十一面悔過法《けかほう》、すなわち修二会は、良弁僧正《ろうべんそうじょう》の高弟である実忠和尚《じっちゅうかしょう》によって、天平勝宝四年（七五二）に始められた。この行法のため実忠和尚が全国の神々を勧請されたとき、若狭の遠敷明神だけが好きな魚とりをしていて遅れて参加されたが、この法会の有難いことを大いに喜ばれ、若狭の水を閼伽《あか》の水として献じたいと言われた。遠敷明神《おにゅう》のそのお告げが終わると同時に、二月堂の側の大岩をうがって黒白二羽の鵜が飛び出し、その穴から甘い泉がこんこんと湧き出して香水が充満した。ここに井桁を組んで閼伽井《あかい》とされたのが、今に至るまでお水取りの厳修されている若狭井である、と述べられている。

海があり清流に富むのは決して若狭の国だけではないものを、今から千二百数十年も昔に始まったと伝えられる「お水取り」のこの水が、何故に若狭から送られることになったとの伝承を生じたものか。いろいろな学者や研究者もこの問題に関心を寄せ、それぞれに説を立てておられるし、私も長年このことを考究し続けてきたが、いまだ完全に納得できる結論をみていない。そして、この間にひたすら若狭と奈良の関係のみを追う私に対して、民俗研究者の井上頼寿先生は、次のようなことをお教えくださった。

水薬師寺

若狭の国は、古くから海産物などの食糧品を中心に王都（奈良・京都など）へ通じていた。そのため、これらのなかから特に人生と日常生活の全てにもっとも必要な水によって、この水が若狭から奈良にきたという象徴的な伝説が発生したものと考える。また、その裏付けとなる多くの伝説や記録がある。京都については、黒川道祐が貞享元年（一六八四）に著した『雍州府志《ようしゅうふし》』に、大原八瀬を流れる高野川の水源は若狭であると書かれている。あるいは、堀川の上流は若狭なりとの古い伝説があり、一条で東西に分かれている西の川を今も若狭川という、などのことがある。

さらに、京都西七条にある水薬師寺は、古く大池があり若狭の海から地底をくぐって潮水が通じていたと伝えられ、若狭からの水流が豊富であったときは尺余（三〇センチ以上）のアジが泳いでいたが、今では水が細ったのでメダカぐらいのアジが現存しているといわれる、とも教えられた。特にこの話に関心をいだいた私は、すでに二十余年も昔この水薬師寺を訪ねたが、今年も再びこの寺院に参り、古くからの実に興味ある伝承を聴くことができた。

この寺院は現在の京都市下京区西七条石井町にあり、正確には塩通山医王院水薬師寺という。同寺に伝わる「略縁起」によると、醍醐天皇の御代、聖宝理源大師の草創にして、御本尊の薬師如来は昔ここにあった大池に出現されたもので、天皇の勅宣により仏閣が造立され、寺号をも賜ったとある。また、この大池は、若狭から水の通うに呼応して、塩（潮）の満干があったと伝えられ、そのためこの地を西塩小路と名付けたとも記されている。

現在この寺院境内に経営されている七条幼稚園の園長であり、同寺住職である捨田利義猛師や、同園関係の方々のお話によると、その池は長年の間に都の区画整理などもあって、段々小さくなり今は全くない。ただ、本堂の向って右後ろに弁天様がお祀りされていて、そのお堂の前に井戸があった。この井戸には綺麗な水が湧いていて、これは若狭から来ていると言われ、あるいは、そこにはアジサバが泳いでいたとも聞いた、とのことである。また、この井戸は相当以前からすでに形だけとなっており、戦後になって弁天堂は台風でこわれたので、現在は弁天様のお厨子は本堂の左側にお祀りされている。

なお、ここに刮目させられる伝承が二つある。その一つは、まずアジサバのことである。弁天堂前にあった井戸の水も、また、この地に古くからあった大池も、水源はみな若狭だと信じられ、魚も若狭の海からやって来たと、今も信じられている話しぶりに、私は大きく心を揺さぶられとても嬉しく思った。この水薬師寺の背後すなわち西側一帯は、もとは大きな沼（とりもなおさず大池）であって、その後いつしか広い芹田《せりた》となっていたという。今も芹を栽培している水田が目立つが、この芹田には昭和十年代にも、一部は戦後にも、アジサバと呼ばれる体長数センチの魚が確かに棲んでいた、とのことである。

幸いなことに、地元の小学校から昭和四十七年に発行された『七条校百年史』には、郷土の遺跡の頁にこの魚の写真を揚げ、「あじさば魚（ミナミトミヨ）」との説明書きがされていた。このミナミトミヨの和名を知って、宮地伝三郎博士ほか共著の『原色日本淡水魚類図鑑』を調べたところ、トミヨとイトヨの両属はトゲウオ科に属し、共に珍しい習性をもつ魚のようであった。とりわけトミヨのなかのミナミトミヨは、芹田など温度の低い湧水地とその下手の細流にすむとあり、京都市西南部と兵庫県氷上町成松に分布していたが、ともに絶滅したらしい、とも記されている。同書によると、ミナミトミヨも元来は海と川とを往復し、ついに陸封された魚であったことがうかがわれ、京都の伝承が語る太古を想わせるようで、まことに愉快である。

刮目すべき今一つの伝承とは、上述の井戸が世にも稀なる霊泉であったことである。水薬師寺の「略縁起」のなかにも

　　境内に清水あり岩井の水といふ。人王八十代高倉天皇の御宇承安年中、平相国清盛入道不時に熱病を受けて昼夜身心を苦しむ。医薬を求むると雖もさらに薬の力なし。上皇勅したまふに神徳を祈り仏力をあふがずんば汝が病気治しがたしと。依て入道しきりにこの尊像をいのり霊泉に浴しければ、たちまち重苦を免かれしとなん。

とある。高倉天皇の承安年中（一一七一―一一七五）とは、そのころ平清盛の最盛期であるが、熱病に苦しんだ清盛がこの寺院の御本尊薬師如来を熱心に信仰し、夢のお告げにこの泉の水にて沐浴するとよいとあり、ためにここにイシブネ（石の浴槽）を造ってゆあみされたところ、快癒されたと、今もこの寺院に言い伝えられている。また、清盛入道はそのお礼のために厳島の弁天様をここに勧請し、その霊泉のほとりにお祀りされたものである、とも伝えられている。

『平家物語』巻第六のなかに、清盛が治承五年（一一八一）に重病になり、猛烈な高熱にさいなまれて亡くなることが述べられている。そのときは、「比叡山より千手井《せんじゅい》の水を汲み下ろし、石の舟にたたえて、そのなかで冷やされたが、水が沸き上がって間もなく湯になってしまった」とあり、筧の水をかけてもまったく効果がなかったとも書かれている。その幾年か前、清盛入道の熱病を癒し得たのは、ただ水薬師寺の泉の水だけであったということになる。しかも、その水が若狭から来ていると信じられている寺院の伝承を聞いて、おそらく感動せざる若狭人、いや福井県人はあるまいと思う。

この水薬師寺のことは古くから京都では有名な事柄であったようで、江戸時代の諸書にも見えているが、明暦四年（一六五八）刊行の『京童』には「水屋くし」と題して、「清盛入道浄海が熱病に冒されられし時、これなる水にて浴《あら》われければ心地涼しくなりしとなり。まことにありがたき霊仏霊水なり。先年この井の内より湧き余る水に外の病いを浴えば、いさぎよく癒えたり。内の患いに飲めば、快くおこたる（なおる）」云々、と説かれている。すなわち、上述の伝承は、同寺のみに語り伝えられたものでないことは明らかである。

話題が初めに返ることとなるが、水薬師寺で承ったところによると、かくも京都で霊水と尊ばれたこの泉の水は、若狭から来ていると信じられ、またこの水は奈良の二月堂に行っていると信じられてきた、という。まことに遠大にして崇高なる伝承ではないか。

私は伝承と史実の探究、特に若狭と奈良を、さらに若狭と京都を結ぶ伝承と史実を、求め続け学び続けたいと願っている。伝説を非科学的と全面否定する人、伝承も史実をも知らぬが故に郷土の歴史と伝統をも抹殺する人、決してそのような愚を犯してはならぬと思う。

四　若狭の水 ―遠敷川流域の文化―

福井県には、「越山若水」という言葉がある。かつての越前・若狭二国からなる福井県であるが、北の越前には雄大な山があり、南の若狭は美しい水に恵まれている意味で、だれの命名か私はまだ明らかにし得ていないが、まことに適切な名言であると思う。若狭人の私は当然、かねてより若狭各所の麗しい水と景観に深い関心と愛着をいだいてきた。なかでも一般的にもっともよく知られるのは、昭和六十年に環境庁から全国名水百選の一つとして、それぞれ指定を受けた上中町天徳寺の「瓜割り」の名水と、小浜市根来《ねごり》の「鵜の瀬《うせ》」の清流であろう、と思う。

毎年三月十二日、奈良東大寺の二月堂で、厳粛かつ盛大な「お水取り」の行事が厳修されている。東大寺に伝わる奈良・平安時代の史料集（成立は一一〇六年）の『東大寺要録』（巻第四「諸院章」二月堂の項）に、この行事の起源について、おおむね次のようなことが書かれている。

二月堂は、実忠和尚が創建された。天平勝宝四年（七五二）に和尚は初めて、十一面悔過法《けかほう》（修二会《しゅにえ》）を行われた。この行法のなかで、実忠和尚は「神名帳」を読み上げ、諸国の神々を勧請された。神々は、みなやって来られた。若狭国の遠敷《おにゅう》明神は、いつも猟漁が好きで、このような所へは余り出られなかった。しかし、修二会の終り近くにやって来られた。ところが、その行法の有難さに深く感激（随喜感慶）され、二月堂の辺りに閼伽水《あかのみず》を献じようと告げられた。すると、黒白二羽の鵜が地面から磐石を破って飛び出し、その二つの穴から甘泉が湧き出して香水が充満した。そこで、石で囲って閼伽の井戸とした。若狭の遠敷では、大明神の前に大川があるが、水を献じられたので、川下の流れがなくなり、人々は「音無河」と名づけた。

二月堂の下方にあり今も「若狭井」と呼ばれるこの閼伽井から、お水を汲み取って二月堂の御本尊観世音菩薩にお供えするのが、「お水取り」の儀式である。

東大寺での伝承は右の通りであるが、お水を送る若狭では、その水源地は小浜市の遠敷川上流、下根来地籍の「鵜の瀬」であると信じられている。ここでは古くから、鵜の瀬に臨んで「お水送り」の儀式が、いろいろな形で続けられてきたようである。現在では、昭和三十六年に形が大いに整えられ、その後はさらに配慮も加えられて、年々益々盛大に、「お水送り」が行われるようになっている。ところで、東大寺の「お水取り」の起源や、若狭との関係は実際にはどうであったのか。歴史学者・民俗学者または作家など、それぞれに諸々の見解を有し発表もされている。壮大悠遠な、また信仰に結びつくこの行事の成立については、結論的な解釈は簡単には得られまいと思う。

東大寺二月堂と若狭井

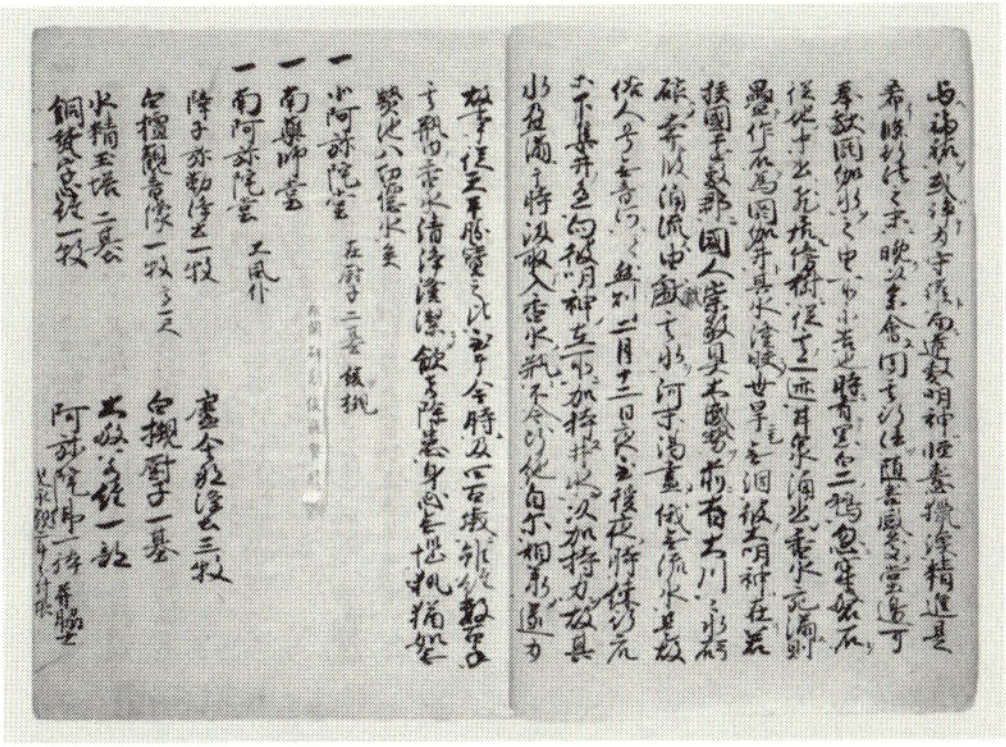

東大寺要録（東大寺所蔵・重要文化財）

若狭には、次のような伝承もある。

東大寺の開山で初代別当に任命された良弁僧正は、幼い時に鷲にさらわれてきて、奈良で杉の大木にかかっていたのを、義淵僧正に救われ養育されたと言われる。ところで、この良弁の出生地は、近江の志賀の里とか相模などとも言われているが、若狭にもこの言い伝えがあった。すなわち、お水送りの行われる鵜の瀬のほとりの村里（白石）に、原三郎兵衛という旧家があるが、ワシ（またはタカともいう）にさらわれたのは、この家の子供であったといわれる。しかも、この原家は、「お水送り」やそのほかの神事にも、古くから重要な役柄を勤めてきたとのことである。最近（平成十三年）には、小浜市下根来のこの白石の里に、「良辨和尚生誕之地」の記念碑（奈良市長　大川靖則氏揮毫）が建てられた。

次に、東大寺二月堂を創建し修二会を始められた実忠和尚は、良弁に師事し、東大寺の建立にも、多大の協力・働きをされた高僧であるが、江戸時代の儒者として知られる貝原益軒の旅行記『西北紀行』（一六八九年）に、「遠敷（小浜より一里許）、上下の祠あり。山上の神宮寺、これ古の僧実忠が住せし処なり」と明記されている。これはその時に神宮寺で聞いたことなのか、おそらく古代の史実を語っている重要な言葉であろうと私は考えたい。鎌倉時代に編集された説話集『古事談』には、「実忠和尚ハ天竺（インド）ノ人ナリ」と書かれている。海の彼方から渡来し、この地にも滞在されたのではないか、とも想像される。

右の『西北紀行』に、「遠敷、上下の祠あり」と記されているのは、「若狭一の宮」と尊称される若狭彦神社（上の宮）と若狭姫神社（下の宮）のことである。諸書に見えている縁起や由緒によると、御祭神は上の宮が彦火々出見尊であり、下の宮がお妃の豊玉姫命である。また、上下宮を共に「遠敷大明神」と申し上げると説明された書物もある。この御祭神、「海幸山幸」の神話でも有名な神々であるが、地元にもいろいろな伝説があり、大明神は海から来られて、最初に小浜湾内に面する泊浦《とまりうら》に一日とどまられて後、遠敷に移行された。それで、この地を「泊浦」というとも書き伝えられている。

また、鵜の瀬の上流の上根来での伝説として、大明神は山の彼方の近江国の方から兄神様と共に、山を踏み分けやって来られたが、兄神様より先に山を下り遠敷の地にいたり、そこに鎮座されたのである、と説かれている。この地には、貴重な伝承が多いが、さらに、重要な史実も少なくない。大明神が越えて来られたという上根来の奥の峠越えは、古代より本当に重要な道であった。上根来の言い伝えに、ここは若狭近江間を結ぶ主要道路が通じており、古くは「京街道」と呼ばれていた。現在とは異なる峠道があり、その麓に今もモチツキバと呼ばれる場所があって、往時は旅行く人々に餅をついて売る店があった、と言われている。頂上の近くには、路傍に一体の地蔵尊が祀られており、その前に井戸があって「ミョウアン水」とよばれている。これは昔、ミョウアン（明庵）という偉いお坊さんが、旅人や荷運びの人たちのために掘られたものと言われ、今も尊ばれている。

ことに、明確な史実として、室町末期の元亀元年（一五七〇）四月のこと、織田信長の越前朝倉攻めに、徳川家康もしたがっていた。ところが、事態の急変により、全軍が敦賀から急遽撤退することとなった。この時、家康は小浜を経由して、蓮興寺の住職徳元の案内を受け、この根来を通り針畑越えにて京都に引き上げたことが、徳川家康の伝記である『東遷基業』に詳しく書かれている。

時代をさかのぼり、室町幕府の最盛期と言われる時期の応永十五年（一四〇八）六月、南蛮船が渡米し、若狭の小浜に着岸した。それには日本国王への進物として、生きた黒い象一匹や孔雀・鸚鵡各二対、そのほかが積まれていた（『若狭国税所今富《いまとみ》名領主代々次第』などによる）。これは京都へ運ばれて、将軍足利義輝に献上されたようであるが、このとき象はどの道を通ったかが、興味ある課題となる。諸情勢から考えて私は、この象もやはり、根来のこの道を通って京都へ向かったものと推察している。

ここで今ひとつ、「若狭の水」また「お水取り」にも関連して、京都に貴重な説話が存在している。京都西七条に「水薬師寺」と称されるお寺があるが、ここには古く大池があり、若狭の海から地底をくぐって水が通じていた、と伝えられている。ここで拝見した「縁起」によると、この境内に清泉があり、高倉天皇の御代に、平清盛入道が熱病にかかり昼夜苦しまれたが、この寺院の御本尊薬師如来を深く信仰し、この霊泉の水を用いて沐浴したところ、たちまち快癒されたと書かれている。

『平家物語』（巻第六）には、平清盛が重病にかかって亡くなるが、猛烈な高熱を下げるために、比叡山の水を汲みおろして用いたが、全く効果がなかったとある。その幾年か前、清盛入道の熱病を癒やし得たのは、ただ水薬師寺の霊泉の水だけであった、ということになる。しかも、京都で霊水と尊ばれたこの泉は、若狭からきていると信じられ、また、この水は奈良の二月堂に行っているとも信じられてきた、とのことである。

なお、若狭の各地は正に「山紫水明」の名にもふさわしい自然とともに、神社仏閣仏像など、国の指定をも受けている文化財が数多い。実忠和尚が住んだとも言われ、今も「お水送り」を主宰し、その行事の出発点となっている神宮寺も、本堂・仁王門・神像が旧国宝。近くの萬徳寺にも、旧国宝の仏像・仏画などがあり、その庭園は早くから国指定の名勝となっている。ちなみに、萬徳寺は室町時代末ごろに、いわゆる「駆込み寺」であったという。

さて、最近よく聞かれる言葉に「鯖街道」がある。若狭の小浜から京都まで鯖を運んだ道、と一般に理解されている。前述の根来（上根来）から滋賀県へ峠道を越えた所に、昔の荘園「針畑庄」の内の「小入谷《おにゅうだに》」（朽木村。高島市朽木《くつき》小入谷）がある。そして、ここでは「これが一番古い鯖の道や」と言われてきたという。また、これも最近よく聞く言葉に、「京は遠ても十八里」がある。小浜から京都まで、遠いといっても、たかだか十八里（七十二キロ）だという、若狭人の健脚と意気を示す言葉である。いわゆる鯖街道とは、決して一本の道ではなく、出発点も小浜のみでなくて若狭湾岸の各地があり、目的地も近くの滋賀県から京都府、兵庫県の篠山などにも及んでいた。

若狭から運ばれたものも鯖に限らず、名産の小鯛や鰈、そのほか種々の魚介（貝）類があり、いわば鯖はその代表名にほかならない。遠く奈良の都の平城京や藤原京、さらに千三百年以上も前の飛鳥の都の跡から、若狭の調（税）として送られた多数の塩の木簡や、「御贄《みにえ》」（天皇のお食料や神饌）として送られた魚介の木簡などが、次々と発掘されている。これら出土木簡の状況や、平安時代の『延喜式』の記録などから、若狭が古代の「御食国《みけつくに》」であったことが論証され、これが定説ともなり、今や若狭ではシンボルマークのようにして、力説喧伝されている。実は「鯖街道」という言葉は古書には見えず、ここ数十年の用語であるが、しかし、歴史そのものは、かくのごとくきわめて古いものである。なお、豊かな森林の水が流入するために、若狭は海の幸に恵まれてきたとも言われるが、将来のためにも真に意味深長の言である。

江戸時代の小浜の板屋一助の著『稚狭考《わかさこう》』（一七六七年）に、「小浜より京にゆくに、すべて五つの道あり」と書かれているが、詳しく調べれば網の目のようにもなるほどである。そのなかで、根来からの針畑越えが最短距離の十八里で、これが一番古い道とするならば、一番多く利用された道として、私は小浜から南東に進み上中町の熊川を経由し、滋賀県の保坂《ほうざか》から朽木を通って京都にいたった「若狭街道」をあげたい。この道は、他の鯖街道も同様であるが、単に物資運搬の道だけでなく、文化交流の道でもあった。

小浜から京都に向かう若狭街道の中継地である熊川は、近江との国境にも近く、交通・経済また軍事上の要衝でもあった。豊臣秀吉の篤い信任を受けた浅野長政が、若狭の領主となった時、熊川に「諸役免除」の特典を与え、この地の発展を図った。それ以後の若狭代々の領主もこの政策を踏襲し、熊川は宿場町として大いに繁栄し、町奉行所や関所（女留番所）なども置かれてきた。かつての町並の姿を留めるこの地は、昭和五十六年に文化庁の重要伝統的建造物郡保存地区の選定を受けたが、浅野長政がその当時に造らせたという「前川《まえがわ》」が、今も不可欠の用水路として、熊川の町中を広い街道に沿い、美しい景観を添えながら、流れ続けている。また、ここは平成七年に建設省の「歴史国道」に選定され、平成八年にこの前川は町内天徳寺の、珍しい紅藻類も見られる「瓜割りの名水」と共に、国土庁の全国「水の郷百選」の認定を受けている。

五　アイノカゼ

若狭にアイノカゼという風名がある。今から十数年前、小浜で福井県下の短歌大会が開かれたとき入選歌の中にこの語があり、その席上でこの風名の解説を求められて以来、私はアイノカゼ、そして『万葉集』の「あゆのかぜ」を追い続けることとなった。これが、柳田國男先生の有名な『海上の道』の基盤にかかわり、その立論の決め手の一つともなっていることは、その当時全く知る由もなかった。

その後、『全国方言辞典』などを手がかりに、若狭の海辺の漁師に尋ねたり、この風名の分布しているという青森から山口県までの主に日本海側の漁業協同組合や教育委員会、または学校あてに問合せを行ったり、あるいは富山湾岸を探訪したりもした。その結果、アイノカゼ（あゆのかぜ）とは「海が種々の寄り物を約束する風」で「海岸線に直角に吹く」とされる柳田先生の御高見に大筋において合致する回答を得ることができた。

大筋においてなどというのは、私の調査が極めて断片的で狭い部分に限られているからであるが、特に北陸一帯（越の海）を中心にアイノカゼの性格について知り得たことは、（一）この風は好天の日に吹く。（二）そのとき海上は比較的おだやかである。（三）この風が吹くときは豊漁であるといって漁師に喜ばれる、という共通性があり、これが「海が種々の寄り物を約束する」と言われる先生のお説に合致していると思う、ということである。

ところで私は、ただ私の調査の不充分さのゆえではあるが、アイノカゼについて今もなお、次のような疑問が解決できないでいる。アイノカゼ、あるいはアイ、アエ、エエという風名は日本海沿岸一帯でよく聞かれるし、その特性はおおむね上述のようであるが、海浜に物の打ち寄せることをアユ・アエルという実例は容易には確認することができなかった。また、アユチ潟の名にこの語をとどめるとされる太平洋側に、ほとんどアイノカゼが見当らないらしい（『方言辞典』その他）のはなぜか。私の乏しい調査では、愛知県の南知多町に「アイ西」があり、この風は北西風で主に冬期に吹き魚が外洋に下るともいわれるという例があった。更に、アエルについては、すべて無回答の中にただ一箇所すなわち新潟県漁協連の方から、聞くところによると「波打ちぎわで物が上ったり入ったりしているのをアエルという」（佐渡の両津近辺では、物の打寄せることをアエルという）との示教を得たことを唯一の収獲としている。

柳田先生の御調査はすべて綿密周到、その学説はまさに気宇壮大であり私も崇拝者の一人であるが、既にだれもが先生のお説ゆえに「アエルとは、海が種々の寄り物を打ち寄せること」と信じ切っているようである。しかし、私はどこでだれがアエルといっているのかを、もっと具体的に明確に知りたくてならない。大本的に私も柳田先生の「海上の道」の学説を信奉して少しも疑わない。さればこそなおさら、このような大事の土台石の一つともいうべき用語の事実をおろそかに出来ないと思うのである。

蛇足ながら、現在のアイノカゼの使用者はだれもその起源を正確に知らないが、語原の考えられている地方では、いずれもこれを「相」「合」の「あひ」と解釈している。その土地土地によって方角とか場所、あるいは時間の中間と考えられているのである。ここで再び注目すべきこととして、催馬楽の「道の口武生の国府に　我はありと親に申したべ　心あひの風や　さきむだちや」の一首がある。風よ心あらばと呼びかけた「心あひの風」（鍋島家本の表記に「安比乃加世」とある）が、今いうアイノカゼであり、しかも、この催馬楽の成立がもしも奈良時代にさかのぼるものとすれば、アイノカゼは既に上代において「あゆのかぜ」でもあり「あひのかぜ」でもあったこととなる。果たして国語学の上でアユとアヒをどのように結びつけるか。

私は最初、アユ・アエル語原説を信ずるがゆえに、アユが日本語方言に事例の多いユ音のイへの変化によってアイとなり、一方アヒがアイと発音される時代（恐らく平安以降）になってから、「あひ」をもって「あゆ」を類推表記したものと考えてみた。しかし、その混同の時期がこの風名についてのみ極めてまれな例外として奈良朝にまでさかのぼるとするならば、「あひ」（アイ）のイが越中の国人によって中舌母音に発音されていたがために都人の大伴家持にアユと聞き取られ、「越俗語東風謂之安由乃可是也」と表記されるに至ったのではないかと、試みに無軌道な空想をもしているこのごろである。

六　若狭のナレズシ

鮓

最近、若狭の「鯖街道」が広く注目を集め、テレビや雑誌などにもよく紹介されるようになっている。その説明は、若狭の海で取れた鯖に一塩《ひとしお》して（軽く塩をふりかけて）、大急ぎで京都まで運ぶと、着いたころにちょうど良い味になっていて、京都の人たちに喜ばれた。これを運んだ道が鯖街道であると、決ったように言われることが多い。おおむねはその通りであるといってよいが、実際は運ばれたのは鯖だけでなく種々の魚介類であり、その行き先も京都に限らないし、往々ただ一本と誤解されるその道筋も実に幾通りもあった。

特に私の関心をいだくことは、いわゆる鯖街道により若狭から海の幸を運んだのは、京都を越えて、古くは奈良、大和の都にまで達していたという事実である。現在、奈良市の平城京や、その前の都であった橿原市の藤原京の跡から、おびただしい木簡が発掘されている。そのなかに若狭から送られた多くの「調」（土地の産物を税として納めるもの）としての塩とともに、「御贄《みにえ》」（天皇のお食料）として色々の魚や貝などを送ったことを示す荷札が発見されている。今のところ、若狭の木簡で御贄と明記されたものは平城宮（京）跡出土の木簡のみであるが、その最初のものは昭和三十八年に奈良国立文化財研究所から発表された、

若狭國遠敷郡青里御贄 多比鮓壹堝（表）

秦人大山（裏）

と記載されたものであった。

その翌年と翌々年、同研究所から発表された報告書に別の木簡の報告によれば、

平城京出土木簡
（写真提供・奈良文化財研究所）

若狭國遠敷郡青郷御贄 貽貝一塥
青郷御贄伊和志腊五升　と

が送られたことがわかる。これらの木簡の記載からは、若狭が天皇にお食料を常にお送りすることが定められている国、すなわち「御食国《みけつくに》」の一つであることを証する有力な資料ともされた（狩野久氏「御食国と膳氏—志摩と若狭—」『古代の日本』５近畿、昭和四十五年・角川書店）。しかも、その後も遠敷郡の青里や青郷（現在の大飯郡高浜町内）を始め、若狭の各地から送られた御贄の木簡が、次々と発掘された。その品名と分量だけをおおむね発表の順次にあげ、現在の読みも付記する。

貽貝鮓一塥　イガイ　スシ
海細縲一塥　シタダミ
鯛鮓一塥　タイ　スシ
貽貝富也交作一塥　イガイ　ホヤ　マゼツクリ?（マゼスシ?）
鯛腊五升　タイ　キタイ
鯛五升　タイ
細縲一塥　シタダミ
宇尓一斗　ウニ

鰒鮓壱斗　アワビ　スシ
貽貝富也并作一塥　イガイ・ホヤ　マゼツクリ？（マゼスシ？）
鰒鮓一塥　アワビ　スシ
鯛腊五升　タイ　キタイ
鯛腊五升　タイ　キタイ
鯛鮓五升　タイ　スシ

このほかにも、御贄と思われる「加麻須《カマス》」の腊《きたい》などがある（以上『福井県史』資料編1古代、『福井県史研究』第十号「若狭・越前国関係木簡補遺」舘野和己氏、および『平城宮発掘調査出土木簡概報』による）。

右の木簡に見える「腊《きたい》」とは、魚などの干物のことであるが、それと共に幾つも見られる「鮓《すし》」について、私は最大の関心を有するものである。かつてお教えをもいただいた篠田統博士の名著『すしの本』（柴田書店刊）を始めとして、この「鮓」とは現在広く愛好されている御飯に食酢を混ぜ、上に魚肉などを置いた「すし」（多く「鮨」と書かれている）ではなくて、ナレズシのことであると、研究者達は説いておられる。ところで、私も興味深いこの「鮓」の字を探ってみたが、管見のおよぶ限りでは、中国の訓詁字書である『釋名』（釋飲食）のなかに

鮓、葅也、以㆓塩米㆒醸㆑魚、以為㆑葅、熟而食㆑之也。

とあるのを、もっとも古い明確な用例・解説と承知している。これは諸橋轍次博士の『大漢和辞典』巻十二に見える「鮓」の字義解説中の引用文である。国立国会図書館所蔵の別本『釋名』（巻四、釋飲食）には

鮓亦阻（一本には、滓）也以塩米醸之如葅熟而食之也

とある。書写・出版に際して異同を生じたようであるが、『大漢和辞典』の引用文の方が端的明快であるので、これを読み下すと

「鮓《すし》ハ葅《つけもの》ナリ、塩米《しおこめ》ヲ以テ魚ヲ醸《かも》シ、以テ葅《つけもの》ト為《な》シ、熟《な》レテ之ヲ食フナリ」となる。

『釋名』を系統的に広範にわたって調べることはできなかったが、中国の『説文解字』の「段玉裁注」にも、「鮺」字の解説中に右と同文が見られるので、そのまま信頼して差しつかえがないはずである。

これを要するに、「鮓」とは魚（など）を塩と米を以て醸し、漬物としてすなわち発酵させ熟成させて食べるものである、ということである。これが「ナレズシ」であり、また本来の「スシ」とは、こういうものであったというのが、現在のスシ研究者の結論となっているようである。

『釋名』

では、一体、このスシを初めて（少なくとも私にとって初めて）的確簡明に説いているこの『釋名』とは、いつごろの書物なのか。それがわかれば、スシの歴史はそれ以前からということになるので、私はその著述年代を知ろうとした。

昭和三年四月一日、立命館大学出版部発行『東洋文化』第四十七号、池田四郎次郎「通俗支那辞書談（四）」によると、『釋名』の著者（撰者）の劉熙について、『後漢書』にその伝がないとし、さらに理由をあげて「釋名の出来たのは、魏が禅を受けた以後である」とされている。「魏が禅を受けた」とは、いわゆる禅譲で、中国の後漢の最後の献帝が、魏の曹丕にその帝位を譲ったことをいい、二二〇年の十月であったことが史上に明らかなようである。

また、昭和三十一年八月三十日、広島支那学会『支那学研究』第十五号の、小林俊雄氏論文「劉熙の事蹟について」によると、「劉熙は後漢末から三国の初にかけて、つまり二世紀の終頃から三世紀の初頭に亘る時代の一儒者であったといふことは疑ふ余地がない。三国の初といったが厳密に言へば—といふことは中国正史の示す時代区分に従へばといふ意味だが—また明かに後漢の人であった」とし、その没年は後漢最終の年号の建安（一九六〜二二〇年）末説を妥当とする旨を述べられている。今も私は『釋名』成立や著者劉熙の年代について、これ以上に詳述したものを知らないが、この両論文は幸い国立国会図書館を二度訪問して学ぶことができた。両説には多少の差があるわけであるが、おおむね二二〇年ごろ、より新説の小林論文に従えば、もう少し遡ったころの著作であり、中国のナレズシ（鮓）は遅くとも一千八百年以前から確実に存在したと信じてよいと思う。

では、わが国の鮓（ナレズシ）は、いつごろから作られており、また何処から伝わってきたか、とよくいわれる。篠田統博士の『すしの本』や、石毛直道博士のケネス・ラドル氏との共著『魚醤とナレズシの研究』（岩波書店刊）、さらに新進気鋭のスシ研究者日比野光敏氏の論著、そのほかに、スシの起源と伝来が説かれている。それらに学ばれたく、ここに私は卑見を述べ得ない。

前記の諸書にも紹介されているが、わが国の文献に現われるスシ（鮓）の事例は、『養老令』の「賦役令」に見える「鰒鮓《アワヒノスシ》二斗。貽貝鮓《イカヒノスシ》三斗」「雑鮨謂。鮓亦鮨也。」とあるのを最古とするという。「養老律令」は、「大宝律令」を改修した国家の基本法典であるが、その「令」（養老令）は大部分が、平安前期に編集されたその公的注釈書『令義解《りょうのぎげ》』、私的注釈書『令集解《りょうのしゅうげ》』に記載されている。右の「鮓」の挙例も、私はそれによった。なお、ここでは「鮓」と「鮨」がすでに同じに用いられているが、「鮨」とは本来はスシでなく、シオカラを意味する文字であったことが、多くの書に説かれている。

さて、スシといえば誰でも、即座に今風のスシ（鮨）を思う現在であるが、若狭には『釋名』にいう「鮓」そのものを想起させるスシが、今も作り続けられている。もちろん、若狭に限ることではないが、私が長年なじんできたこの地方のナレズシについて、かつて調査し発表した拙稿を、日本民俗文化大系13『技術と民俗・上巻』（昭和六〇年五月一五日、小学館発行）から、次に抜粋し転載させていただく。

若狭のナレズシ

若狭の中央部、小浜市の東部海岸地帯は、もと遠敷《おにゅう》郡内外海《うちとみ》村といったが、この一帯、少なくとも、田烏《たがらす》・矢《や》代《しろ》・志積《しつみ》・犬熊《いのくま》・阿納《あのう》・西小川・加尾《かお》・宇久《うぐ》・泊《とまり》・堅海《かつみ》・仏谷《ほとけだに》・若狭の十二集落では、このナレズシが作られている。

〔ヘシコ〕集落や各家によって作り方に差異があるが、もっとも大事なところで共通するのは、サバ・アジ・イワシなどを、必ずヘシコに押してからナレズシにするということである。もっとも多く用いられるサバの例でいえば、まず、三月から五月ごろ、産卵前の春サバが獲れると、背割りして、十分に食塩を入れて桶に押す。これを二、三日ないし一週間前後で取り出し、背割りのなかへ米糠を入れ、ふたたび桶に押す。このとき、オモセ（重石）をしっかりきかせることが肝要で、また、必ず土用を越さなければならないという。

鯖のナレズシ

こうしてできたのがヘシコ（おそらく「圧《へ》しこ」）で、このままでも、じつに味の良い保存食である。

〔ナレズシ〕（一）ヘシコを桶から出して糠を洗い落とし、半日ほど流れ川などにつけて、「けだし」（塩気出し）をする。（二）サバの薄皮をむく。（三）飯を炊いて少し冷まし、糀を混ぜ、これをサバの背を開いたなかへ入れて閉じる。（四）桶のなかにこのサバを一並べ入れ、上に糀入りの御飯を少し振りかける。（五）これを繰越し、最後に御飯を振りかけ、そのうえに茗荷とか、生薑の葉、または葉蘭の葉などを並べ、押蓋を置き、オモセを載せる。

このように仕込んででき上がったのが、若狭のナレズシである。作る時期は、晩秋から春先までが最適で、冬なら二十日ほど、比較的暖かい時なら十日ほどで食べられる。

〔生成《なまなれ》か〕右の飯に混ぜる糀の割合は、米一升（約一・八リットル）を炊いた御飯に、糀五合（約〇・九リットル）を入れる所、もっと多い所や少ない所、御飯だけの場合などがある。また、魚に御飯を入れる時に使う手水に、少量の酒や酢・砂糖を入れる例も多い。その製法や仕込みの時期からみると、これは、篠田博士の『すしの本』などに言われる「生成」なのかもしれない。しかし、若狭の人々は、みなもっぱら「ナレズシ」とのみよんで愛好する。特に、お正月や春先の祭などには不可欠の料理とする所が多い。珍しい例としては、若狭三方湖畔の伊良積では、以前には寒ブナを獲り、ヘシコに押して御飯だけでフナズシを作っていた。小浜市阿納では、塩だけで押したサバでナレズシを作ってみたが、ハチハチ（ぱさぱさ）して、しっとりしたうまみがなかったという。やはり若狭のナレズシは（少なくとも現代では）、米糠を用いたヘシコから作るのが最大最良の特色である。

以上は、現在も行われている若狭のナレズシ製法の紹介（拙稿転載）であるが、最初に述べた奈良平城京の木簡にもっとも多くみえる青郷・青里・（福井県大飯郡高浜町内）などには、残念ながらナレズシの生産は今は全く見られない。しかし、若狭のなかにはナレズシが現在も生き続け、作り続けられている事実を、私は大いに喜んでいる。また、若狭の鯖街道が、一塩した鯖を夜も寝ないで運び、京都でスシ（今風のスシ）にされることのみよくいわれているが、私は伝統ある若狭のナレズシを、もっと若狭で作り、若狭の現在の名産としてほしい。若狭人は単に運ぶだけでは駄目だ、と強調力説してきた。

日本の「鮓」

既述のごとく、篠田博士の『すしの本』や各書は、日本の「鮓」（ナレズシ）の文献記録は、『養老令』に見えるものを最古とすると説かれているが、「養老律令」は、養老二年（七一八）成立が定説となっているとのこと。また、その数年後まで編修が続けられたとの推測もあり、実質的には成立後約四十年の天平宝字元年（七五七）に実施されたという。「養老律令」の基本となっている「大宝律令」は、大宝元年（七〇一）ないし大宝二年から天平宝字元年まで施行されていた。この「大宝令」のなかにも、あるいはさらにそれ以前にも、「鮓」のことが出ていたかも知れないが、確認ができないので不問とせざるを得ない。

　ところで、よく引き合いに出される、若狭から送られた青里の「多比鮓」の木簡であるが、この地名が「若狭國遠敷郡青里」となっており、若狭の場合そのほかのものは郡名の次に郷名が入って里名に続いていることと、一線を画していると見られる。すなわち、岸俊男博士の研究によって、郡の下にあった里を郷に改め、その下に細分した里名を置くという「郷里制」が霊亀元年（七一五）に始まり、天平十一年（七三九）末から翌年初頭まで施行されており、以後は制度上の里が廃止され郷のみとなったことが、明らかにされた。その施行の始まりは、具体的には霊亀三年であったことが、近ごろ鎌田元一氏の研究結果として発表された。また、平城京跡出土木簡の報告書を見ると、まれに天平十二年より後に「郡―里」と続くものが見られる。しかし、それは例外として、右の郷里制の研究成果にもとづくならば、「遠敷郡青里」の「多比鮓」の木簡は、遅くとも霊亀三年（七一七）以前のものとなり、「養老令」よりは古い実例となる。少なくも、この木簡は、私の実見し得たところの最古の鮓の記録である。

　なお、私は奈良国立文化財研究所など発行の飛鳥京・藤原京出土木簡の報告書を通覧したが、「鮓」の用例は今のところ一件も発表されていない。ただ、昭和六十二年四月の藤原宮第五四―一次調査の報告のなかに、「尾張國海部郡魚鮨三斗六升」一点が見られた。しかし、これは数量の表現から見ても「鮓」とは別で、「鮨」本来の意味のシオカラであっただろうと推測する。ちなみにいえば、若狭から送られた魚介類、特にスシ（鮓）には「斗・升」もあるが、「堝」が多く用いられている。よく話題にもなる、この「堝」とは何か。私は「カク」と読んでいるが、考古学関係者では、これを「レキ」と考えている人たちもあるらしく、それは「鬲」という漢字がレキと読まれているためのようである。しかし、そのレキ（鬲）とは、「中が中空の三脚を有する煮沸器で、その上に甑《そう》（こしき）をのせて穀物を蒸すのに用いる」と、考古学辞典に説かれているところから、鮓などを入れる容器とは同じと思われない。

諸橋轍次博士の『大漢和辭典』をみると、「堝」があり、音はカク・キャクで、乾いてねばり気のないぼそぼそした土のこと、とある。この説明では、意味は私の求めているところと一致しないが、カクと読めることだけは把握できる。中国の『康熙字典』にも、この文字の発音を表す反切《はんせつ》の「各額切」とか、「音革」と示されており、堝がカクと読まれることが諒解される。また、私の五十数年愛用の服部宇之吉・小柳司氣太両博士編著の『新訂詳解漢和大字典』（昭和十四年、冨山房）には、「鬲」について「〔一〕レキ、郎狄切、かなえ。〔二〕カク、各核切、㋑かめ。㋺へだつ」とあり、〔一〕には脚の曲がっている鼎《かなえ》とか脚の中空な鼎などの意。〔二〕の㋑には、瓦の瓶であることが説明されている。この解説によれば、鬲はカクと読まれるときは、瓦の瓶（かめ）、すなわち土器の容れもののことである。その意味（特色）を明らかにするため土偏の加えられた文字、いわゆる形声《けいせい》文字が「堝」である、と解釈して誤りはないと思う。

さらに、刮目すべきこととして、わが平安時代の『延喜式』「践祚大嘗祭」（神祇七）の巻に、阿波国から献上された種々の品名が掲げられているが、そのなかに「細螺《シタヽミ》。棘甲鸁《ウニ》。石花《（ホヤ）》等并《ならびに》廿坩」とある。これらの品名は、平城宮跡出土の若狭の御贄の木簡にもすでに見出されているものであるが、このそれぞれ（并）の分量を示している廿坩の「坩」は、この条文のなかでツボと読まれている。すなわち、若狭から奈良の都へ送られた「細螺一堝」の堝も、まさに坩と同じく「つぼ」、または少なくも「つぼ状」の土器であったに違いない。これが、若狭の木簡に見える「堝」に対する私の解釈である。

次に、『延喜式』巻二十四の「主計上」に、若狭から納めた調の一つに「貽貝保夜交鮨《イカヒホヤマぜ》」がある。この鮨は、本来の鮓のことと推定される。ところで、このことから私は、平城宮跡の木簡にあった「貽貝富也交作」や「貽貝富也并作」も、『延喜式』の「交鮓」と同じもの（并は、「あわす」とも読まれ混合する意味もある）であり、「作」は「鮓」のこと、そのつもり、または誤記でないかと考える。魚の刺身のことを、中部以西では、「つくり」というので、そのことだろうかとも思うし、この「交作」を「和《あ》えもの」と解される意見もあるようであるが、魚介の刺身や和えものを作って、遥々と奈良まで運ぶであろうか。私は何よりも、『延喜式』にまったく同じ形容の「貽貝保夜交鮨」が出ていることから、木簡の「交作」が「交鮓」に思われて仕方がない。ただ、そうすると、私には「鮓」の例を一件も発見し得なかった藤原宮跡出土木簡に一点、「富也交作」の報告のあることが、大いに気にかかることとなる。

なお、『延喜式』の若狭国の調のなかに、この交鮨などと共に「鰒《アワビ》甘鮨」というものがある。私はこの「甘鮨《あまずし》」とは、糀をも用いた鮓のことであり、現在も若狭（内外海地区）で作り続けられているナレズシの先例となるものでなかろうか、と想像している。また、若狭の、少なくも今のナレズシの特徴は、ヘシコから、そして御飯とともに糀を用いて作ることにあるとすでに詳述したが、福井県の越前海岸でもヘシコからナレズシを作り、ただし糀は用いないとのこと。京都府下の丹波、北桑田郡美山町などでも、若狭から運ばれたサバを用いてナレズシ（ネズシという所もある）が作られ、秋祭りの馳走として愛好されてきた。作り方の原則は若狭と共通するが、ヘシコも糀も用いられない、とのことである。これまで繰り返し触れてきた「ヘシコ」とは、一体いかなる語原の言葉かが、しばしば話題となり質問を受ける。私は、「押し合い、圧し合い」の「圧しーこ」だと思う、と答えている。しかし、これまた、『延喜式』の「主計上」に周防国の中男作物として、鯖・比志古鰯《いわし》があり、この比志古《ひしこ》がヘシコの語原でないかと、一抹の懸念も生じている。さらに、平城京の長屋王家木簡のなかにも、「周防国玖珂郡比志古鰯三斗二升」とある。図鑑や辞書にも、ヒシコ（鯷）またはヒシコイワシがみられ、カタクチイワシのことと説明されている。私の直接に尋ね得た答として、遠く鳥取市でも若狭と同じく、塩と米糠で押した「ヘシコイワシ」や「ヘシコサバ」が作られているという。ヘシコとヒシコの分布、両者の関係などを、今後も調査しなければと思っている。

最後に興味深い話を紹介すると、これは先年、ホヤ（富也・保夜）のことを探っている時、たまたま『日本歴史』一九九二年一月号に掲載された、永島福太郎博士の論文「石花（保夜）と牡蠣」を拝見し学んだことである。私の全く知らないことであったが、紀貫之の『土佐日記』の承平五年（九三五）正月十三日に、播州室津泊の記事として、「ほや（保夜）のつま（交）のいずし（怡貝鮨《ママ》）、すしあはび（鮑）をぞ、こころにもあらぬはぎ（脛）にぞあげてみせける」という戯文があるとのことであった。

また、「中世になると、石花はホヤと訓まれる」ということも論文で教えられた。早速、『土佐日記』（品川和子氏全訳注書、講談社学術文庫）をひもといてみた。その注記によると、「つま」は取合せと解釈され、「ほや」は男性の象徴、「貽鮨」「鮨鰒」は女性の象徴を、いずれも隠語的に、たくみに表現したものと言えるとある。品川氏の現代語訳や国語辞書の説明などを参考にして、ここをさらりと解釈すると女性たちが船を下りて水浴するといい、葦の葉蔭をよいことにして、心ならずではあるが着物を脛《すね》の上までめくり上げて、ホヤの相手であるイズシやスシアワビを見せてしまった、とでもなるであろう。

貫之の軽妙な名文が綴られているが、この訳注にも若狭から「貽貝保夜交鮨」が「調」として納められたことに注目し、「貫之が内膳典膳をつとめたころ、御膳に供し、自身も食味する機が多かったと思われる」と述べられている。貽貝《いがい》は若狭でニタリガイともいわれ、よく獲れるようである。海のパイナップルなどと表現される原索動物のホヤは、種類が多くて、食用になるのはマホヤと言われる。今では東北地方三陸海岸の特産のように思われているが、数年前に若狭の高浜町の海中で、ピンクも色鮮やかなマホヤが網にかかり、漁師の方から頂戴した。私も大変感動したが、永島福太郎博士や、最近になって『延喜式』につき御教示をいただいた虎尾俊哉博士も、ホヤは東北だけの産物かと思ったのに、やはり若狭にもいたか、と大いに喜んで下さった。

以上のなかで、御食国若狭から都へ送られた御贄や調の、特に木簡について多くのことを述べたが、これらは全て奈良国立文化財研究所の調査と発表にもとづくものであり、深く感謝している。なお、平成七年六月に、その年の二月以降、奈良県教育委員会が高市郡明日香村村岡の飛鳥京跡の発掘調査をされた結果の一部が、奈良県立橿原考古学研究所から発表された。そのなかに、若狭からこの飛鳥の都へ送られた品物に付けた木簡として、次の二点

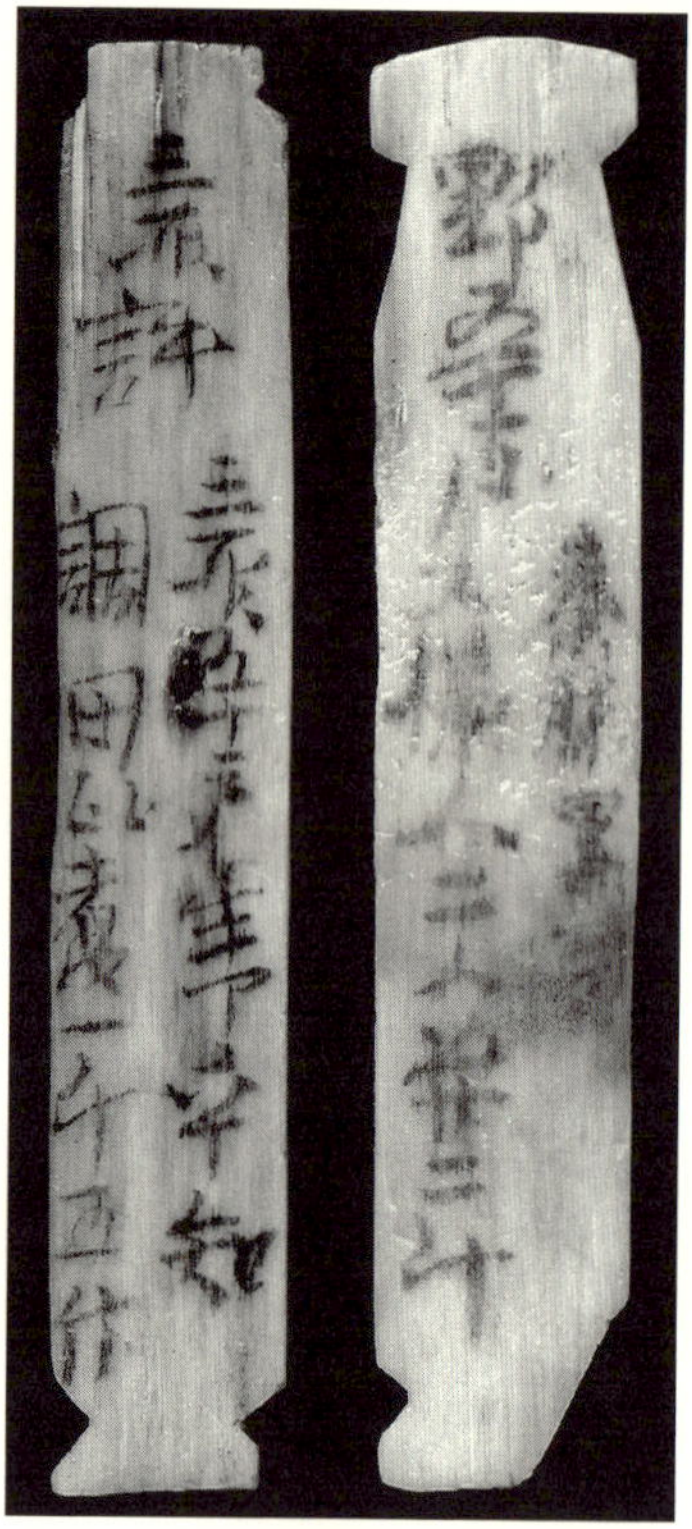

飛鳥京跡出土木簡
（写真提供・奈良県立橿原考古学研究所）

が報告されている。

野五十戸　秦勝黒□
　　　　　秦勝人二人并二斗

（□は〔磨ヵ〕とある）

三形評　三形五十戸生マ乎知
　　　　調田比煮一斗五升

右の「野五十戸」は若狭国遠敷郡野里と推定されており、左の「三形評」は若狭国三方評（後の郡）のことと判断されている。当然、飛鳥から藤原京への遷都（六九四年）以前の木簡であり、「里」を表わすのに「五十戸」と書かれていることから、これは天武天皇十二年（六八三）以前のものとも考えられ、ともかくこれが、現在までに確認されている若狭の最古の木簡である。しかも、「調」として「田比」（鯛）の煮たものが送られていることも、大いに注目されるところである。

追　記

本稿を執筆後、私は日比野光敏氏の新書『すしの貌』（一九九七年六月、大巧社刊）により、中国の古書（六世紀半ばごろ発行）の『斉民要術』に「作魚鮓」の項目があり、スシの作り方が詳記されていることを初めて教えられた。早速、大阪府立中之島図書館の大阪資料・古典籍室へお願いして、その複写をお送りいただいた。鮓の製法を詳説するものとしては、現在では最古の書物となるようである。

さらにその後、私は福井大学付属図書館で『校訂訳註　斉民要術』下（東京大学出版会）を複写していただき、また国立国会図書館所蔵の「中国子学名著集成」や「和刻本諸子大成」のなかの『斉民要術』などを拝見することができた。この探索の最中に「現存する最古の料理書」と銘打って『斉民要術』の詳細な訳書が、雄山閣出版から平成九年に刊行されたことも、はなはだ幸いであった。

なお、福井大学教育学部教授（食物学）の荊谷泰弘博士は、ナレズシについて優れた研究を続けておられ、毎年のように学生たちと共にナレズシを実際に作り、化学的な分析や検討を加え、論文発表もされている。私も度々これを賞味させていただいていることを、末筆ながらここにご報告させていただく。

七　若狭のテントウバナ

若狭で五月八日を「ウヅキヨウカ」（卯月八日）といい、一般にはお釈迦さまの誕生日と言われています。多くの寺院では、花御堂を設けてお祭りし、参詣者たちも甘茶を汲んで小さな釈迦像に湯あみをさせ、またこれをいただいてわが家の仏壇にも供えたりします。

この日、山に咲いているツツジやウノハナ・タニウツギ、あるいは松・ススキなどを、高い竿の先にくくりつけて立てる風習が、今も若狭全域の各所に伝わっています。

これをテントウバナ（天道花）と言って、お天道さん（太陽）に供えるとも、オシャカサンの花と言って釈迦に供えるとも言い、いずれもわが家の仏壇、お墓にも供えます。

また、この日は近親者の亡くなった人などが、「松尾さん参り」（若狭の西隣、舞鶴市の松尾寺参詣）をする風習もあります。

右は、平成元年の秋、福井県立若狭歴史民俗資料館での特別展、『若狭の四季―年中行事と祭り―』を開催したとき、企画担当の私が編集した同名の解説図録のなかに、「花祭り」と題して執筆した一文である。

これで要点は尽きているが、この特別展のためにも、またそれ以前からも、私はいわゆるこの「テントウバナ」に深い関心と愛着をもってきたことから、若狭各地にこの花について、尋ねたり見て回ったりもしてきた。そのメモ書き程度のことながら、次に列挙してみたい。

○三方郡美浜町新庄　テントウバナという。
イワヤマツツジ・フジ・ヒキダラ・シャガ・ヤマブキを用いる。
○同　三方町別所
ツツジ・ヒキダラ・ホケキョバナ・ススキ
○同　横渡　オヅキヨウカの花
ヒチャカケ・ヒキダラ・タブチバナ・ツツジ
朝五時半ごろ日の出までに家の東の方に立てる。
○同　黒田
ヒキダラ
お釈迦さんにお供えする。

テントウバナ（瓜生）

○同　岩屋
ヒキダラ・ホトケバナ・ツツジ
庭先に立てる、仏様の見よい所に。
○遠敷郡上中町無悪
ツツジ・タウエバナ・カヤ
○同　瓜生
ヤマツツジ・タウエバナ・ススキ
お釈迦さまに供える。七日の夕方立て、後はそのまま立てておく。枯れた花は家出人を探すとき、燃やして煙の方向でわかるという。

テントウバナ（大杉）

○同　熊川（大杉）　テントウバナ
ツツジ・フジ・シャガ・コデマリ・エニシダ・チューリップ・オダマキ
○同　仮屋
ヤマツツジ・松・コゴメバナ・ススキ
お釈迦さんの誕生日で立てるが、外から悪い病気や悪いものが入って来ないともいう。
家の仏壇にも花を立て、ダンゴを供え、「花よりダンゴ」と言っている。
○同　日笠　ウヅキヨウカの花
ツツジ・タウエバナ・ススキなど
お寺で花祭りがあり、甘茶をいただいてくる。仏壇に供え、家のぐるりにところどころにまいておくとマムシなどが入らないという。
お釈迦さんをお迎えするための花を立てる。先祖さんがこられるので花を立てるとも聞いた。
○同　玉置　テントバナ
ツツジ・コゴメバナ（タウエバナとも）・栗・松・ギボシなど七種
お釈迦さんにお供えする、お釈迦さんがこの花を伝っておりてこられるとも。
○遠敷郡名田庄村堂本　オツキヨウカの花
フジ・ヤマツツジ・ヘンダラ・シキビ・ヒキダラ
いつまでも立てておくと家にいる娘の結婚が遅れると言って、七日の夕方に立てた花を八日の朝おろしてしまう。

○同　下　オヅキヨウカの花

ヒキダラ・ツツジ・ヨモギ・フジ・ショウブ・ヤマワラ・ヘンダラ（七色）

○同　井上《いがみ》

ツツジ・ヒキダラ・カヤ・フジ・ヘンダラ・マヤブキほか

○小浜市高塚　オヅキヨウカの花

松・カヤ・コゴメバナ・ヘンダラ・ツツジ・イバナシ・カマハジキ

おテントさんに上げると聞いていたが、お釈迦さんの誕生日なので、やはりお釈迦さんに供えたのだろうと思う。また、仏さんを家へ迎えるためとも、蛾鬼の供養のためともいう、と。家のお仏壇にも「ホトケの夕イヤ」といって七日の夜から花を供える。

テントウバナ（小浜市高塚）

○同　国分　テントウバナ

ススキ・ツツジ

お釈迦さんがススキを伝っておりてくると言われる。

○同　府中

ショウブ・カヤ・ツツジ

朝日を受けるよう七日の早朝に立てる。八日の朝（午前中）におろしてしまう。お釈迦さんとの関係は何も聞いていない。

○同　和久里　オヅキヨウカの花

カヤ・松・ヒキダラ・タウエバナ

本来は山の花、栽培種でないもの。

おテントさん（太陽）に感謝の意味で供えると思う。
○同　生守《いごもり》　オヅキヨウカの花
松・ツツジ・タウエバナ・チョクバナ・ネリソ・カヤ・キンポウゲ
山や野の花を採るのが本来である。略して家の栽培品も用いている。

山の花をおテントさん（太陽）に供えるという。お寺では花祭りがあり甘茶もらいも行われているが、お釈迦さんの誕生日とこの花との関係は何も知らない。

七日の朝早く立てるのが良いと言われ、九日の朝おろす。いつまでも立てっ放しにしておくと、頭の病気になる者ができるという。

枯れた花を残しておき、家出人のあったとき、これを燃やすと煙の方向にいると言う。
○同　尾崎　オヅキヨウカの花
カヤ・ヤマツツジ
七日の朝から立て、九日の朝おろす。
八日はお釈迦さんの日なので、お寺でお祭りがされている。各家では、「おテントさんに」といって花を立てる。「なるべく高く上げるように」と言われてきた。おテントさん（太陽）に感謝の意味で供える。
○大飯郡大飯町岡田　オツキヨウカの花
ヤマツツジ・ヒキダラ・フジ（紫）・ヘンダラ・ヤマワラ
お釈迦さんの誕生日と関係があるのだろう。
○同　川上　テントバナ
フジ・ヘキダラ・ヤマブキなど

○大飯郡高浜町和田
ヘンダラ・フジ・ヤマツツジ・ヒキダラ・コゴメバナ・チョウチンバナ・ススキ七種か五種
ニッテンさん（日天、太陽）にお供えする。太陽に感謝する意、と思う。
七日の朝（あるいは夕方）立て、八日の夕方おろす。
花は枯れたものを家に残し、行方不明の人が出たらこれを燃やし、煙の行く方を探すといいといわれる。
五十年近く前に子どもがいなくなったとき、事実として行われた。
○同　子生《こび》　テントバナ
ヤマワラ・ヒキダラ・ツツジ・フジ・シキビまたはヘンダラ
○同　横津海　オヒサンムカエ
ヤマツツジ・ミソブタ・ヤマガラ
おテントさん（太陽）に供えるために立てる。田植えを前にして、太陽を迎え花を供えるのであろう。

以上の記録は、若狭全体から見ればその一部に過ぎないし、ここに書いたこともたまたま私の聞き取りに応じて下さった一人ひとりの答えによるものであり、家により村によって実情には異同がある。また、歳月とともに変化もしてきている。記載の順序は、おおむね若狭の東から西へと掲げた。これによって、ともかく現在まで若狭の全七市町村の全てに、この行事の伝わってきたことがわかる。

花の名は、その土地の通称（方言）にしたがったが、ヒキダラ（一部でヘキダラ）はタニウツギ、ヘンダラまたはヒチャカケはヒサカキ、ヤマワラ（一部ではヤマガラか）はホツツジが、それぞれ標準和名のようである。また、テントウバナなど花の総称は、特に名づけられていない所や、私の聞き取りできなかった所は空欄とした。

もっと綿密に調べれば、若狭ではこの幾倍幾十倍の所に、同様の風習が伝わっているとも思われるし、以前にはもっと多くの村々で行われていたはずである。記憶に新たな時期まで守られてきた所でも、この美わしい行事を次々と止めて行く家や村が増えているのは、まことに淋しく惜しい限りでもある。

なお、江戸時代の文化末年（一八一八）のころ、屋代弘賢の問状に応えて、小浜の組屋六郎左衛門橘恒久が書いた『若狭国小浜領風俗問状答』にも、四月八日の所に、

八日　仏生会の事

うふ湯はあまちゃを用ひ、花御堂の制作はれんけ・すみれ・つつじ・卯の花等にて屋根をふき候。千早振卯月なと歌書く事なく、家毎に長き竹竿に花を付て、庭園に立つ。

と報告されている。どこまで遡及できるかわからないが、若狭でも長い歴史をもつ伝承行事であると考えられる。今では、この卯月八日を月遅れとして五月八日に行っているのは、まことに適切なことで、新暦の四月八日に繰上げていたら、山の花をいろいろと取り揃えることは、とてもできはしなかった。

折口信夫・柳田國男先生を始め民俗学者は、このテントウバナ（あるいはウヅキヨウカの花）の起源を、仏教とまったく無関係のものと断じておられるが、ことに仏教信者のなかには、これが釈迦の誕生に因んで（祝って）花を立てる行事との信仰をいだく人も少なくない。私は特に若狭におけるその実態を知りたいとも念願して調査を続けてきたが、現在までの結果は上述の通りであった。もしその起源は別であるとしても、四月八日を釈迦誕生日と信じ、古くから灌仏会あるいは花祭りと共にこれが行われてこなかったら、テントウバナを立てるこの行事が、ずっと今日までの形を保ち得たであろうかとも、私には思われる。

また、何のためにこの花を立てるのかが、その実よくわからなくなり、おテントウさん（太陽）・お釈迦さま・先祖さんに供えるなど諸説を承ったが、この日に各地を回って私の得た究極の感覚として、どなたにでもあれ、尊い大事な方に、この美しい花を捧げたくなる気持ちとその継続がこの伝統行事となっていることに思いいたった。まさに、それにふさわしい百花繚乱の好季節である。

ちなみに、井上靖著、日本放送出版協会発行のシルクロード第二巻『敦煌—砂漠の大画廊』の「敦煌詩篇」のなかに「四月八日」がある。そこには、「毎年四月八日、敦煌千仏洞の前の疎林のなかには市が立つ。砂漠の村々から人々は集まってくる、胡弓を弾き、歌を唄い、屋台の店々が立ち並ぶ。このお釈迦さまの日の賑わいは豊穣だ。云々」とある。シルクロードの中国側の出入口に当たるこの要衝の地で、日本と同じ四月八日に、釈迦誕生に関連する催しがあるのかと、私は大変な興味を覚え嬉しくなった。

八　椰子の実とワタカ ―鳥浜貝塚傍観記―

椰子の実

昭和五十八年八月のある日のこと、すでに全国にもその名を広く知られている鳥浜貝塚から、椰子の実が発掘された。少なくとも二個分と考えられる椰子の実（厳密にいえば、おそらくそのなかの種子）の破片が出土したのであった。二十数年の長きにわたって、この鳥浜貝塚の解明に取り組んでこられた森川昌和氏から、私は出土後まもないこの椰子の実を見せていただく機会があった。

素人目にも一見してそれとわかる椰子の実は、透明なケースの中に水づけして保存されていた。資料整理室に入った私は、指図されるケースのなかをのぞき込んだが、まるで生まれだての赤ん坊を見るように、それも自分の子どもを見るほどに、胸のときめくのを覚えた。「ああ、やっぱり、椰子の実だ」と、喜びがこみあげてくるのであった。鳥浜貝塚からは、丸木舟や赤漆塗りの櫛を始めじつに貴重な遺物の出土が相ついでおり、全く専門外の私も若狭歴史民俗資料館にあって、鳥浜貝塚の遺物については毎日のように見聞している。しかし、この椰子の実の出土こそ、私にとっては最大の喜びであり、感動であった。

民俗学に親しまれた方なら、もはやおわかりであろうが、「椰子の実が出た」と聞いた途端、私は柳田國男先生の有名な著書『海上の道』を思い浮かべた。これは柳田先生の偉大な御研究と著述のなかでももっとも重要なものの一つである。先生が若き日の学生時代に愛知県の伊良湖岬において、遠く南方の島より太平洋の潮に乗って流れ着いた椰子の実を発見され、日本民族あるいは民俗や文化の淵源成立について、壮大な構想理論を打ち立てられる契機ともなった記念すべき論著である。

この伊良湖岬の椰子の実の発見が、柳田先生から友人の島崎藤村に伝えられ、あの有名な「椰子の実」の歌―名も知らぬ遠き島より流れ寄る椰子の実一つ、云々―が作詞されたのであった。このことをも紹介された後で、『海上の道』に柳田先生は「小野氏の本草啓蒙に依ると、佐渡の他にも但馬・若狭、奥州にも四国にも椰子の実の漂流して来た前例がすでに有った」と述べ、また「日本の海端に、ココ椰子の実が流れ着くといふことは決して千年ばかりの新しい歴史では無かった筈である」とも明記されている。

ここにいわれる「小野氏の本草啓蒙」とは、江戸後期の本草学者小野蘭山の講述を出版した『本草綱目啓蒙』のことである。弘化四年（一八四七）に完成した『重訂本草綱目啓蒙』（『復刻日本化学古典全書』第十五巻、朝日新聞社）をひも解くと、椰子について、「和産なし、熱国の産なり。実は四辺の海辺に漂流しきたる故に四国但州佐州奥州若州等の地に間《まま》あり」云々とある。一昨年の夏、大阪市立大学教授で、地質のなかの古生物や植物学研究の権威である粉川昭平先生もわざわざ来訪されて、この椰子の実を確認された。粉川先生は私に対しても、「椰子には種類が多いので、即座にどれとは言えないが、椰子科のものであることに間違いはない」と教えて下さった。私からは先生に、『海上の道』のことなどお伝え申し上げた。

思えば柳田國男先生の明言された通り、若狭湾などへの椰子の実の漂着は、決して千年ばかりの新しい歴史ではなかったのであった。鳥浜貝塚の発掘調査に尽力している若狭歴史民俗資料館の網谷克彦氏によると、椰子の実の出土した層は「五千年ないし五千五百年、少なくとも五千年は降らない」とのことである。私は、鳥浜貝塚に椰子の実出土のこの事実を、柳田先生が御健在であれば、どれほどか喜んでくださったであろうにと、残念でならない。

なお、私が『海上の道』と椰子の実にことのほか興味と関心をいだいたのは、必ずしも短い年限のことではなかった。実は昭和三十六年十一月十九日、小浜市の明通寺で開かれた若越総合短歌大会に出席したとき、小浜市在住の歌人竹中皆二氏の作品のなかに「あいのかぜ」という方言が用いられており、ある方から方言研究者永江と名指してこの語の解明を求められたことに始まる。すなわち、この方言アイノカゼとは、『万葉集』の大伴家持の歌にも幾度か用いられている「あゆのかぜ」のことであるが、そのとき即答できなかった私は、その後できる限りこの語を追い求めることとなったものである。その経過と結果は、昭和三十六年十二月二十五日の福井新聞夕刊、三十七年七月一日と二日の同紙夕刊、四十六年八月一日の北日本新聞、五十二年七月発行「フオクロア・1」などに発表したので、ここには省略する（本書三部五参照）。

柳田先生は、このアイノカゼ、古くは「あゆの風」のことを、名著『海上の道』に詳述されており、椰子の実のように「海からくさぐ〳〵の好ましいものを、日本人に寄与した風」（海の向うから吹き寄せてくる風）であると説いて、この風をきわめて重要視されている。アイノカゼに引かれて『海上の道』に読み入った私は、そこで椰子の実とその歌のことをも初めて学んだ。そして、民俗研究の立場から、鳥浜貝塚の椰子の実の出土に最大の感動と歓喜とを得る結果ともなったものである。まさに、アイノカゼが私にも「椰子の実」をもたらしてくれたものであった。

黒潮の運びし幸か幾千里
若狭の浜に着きし椰子の実
いにしへゆ吹き続きけむあゆの風
椰子の実寄する若狭の浜に
若狭なる鳥浜にいま五千年
古りにし椰子の実掘り出されぬ
（五八・八・二八拙詠）

ワタカ

鳥浜貝塚の発掘調査は考古学の専門家によって行われ、これまでの日本史を書き換えるとまでいわれる数々の素晴らしい成果があげられてきた。その出土品などについての研究解明には、常に考古学以外の学者や研究者の大きな協力も寄せられている。考古学や歴史学以外にも、動物学・植物学・作物学・地質学など、いわゆる学際的協力の美しい姿と成果を、いつも目の当たりに眺めて深く感嘆している私である。この私に対し、昨年十一月の上旬、若狭考古学研究会長の上野晃氏から実に興味のある話が伝えられた。もちろん、興味は結果的に生じたことではあるが。

鳥浜貝塚の発掘調査は、現在福井県教育委員会の仕事として、若狭歴史民俗資料館の森川副館長以下がその作業と整理と研究を担当されているが、幾人もの学生たちが研究や論文作成のために、ここに来て発掘に参加しているのをよく見かける。その一人として筑波大学大学院生の本郷一美氏がいる。この学生は鳥浜から出土する魚の骨の研究をしているとのことで、「三方湖に生存している魚を買ってきて、煮てはその骨を取り出していろいろと比較し調べたりもしています」と語っていた。

三方町鳥浜の住人であり、長年ここの貝塚発掘に協力貢献されている上野晃氏は、この本郷氏のために鳥浜の漁業に関する古文書を借りて資料館へもち込まれたのであった。これはかつて武生高等学校などで教員をされながら、県内のイトヨなどの魚の研究を続けて学位を取られた、今は亡き五十嵐清博士の調査資料であったという。五十嵐氏は、三方湖に棲む淡水魚の鰣《ハス》の研究をされるため、直接湖中の魚類を調べると共に鳥浜に伝わる漁業関係の古文書をも調査されたようである。上野氏から見せられたその資料は、「万治年間　はすの古文書　貴重」と表書きした紙袋に入れられているので、ここでの調査の対象は、主に「鰣」に集中されていたように思われる。

これを持参された上野氏は、私にこの解説を求められ、大学院生本郷氏の研究に参考になるように望まれると共に、さらに「これは、若くして不幸にも交通事故で亡くなられた故五十嵐清先生が、聞き取り調査のおりに資料として収集されたもので、先生の執念がこもっているものです。どうか故人を生かす意味において、研究願います」と申し添えられた。ところで、拝見した古文書は、ただ一点を除いてほかの全部が古文書を撮影した写真のコピーであり、それも率直にいって断片的で不鮮明なものが多かった。文書の順序も不明であり、ほとんどが前後を欠いているようであった。

しかし、ただ一枚だけ和紙に毛筆書きされた実物が収められており、これがもっとも貴重となった。あえて「実物」といったのは、これが最初に書かれた本当の意味の原本かどうか、今の私には不詳だからである。幸いなことに、この文書の大意が読み取れた。そのなかに、魚の名前が列記されているが、「鰣」と「はす」の間に、「わたか」としか読めない魚名があった。この日、法本義弘館長も出勤されていたので、私はこれらの古文書解読の御協力をお願いした。やはり、この箇所は「わたか」としか読めないという結論になった。

学芸員室へ帰った私は、上野氏に「魚の名前が列記されているようだが、ワタカなどという名が出ているので、意味が断定できない」と告げた。すると、この日（十一月八日）、資料館で開催されていた低湿地遺跡調査研究会に参加されていた筑波大学の西田正規氏（文化人類学者、理学博士）がたまたま来室されており、私に対して即座に「ワタカという魚は、いますよ」と答えて下さった。

初めて聞く魚名なので私は驚くとともに、私の分野の古文書解読が間違っていなかったことを知って大変うれしかった。それで、すぐに書架の『日本動物図鑑』を調べたが、ワタカがない。あまり知られていない魚らしいと思いながら、念のために『国語大辞典』を見たところ、ちゃんと出ているではないか。続いて『動物の大世界百科』第十六巻（日本メールオーダー社）にも、「琵琶湖の動物」の解説のなかに「魚食性で口が深く切れこんだ奇妙な顔のハス、おもに水草を常食としているワタカ」と述べられていることを見出した。

ここまできたとき、私には大変な興味が湧き起こった。全国から注目を浴びている鳥浜貝塚は、三方湖に注ぐ鰣川《はすがわ》の河川改修によって発見され、この遺跡は鰣川とその支流の高瀬川流域に所在していることは、すでに周知のところである。私も、特に「鰣」というこの珍しい漢字に魅せられて、この魚名に大きな関心をもち、鳥浜貝塚を初めて訪れたとき、一番に「ハスという魚は今もいますか」と尋ねたほどであった。このハスなる魚は、淡水魚で琵琶湖にも棲み若狭の三方湖にもいるが、このことは太古の時代に琵琶湖と三方湖は一続きであったという説を補強する事実ともされているらしいことを、私は以前に聞いた記憶があった。ワタカも正に同然なりと思いいたった私は、かくて初めてお目にかかった古文書の「わたか」を尋ね、「だれかワタカを知らないか」と探し始めることとなってしまった。

幸いは幸いをよび、私はわが家のすぐ隣から福井県水産試験場に勤務されている小林吉三氏（技術開発課長）のあることを思い出し、きわめて懇意の同氏にワタカのことを尋ねた。氏は、以前には長年にわたり滋賀県水産試験場に勤務されていたので、淡水魚にもっとも詳しく、琵琶湖には今もワタカのいることを直ぐに教えて下さった。また、福井県、続いて滋賀県の水産試験場からは、『原色日本淡水魚類図鑑』ほか多数の専門書によって、ワタカに関する解説のコピーを送って下され、ついに、コイ科ウグイ亜科ワタカ属の淡水魚であるワタカの全容を詳細に知ることができた。

一方、私は三方湖にワタカが今もいないか、かつていたということを実際に知る人はないかを探った。とくに鳥浜漁業協同組合の方から多くの御教示をいただき、その御紹介にて、ある古老が「今はいないが、以前にはワタカという魚がいたということを聞いている」と答えて下さったことを知った。鳥浜在住の人々にもほとんど知られていない魚名ではあるが、和名ワカタ、琵琶湖沿岸での方言名ワタコ・セムシ、また奈良ではウマウオと呼ばれるというこの魚が、三方湖や鰣川、あるいはその周辺にいるとか、いたということを、だれか知っておられないか、私はもっと広く呼びかけたいと思っている。

最近、昭和四十一年に発行された五十嵐清氏と加籐文男氏共著の「福井県の淡水魚類」そのほかの論文を、上野晃氏から見せていただいた。三方五湖の魚類についても綿密な調査報告がなされているが、ワタカのことは見当らなかった。ただ、昭和五十八年十二月発行の『福井市立郷土自然博物館研究報告』第三十号所収の加籐文男氏（県立高志高等学校教諭）の論文、「福井県の淡水魚類」（8・コイ科魚類）のなかにワタカの記述があるのを、上野氏から見せていただいた。すなわち、福井県では日野川（武生市で昭和五十三年九月二日と福井市）で計二尾が獲れたが、これは「琵琶湖稚鮎とともに移入されたものと思う」と報告されている。

最後になったが、上野晃氏のもたらされた五十嵐清博士収集の古文書のうち、前述どおり実物の伝えられた唯一の内容を次に掲げよう。しかも、これは私にはどうしても読み得ない数ヶ所があったので、国立史料館の浅井潤子先生に解読していただいた。

一　三百八拾数　鮒　氣山
一　弐百数　鮒　いらずみ
一　弐百九拾数　鮒　鳥浜
一　弐百は　わたか　同村
一　七百弐拾は　はす　同村徳助
〆
是は　殿様　御見物被成候ニ付
鳥浜之者共ニ大網ひかせ
被成候刻　殿様より
右之者　御拝領ニ被下候処
実正也　為其如件
万治弐年　月崎助十郎
亥ノ四月五日

右の月崎助十郎とは、別のコピー資料によって、舟奉行（浅井先生によれば、領内辞令の奉行）を勤めた役人であると判断されるが、この文書にはその宛名がない。ただ、最初の二行を欠くけども ほとんど全く同内容の文書コピーが別にあり、それには文書の最後に「鳥浜庄屋三郎太夫というお家に伝わったものと考えられるが、私には今そのお家と文書の関係については確認できていない。

しかし、これらの文書によって、万治二年（一六五九）にはこの鳥浜に面する三方湖に、琵琶湖同様に淡水魚のワタカが、たくさん生息し漁獲もされていたことは、まったく明白となった。それも、もちろん琵琶湖の稚鮎に紛れて運び込まれたものではなく、必ずやハスと同様に琵琶と三方の両湖が一連であったといわれる、太古の時代からのものに違いないであろう。

附　記

私はここに、右の鳥浜文書の内容と意義を、まずもって五十嵐博士に御報告申し上げ、その御功績に深い感謝を捧げたいと思う。そして、私にもワタカを知るきっかけを与えられた大学院生の本郷一美氏が、鳥浜貝塚出土の魚骨の丹念な調査を続けられて、ワタカの存在を確認されることをも期待したい。また、以上のささやかな経験から、私は将来とも郷土の研究について、各分野の学際的な、さらにはより広い多くの人々の協力と交流が一層密になることを、切に祈らずにはおられない。

九　若狭の上中町乾田地帯の稲作手順

若狭湾の中央にある小浜湾には、一級河川の北川と二級河川の南川が流入しているが、この北川の上流域に位置する上中町、特に私の在所である遠敷郡上中町関集落の一帯は、比較的に砂質の多い乾田地帯であり、稲作の収量は余り多くはないが、米質は好いとされている。

同じく上中町でも強度の湿田地帯もあったし、わが集落周辺の乾田でも古来の小町《こまち》（小さい区画の田）や曲りくねったあぜが多かったが、いずれも昭和三十年代から行われた土地改良区画整理事業によって、大は三〇アールまたは五〇アールの整然たる区画となり、それに伴った畦畔が造られている。そのため稲作の手順にも多々変化が起こり、さらに機械化の急速な進捗によって稲作農業全体に多大の変貌が生じている。現在では、旧来の農法についてはすでに経験も記憶も薄れつつあり、その聴き取り調査も必ずしも完璧を期し難しかった。ここに経験も乏しい筆者は、はなはだ不充分であるが、機械化以前の稲作手順について調べ得た結果を、おおむね年間の順を追って簡単に列記し、報告させていただく。

1　タネツケ（種付け）　種籾を藁で編んだ小型の俵、または麻袋などに入れて自宅の池などに漬けた。「神武さん」と称される神武天皇祭の四月三日をタネツケの日とみなす慣例があった。そして、四月二十三日の村内の式内社須部神社（一般に恵美須神社）の祭日をタネマキの基準日とする風習もあったので、二十日間ばかり種籾を浸水しておいた。

なお、種漬けをするまでに、食塩を入れた水に種籾を浸し、比重によって結実不良の軽い籾を取り除く塩水選も行われた。

2　ナワシロヅクリ（苗代づくり）　古くからの苗代は、いわゆる水苗代であり、なるべく自宅に近い水田にこれを設けた。田面を水平にならし、特別に溝を作ることもせず、一メートル余りの幅に両側から種籾を播き進んだ。雀などの害を防ぐためにも、いつも水を張っていた。

その後、折衷苗代といわれる様式ができ、溝の部分の土を上げて少し高い苗床が作られるようになった。ここでは浸水を終えた種籾を、バカ苗病など防除のため農薬で消毒し、その後に風呂に漬けたり、あるいは土のなかに埋めたりして発芽を促した。そのうえで、籾を俵や袋から取り出して苗床に播いた。すでに発芽している籾を軽く鎮圧し、その上に前年の秋に籾殻を焼いて作っておいた燻炭を撒布し、最後に油紙またはビニールなどで被覆し、タネマキは完了となる。その次には、支柱をも用いて苗床を覆う畠苗代の様式も現れた。

3　タイヒツミ（堆肥積み）　三月末から四月初めに、前年の夏に刈り取っておいたヒグサ（干草）と、牛舎から取り出されたウマゴエ（厩肥）や藁に、米糠あるいは石灰窒素を混入し、木枠で囲いながらタイヒ（堆肥）を作った。これは水田耕起の際に溝に埋め込んで肥料とするためのものである。なお、タイヒは前年の秋に作っておく場合も多くあった。

4　ゲンゲカリ（翹揺・紫雲英刈り）　前年の秋に稲作の跡に播いておいたゲンゲ（レンゲともいう）を刈り取り、緑肥・飼料とする。

5　イネザライ（井堰浚い）　このころ、灌漑用水路の手入れを、利用地係の人々によって行う。イネタネともいっている。

6　アラオコシ（荒起こし）　アラタオコシともいう。牛耕による田の犂き起こしが、ほとんど一般的であった。かつては大部分の農家が和牛を飼っていたが、ほかに依頼しての牛耕も行われていた。

7　ヘラギリ（へら切り）　牛で荒起こしされた土の大きい塊りを、鍬で切り砕いて行く。

8　スキカエシ（犂き返し）　アラオコシの土をヘラギリの後に、牛で犂き返す。この前に生石灰を撒布し、緑肥のゲンゲを早く腐らせたり、土壌改良（酸性化防止）を図った。

9　アゼケズリ（あぜ削り）　田のあぜに前年塗りつけた土を、鍬で削り落とす。

10　ミズアテ（水当て）　ここで田へ加減しながら水を入れる。

11　アゼツチヨセ（あぜ土寄せ）　古あぜの手前へ鍬で土を寄せる。これをアラアゼともいう。

12　アゼシロ（あぜ代）　あぜ前の土を牛耕または鍬を用いて砕き練る。アゼネリともいう。

13　アゼヌリ（あぜ塗り）　アゼシロをした土を大型の平鍬で掬い上げてあぜに塗り、強く圧迫しきれいに仕上げる。

14　アゼマメウエ（あぜ豆植え）　新しいあぜの頂上に親指で穴をあけ、大豆一～二粒ずつを植える。また、アゼマメを植えたあぜの少し背後の中間に、小豆も同様に植える。

15　ミゾウメ（溝埋め）　本田の犂き起こしにより溝状になっている所へ、前年に刈り取ったヒグサ（干草）、または昨秋か今春初めに作った堆肥を敷き入れ、鍬（小型の備中鍬）で両側の土をかけて埋めて行く。

16　シロズキ（代鋤き）　畝状になっている土を、牛の犂により水中でこなして行く。このころ、豆粕（大豆の油を絞り取った残り粕、大きな円板状の物を砕いて）や、油を絞り取った鰊粕を、肥料として田に撒布、また踏み込みすることもあった。

17　シロカキ（代掻き）　大きな櫛状のウマグワ（馬鍬・鈀）を、そしてさらにシロカキ棒を牛に引かせて土をならす。

18　エブリカキ（柄振り掻き）　木製のエブリ（柄振り・杁《えぶり》）を手に持ち、植付けができるようになるまでに水田をならす。これで本田の植付け準備完了である。

19　ナエトリ（苗取り）　苗代の苗を手で抜き取り、藁で束ねる。

20　ワクマワシ（枠回し）　全体が横長の六角形で、均等に桟を入れた大型の木の枠を田面に回転させ、正条植えのために七寸角ぐらいの正方形または短形の跡を付ける。この枠の利用以前は、縄を引いて直線に植える方法が行われていた。

21　ナエクバリ（苗配り）　竹で作った大きな苗籠に苗束を入れて運び、田面のところどころへ投げ入れ、田植えができるようにする。この役をタチウドまたはタチド（立人）と言い、たいていは男性が当たり、ワクマワシも兼ねるのが一般的であった。

22　タウエ（田植え）　苗束を左手に持ち、右手で二、三本ずつの苗を取って植えた。ワクマワシされている田植えは前進して植えて行き、それ以前のナワビキウエでは後退して植えたという。田植えは多く女性が当たり、また、イイ（結い）という労力の交換協力もよく行われた。

上中町関の田植え風景（昭和30年ころ）

23　ミズアテ（水当て）　植え田にきわめて重要な水当てを始め、肥培管理が続けられる。

24　モノアトズキ（物跡犂き）　大麦・小麦やナタネ（菜種・あぶらな）の裏作をしていた場合は、それらの収穫を行い、その跡の水田を耕し、中生・晩生の稲作を行う。

25　クルマオシ（除草機押し）　植付けして活着後二十日ぐらいすると、稲株の間を除草機を押して回転させ、除草と中耕の働きをした。

26　タノクサトリ（田の草取り）　株間の雑草を手でむしり取り、固めて田のなかへ押し込んでおく。田植え同様に腰をかがめたままの仕事であり、暑さに堪え、稲の葉先で目を突く危険にも留意しつつ、また、顔にとまって血を吸うブト（ぶよ・蚋）も多く、これを防ぐためにカンコ（嗅ぎ香?）と呼ばれるボロ布を木や竹に巻きつけ火をつけて燻しとするものを、腰に差しての作業でもあった。「この秋は雨か嵐か知らねども、今日の務めに田草取るなり」との古歌が思い出される。そして、これが一番草・二番草取りと日を置いて二回行われ、さらに「ヘエハジキ」（稗弾き）と言って、稲に混じって生えている稗を除去する作業もあり、三番草取りをする場合もあった。

27　イシバイマキ（生石灰撒き）　一番草取りの後のころ、水田株間に生石灰を撒布した。竹の棒の下端しに杉葉をくくりつけ、箒のようにして、これで石灰を掻き混ぜならした。

28　ハサミゴエ（挟み肥）　草取りが終ると、稲の株間二、三条ごとに堆肥か厩肥を施して穂肥とした。

29　ミゾキリ（溝切り）　やがて収穫期も近づくと、ミゾキリまたはミゾカキ・トユカキとも言って、田の四周のあぜの側に溝を作り、田を乾かすようにした。以前は稲一株ごとに根元の土を鎌で四角に切り取って傍らへ上げ、溝を作った。現在は溝切り機ができて、田のなかにも容易に溝が作れるようになっている。

30　イナキユイ（稲木結い）　田または自宅の近くに、刈り稲を乾燥させるための稲架（イナキと呼ぶ）を作った。縦の柱をタツといい、杉や栗などが用いられ、また田の側に並んで生えているハンノキ（榛の木）が利用されることもあって、美しい風物詩ともなっていた。横木は竹や木を用い、八段が多かった。

31　イネカリ（稲刈り）　いよいよ収穫の稲刈りであるが、いわゆるイネカリガマと称されるノコギリ鎌で、稲を刈り取り、普通は二掴みを株の所でやや交差させて一把とし、藁で束ねる。これを三把ずつ交互に四回重ねて一束とし、もち運びするのが一般的である。

32　イネカケ（稲掛け）　刈り取った稲をイナキ場に運んで、一把ずつ稲木に掛ける。高い四段はウワガケといい、梯子を用いて登り、下から別の者がほうり上げるものを受け取って掛けていた。

33　クロチンゾウトリ（黒椿象取り）　イネノクロカメムシのことを、上中町など一帯でクロチンゾウと言っている。この害虫のことが、元禄六年（一六九三）頃に著述された『若狭郡県志』に、「善徳虫」の名で紹介されており、現在これが全国的にもっとも古い記録であるといわれる（元福井県農業試験場長、友永富博士による）。

若狭でもこの虫害は早くから見られたようであるが、その駆除は江戸時代の記録と同様に、水田に入って稲についているこの虫を一匹ずつ指でつまんで捕まえることが近年まで、わが町でも行われてきた。

34　メイチュウトリ（螟虫取り）　俗にズイムシとも言われる二化螟虫の被害も少なくなかったようであり、室内に飛来したものを捕殺したり、稲葉に産みつけられた虫卵を取りに行った記憶もある。また、地域の共同で夕方には田のところどころに石油ランプを点した誘蛾灯を設置し、ウンカなどと共に防除がされていた。さらに昔はイネノムシオクリ（虫送り）といって、夏の夜のひととき村中が総出でタイマツをともし、太鼓や鉦・笛ではやしながら田んぼ道を回り、稲の害虫を駆除する行事がところどころで見られた。

35　ヒグサカリ（干草刈り）　個人所有の山、または共有林の本人割当分の山にて、夏の土用の間（七月下旬）に草を刈り取って干しておく。これを八月の盆までに結束（ヒグサユイ）して、田の近くへもち帰り積んでおく（ヒグサノニュウツミ）。その後、堆肥にしたり、そのまま翌年の田に施して（ミゾウメ）大切な肥料とした。

36　イネイレ（稲入れ）　稲木で乾燥させた稲を下ろし、自宅や納屋などの作業場まで運び入れる。

37　イネコキ（稲扱き）　脱穀作業は古くは大きな櫛状のセンバ（千歯）で行われたが、その後は足踏みの回転式脱穀機が普及した。さらにその後は石油発動機や、続いてモーターによる脱穀機がその位置を占めた。

38　ワラタバネ（藁束ね）　脱穀した藁は、普通は四把ずつ交互に四回で計一六把を一束とし、これをイッソクイナヅカ（一束稲束）と言っていた。

39　シダカチ（粃搗ち）　脱穀した藁の切れ端に残っている籾や粃《しいな》を叩いて落とす。これは叩く面に凹凸のあるシダカチバイ（サイボウともいう）を使った。

40　トウミタビ（唐箕たび）　藁屑などを除き、籾を選別する。

41　モミボシ（籾干し）　籾を莚に広げ、天日に当てて乾燥させる。

42　ウススリ（臼摺り）　籾を摺り、籾殻を除いて玄米を得る。古くはドウス（土臼）と言って土で固めた大きな臼を、数人の手で回してウススリをしたが、これも動力を用いるようになった。

43　トウミガケ（唐箕がけ）　米と屑米・籾殻などを選別する。さらに、センゴクガケ・マンゴクガケといい、「千石通し」や「万石通し」などを用いて、玄米のより丁寧な選別が行われるようになった。

44　ヒョウシ（俵し）　新米の俵装をする。円筒形にした内俵の一端に桟俵を当てて米を入れ、他方にも桟俵を当てて閉じ、三箇所に縄がけをしてから、外俵を巻きつけ所定の縄がけをして、表装を完成する。

45　ネングオサメ（年貢納め）・出荷　小作の場合など納めるべきは責を果たし、農協などへ出荷するものは、産米の検査を受け、等級の判定を得て販売した。自家用のものは、籾または玄米にて保存した。

46　アゼマメヒキ（あぜ豆ひき）　畔豆の収穫調整を行う。アズキも同様。

47　コメツキ（米搗き）　玄米の精白をする。以前には水車による米搗きも行われていたが、動力機械が使用されるようになった。

48　ワラシゴト（藁仕事）　冬期間には屋内にいて、縄ない・俵編み・藁ゾウリ・ワラジ・テゴ（藁カゴ）つくり等々、種々の仕事がある。一箇所に幾人か寄り集まってワラシゴトをすることもあり、楽しい冬の社交の場ともなっていた。

附　記

今回の調査については、上中町関の田辺博氏・鳥羽秀哉氏・同町瓜生の水江昌子氏から多くの御教示をいただいた。深謝申し上げる。

十　若狭の田の神祭り

若狭の農耕儀礼

若狭は、民俗の宝庫とも言われるほど多くの伝承文化が残されてきた。とくに年間を通じて行われる農耕儀礼などの習俗には、見るべきものが多かったと思われるが、時代の趨勢、殊に戦後は農業生産とそれを取り巻く社会全体の経済構造の変化から、多くの年中行事も急速に衰退の一途をたどり、農村における昔なつかしい風習やそれを表現する民俗語彙の数々も、今のうちに調査記録しておかなければ、これを伝えるべきすべもなくなってしまう事態にある。

そのなかで今なお厳然と、サツキヤスミに田の神を祭って子供ミコシ（神輿）を繰り出す行事が、若狭の中央に位置する農村数十箇所に現存することは真に喜ばしい限りである。このたび、小浜市の旧村部と遠敷郡上中町における この子供ミコシ行事を中心に若狭の農耕儀礼について調査[1]したが、とうてい消滅させるには忍びないような伝承行事が各地に存在したことを多く教えられた。先人たちの心を尊び、今後にこれを伝えたい思いに駆られながら、ここにそれらを概観する。

ツクリゾメ

一年を通じもっとも早い時期に行われ、きわめて顕著に農耕儀礼の要素を示す年中行事として一月十一日のツクリゾメがある。これは年頭における農作開始の行事であり、実際の農作業に先立って行われる予祝儀礼である[2]。

今その例を上中町天徳寺[3]に見ると、正月の十一日には、みんな朝暗いうちから起き出て、家の近くの田の一角に、

ツクリゾメ

田の神祭り（三生野）

その年の明方《あきのかた》（恵方）に向かって男松女松にワカバ（和名ユズリハ）とサカキ（榊）を立て、それに海藻のホンダワラと年末に作り神棚に供えておいたモチバナをかけて飾る。ここへ「タナカミサン」（田の神様）が、降りて来られるのであるという。その前方には箕を置いて、箕のなかには一升枡に白米いっぱいを入れて鏡餅を載せ、神様にお供えする。鏡餅の上にはゴマメ（鱓）を載せ、「今年もマメで働けますように」と祈る。また、このゴマメは十一匹か十三匹とし、大勢のソトメ（早乙女）を表わすともいわれる。

　これらの準備が整うと、家から主人を始め一人ずつが鍬をかついでここに来てお参りし、その手前の田んぼを軽く三回打ち起こす仕草をする。続いて、そこにしゃがんで田植え歌を二、三回うたう。「今年ゃ豊年　穂に穂が下がる　道の小草にも　米がなる」「今年ゃ豊年　穂に穂が下がる　枡は要らいで　箕ではかる」など[4]。

　次に、お供えした鏡餅やモチバナなどを主婦の手で家に運び入れる。そして、ここでも明き方に向かって稲《いね》抜《こ》きの所作をする。すなわちモチバナを一つ一つしごき落とし、これを箕で簸《ひ》ってツクリゾメを終る。なお、このモチバナのモチは神棚に上げておき、六月一日（おそらく本来は旧六月一日）を「コオリノツイタチ」といって、その日にいただいて食べることが近年まで行われていた。ちなみに、三方郡三方町気山《きやま》でも神棚に飾ってあるモチバナを、同じく一月十一日のツクリゾメの日に下げて箕のなかで扱き落とし、これを七月一日に煎り（このごろは油で揚げ）神棚に供えてから家内中でいただく。今も続けている家があり、これをコオリノツイタチといっている。

これらは非常に丁寧に行われている実例であるが、同じ集落でも真宗門徒の家ではこのようなことは一切しなかったともいう。小浜市の松永地区（旧松永村）で見られるように鍬で打ち起こした所へワカバや松を立てる例もあり、上中町三生野《みしょうの》では前年秋の最後の刈り納めのときに取っておいた稲十本ばかりを、このツクリゾメのとき田を一鍬打ち起こしてそこへ植え付ける形とするという。そのほかにも方法は村や各家によってさまざまであり、すでに止めてしまった所も多いが、たとえ簡単でも現在も続けている所や記憶を明確に留めている所が、若狭の三方郡から大飯郡にいたる全域にきわめて多く認められる。

サビラキ

いよいよ春が来て田植えの時期になると、昔は若狭の各地でサビラキ（またはサブラキ）ということが行われた。小浜市太良《たら》では、最初の田植えのとき田の畦に栗の木の三叉になった小枝を立て、白豆（大豆）を煎ったものと白米と海藻のワカメ少しずつをフキ（蕗）の葉に包んでその葉柄の皮でしばり、これを結び合わせて二包みを一連とした。この辺りでは、これをサブラキと言った。(5) これと同様の例は、若狭一市三郡の全ての市町村にあり、フキの葉ではなくホオノキ（朴）の葉を十文字に重ねてこれで大豆などを包み、藁で栗の枝につるす所も広範囲にあった。白米を洗い米として入れたり全然入れなかったり、餅をサイコロ状に切って煎ったアラレを入れたり、ワカメの代りに昆布を用いた所などもある。上中町無悪《さかなし》や三方町気山中村では、この栗の枝に半紙を切って作ったゴヘイをもつけた。小浜市高塚などでは栗の木でなく、よく実のなるヨノミの木（和名エノキ）を用いたという。大飯町岡田《おかた》でもフキの葉に煎った大豆など入れるのはほかと同様であるが、種籾の残ったものを搗いた米を入れることになっていたという。また、ホオの葉に赤飯を包んで栗の枝につるす家もあったと聞いたが、珍しい例である。

若狭では、大飯郡高浜町の横津海《よこつみ》や東三松《ひがしみつまつ》、小浜市和久里《わくり》、遠敷郡名田庄村の井上《いがみ》・下《しも》、上中町上吉田・瓜生そのほかのように、「田植え初め」のこと、またはその日をサビラキといってきた所が少なくないが、実際には上記の通り田植えか苗取り初めのときに、栗の枝を煎った大豆をつるしたりなどして豊作を祈る行事のこと、さらにはそのつるされた大豆などの包みそのものを、サビラキまたはサブラキと呼んでいる所が、三方郡を始めとして多くある。フキやホオの葉に包まれたこのサビラキ（サブラキ）を、ソトメさん（田植えをする女の人）のコビル（間食）にしたとか、その日の夕方家へもち帰って家族でいわい子どもにも食べさせたという所もある。子どものころ、これをいただいて食べさせてもらうのが楽しみだったという思い出を語る人々が多い。

小浜市熊野《くまの》でもこれと同様のものを作ったが、田植えの前もって大安の日を選び、この「サブラキをした」という。小浜市東勢《ひがしせい》では最初の田植えの朝、苗の小束をつくり洗って家の神棚に供え豊作を祈る。このことをサビラキといい、この苗を下げて田植えの一番初めに植える。その日が暦のうえで良い日でないと、ここでも前もって大安の日にサビラキをし、これを仮植しておいたという。このような例は、ほかにも少なくなかった。

サビラキ・サブラキのほかに、田植え初めのことをワサウエ、またはサエタテなどという所がある。ワサウエは上中町でも、小浜市でも広い範囲に便用されていたが、これは三方郡にも及んでいる。また、サエタテ（サイタテとも）という語は、三方郡の美浜町・三方町で多く用いられ、三方町にもあるサイタチが上中町下野木にもあったし、小浜市遠敷で今もサイタテが聞かれる。三方町苧《お》などでは、初めての田植えをサエタテといい、このとき前述と同様にサブラキを作って立て、その前に稲十二株を植え、豊作を祈ってから田植えを始めるという儀礼がある。

上中町上野木では、田植えの前日か当日の早朝にサブラキを作り、これに稲の苗二、三本を添えて神社にもって参り、豊作を祈った。地域によって形式はいろいろであるし、また、丁寧な儀礼を止めてしまった所が多い。田植えの日の朝、御飯にキナコ（豆の粉）をかけて神仏に供え、このように稲の花がよく付きますようにと豊作を祈り、家人もいただくという風習も各地に多く伝わってきた。

サナブリ

田植え納め、すなわち各家々で田植えが完了したとき、これをサナブリとかサノボリ、あるいはシマイダなどといって、その喜びと感謝の気持ちを込めた行事が昔から若狭全域で行われてきた。たとえば、小浜市栗田では、これをサナブリといい、田植えが終った日に家々では赤飯（アズキ御飯）や混ぜ御飯、あるいは餅などを作って神仏に供え、焼鯖を買うなどいろいろな御馳走をして休み楽しんだ。小浜市新保《しんぼ》では、このとき稲苗二、三本ずつを神棚のそれぞれの神様と仏壇にも供え、大豆入りのオカユを作って供えた。その近くの本保でも、田植えの終了を祝ってミョウガ（茗荷）を入れた白米のオカユを作り、稲の苗と共に神棚に供え、家族も食べたとのことである。このとき稲の苗の小束を神棚に供える風習が、小浜市の太良・西勢・上加斗《かみかと》、遠敷郡名田庄村下《しも》、大飯郡高浜町東三松などにもあった。上中町でもサナブリといって、アズキ御飯を炊いたり餅を作って神仏に供え、焼鯖を買って馳走したりなどした。そして、他家へ嫁いでいる娘を呼び寄せ、あるいは田植えに来てもらった人を招待する所もあった。これらサナブリの風習は、土地により多少の特異性はあるが、若狭全体に広く行われて来たことである。なお、このサナブリが小浜市の西勢や大飯町万願寺《まんがんじ》、高浜町子生《こび》・東三松・横津海など、若狭の西部ではサノボリといわれているが、語原を考える上で興味が深い。(6) 美浜町には、その家の田植えが一日だけで全部終わってしまう場合に、これを「サエタテのサナブリ」（植え初めの植え納め）という面白い言葉がある。稲作の機械化が進んだことによって、「サエタテのサナブリ」は以前より一層多くなっていることであろう。

また、上中町を中心に三方町や小浜市にかけての地域では最終の田植えをシマイダという言葉も多く用いられている。厳密にいえば、「シマイダとは最終の田植えそのものであり、サナブリとは、田植え納めの行事のことである」と、はっきり本来の意味を区別している所もある。

このほかに、ドロオトシとかノアガリという言葉や行事もある。ドロオトシは、田植えを終えて手足の泥を洗い落とす意味であり、ノアガリは同じく植え付けを終わった田から上がってくる意味である。これは地域差があるが、上中町山内《やまうち》や天徳寺では各家で田植え納めのサナブリをした後、集落内全部の田植えが完了すると日を決めて区長からフレが回り、ドロオトシとして村の休日がもたれる。そしてその後、また日を選んでヤスンギョウ（休み業）、いわゆるサツキヤスミが行われる。

小浜市高塚では、サナブリの後に各家ごとでドロオトシといって嫁を二、三日実家へ休みに帰らせたりしたという。ここでも、その後に日を決めてサツキヤスミを行ない、これをノアガリともヤスンギョウともいっている。このように、最終の田植えとこれに伴う行事を表わすのに幾つもの言葉が、やや複雑に用いられているが、その内容には各家ごとの田植え納めの儀礼的の行事と、村全体の田植え終了を祝う休日の二形態（二段階）があることに留意する必要がある。

前述のように、村全体の休日についてはドロオトシ・ノアガリヤスミ・ヤスミギョウなどの名称があるが、ほかにこれを七月二日か三日の半夏生《はんげしょう》に行う所も若狭全体にあり、この休み（祭り）そのものをハゲッショウ（一部でハギッショウ）と呼んでいる所も少なくない。これらの休日に、この季節ぴったりのカシワモチとかチマキを作って神様に供え、海に近い若狭らしく、焼鯖などを買って各家で御馳走するという風習が各地に見られた。

近年は、田植えが早くなり、昔より少なくも一ヶ月以上早く終わるようになっているが、以前には六月中に是非とも植え終わりたいとする場合が多く見られたので、七月早々の半夏生は、村中のサツキヤスミとして格好の日であったといえる。天徳寺でも、昔はこのころヤスンギョウがあり、ヤスンギョウがすむと「タナカミサン（田の神様）は天へ上がられる」ので、その日から後は田植え歌はうたわないことになっていたという。香川県にあると聞く「半夏半毛《はんげはんけ》」(7)（半夏半作）という言葉などと同様に、半夏生ごろまでに田植えを終わりたいと努力した、百姓の気持ちがよく了解できる話である。

このあと、夏になると稲の病害虫の防除を願って、「虫送り」が各地で行われたが、これは小浜市宮川地区（旧宮川村）と、上中町神谷《こうだん》で復興継続されている。二百十日が近づくと、ところどころの神社で台風に遭わないよう祈願祭が行われ、今もなお三方郡の多くの神社では、「風祈能《かざいのう》」が奉納されている。秋の収穫期になると、最初に刈り取った稲をアサギ（麻幹《あさがら》）で作った小さなイナキ（稲架《はさ》）にかけて神に感謝する「ホガケ」の行事が近年まで名田庄村井上《いがみ》で行われていたし、同様のことが小浜市荒木でも以前には行われていた。最終の稲刈りを「カリオサメ」といい、アズキ御飯を炊いて神仏に供えるなど、若狭全域に続けられてきたことであった。秋も深まると、各地それぞれに新穀感謝の祭りもあり、また、年間を通じて農耕に関する儀礼は他にも少なくない。

子供ミコシの巡行

稲作農家にとってもっとも重要な、またもっとも気がかりな作業は田植えであるが、これが無事に終わった時、その喜びと感謝の気持ちを表わす儀式がサナブリであり、サツキヤスミでもある。既述の通り若狭では、各家ごとの田植え終了時にサナブリ（サノボリ）が行われ、その後に改めて村全体のサツキヤスミ（名称はさまざまながら）が行われてきた。このサツキヤスミに、小浜市と上中町の多くの集落で、田の神を祭る子供ミコシが繰り出され、各家々や田んぼを回る行事が今にいたるまで続けられている。他地方に類例を見ないと言われる若狭のこの祭りについて、可能な限り全地点について調査を実施した。ここにはそれらの全体について、共通性と特異性を探ってみることとする。

分布と起源

地図に示した通り、この子供ミコシが繰り出される村は、なぜか若狭のなかでも、滋賀県に発し上中町と小浜市を流れて小浜湾に注ぐ北川と、その支川流域一帯にのみ存在する。川の流れにしたがってあげるならば、まず上中

子供ミコシ分布図
○数字は調査対象集落の番号（本文掲載順）を示す。
この地図は、建設省国土地理院発行の1:50,000の地形図を使用したものである。
小浜市
福井県

子供ミコシ分布図

町内の旧鳥羽村に三、瓜生村に四、三宅村に四、野木村に四、計十五箇所。小浜市内の旧宮川村に二、松永村に八、遠敷村に七、国富村に四、今富村に一、計二十二箇所、合計三十七の集落にある。このほかに、過去において同じ行事の存在したことが確認された集落が、上中町に二、小浜市に五、合計七箇所あった。さらに、上中町の中野木においても昔はあったらしいと言われ、同町関にも昔はあったとも言う話があるなど、かつてこのミコシ行事は、より多くの村々で行われていたのでないかと考えられる。(8)

しかも、現在知り得る限り、これらがすべて北川水系流域に集中するのは、何故なのか（ただ一箇所、かつて行われた湯岡《ゆのおか》は南川に沿う）。北川とともに小浜湾に注ぐ若狭の二大河川の一つである南川は、おもに名田庄の山間部を通るし、北川はおおむね平野部すなわち若狭としては最大の穀倉地帯を流れているので、北川沿いに「田の神祭り」があるのは当然だという見解もある。しかし、ただそれだけではなく、何かこの流域に存在した信仰行事と関連して発生し、広まったことではなかったかと憶測するが、今のところその理由は全く不明である。ここで念のため一言を申し添えると、上中町の無悪《さかなし》でも毎年七月七日に、子供ミコシが繰り出されほかの多くと同様のことを行っているが、ここではこれを「ギオンサン」（祇園さん）といって広嶺神社のお祭りとし、「田の神祭り」の意識を全くもっていない。しかも、その形態がきわめてよくほかに共通している。また、「田の神祭り」の子どもミコシが現存する最西端の地和久里《わくり》に近く、昔の竹原《たわら》村の広嶺神社では、古くから若狭一の大祭りといわれる祇園祭りが行われてきた。その時期が旧暦では六月、今は七月であることや、盛大な三基の神輿《みこし》の渡御《とぎょ》があることなどから、農村部の「田の神祭り」のミコシも何らかその影響を受けてはいないか、今後の考究を要すると思う。(9)

なお、この子どもミコシの分布地帯には、終戦後まで乾田の裏作として麦の栽培が広く行われてきた。そのためでもあるのか、小浜市・上中町とも各所で麦藁（麦稈）を用いてミコシの屋根とか付属品が作られてきた。戦後、稲の早期栽培の普及によって裏作がことごとく止んだので、麦藁が入手できなくなったことを最大原因として、昔なつかしいこの麦藁ミコシも今は小浜市の池田・検見坂《けんみざか》の一基を残して、ほかではもはや見ることができなくなっている。

調査によって、過去に行われたミコシを含めて四十四箇所のうち、かつて二十二箇所で麦藁ミコシが作られていたことがわかった。これらの所では、ミコシ準備の作業のなかで、麦藁剥きのため子どもたちが一番多くの時間を費やしていた。

ミコシと子供

このミコシ行事の大きな特徴として、どこでも全て子どもが主役ということがあげられる。田植え完了を喜び、豊作を祈るのは第一に大人であるが、ミコシの準備や巡行などは全て子どもが主体となっている。これを青年たちが手伝う所もあり、特に以前には多かった麦藁を用いてミコシを作り上げる仕事には、巧者な大人や青年の手を借りねばならなかった。子どもの数が少なくなり、子どもだけではミコシが手に負えなくなった場合に、青年や父兄が代わってミコシ舁《か》き（担《かつ》ぎ）をしている例が幾箇所にもあるわけである。

この行事に関して、子どもたちには独自の世界（組織）があり、たいていの集落ではその最年長者を「大将」と言って、これがすべての指揮をとり、最高の権限を有することが少なくも立て前となっている。現在、ミコシの巡行に加わる子どもの年齢は村によって異同があるが、おそらく元来は数え年十五歳から青年会に入った様子であるので、その下の十四歳から小学一年までの子ども仲間（昔はこの地方で集落ごとに、「子供中《こどもちゅう》」と呼ばれる組織をもっていたようである）の少年たちがその主体であっただろうと想像される。そして、以前には当然のこととして、これは男子に限られていた。昭和三十九年に筆者の行った調査では、上中町の現行十五集落においても、参加者は全て男子であった。その後、特に子どもの数の減少からやむを得ず、また男女平等の考え方から比較的スムーズに、女児を加える所も遂次ふえて、今では上中町・小浜市を併せて十四集落で男女児合同によるミコシの巡行がみられる。

これら「田の神祭り」のミコシは、まれな例を除いてはどこでも神社（氏神）を基点として巡行が始められるが、特に小浜市においては多くの場合「宿《やど》」が設けられ、ミコシはここを出発して神社に向かう。このミコシ宿は、子ども仲間の大将の家を選ぶ例がもっとも多い。宵祭りともいうべき「田の神祭り」本日《ほんび》の前夜は、ミコシはこの宿に安置して祭られ、子どもたちもここにお籠もりしたと思われる形態が今も事実として、あるいは話として多く伝わっている。

この宿を拠点にして近くの村のミコシ宿を互いに襲撃し、その前に立てられたサカキを奪い合ったり、いわゆるケンカ（喧嘩）が今も楽しみとして行われている所がある。なお、各家でミコシに供えられたお賽銭（お供えの金銭）は、祭りの後どこでも原則として子どもたちがいただくことになっており、同じくその分配の方法も原則的には大部分の所で、「大将」など最年長の子どもたちがほかから何の干渉も受けないでこれを分け、一部を貯金に残すなどする所もある。大抵は年長者ほど多く、年少者ほど少ない階級差をつけている。昔から長幼ともこれを当然の定めとして互いに満足し、共々にミコシの行事に励んでいる。

囃《はや》し言葉

子どもミコシの巡行の際に、上中町の大部分ではこれに太鼓が伴う。直径数十センチで胴がそれより少し長い太鼓を、竹の棒などにつるして前後二人で担ぎ、後ろの者が桴《ばち》で叩いている場合が多い。そして、小浜市・上中町とも全てミコシの巡行には、それぞれ集落特有の囃し言葉があり、子どもたちが声をそろえて昔ながらの歌詞を高唱する。村によってはこれをウタともいう通り、もちろん決まりの節まわしがあるが、ほとんどその言葉の意味は明確でない。その分布を概観すると、小浜市の大多数地域では、「チョーサイトー」または「チョートサイトー」といい、これに「サーイト　サイトー」と和する場合がもっとも多い。これに対し上中町では、「ミーコーッサーマーオイデーナー」とか、最初に呼びかけのような言葉のある所が数例あり、また「イーチニー　ホー」「イー

田の神祭り（小浜市平野）

チニヨーホー」などという言葉が入り、後を「サーイヨーレ　サイヨーレー」と囃す形がもっとも多い。この「サイヨー」は「サンヨー」とも言われており、田の神祭り以外の小浜市の若狭や西津などの祭礼の神輿巡行のときにも聞かれるので、神輿の渡御に際して古来特有の用語があったのではないかと思う。

この小浜市と上中町の囃し言葉は、全く別系統のものに聞こえるが、上中町に隣接する小浜市の旧宮川村にも上中町と近い言葉があり、続いて旧松永村のなかにも、そして遠く小浜市の和久里にも、「サンヨー」とか「サイヨー」がある。さらに、松永地区の門前では、「チョート　サイヨー」などとも言われたと聞くと、両系統は必ずしも全く無関係ではなかったようにも思われる。

また、旧遠敷村と松永村には、ミコシを担ぎ上げて出発するときに特別な言葉がある。各集落ごとに微妙な変化があるが、だいたい担ぎ役のリーダーが「カイチョー　ソロタカー」と言うと、ほかの担ぎ手が「チンチン」（中村など）とか、「チイチイ」（池田・検見坂など）と応じて、一斉にミコシを担ぎ上げるのである。言っている子どもたちも何のことかは知らず、ただ決まりの言葉とされている。しかし、まず「カイチョウ」とは平野・中村とか、そのほかの別の用例でもわかるように、明らかにミコシの「舁《か》ぎ手」（担ぎ役）の意味である。しかも、この語は謡曲の「鶴亀」にもある「駕輿丁《かよちょう》」に相当し、「貴人の駕龍《かご》や輿《こし》を担ぐことを職務としている者」のことにほかならない。そのうえ、この駕輿丁なる語は、平安時代の『延喜式』のなかにも記されており、もっと古く『続日本紀』には、奈良時代の宝亀十一年（七八〇）の項などにも見えている。

次に、「カイチョー　ソロタカー」に続いていう出発の言葉「チンチン」などは全く珍しく、ますます不可解と思われているが、今回の一斉調査の結果、以下のようなことが推測できた。すなわち、集落を少しずつ移動して行くと言葉にも変化が認められ、チンチン・チイチイはそのいずれかからの転化に違いなく、これらの東に続いて「シッチン」（東市場《とういちば》）があり、その東に「シッチョー」（ヒッチョー）（太興寺《たいこうじ》）、「ヒッチン」（平野《ひらの》）、これらを南に入った奥地の池河内には「シィーヒィー」もある。ここで思い起こされるのは、昔から行われてきた天皇の出入のときや貴人の通行のとき、あるいは神事のときに、周囲の人を警《いま》しめ先払いをする「警蹕《けいひつ》」の言葉の一つに、「しし」とあるということである。これは「シイシイ」とも「シッシ」ともいわれたとあるので、ミコシの出発に際してこの警蹕の声が発せられ、おそらく「シイシイ」が「シィーヒィー」とも「シッチィーン」「シッチョー」「シッチョーイ」ともなり、「チィーチィー」「チンチン」にも変化したものではないかと思われる。「カイチョー」にしても、「シィーヒィー」などにしても、古来の厳粛な用語が今に使われていると推測され、ほかにも例の多い「田舎に古《いにしえ》の雅言《みやびごと》の残れる」といった、本居宣長の名言（『玉勝間』）の事実を目の当たりに見聞きする喜びを覚える。[10]

以上のほかにも、ミコシの囃し言葉のみならず若狭の「田の神祭り」について、考察すべきことは多々ある。江戸時代の文化末年（一八一八）ごろに書かれたと考えられる『若狭国小浜領風俗問状答』のなかにも、「さびらき・さのぼりの事」が記録されていることから、前述したサブラキ・サナブリとほとんど同じことがそのころも行われていたことを知る。また、「さのぼり」のときには、「田の辺りへ立寄る事をも禁ず」とあるが、これは今でもサツキヤスミの日に小浜市の太興寺や太良では「田の神様は休みだから」といい、池河内では「田の神様がおられるから」といって、いずれも田の辺りへ行かないことになっている。なお、この「問状答」には、田植え終了後の子どもミコシのことがまったく書かれていないが、これは回答者の組屋六郎左衛門が小浜の町人であり、必ずしも充分調べた結果でない旨をことわっていることや、その年にほど近い天保二年（一八三一）の紀年銘を有する確かな棟札が三分一のミコシに残されていることなどから考えても、決してその当時ミコシが存在しなかったことにはならない。なお、ミコシの起源と共に、その御祭神について研究することも重要事と思われるが、今は言及し得ない。ただ、全体的に考えてこの「田の神祭り」は、いわゆる一宗一派にかかわるような宗教行事ではなく、村人みんなが稲作を守り豊作をもたらして下さる神様（あえて換言すれば、大自然の恵みともいうべきか）に感謝する行事であり、家の宗派などに制約を受けることなく全戸が参加してきたことも大きな特長である。上中町市場では、昭和五十年以来集落内の子どもの親睦を深めるため子どもミコシを作り、毎年五月五日に全戸を回っているが、「田の神祭り」の子どもミコシにはすでにそのような大きな働きも備わっていたわけである。

追記

本稿は、昭和六十年三月二十五日付で福井県教育委員会・福井県立若狭歴史民俗資料館が発行した『若狭の田の神祭り―小浜市・上中町における農耕儀礼の調査報告―』の「概説」として執筆したものである。紙面の都合で書き得なかったことやその後の調査でわかったことなどについて、以下簡単に注記させていただくこととする。

注

（1）昭和五十九年、若狭歴史民俗資料館では文化庁の御支援を受け、同庁伝統文化課の天野武主任文化財調査官の御指導をいただいて、また民俗研究者小林一男氏（福井県文化財保護審議会委員）を始め九名の調査員の協力を得て、この調査を実施し報告書を作成発行した。

（2）年頭における農耕の予祝儀礼のことを多くの民俗学書では、「田打正月《たうち》」といっている。柳田國男著『分類農村語彙』にもあるとおり、この語が中国地方などで多く用いられているため、田打正月を代表名としたものに違いない。しかし、この「語彙」集を始め幾つかの民俗学辞典にも、「ツクリゾメ」という言葉があげられていない。若狭のほとんど全域で用いられてきた、この簡明で優雅な「ツクリゾメ」の存在を私は力説したいと思う。

（3）上中町天徳寺の三木治太夫家の実例。

（4）このとき、「田の神さまはオオグチが好きだ」といわれ、例えば「キンタマのツリソが切れて丹後の港へ流れた　それそこで受けておくれよ　丹後の港の舟の衆」とか「十七を（十七歳の娘を、の意）しっかり抱きしめ　森からカラスが　ばんばらばん」などいう唄も歌ったという。オオグチとは大口話のことで、国語大辞典によれば猥談とある。「エロチックな唄を歌うと米を沢山とらせてくださる」といわれ、また、「田の神様は美しい方なので小綺麗な服装でツクリゾメに臨むと豊作にして下さる」と言い伝えられてきたという。

（5）サブラキのサは、サナエ（早苗）・サツキ（皐月）・サオトメ（早乙女）などのサと同じで、「田の神のことであり、また、この神の霊力によって稔ると信じられている稲および稲作・稲霊をも意味する」（石上堅著『日本民俗語大辞典』）と解釈されている。若狭のサブラキは、他府県にも例の多いサビラキの転訛で、サビラキとは、「サ開き」すなわち田植えの始まりを意味する言葉と思われる。

（6）サビボキのことをサオリという所があり、これは「サの神の降り」て来られることを意味すると説かれているが、サノボリはサの神が田植えを終って天に上られることであるという（『分類農村語彙』そのほか）。すなわち、サナブリは、サノボリの転化と考えられる。

（7）『日本民俗地図Ⅰ（年中行事1）』文化庁編集などによる。

（8）昭和六十一年五月二十五日、小浜市本保では、約四十年ぶりに麦ワラで作った子供ミコシ行事が復興され、男女の小学生たちによって巡行が行われた。上中町（旧野木村）の老人たちの話により、上中町堤にも昔はこの子どもミコシ行事があったらしいことがわかった。

（9）小浜市和久里の「田の神祭り」のミコシは、昭和十年ごろまで「お川渡り」といって祭り本日の前夜、集落の側を流れる多田川に舟を浮かべてミコシを移し、青年会の連中が高張提灯をともして、笛太鼓の囃しで夜明けごろまで川を上下した（『若狭の田の神祭り』各説、小林一男執筆「和久里」参照）。これは和久里に隣接する小浜市上竹原に鎮坐される広嶺神社では、若狭一の大祭りといわれる祇園祭が行われ、神輿が御座船で南川を遡上し陸上をお旅もされた（木村確太郎著『若狭小浜の今昔物語』参照）という祭りの影響を受けているのでないかと想像もされる。「田の神祭り」のミコシ行事がある上中町日笠などでも、広嶺神社を氏神として祇園祭りが行われていること、上中町無悪の「ギオンサン」のことなどをも考え合せ、さらに「祇園信仰とは、元来は農村の虫害災疫を送り出し除く祭事である。田の神である須佐之男命を疫神圧報の神とする考えから、午頭《ごず》天王・武塔《ぶとう》神などを本地とする考えに変った」（石上堅著『日本民俗語大辞典』）という説もあることから、若狭の「田の神祭り」の子どもミコシは、少なくも祇園祭りと何らかの関係を有しながら成立されたものでなかろうかと臆測している。

（10）　謦咡の言葉の「しし」の解釈について、長年宮中に奉仕された歴史学者是澤恭三博士、近世国文学の中村幸彦博士、小学館日本民俗文化大系編集部の小林洋之助氏から、それぞれ貴重な御教示を賜り、子どもミコシの掛声の解明の参考ともさせていただいた。ここに記して感謝の意を表する。本居宣長は同じく『玉勝間』のなかで、「かたゐなかには、いにしへざまの、みやびたることの、のこれるたぐひ多し」とも言っているが、まことに古来伝承の民俗行事の貴さを痛感させられる。

十一　六斎念仏

若狭のお盆行事としてもっとも広く知られているものに「六斎念仏」がある。六斎念仏とは、しばしば「念仏踊り」といわれることもあるように、鉦（平たいタタキガネ）や太鼓（片手で持てる小さな）をたたき、念仏を唱えながら踊りを伴う形がよく見られる。しかし、六斎念仏は「南無阿弥陀仏」の念仏を中心とする信仰行事であって、厳密には「踊り念仏」と称すべきことが、最近の研究書にも説かれている。

宗教民俗学の五来重博士は、「踊念仏と念仏踊はカレーライスとライスカレーのように、まったくイコールというわけにはゆかない。（中略）初期の「踊る念仏」は、宗教的要素がつよかった。この段階では、踊念仏である。ところが、すべて踊や歌は宗教的発祥をもちながら、しだいにその要素を稀薄にして、娯楽的要素を濃厚にしてゆく。このような段階では念仏踊である」と述べられている（五来重著『踊り念仏』平凡社選書）。

また、「京都その他各地の六斎念仏は念仏が全く脱落してさかんに踊るので、六斎マンボなどと冷やかされている」ともあるが、若狭には本来の「踊り念仏」としての、きわめて宗教的な意義の強い六斎念仏が、今も多数の土地に受け継がれている。さらに過去に遡れば、現状の数倍の地にこれが存在したことが推定される。現在までに調査した結果によると、若狭で六斎念仏が「今も行われている所」は二十七箇所。六斎念仏と言わないが「同系統の念仏がある所」がほかに七箇所。「以前には確かに行われていた所」が八十一箇所。「昔はあったといわれている所」が二十箇所、となっている。

一概に六斎念仏、踊り念仏とはいっても、その形態は若狭だけを見てもさまざまである。国の選択無形民俗文化財となっている、上中町瓜生および三宅の六斎念仏などのように、鉦と太鼓と念仏に、しっかりとした踊りを

六斎念仏（瓜生）

伴うものもある。さらに、これに笛や道化役まで加わる小浜市神宮寺や西相生《にしあいおい》などの形もあるが、鉦・太鼓と念仏だけの所も多い。また、これが行われる時期は若狭全体を見ると、お盆がもっとも中心となっているが、お彼岸その他いろいろな時に行う所も少なくないし、一月十六日を「仏法始め」といい、この日に初めて六斎念仏または念仏行事の行われる所も多い。

　そもそも、六斎念仏とは、平安時代の初め延喜三年（九〇三）に生まれた空也上人が行った踊り念仏が、その始まりであるとされる。これは、念仏して往生できることを「歓喜踊躍」しての「踊り念仏」であるとも説かれているが、また「怨霊鎮魂」のために行われる咒術的舞踊であったとも解釈されている（前掲『踊り念仏』）。

　さらに、平安時代後期には、不世出の音楽的天才といわれる良忍上人が出て、「一人ハ一切人、一切人ハ一人、一行ハ一切行、一切行ハ一行」という阿弥陀如来の偈を感得し、一人の念仏と万人の念仏が一つに融通し合って、すなわち、一人の称名念仏がほかの一切の行を含んでおり、ほかの一切行が念仏の一行に収まっていて、大きな利益を受け、確かに極楽往生もできるとする「融通念仏」を始められた。そして「うたごえ運動」ともいわれる大勢で合唱する念仏を作曲されたという。

　その後、鎌倉時代には、この融通念仏が踊り念仏と結合して融通大念仏となり、日本全国に広がった。しかし、これが流行することによって俗化の弊害を生じたため、これを粛正して真面目な念仏に復古純化しようとする運動、持斎（精進潔斎）して念仏することがすすめられ、このことがもととなって六斎念仏が起こされた、といわれる。この時期に重要な活躍をされた方に、壬生《みぶ》狂言の創始者として知られて持斎融通大念仏宗を開かれた円覚十万上人（道御）、空也上人にならって踊り念仏を広くすすめた時宗開祖の一遍上人、京都の干菜《ほしな》寺系六斎念仏の開宗者である法如道空上人などがあり、六斎念仏の歴史のうえにも特筆される。

また、六斎念仏には、和歌山県や奈良県を中心とする高野山系統のものと、京都を発祥地とする空也堂系と干菜寺系のものがある、といわれている。干菜寺系の総本寺である京都の出町柳（現在、左京区田中上柳町）にある干菜山光福寺には、豊臣秀吉から諸国の六斎念仏講中を支配すべき免状が与えられており、全国多数の六斎念仏講中に免許を与えて、これらを支配してきた記録『六斎支配村方扣牒《むらかたひかえちょう》』がある。宝暦五年（一七五五）九月二十五日付のこの文書のなかに、若狭についてては「小浜柳町かけのわき町、若狭願勝寺支配下、講中四捨二ヶ所」と明記されている。江戸時代のその当時、干菜寺系の六斎念仏講が若狭にも多数存在したことがわかる。

ところで、六斎念仏は、この持斎念仏が仏教で身を慎しむべき日とされる、毎月の八・十四・十五・二十三・二十九・三十日の六日（これを六斎日という）に行われるということから、つけられた名称である。六斎念仏を六讃念仏など と書いたり、六人で行うからと解釈したりすることなども、ところどころで見聞するが、「六斎」の本来の意味は右の通りである。

なお、五来重博士は六斎念仏には、融通大念仏の踊り念仏が残った「踊る六斎念仏」と、融通念仏の伝統を受けた詠唱念仏、すなわち「うたう念仏」の二種があるとされる。そして、京都の六斎念仏講は、この二群から成り立っていることを例示されている。また、この二つが一村落に併存していた所もあると述べ、多くの人は六斎念仏と言えば「踊る念仏」の方を思うであろう、とも説いておられる。なるほど、たしかに若狭にもこの両者が存在しており、一集落の念仏講にこれが併存している場合がほとんどである。また、「踊る念仏」の方を六斎念仏（多くは「ロクサイ」とのみ言う）と考えているのが実態といえる。しかし、このように「うたう念仏」だけでも六斎念仏の系列に入るとの理解にしたがって、若狭の、そして高浜町の六斎念仏について調査を行った。

高浜町の六斎念仏

平成二年から六年度にかけて、高浜町の区長各位や多くの関係者の方々の協力を得て、町内全区（集落）の六斎念仏について、特にその分布状況を中心に調査を続けてきた。その結果によると、これが現在も行われている所は、馬居寺・薗部・上瀬の三箇所。過去に確実に存在した所は、和田（五区・六区）の北ノ町・中ノ町・南ノ町・車持・子生・中津海・横津海・関屋・蒜畠・六路谷・今寺・高野・中山・難波江・小黒飯・神野・神野浦・音海・日引・宮尾・下・鎌倉・山中の二十三箇所。昔はあったといわれるとの回答を得た所が、和田二区・岩神となっている。これは、若狭のなかでもほかの市町村に比して、その存在の度合いがもっとも濃密であったことが推察される。

次に、これらのなかで現在も行われており、文書の資料も多く伝えられている薗部を始めとして、高浜町の六斎念仏の実情を例示紹介することにする。

薗　部

当区では昔から六斎念仏があったと言われる通り、江戸時代の古文書も残されている。他の地区でも見られることであるが、六斎念仏の伝承・中断・復興が繰返されたことが明らかに知られる。おそらく戦争の影響と思われるが、昭和十六年から、それまでお盆の八月十四日に区の各戸を回って、六斎念仏を行っていたものが全戸巡回は中止され、墓地（寺院の前にある拝みの墓の卵塔場《らんとうば》と倉谷《くらたに》墓地と呼ばれる埋葬墓の二箇所）のみで行われることとなった。終戦後に、一時再興されたが中断。昭和六十一年から、現在の形に復興された。

ここでは高浜海岸の海水浴客の多い関係から、八月のお盆が十日ばかり遅く行われているので、六斎念仏は今では八月二十三日となっており、当区民の菩提寺である正善寺（臨済宗相国寺派）で行われる。この日、午後六時ごろから始められるが、まず寺院の玄関前にて住職に向かって六斎念仏をし、次に寺院境内にある先祖たちの墓（卵塔場）に対し、続いて無縁墓の前でも行う。その後、本堂の前にて本尊十一面観世音菩薩像に向かって六斎念仏を行い、最後に本堂内にて融通和讃を唱える。また、一般に八月二十三・四日に行われる地蔵盆を、ここでは九月二日に行い、その日の午後六時から、中ノ堂地蔵堂と西ノ町地蔵堂などで六斎念仏を奉納する。

さらに、お盆だけでなく、正月後半に催す仏法始めを最初として、釈迦入滅の涅槃会（二月十五日）・春秋の彼岸会・降誕会（四月八日）・達磨忌（十月五日）・成道会（十二月八日）に、六斎念仏と融通和讃の詠唱が行われる。現在十数名の熱心な同行者（六斎念仏講員）によって行われている薗部の六斎念仏は、紋付羽織に白足袋まで着用したその服装から見ても、また、この回数から考えても、きわめて丁寧に行われていることを痛感させられる。

薗部に伝わる『念佛、踊歌集』のなかに、昭和五年二月十六日、枡田茂氏の筆写として、「念仏目録」が掲げられており、それには冒頭に「発願文」、以下「志録《しえん》」「白米《はくまい》」「幽通和讃」「心経」とある。発願文（ここではホツガンブンといわれているが、仏教語であるので一般にはホツガンモン）は、今も薗部の六斎念仏の一番初めに唱和される（この場合、鉦も太鼓も伴わない）。

この発願文は、今から千三百年余り前に、浄土教の大成者といわれる中国（唐）の善導大師が著作された『往生礼讃偈』のなかにあるものである。薗部の「念佛集」にもその全文が書かれているが、現在の講員にも文字や読みに解り難い所があり、正確なことを知りたいとのことであった。そのため、ここには「大正新脩大蔵経」から、その確実な全文を抜萃して掲載することとする。その読みは、浄土宗（総本山知恩院法務部校閲）の経典を参考にして付記する。

発願文《はつがんもん》

願弟子等《がんていしとう》　臨命終時《りんみょうじゅうじ》　心不顚倒《しんぷてんどう》　心不錯乱《しんぷしゃくらん》　心不失念《しんぷしつねん》　身心無諸苦痛《しんじんむしょくつう》　身心快楽《しんじんけらく》　如入禅定《にょにゅうぜんじょう》　聖衆現前《しょうじゅげんぜん》

乗仏本願《じょうぶつほんがん》　上品往生阿弥陀仏国《じょうぼんおうじょうあみだぶつこく》　到彼国已《とうひこくい》　得六神通《とくろくじんずう》　入十方界《にゅうじっぽうかい》　救摂苦衆生《くしょうくしゅじょう》　虚空法界尽《こくうほうかいじん》　我願亦如是《ががんやくにょぜ》

発願已《ほつがんに》　至心帰命阿弥陀仏《ししんきみょうあみだぶつ》

この発願文に続いて、前述の通り「念佛集」には、「志縁」「白米」があり、その内容は両者とも「南無阿弥陀仏」の繰返しとなっている。しかし、その微妙な節まわしが難しくて、薗部では現在はこの二つは詠唱されていない。この「志縁」とは、大飯町父子《ちちし》や上中町海士坂《あまさか》などで「シセン」と呼ばれ、多くの所で「シヘン」と称されているものと同じと思われる。五来博士の『踊り念仏』には、「四編《しへん》」はナムアミダブツの旋律を四句ずつ一節としてうたうもの、「白米」は「白舞《はくまい》」であり本来は「白毫舞《びゃくごうまい》」であったと推定される、と説かれている。また、この「念佛帳」の目録と内容の題名にも、「幽通和讃」と書かれてあるものは、言うまでもなく「融通和讃」のことである。

薗部の六斎念仏講中には、実際にテキストとして別筆の「融通和讃」が所持されている。題名は「融通念仏」となっており、その全文は次の通りである。

光明編照　十方世界念仏衆生　摂取不捨の光明は　念ずるところを照し給ふ　観音勢至の来光は　声を尋ねて迎ひ給ふ　日々不断の唱名は　胸の蓮華も開くなり　ゆうや歓喜の涙には　明火の焔も消ゆるべし　一念弥陀の功力《ク》には　無常の罪を消滅し　前には無為の楽を受け　後生は清浄土に生し　諸行無常の鐘の声　生死の眠りを覚すなり　是生滅法春の花　島のれんだに咲きにほい　生滅滅已の秋の月　平等利益の光あり　寂滅為楽の玉の湯が　浄土へまいるもじきしょうなり　煩悩法鼓《ボンノウホウク》も弥陀共に三徳秘蔵の妙利あり　三界車の輪の如く巡りて三途の苦を送る　上は雨鳥の雲の上　下は奈落の底までも　光明遍く念じては　黒闇地獄を照し給ふ　扨願はくば弥陀如来　我等を捨つる事勿れ　獄中悪人弥陀方便　宥恕弥陀徳　しょう娯楽　偏に阿弥陀を念ずるならば安楽国に往生する

融通念仏　南無阿弥陀ハア

　南ーーアンブウ　南ーーアンブッ　（以下、繰返し）

きわめて名文のこの「融通和讃」（「融通念仏」とも題されている）は、若狭の各地や遠く奈良県のところどころなどにも伝わっている。高浜町では、薗部以外にも恐らくこれを伝えていた所があったに違いない。これも元来は口伝えされて来たものであり、その字句や読みに部分的な変化（転訛）不同が見られる。右は薗部で現在用いられているものを、そのまま紹介したが、「観音勢至の来光」の「来光」は「来迎」、「日々不断の唱名」の「唱名」は「称名」と考えられること等々、漢字また仮名づかいにも混乱が認められる。しかし、これは決して薗部だけのことでなく、他所においても同様の現象である。今のところ、完全な原文はどこにも見つかっていないが、各地の融通和讃の微妙な変化を比較照合することなどによって、その原形に近づくこともできると思われる。以上は、すべて鉦に合わせて詠唱する（うたう）念仏であるが、いわゆるロクサイ（踊る六斎念仏）についても、「ツッテーテテテー　テーツ　テツルツ……」などと、鉦・太鼓を叩くための覚えともいうべき唱え言が定まっており、これも今は記述されたものがある。そして、この踊る六斎念仏のなかにも、南無阿弥陀仏の称名の他に、次のような和讃が入っている。

摂取不捨ノ光明ハアンノン　念ズル所ヲ照シ給ウ　観音勢至ノ来迎ハ　声ヲ尋ネテ向イ給ウ　ニシキハ往生ニ叫ブ花　散レドモ更ニ時シラズ　時は桜ノゴショナラバ　春トモ秋トモ　時知ラズ

然《シンカル》ニ阿弥陀ノ常道ハ　観音ゲ利益二人ガ心シテ　寿命モ無命ニ長ケレバ　楽シミ好キスル事モナシ　娑婆ノ夕日ハ西ニ入ル　ミクロノ朝日ハ未ダ出デヌ　ツテーテテー　其ノ間ノ幽夜ノ暗キオバ　阿弥陀ノ光デ照シ給ウ　今此ノ娑婆ハ花ノ春　紅葉ノ秋ハ此ノ頃ト　カーンノーン　ゴークラークノ　オンデーオンバー　ツツテーテテー　イーカデナラズバ　オオズベシ

これら二章の和讃は、長年の口承の間に相当な転訛が生じており、その原文を想像すらできない箇所が少ない。これは若狭各地の六斎念仏講においても同様で、さまざまな変化を見せているが、たとえば「娑婆ノ夕日ハ西ニ入ル……」とあるのは、「釈迦の夕日は西に入る、弥勒の朝日はまだ出でぬ」に違いないと推定できるように、それらの変化を比較研究することなどによって、尊び伝えられてきた和讃の真意が、より明らかとなることであろう。

なお、薗部の六斎念仏講には、仮名書きの「発願文、融通和讃」と、「念仏講願書」という古文書が什宝として伝えられており、正善寺に保管されている。前者の内容は既述の発願文および融通和讃とおおむね一致している。後者は「嘉永七年（一八五四）七月日付」のもので「乍恐奉願上口上之覚」とされている。この内容は、「村にとって大事な念仏（六斎念仏）が中断していたが、我々は励まし合って稽古し、ようやく口真似できるようになった（復興した）。村の安全守護と念仏の続行のため、講料（助成）をお付け下されたい」との願い状である。この文書の裏面には、念仏講中に対し、「右書之通り惣方相談之上、毎年米弐斗宛可レ渡者也」と記し、庄屋二名組頭二名の署名捺印がされている。このような事実は、若狭の他の村でもあったかも知れないが、かかる文書の現存するのは全国的にも珍しく貴重であると思われる。

馬居寺

ここは、重要文化財の馬頭観世音をまつる馬居寺（高野山真言宗）を集落名としているが、八月十四日の午後二時ごろから行われる六斎念仏も、まずこの観音堂（本堂）の前から始められる。続いて、その境内の一隅にある鎌倉時代以来といわれる石仏群の前、次に村の墓地、そして大日如来などをまつる馬居寺の庫裡の前でも奉納される。その後、集落の全戸を回って、家の外から、またはなかに上がって、仏壇に向かい六斎念仏が行われる。

各戸から一人ずつ参加し、鉦が三人、太鼓が二人との役割があり、太鼓には躍りの所作が伴っている。念仏の長さは十分間ばかりであり、戸数は全部で八戸に過ぎないが、短時間・小集落ということを感じさせない迫力をもって丁寧に続けられている。また、秋の彼岸の中日にも、夜八時ごろから観音堂のなかと、庫裡の仏間の前でも六斎念仏がある。一月十六日には仏法始めとして、馬居寺の庫裡で六斎念仏と百万遍の数珠《じゅずく》繰りが行われる。

ここの六斎念仏においても、鉦と太鼓に合わせ「南無阿弥陀仏」の繰返されるなかに、薗部などと同様に二章の和讃が詠唱される。その詞章は、次の通り書き留められている。

専修者之光明には　念ずる所を照し給う　観音勢至の来迎は　声を訪ねてむかえのもしちりの方丈の酒の花
散れどもさわらぬ時知らず　時は影葉のごじょなれば　春とも秋とも思うべし
せんしかる弥陀の浄土には　けいりゃく二人の所にて　寿命がむように長ければ　楽しみつきする子供が　し
まこのしゃーばの花の春　もみじの秋のそのもとに　歓喜極楽におりおんば　いるかを並べておもうべし
しゃかの入日は西に入る　みろくの朝日はまだ出てぬ　そのまの常夜の暗きをば　阿弥陀の光で照らし給う

上　瀬

上瀬は、六斎念仏が濃密に分布した若狭西部地域のもっとも西北端に位置する。ここにも伝承されてきた六斎念仏は、戦争が激しくなって中断した。戦後は、古老の記録を頼りに録音を取り、これをかけることによって六斎念仏の代りともしていた。しかし、今から四・五年前よりこの復興に努め、練習を重ねて一曲だけながら、鉦・太鼓と共に念仏の詠唱ができるようになった。

ここでは、一月十六日の仏法初めと、八月十六日に、現在十八戸ばかりとなった家を順次にその日の宿とし、全戸から一人ずつ（戸主）が出席して念仏講を開き、六斎念仏を行っている。これには、若狭の他所と異なる少し大型の締め太鼓一箇と、「文政二年（一八一九）己卯七月十五日施主当村若連中、江戸西村和泉守作」の銘が入った鉦二箇が用いられている。この鉦の銘にも見られる通り、以前は村の若者連中（小若、中若、大若）たちによって、六斎念仏が行われていた。

近年、古老の録音から復元して念仏の記述が行われたが、これは薗部・馬居寺のロクサイのなかにあったものと同様で、上中町瓜生などで称される「光明和讃」に相当し、「セイシュシャの功名は…」（薗部や瓜生では「摂取不捨の光明は…」）と、「シン光るアミダの常道は…」（瓜生などでは「光る阿弥陀の浄土には…」）の和讃がある。中断するまでは、曲目もシヘン・ハクマイ・ヒトツカネ・歌念仏・ロクサイなどがあったといわれる。現在復興されているのは、そのなかの歌念仏のみで、今は五分間ほどのものであるが、その護持伝承しようとする熱意と努力は大いに尊重されるべきである。

子　生

すでに止めてしまっているが、以前には確かに六斎念仏の行われていた所、また昔は存在したと言われる所は数多くあり、地名は前述した通りである。それ以外にも今は忘れられているが、かつて行われた所はもっとあると推測される。これらのなかで、子生のように念仏帳をしっかりと残し、その念仏や六斎の唱え言と行事が、今も健在の経験者たちによって、詳しくわかる所もある。

昭和二十九年に先輩から習い、その時に書写し記録された念仏帳『念佛六斎汁念仏』（吉田豊氏筆）によると、「四変、其の一～四」「一ツ鐘、其の一～三」「もんだ」「なんも」「ほへほへだあ」「なんぶ」「だぶつ」「なむつ」「ゆづくり」「ほんほへどを」「いんや」の各小題があって、それぞれ念仏が書かれ、これらを合わせて「汁《しる》念仏」といったことがわかる。

続いて、「発願」として「がんれいしんとん……」が仮名書きされている。さらに、最後に「豆《まめ》六斎」「歌《うた》六斎」があり、豆六斎には念仏と太鼓に合わせた唄え言が書かれ、歌六斎には南無阿弥陀仏の念仏の繰返しのなかに、「せいしふしやの光明は…」などの和讃も収められている。

ここには、これ以外の資料を記載し得ないが、高浜町内には、現存する馬居寺・薗部・上瀬の三箇所や、かつて存在した子生などと同様の六斎念仏が、広く行われていたに違いない。いつか五来重博士は、若狭の六斎念仏の分布をみて「日本一だ」と称賛されたが、なかでももっとも濃密にこれが伝承されていたと考えられる高浜町一帯の、念仏やロクサイの歴史を、今後さらに少しでも詳しく調査し記録していただけたら、仏教史や芸能史研究のうえにも誠に幸せであると思う。

なお、高浜町のみならず若狭全般では、六斎念仏は先祖の霊の供養のために行われており、葬儀の時などには亡くなった方の冥福を祈って行われていることが、共通した理解であり念願でもある。また、若狭各地の六斎念仏には、各念仏の詠唱の後に、必ず回向文が唱えられる。これも口伝えであり、うたわれているものであるため、原形がわからぬほどに変化している場合がほとんどである。これも既述の発願文と同じ唐の善導大師が、その著述『観無量寿仏教疏』に書かれているものであるので、同書からその原文を抜萃して最後に掲げ、拙稿「六斎念仏」の結びとさせていただく（読みは浄土真宗の慣例を参考とした）。

回向文《えこうもん》

願《がん》似《に》此《し》功《く》徳《どく》

平等《びょうどう》施《せ》一切《いっさい》

同《どう》発《ほっ》菩《ぼ》提《だい》心《しん》

往生《おうじょう》安《あん》楽《らく》国《こく》

十二　若狭の六斎念仏調査

若狭はよく民俗の宝庫といわれ、我々もまたそのことを常に強調している。元日から大年（大晦日）まで、年間を通じて年中行事や祭礼には注目されるべき貴重なものが少なくない。特にほかの例と同様に、正月と盆には集中して多くの行事が見られる。そのうち、若狭のお盆行事としてもっとも広く知られるものに「六斎念仏」がある。

六斎念仏とは、「踊り念仏」の一種といわれる通り、鉦（かね・平たいタタキガネ）と太鼓（片手で持てる小さな太鼓）を叩きながら念仏を唱え、これに踊りを伴う例がもっとも多い。しかし、若狭の一円を見てもその形態はさまざまで、さらにこれに笛が加わったり、道化役の出るものまでがあり、また、鉦と太鼓と念仏だけになっている所などもある。六斎念仏の名称は、毎月の八・十四・十五・二十三・二十九・三十日を六斎日といい、身を慎むべき日とする仏教の古くからの戒めがあったが、この日に行われる念仏行事ということで六斎念仏と称されるものになった、と解釈されている。

六斎念仏の始まりは、平安時代中期の僧である空也上人（九〇三〜九七二）の踊り念仏にあるといわれ、鎌倉時代の『一遍聖絵』には「抑踊り念仏は、空也上人、あるひは市屋、あるひは四条の辻にて、始行し給ひけり」と見えているという。その後、平安時代後期に音楽的天才ともいわれる僧、良忍（一〇七三〜一一三二）が出て「うたう念仏」の融通念仏が始められた（作曲された）。さらに鎌倉時代の道御（一二二三〜一三一一、円覚十万上人）や一遍上人（一二三九〜一二八九）などによって「踊り念仏」が進められ、「うたう念仏」と「踊る念仏」の結合した融通大念仏が、日本全国に広まったと言われる。しかし、その俗化による弊害をも生じたため、持斎（潔斎）して念仏することの必要が説かれ、ここに成立したのが「六斎念仏」であるという（五来重著『踊り念仏』平凡社選書ほか）。

五来重博士によると、六斎念仏には二種あり、その一つ「踊る六斎念仏」は融通大念仏の踊念仏が残ったもので、多くの人は六斎念仏と言えばこの方だと思うだろうと言い、今一つは、融通念仏の伝統を受けた詠唱念仏（うたう念仏）の六斎念仏がある、とされている。また、この「うたう念仏」と「踊る念仏」が一村落に併在していた所もあり、この場合、踊る方が立念仏衆《たちねんぶつしゅう》、うたう方が居念仏衆《いねんぶつしゅう》と呼ばれ、京都の六斎念仏講はこの二群から構成されている、と述べられている（同上『踊り念仏』）。

若狭の六斎念仏も念仏講の講員によって行われているが、上記と同様に「踊る念仏」と「うたう念仏」があり、それが続けて行われていても、踊る方を「六斎念仏」と言い、うたう方を六斎念仏ではないように考えられている場合が多い。したがって、鉦だけを叩いて念仏を唱える所では、同じ念仏和讃がうたわれているにも関わらず、六斎念仏と無関係と考えている例もある。しかし、五来博士の解説どおり、これらも六斎念仏の一つにいれて考えるべきであろうと思う。

次に、六斎念仏には京都に伝承されるものと高野山系のものがあり、京都では空也堂系と干菜寺系のものがあって、これらの三つが現在にも伝わっているとよく言われる。そして、若狭に分布する六斎念仏についても、これまで、その系統を探ろうとする試みや、特に京都の六斎念仏が伝わったにしても、どのような経路を通り、また何時代に伝来習得されたのかについて、ある程度の考察はされてきたが、いまだ仮説憶測の域を越えるまでにはいたっていない。残念ながら、その系統・経路・時代について、今の私にもこれを云々するだけの研究も学習もできていない。今後の調査、学習、研究に待つばかりであると言わねばならない。さらに、六斎念仏の歴史そのものについても、五来重博士の「融通念仏・大念仏および六斎念仏」（『大谷大学研究年報』第一〇集、昭和三十二年）を始めとする多くの著述に改めて学ぶべきであり、また、藝能史研究会編（昭和五十七年改版）『京都の六斎念仏』に収められている、植木行宣氏や山路興造氏などの優れた論文などを大いに参考にされるべきであると思う。

以上、「六斎念仏とは」という一般的な概要を述べたに過ぎないが、それを序文として、続いて若狭歴史民俗資料館が平成二・三年度の事業として、さらに今日までの補足を行いながら続けてきた「若狭の六斎念仏」（特にその分布）調査について、ここに結果を簡潔に取りまとめ発表させていただく。

「若狭の六斎念仏」調査方法と次第

平成二年七月二十八日付、若狭歴史民俗資料館長名で若狭地方一市五町一村の全集落区長（集落の分かれている所へはそれぞれの長）宛に、調査協力のお願い状と左記の内容の調査表を発送し、回答を依頼した（なるべく易しい設問とするよう心がけた）。

六斎念仏調査のためのお尋ね

A．あなたは、「六斎念仏」のことを聞いたり見たりされたことがありますか（おそれ入りますが合う条項の番号に○をつけてお答え下さい）。

1．直接見たことがある（区内外のどこかで）。
2．テレビ・新聞などでは見たことがある。
3．人の話には聞いたことがある。
4．見たことも聞いたこともまったくない。

B．あなたの区に昔から六斎念仏はなかったでしょうか。

1．今もある（お盆などに行われている）。
2．以前には確かにあったが、今は行われていない。
3．昔はあったといわれている。
4．昔から全然なかったということだ。

5．昔からあったのか、なかったのか、わからない。
6．くわしくはわからないが、念仏に使ったらしい小さな太鼓や鉦がお寺などに残っている。
C．六斎念仏は、村によっては「男念仏」とか、「大《おお》念仏」などといわれていることもあります。あなたの区には、次のようなことがないでしょうか。
1．「男念仏」といわれるものが今もある。
2．「男念仏」が以前（昔）にはあった（ということだ）。
3．「大念仏」といわれるものが今もある。
4．「大念仏」が以前（昔）にはあった（ということだ）。
5．「融通念仏」が今もある。
6．「融通念仏」が以前にあったということだ。
7．男念仏・大念仏・融通念仏など、なにもなかった。
8．男念仏・大念仏・融通念仏など、あったかどうかわからない。
（御婦人たちの「梅花講」や「御詠歌」は別のものですので対象外とします）。
D．以上お尋ねしました六斎念仏や男念仏などについて、あなたの区内で直接関係しておられる方、または一番詳しいと思われる方のお名前（なるべく電話番号も）をお教え下さい。
E．あなたの区内に存在するお寺の名と、できれば宗派をお教え下さい。
F．あなたの区で、幸い今も六斎念仏などが続いており、お盆などに行われているようでしたら、できればその日時などもお教え下さい。
G．そのほか、この調査に参考とさせていただけるようなこと、何でも御記入、御教示下さい。

以上のような質問表をお送りしたが、その数は美浜三七、三方町五九、上中町三九、名田庄村一八、小浜市一四六、大飯町五〇、高浜町五九で、合計四〇〇通となった。回答は初年度にもっとも多かったが、次年度にもおよび、未回答の場合は新しい区長に改めてお願いをした。

この通信調査は、区長に直接電話照会をしたり、区長から紹介を得た詳しい方の教示を仰ぐなり、補充を続けたが、その回答結果は次の通りであった（ここには平成五年度現在における全域の集計のみを示す）。

回答数集計

A. 1. 一五四　2. 一三五　3. 一一〇　4. 二五

B. 1. 二七　2. 七九　3. 二四　4. 一三八　5. 一〇一　6. 一六

C. 1. 九　2. 二二　3. 四　4. 六　5. 一〇　6. 三　7. 八〇　8. 一〇七

（注．A．には重複する回答もあり、B．C．には、回答のない場合もあるなどにより、各項目での合計は、必ずしも四〇〇箇所にはなっていない）。

これらのなかでもっとも重要な質問事項はB．であり、特に1．「今もある」、2．「以前には確かにあった」、3．「昔はあったといわれている」に大きな期待をかけたことは申すまでもない。その結果をここに列挙すると、次の通りである（市町村は若狭の東から西へ、集落の順序は行政上の慣例にしたがって記述した）。

1．六斎念仏が「今もある」所

三方町横渡・井崎・黒田・三方・河内

上中町三生野・長江・瓜生・三宅

小浜市阿納尻《あのじり》・仏谷・羽賀・奈胡・奥熊野・次吉・高塚・神宮寺・西相生・上田・法海《のりかい》・上加斗・岡津
大飯町鹿野・父子
高浜町馬居寺・薗部・上瀬

（以上二七箇所）

2.「以前には確かにあった」所

美浜町松原・麻生
三方町岩屋・田上・田井野・向笠
上中町海士坂《あまさか》・無悪・三田・安賀里・有田・神谷・日笠・杉山・堤・兼田・下野木
名田庄村虫鹿野（現、下久多の内）
小浜市加尾・若狭・堅海《かつみ》・泊・犬熊《いのくま》・矢代・田烏・口熊野・栗田・竹長・本保・四分一・三分一・池河内・金屋・下根来・中ノ畑・府中・尾崎・須縄《すのう》・谷田部・小屋・和多田・荒木・下加斗・鯉川
大飯町笹谷・岡安・神崎・広岡・万願寺・野尻・芝崎・山田・岡田・小堀・長井・犬見・河村・宮留
高浜町浦和田区の北ノ町・中ノ町・南ノ町（現、和田五区六区）・車持・子生・中津海（現、中寄の内）・横津海・関屋・蒜畠・六路谷・今寺・高野・中山・難波江・小黒飯・神野・神野浦・音海《おとみ》・日引・宮尾・下・鎌倉・山中

（以上八一箇所）

3.「昔はあったといわれている」所

美浜町早瀬・久々子
三方町能登野・相田・伊良積

上中町大鳥羽・麻生野《あその》・井ノ口
小浜市大宮・阿納・龍前・東相生・深野
大飯町川上・福谷・西村・日角浜《ひつはま》・脇今安《わきいまやす》
高浜町和田二区・岩神

（以上二〇箇所）

この調査結果から見て、若狭において過去現在に六斎念仏が確実に行われていた所は、一〇八箇所となる。さらに、質問Cに対して、1.「男念仏というものが今もある」との答を得た三方町藤井・小浜市下加斗（Bの2に既出）、5.「融通念仏が今もある」と答えられた美浜町麻生（Bの2に既出）・坂尻《さかじり》・三方町北前川・気山の市《いち》がある。五来博士の解説によると、これらも六斎念仏のうちと考えることができる。また、同じく六斎念仏と同系統のものである「大念仏」について、4.「大念仏が以前にはあった」との確実な回答が、美浜町新庄・小浜市志積から寄せられている。私は五来博士の論文にある「大念仏」を「だいねんぶつ」とばかり読んでいたが、この新庄や志積では、「おおねんぶつ」と呼ばれてきたという。五来博士の説かれる大念仏も、本来これは「おおねんぶつ」であるのかも知れない。なお、大念仏が止んだという美浜町新庄では、今も法要や講などのときに、「小念仏《こねんぶつ》」が唱えられているが、その念仏が「光明遍照十方世界念仏衆生……」で始まり、「願以此功徳……」で終ると言われる。これは、若狭各地の六斎念仏のなかで詠唱されるものと全く同じであるから、ここも六斎念仏現存の一箇所と見てよいのではないかと思う。以上を重複せぬようにまとめると、現行の所は三四箇所、過去現在を通じて確実に存在したと見なし得る所は一一四箇所（集落、または組）となる。これに、昔は行われていたとの聞き伝えを有する所の二〇を加えると、若狭において一三四箇所に六斎念仏が存在したことになる。ほかにも今は忘れられているが、そのために用いられたと思われる太鼓や鉦の残っていた所（美浜町野口・上中町上野木・小浜市加茂・上根来《かみねごり》・伏原）もあることなどから、六斎念仏の行われた所がおそらくもっとあったにちがいない、と推量される。若狭の六斎念仏の分布を見て「日本一だ」と言われた五来重博士のお言葉は、必ずしも過褒に終ることではないであろうと思う。

さて、この六斎念仏調査は、決して通信に頼るだけでないことはもちろん、それ以後も今日にいたるまで補充調査を繰り返してきたし、特に現行の所を対象に可能な限り現地採訪を行った。六斎念仏がもっとも盛んに行われるのは八月のお盆であり、しかも同時日に行われることが多いので、この現地調査には当館の全員の協力出動をも得て、ビデオ・写真・録音・聞き取りのため、東奔西走の調査をしていただいた。そのため、現行二七＋七箇所のうち、わずかの集落を除いて大部分の現地調査ができたことは、まことに幸いであった。数年前まで行われていた六斎念仏が調査に赴こうとすると止めてしまった所や、内容もだんだんと省略化されている例が少なくない。かかる意味からも、今回の調査資料は、将来にとって有意義なものとなるに違いない。

上述の通信調査で、今一つとくに留意したこととして、各集落の仏教（寺院）の宗派がどうであるかということがある。区長各位の回答に補足調査を加えたその結果は、左記の通りであった。

「六斎念仏」が今もある所

　　曹洞宗　一六、臨済宗　七、真言宗　三、曹洞宗・真言宗　一、計　二七

「六斎念仏」が確かにあった所

　　曹洞宗　四一、臨済宗　三五、真言宗　三、曹洞宗・真言宗　二、計　八一

「六斎念仏」が昔はあったという所

　　曹洞宗　一二、臨済宗　六、真言宗　一、浄土宗　一、計　二〇

このほか、「男念仏・融通念仏・小念仏が今もある所」、「大念仏があった所」、「太鼓や鉦の残っていた所」の計一一箇所についても、結果はすべて曹洞宗であった。

以上の寺院宗派のなかには、集落内に今は寺院がなく、他地域の寺院檀家となっているいくつかの事例もあるが、その場合には現在所属されている寺院の宗派を掲げた。また、一集落に関して宗派の異なる寺院の存在することも珍しくないが、そのときには、寺院またはその檀家が六斎念仏に関係していると判断される寺院の宗派をあげた。それが共存している場合には、現在の檀家数が多い宗派を先にして併記し、一応無関係と思われる寺院については記載しなかった。

桜井徳太郎博士の『神仏交渉史研究—民俗における文化接触の問題—』（吉川弘文館、昭和五十四年四版）の中には、若狭の六斎念仏について述べられているが、その註記に「郷土研究家、永江秀雄氏の詳細な調査によると、現在の六斎念仏執行地域のなかには真宗・浄土教系寺院は、むしろ少ないという（永江秀雄「若狭の六斎念仏」福井新聞、昭和三十七年五月十九日夕刊）」とある。これは、私が昭和三十六年の夏から始めた若狭の六斎念仏調査の一応の結果を、福井新聞に寄稿したものを御覧になっての紹介である。また、桜井博士（当時、東京教育大学助教授）は、昭和三十九年に和歌森太郎団長のもとに行われた若狭地方の民俗綜合調査に参加された（和森太郎編『若狭の民俗』吉川弘文館、昭和四十一年）が、このとき私は上中町瓜生の六斎念仏調査の御案内をし、直接お話申し上げたことでもあった。

桜井博士も述べられているごとく、六斎念仏とほかの仏教宗教との関係に以前から注意してきたので、今回の資料館での調査項目にもこのことを入れておいたしだいである。やはり、従来の調査からの予想は適中して、浄土真宗の寺院で六斎念仏が行われることは全くなかった。ただ、禅宗寺院と真宗寺院が併存する集落（上中町有田・小浜市東相生など）で、きわめて例外的に真宗の家の人も六斎念仏に参加した、あるいは参加したらしいとの回答が寄せられた。しかし、この場合にも、明らかに曹洞宗の寺院、またはその檀徒が中心であったことに違いはなかった。また、上中町安賀里のごとく曹洞宗の人のみで六斎念仏が行われ、真宗門徒は無関係であったことが明確な所や、今では伝承が定かでない美浜町早瀬のように、圧倒的な檀家数から見ても曹洞宗の方にこれが行われていたと推定できる事例もある。なお、小浜市谷田部には真言・臨済・日蓮の三宗寺院があるが、日蓮宗檀家は六斎念仏に関係しなかったという。そのほか、若狭には現在、日蓮宗・法華宗の寺院が三十数箇所が教えられるが、そのいずれからも六斎念仏の存在したことは報告されなかった。

六斎念仏においては、その信仰の中心が全く「南無阿弥陀佛」にあり、この称名の繰返しが念仏行事のほとんどを占めているとも言える。浄土真宗においても、まさしく阿弥陀如来信仰こそがその全てである。しかも、このもっとも近い立場にありながら、真宗寺院や檀家に六斎念仏が受け入れられていないのは何故か。一見不思議でもあるが、言うまでもなく、真宗においては蓮如上人の「御文章」にも繰返し説かれているがごとく、「一切の雑行《ぞうぎょう》・雑善《ぞうぜん》をなげ棄てて、一心一向に弥陀如来をたのみ参らせよ」と教えられ、ただ称名念仏のみに徹することとなっているからにほかならない。

ここで今一つ申し添えるべきこととして、浄土宗寺院と六斎念仏のことがある。浄土真宗のもととなったこの宗派においても、これまた阿弥陀仏を信じ称名念仏を中心としていることはいうまでもない。若狭の浄土宗系寺院は現在十例ほどのようであるが、今回の調査では六斎念仏との関係は確認し得なかった。ただ、特筆すべきこととして、次のようなことがある。

元禄六年（一六九三）ごろに著述された『若狭郡県志』（『越前若狭地誌叢書』下巻、杉原丈夫博士編・松見文庫）の寺院部（下中郡）願勝寺について、「小浜闕脇《かきのわき》町心光寺ノ東北ニ在リ、浄土宗也。昔斯ノ寺、小浜海畔ニ在リシノ時、湊寺ト称ス。其の後、此ノ地ニ移リ、改メテ湊山願勝寺ト号ス。開祖ヲ敬順ト謂フ。今、心光寺之末派也。寺僧毎歳七月十五日、十六日晝夜、小浜市中ヲ徘徊シ、鼓鉦ヲ鳴ラシテ頌ヲ誦ス。是ヲ六斎太鼓ト謂フ。或ハ六讃ト称ス。」（原漢文。以下同じ）とある。さらに、その「追加」の項目に再び願勝寺をあげ、「元禄年中自リ、六斎此ノ寺ヲ出デズ。偶々徒弟ノ者共、相集リ、毎年七月中、鼓鉦ヲ鳴ラシ処々徘徊ス。而後、専光寺モ六斎ヲ止ム。其ノ徒ヲ六斎坊ト称シ、処々ニ居住ス。而、専光寺ノ徒ト一ニ合ス。毎歳七月小浜其ノ外、処々ヲ徘徊シ、六讃ヲ勤ム。

其ノ中、又頭有リ」とある。

また、この浄土宗「専光寺」についても、「誓願寺之末寺也。（中略）寺僧毎歳七月十五日、十六日、六斎太鼓ヲ鳴ラシ小浜市中ヲ徘徊ス」、その「追加」に、「此ノ寺、享保年中、六斎ヲ止ム。委、願勝寺ノ条下ニ在リ」と見えている。しかし、現在では、願勝寺は心光寺（浄土宗）に、専光寺は誓願寺（同）に合併されて、元の位置には存在しない。若狭のこの地誌に残る六斎念仏の記録は、まことに貴重であるが、特に願勝寺についてはさらに次の事実が明らかとなっている。

よく若狭街道の到着点のように言われる京都の出町柳（京都市左京区田中上柳町）に、干菜山斎教院光福寺がある。これは既述した通り、京都に二系統あると言われる六斎念仏のうち、いわゆる干菜寺系の本寺そのものである。その昔、豊臣秀吉が鷹狩に来てこの寺に立ち寄ったとき、馳走もなくて乾菜（干菜）を食べていただいたところ、その気持ちを喜ばれて干菜山との山号を賜り、その後は俗に干菜寺と親しみ呼ばれてきたという。また、諸国の六斎念仏講中を支配すべき秀吉在判の免状を所蔵し、さらに遡って室町時代には、後柏原天皇から「六斎念仏総本寺」の勅号を賜ったという寺伝をも有することで知られる。

そして、この干菜山光福寺では、みずから諸国多数の六斎念仏講中に免許を与え、これらを支配してきたことが、同寺に伝わる『六斎支配村方扣牒《ひかえちょう》』に明らかである。過ぐる日、長年念願していたこの重要記録を、同寺に参上してついに拝見し撮影もさせて頂くことができた。これは「宝暦五乙亥歳九月二十五日改」のものであるが、そのなかには「小濱柳町かけのわき町、若狭願勝寺支配下、講中四拾二ヶ所」と明記されている。宝暦五年（一七五五）のその当時、若狭にはこの寺の支配を受けていた六斎念仏講が、少なくとも四二あったことが確かである。この四二箇所の内容がわかればいっそうすばらしいことであるが、その直前に書かれている「北庄下立矢町、越前東善寺支配下講中」も「三十六ヶ所」とのみあり、後続の「肥後熊本西願寺支配下」についても「七拾弐ヶ所」としか記されていない。

六斎念仏（三宅）

以上、六斎念仏の分布を主にして述べてきたが、さらに調査報告すべきことは多々ある。過去に存在し、また現存する六斎念仏は、若狭の各地ごとにさまざまな形を取っている。最初にも記したように、念仏に鉦、太鼓、踊り等を伴うものから、念仏と鉦だけとなっている所まである。また、太鼓を打ったり踊りを伴う六斎念仏（普通「ロクサイ」とのみ呼ばれている）にも種類があり、昭和四十七年に国の選択無形民俗文化財となった上中町瓜生と三宅のうち瓜生については、「一天《いってん》がえし・みだれ・ちどり・ごたん・かけかんじょう・しし・光明和讃」といわれる七曲があり、三宅については、「獅子《しし》・牡丹《ぼたん》・千鳥《ちどり》・柏分《かしわけ》・今《いま》ばい」の五種と「さん」がある。また、「うたう念仏」には、瓜生で「十三仏讃・四へん・はくまい・融通和讃・しばや和讃」の五種類があり、三宅では「門《かど》つき念仏・融通和讃・しばや讃」（現行は「門つき念仏」のみ）がある。

古くは全く口伝えで覚えられてきた各地の念仏や和讃とその節回しであったが、いつからか書かれた念仏帳を持たれている所もある。その調査にも努めてきたが、今のところは、とうていその全域について採取するにはいたっていない。一集落の同一の念仏講のなかにおいても、年代により写本により変化不同の見られることが通例でもある。私は今後とも個人宅に蔵い込まれている古い念仏帳をも探って、若狭の六斎念仏の全容をできるかぎり明らかにしていきたいと念願している。

念仏や、いわゆるロクサイの種類・順序・内容と曲節・踊り（身振り）についても精査すべきであるし、さらに、いつ誰が、どこで行う（行った）かということ、また、その村での六斎念仏の変遷や伝承についても当然調査してこそ、全体的な目的の達成となるであろう。しかし、これは決して容易なことではあるまいが。なお、既出『若狭の民俗』（和歌森太郎編）にも発表されているように、上田春美氏によって大飯町鹿野では六斎念仏の採譜が行われたし、現在も入江宣子氏などによって同様のことが進められているようでもある。若狭での現行の六斎念仏について、音楽の専門家により、広くこのようなことが実現されたら、この調査もいっそう完璧となるに違いない。

ここには、全くその一斑をとどめるに過ぎないが、これまで私が特に関心を持って探ってきた、念仏の和讃と経文について記述しておきたい。

私は昭和四十四年三月に、五来重博士のお勧めにより、大阪市東住吉区にある融通念仏総本山大念仏寺の機関紙『大源』第二十五号に、「若狭の六斎念仏」と題する一文を寄せさせていただいた。そのなかで、「もっと詳しい御報告をしなければならないが、今は省略して、特に私が深い感銘を受けているその念仏の一つ「融通和讃」を、瓜生の同行者の念仏帳から書き写しここに掲げさせて頂きたい」と前置きして、以下の一文を提出した。

融通和讃

光明遍照十方世界念仏衆生　摂取不捨の光明　念ずる所を照らしたまふ　観音勢至のらいこうは　声を尋ねてむかいたまふ　日々不断の称命に　むねん（むね）の蓮花も開くなり　ゆうやくくわんきの涙には　みょうくわのほのほも消ゆるべし　一念弥陀のくりきには　無量の罪も消滅す　げんにはむひの楽を受け　後生は生々どに生じ　諸行無常の鐘の声　生死の眠も醒すなり　ぜ生滅法春の花　しまれんだいに咲き匂ひ　生滅滅已の秋の月　平等利益の光あり　寂滅為楽の玉のゆか　浄土へ参るもしきろなり　煩悩ごおくも弥陀ともに　さんどくひそうの妙利あり　三界車の輪の如く　巡りて三ずの苦を受くる　上は浮世（うちよ）の雲の上　下は奈落の底までも　光明あまねくへんじては　極暗地獄を照らしたまふ　扨て願わくは弥陀如来われ等（われ）を捨つる事なかれ　極重悪人むだほうべん　ゆうしょう弥陀とく正極楽　ひとゑんに阿弥陀を念ずるならば　安楽国に往生する　融通念仏南無阿弥陀仏　なむあみだぶう　なむあみだぶつ　なむあみだぶ（以下、ゆづふねんぶつ・なむあみだぶつ、の繰返し等が続く）

（注）右は瓜生念仏講の同行者桜本孫市氏の手になる写本と、荻野安蔵氏所持の写本を校合し、前者を主として掲載したものである。漢字や仮名づかいの明らかに誤りと思われるものも、両者がともに同様の表記をしておればそのままにしたがい、あえて訂正を加えなかった。

と、報告している。

上中町瓜生の念仏講において、たいへんな名文で、まことに妙なるこの詠唱の調べを、年々幾回となく聴くうちに、私は強くこの「融通和讃」に心ひかれることとなった。それ故になおさら、このなかに出てくる意味不明の語句や、おそらく過誤（いや、訛語）と思われる言葉の解明を心がけるようにもなっていた。今回の資料館としての調査においても、また平成元年度に開催し、私の担当させていただいた若狭歴史民俗資料館の特別展「若狭の四季―年中行事と祭り―」の資料収集などに際しても、このことに留意せずにおれなかった。

上中町瓜生のほかにも、融通和讃の唱されてきた所は無論ある。平成二年以後、各区長からの調査回答のなかで、「融通念仏が今もある」（C―5）と答えられた所は、美浜町麻生・坂尻、三方町横渡・井崎・北前川・市・河内・小浜市岡津、高浜町薗部の九箇所。「融通念仏が以前にもあった」（C―6）という所は、小浜市上加斗、大飯町宮留、高浜町六路谷の三箇所であった。しかし、ここに答えられた「融通念仏」とは、「融通念仏、南無阿弥陀仏」の繰返し唱えられるものをいう場合も多く、必ずしも上述の「融通和讃」を意味していない。また、その逆もあり得るし、回答のなかった所でも、融通念仏や探し求めている融通和讃の存在していた所もあると考えられる。

これまでに、私のいう「融通和讃」の存在を直接に確認できた所としては、美浜町麻生（融通念仏）、新庄（ゆずわさん）、三方町井崎（融通念仏）、黒田（ゆうづうねんぶつ）、藤井（光明遍照念仏）、三方（融通念仏）、気山の市（ゆづの御和讃）、河内（融通念仏）、上中町杉山（融通念仏）、高浜町薗部（融通念仏）に、上中町瓜生（融通和讃）を加えて一一箇所となる。今後も調査によっては、さらに増えることと思われる。この融通和讃は、奈良市の三条町や大安寺、同県生駒市の乙田町《おとだ》や安堵町《あんど》東安堵の六斎念仏講にも伝わっていることが、『奈良市民俗芸能調査報告書』（奈良市教育委員会、平成二年発行）、奈良県教育委員会の鹿谷勲氏の発表や、さらには五来重博士の論文などに紹介されている。

今、これらの念仏和讃を拝見すると、若狭も奈良もその原文はまったく同一のものであったと判断される。そして、いずれも微妙な点で語句に少なからぬ異同が認められる。が、これは必ずや長年にわたる口承と伝播の間に、転訛や誤解を生じて今日にいたったものに違いない。若狭のところどころで、現在詠唱されているこの念仏（和讃）に不可解な言葉があるので、正しいことを教えてもらって改めたいとの声も聞かされている。この念仏和讃も、まさしく信仰行事であり、特にその伝承が大切であるので、簡単に誤りを指摘することなど厳に慎むべきことと考えている。しかし、念仏講によってはそれを求められている所もあり、また、行事とは一応関係なく融通和讃の素晴らしい原文を明確にしたいと切望するものである。

今の私には、その原本がどこにあり、どなたが作られたものかは、残念ながら想像もできないが、収集し得た融通念仏（和讃）を次々に比較し吟味してみると、多くの仏語を用いて構成されているこの和讃の本来の章句が、しだいに復元されてくると思われるのである。

言葉の分布を地理的に横に拾って行くと、いつしか縦に歴史的な変遷をも探り得るという、いわゆる言語地理学（方言地理学）の方法を、民俗研究にももっと採り入れるべきだというのが私の主張であり、融通和讃などの原文解明にも大いに役立つということが、私の信条でもある。

次に、六斎念仏が行われるとき、その最初に、または念仏の一種か二種が、あるいは幾種かが詠唱された後に、「発願文」または「発願経」と題する経文の唱えられる所がかなりある。しかし、上中町瓜生や三宅そのほか、少なくとも現在では全くこのことのない所も多い。平成二年九月、私どもは大飯郡高浜町薗部に赴き、正善寺（臨済宗相国寺派）で行われる六斎念仏を調査させていただいた。この時、その冒頭にこの発願文が唱えられた。鉦や太鼓は伴わず整然とした態度で、はっきりと口誦されたこの経文がきわめて印象的であったので、私は初めて「発願文」に強い関心をいだくこととなった。しかも、時々の中断を経たものの、六斎念仏の長い歴史を今に伝えるこの薗部の念仏講においても、上記の発願文のなかに、わからない言葉や不審な文字があるとのことであった。そのため、いっそうの興味をもった私は、すでに美浜町麻生の白井忠夫区長から送られていたほとんど完全な「発願経」などを手がかりとして、この経文の出典を探り続けた。

幸いなことに、浄土宗の在家向きに出版された経典のなかに、私としては初めてこの発願文の正確な全文を見出すことができた。さらに調べを進めると、この経文は中国唐時代の名僧であり、浄土教の大成者として知られる善導（六一三〜八一一年）の著作『往生礼讃偈』のなかにあること、すなわちその原典が確認できた。なお、善導大師を七高僧の一人と仰ぐ浄土真宗においても、今では特別の法要の時などに、『往生礼讃偈』のなかでこの「発願文」が読誦（詠唱）されていることがわかった。やはり、六斎念仏も真宗も同じ浄土教との思いを深くしたしだいである。若狭各地の念仏講に伝わっている発願文（発願経）は、これまた語句に変化をきたしているものが多いが、ここに浄土宗総本山の知恩院法務部で校閲され、日本佛教普及会から発行されている『浄土宗　発願文（音読・訓読）佛説阿彌陀経』により、その原文（音読）を掲げると次の通りである（一部は常用漢字に改めた）。

発願文

願弟子等　臨命終時　心不顛倒　心不錯乱　心不失念　身心無諸苦痛　身心快楽　如入
禅定　聖衆現前　乗仏本願　上品往生阿彌陀仏国　到彼国已　得六神通　入十方界　救
摂苦衆生　虚空法界尽　我願亦如是　発願已　至心帰命阿彌陀仏

この経典の校閲に当たられた浄土宗法儀司の宍戸栄雄氏の御教示によると、最初の句「願弟子等」の弟子は関東では「でし」、関西では「ていし」と読まれているとのことである。

なお、いずれの念仏講でも、各念仏の後に「願以此功徳　平等施一切　同発菩提心　往生安楽国」という回向文が誦されている。長年の詠唱が続けられている間に、語句や意味がよくわからなくなっている所が多いが、この浄土教系の回向文も、善導の『観無量寿仏経疏』にもとづくものである。

そのほか、六斎念仏の「踊るロクサイ」で唱えられる念仏和讃のなかに、たとえば上中町瓜生では「光明和讃」と名づけられているものが、各地のロクサイにも伝わっている。鉦と太鼓、あるいは踊りに合わせ、南無阿弥陀仏の繰返しの間に出てくる和讃であるが、「摂取不捨の光明は」で始まる章と、「光る阿弥陀の浄土は」で始まる章などがあるようである。これは、前述の融通和讃よりもいっそう転訛がはなはだしく、とても推定できない語句が多い。瓜生や三方町横渡などで「光る阿弥陀の」と唱える所が、三方町三方や高浜町薗部などでは「然るに弥陀の」となっていたり、相互の差異も少なくない。

最後に、五来重博士は、高野山系六斎念仏は高野山周辺から奈良県下一円に分布していて、お盆の精霊棚まいりと七墓《ななはか》参りをすませたあと、高野登りをする。そのときの讃が「いざや高野へのぼれよ（中略）、高野へのぼりて奥之院まいれば、右や左の高卒都婆、みな国々のなみだなるらん（後略）」で、もと高野山で曲譜の免許をうけたものらしい。高野山系にたいして京都には空也堂系と干菜寺系の二つの六斎念仏の流派がある、と述べられている（『日本庶民生活史料集成』第十七巻「民間芸能」解題、そのほか）。すなわち、高野山系と若狭のように干菜寺の『六斎支配村方扣牒』に収められているものなどとは、一応別に考えておられるようにみえる。しかしまた、「しかも京都周辺の空也堂系六斎念仏にも大和紀州の六斎念仏の曲の一部をたしかにもっており」とか、干菜寺系においても「その念仏詠唱にはやはり高野山系の六斎念仏の曲調の一部がのこっておる」とし、「高野山系、空也堂とともに、一つの源泉からながれ出たものと推定される」とも述べておられる（「融通念仏・大念仏および六斎念仏」）。今回の調査で三方町三方、藤井、上中町三生野などの念仏帳にも、五来博士の紹介された上掲の「高野登り」の讃と同主旨の念仏和讃が見出された。今、三方のものをあげると次の通りである。

いざや友だちゃ　高野へ参るよ
高野へ参りて奥の院を拝むよ
右も左も高卒塔ござる　皆国々の
阿弥陀なるほど　南無阿弥陀佛

藤井では「高野へ参ろよ、高野へ参りて」となっており、三生野では「高野へのぼりて」であり、「国々の阿弥陀」は「くにぐにの涙」となっている。

また、これも私の長く気づかなかったことであるが、五来博士が諸書に述べられているごとく、六斎念仏の曲名は「四遍《しへん》」「白舞《はくまい》」「阪東《ばんどう》」の三曲がもっとも基本であるという。「しへん」「はくまい」は、若狭の各地の詠唱念仏のなかに、必ずといってよいほど聞かれる。ただ、「おそらく関東の踊り念仏の曲がもととなって作曲されたため、この名があるのであろう」といわれる「阪東」について、私は知る所がなかったが、昭和三十九年に福井県無形民俗文化財に指定されている大飯町父子と鹿野の六斎念仏には、共に「ばんどう」と呼ばれる曲が今も伝えられている。これはおそらく「阪東」のことであろうと思われる。しかも、その内容が前述した瓜生の「光明和讃」などと同じであるらしい。しかりとすれば、「阪東」そのものが若狭に広く伝わっていたと考えられるのではなかろうか。「高野のぼり」のことと共に、ここに付記して、今後の研究の資としたい。

以上、いささか冗長にわたったが、資料館として平成二年以降に行った「若狭の六斎念仏調査」の現段階における結果報告とさせていただく。若狭全域の区長各位やそれぞれの土地から御回答をいただいた方々、この調査に従事してくださった諸氏に厚くお礼を申し上げる。なお、私は昭和三十六年から若狭の六斎念仏の調査を続けてきたがその間、各関係者から数々の御教示をいただいてきた。特に五来重先生から真に懇切な御高導をいただく幸運にも恵まれた。以上の皆様に深甚なる感謝を捧げずにはおれない。

十三　若狭熊川のてっせん踊

若狭の熊川（福井県遠敷郡上中町熊川）に、大正の初めごろまで「てっせん踊」という民踊があり、毎年お盆によく踊られた。熊川で今七十歳以上の老人に聞くと誰でもこの「てっせん踊」の名を知っているし、若いころ踊り興じたという八十歳・九十歳の老婆も生存している。しかし、残念ながら、数十年の歳月を経た今日、誰一人この踊りや歌唱をはっきり思い出すことができなくなっている。

今、古老の話を総合すると、この「てっせん踊」は、むかし京都の八瀬大原から伝わったと言い伝えられ、特にその音頭は優雅で、比較的ゆるやかな踊りであったらしく、ある老人は、京のお公家さんの踊りを想像させるような踊りだったとも言っている。また、踊り（音頭）の最後にナムアミダ仏の繰返しが入るので、念仏踊とも言われ、いかにも盆踊りにふさわしかった。江州音頭の流れを引いている現存の熊川音頭が、一人の音頭取りを中心に大太鼓・三味線に合わせて賑々しく踊られるに対し、「てっせん踊」は楽器を一切使用しなかった。踊りの輪の真中に五人ぐらいの音頭取りが床几に腰を掛け、声を合わせて音頭を取った。また、踊りの輪のなかにも数人の音頭取りがいて踊りながら声を合わせた。なお、中央の床几には角樽を据え、酒を杓飲みしながら音頭を取るのが慣わしであった。踊りは、老若男女を問わず参加し、幼い子供を内側に二重三重、時には七重もの輪になって夜明け近くまで盛大に踊られた。場所はいつも、踊りに都合のよい広い境内をもつ寺院で行われたが、古くは街の盛り場ともいうべき街道の広場でも踊られたと聞く。八月に入ると、踊りはお盆まで毎夜のように行われたが、だんだん音頭取りが揃わなくなると、人出の多いお盆の夜以外は主に江州音頭などが踊られた。

音頭は非常に長くひっぱるので、よほど息の長い人でなければ歌えず、また幾人もの音頭取りが必要であった。

音頭の一番初めに音頭取りが「ハレャーレャー」といい、踊り子が「ハーヨイヤサーノセー」と囃して踊り始め、歌が一段終るごとに踊り子は「ドッコーイショー」と囃した。音頭の最後に、（歌が一章＝一種終ると）音頭取りが緩やかな調子でナムアミダ仏を繰返し、踊り子はそれに合わせて踊った。ここでまた、音頭取りは「オホホーン、オホホーン、ホーイホイ」といって、最初から音頭をとり始めたものである。なお、音頭の歌詞は「あづま道中記」すなわち東海道五十三次がもっともよく歌われ、「てっせん踊」というと、五十三次のことであると思うぐらいであった。この踊りが、いつごろどうして熊川に伝えられたのかは不明であるが、今から五十年ばかり前まで踊られていたことは事実である。また、大正二年に京都の大原から熊川へ移住してきた人があり、「てっせん踊」を見てこれは自分の出身地の踊りと同じだといって、直ちに踊りに加わることができたという話も伝えられている。

若狭の熊川とは、特に近世初頭以来、若狭小浜から江州を経て京都にいたる主要道路の宿場町として、また近江国境に接する番所（関所）の所在地として発達し、さらに古く室町時代中・後期には足利麾下の沼田氏が居城を持った所である。この熊川の歴史について学ぶ私は、「てっせん踊」の伝来と踊りそのものの歴史についても知りたく、また、この踊りの復興をも切望してきたが、ほとんどその手掛かりを得ることができなかった。

熊川鉄仙踊唄本
（若狭鯖街道熊川宿資料館所蔵）

ところが最近、筆者が幸いにも熊川で「てっせん踊」を愛好した人々の家を歴訪しているうち、河合五郎兵衛家にて、この踊りの唄本が発見された。この家の先々代が「てっせん踊」の名音頭取りであり、この唄本もそのため実際に使用されたものだという。表紙には「鉄仙踊尽」と書かれ、明治二年に表紙だけを付け替えたもののようであるが、内容はもっと古いきわめて達者な毛筆書きで一貫され、とても田舎の素人の筆ではないと考えられる。煤と手垢に汚れ、書物の隅々も傷んで本文もところどころ欠損しているが、内容の大部分はほぼ完全に残されている。私は若狭熊川の「てっせん踊」について報告し、かつ、その踊りの歴史と共に、まことに興味ぶかいこの歌謡についても、各位の御高教を仰ぎたいために、はなはだ拙い解読ながらここに一応その全歌詞を御紹介させていただきたい。記載されている歌は次の通り、「吾婦道中記」以下、「滝尽」「津し王まる」「くずの葉」「虫尽」「隅田川」「踊尽」「四条八景」「しゅんくわん」「ことはじめ」「曽我」の十一種である。

吾婦道中記

□かたの空も静に君が世の千世に□松風も枝をならさぬ納りて□勝るへし。さすがに広□。けふ春〳〵思ひ立。□面白や山の端□□出る日の何かたもまた武蔵の。原ハしな〳〵品河やかわの数さへ河崎に。落して有や金河を。行ハ程なく程かやにとつかを右に藤崎《ふじさハ》の尋て遊行上人の寺得参りて見て有ハあら有難やいつとても御法之道となゆふだすき。左りのかたを見渡せハ。いの嶋森をかさすらん。児《ちご》が淵とハしをらしく平塚宿に泊りそと。心いそ〳〵大磯の。虎と拾良祐成が。契リハ猶□□あみかさ。みにもち□鴫立沢の昔□を。一粒つめハ立くらみ。づつうめまひや旅つかれ。はらす薬と箱につめ箱根の関で笠をぬぎ。われ越ぬれハ伊豆の海。沖の小嶋に寄浪の三嶌の神の名ふた柱《ばしら》只爰にしも巡りきす沼津宿を打過て。心浮嶋原なれや。原ハ吉原かん原や誰か其名を由為《ゆい》の宿。しばしと頼む沖津宿。隅田河原の磯枕。江尻の宿に泊りつく。鳥もしきりに寺〳〵に寺のかねのおん□。□□□立□□見□□《(をの?)》松原詠めゆく□□□をせぬ人ハ。老て楽して蹴鞠□□《(こう?)》。けやげてくらす。すき人《セッキョウ》の。酒の肴に岡部の宿。其しやくにんに出ふじ枝。島田わげなかうかれめに。幾世のかたの大ゐがハ。大きに金尾白坂の。左り手ニ見る鯨山登りてエイ《ヤン》〳〵〳〵欠川や。誰か広ゐと袋ゐや。見附の宿や浜衒の。風吹はらしほの《セッキョウ》〳〵と夜明烏がつげわたる前坂過て船に乗関所はあらゐの御関所扨ても夫《それ》とハ白

須賀の道ハ一筋ふた河の。□や吉田の神か□□□《(?)》こゆ赤坂《(?)》の出女に。赤前だれにほうだされて。藤河なんぞ
と名を附し。岡さき女良衆〱ハよい女良衆。池鯉鮒《ちりふ》の宿ハこゐふなの。いけすの肴なになくと。一つなるみ
の浦ひとも。か程涼しき宮居をハたが熱田とハ名附しぞ。浮世《ふき》の事ハ桑名やと。四日市場の賑やかに何を庄野
と云内に。石の薬師の守りめに。万歳を亀山や関の地蔵得参りつゝしやくじよふハた□がとしつる《(?)》て春か
に坂の□□□《(しゅん)》礼八五月雨の日の降まゝに。鈴鹿河とや八十瀬がハ。沓掛河の右のかた。田村明神御社《やしろ》。
あゐ野《セツキョウ》土山雨降な水口とゆふ名もいやよ。天気かたかれ石部やま草津のかわを打渡り。姥か餅をは三かみやま。
くもの晴たるかがみやま。膳所の松原打出の浜。大津八町札の辻。われを向いに逢坂の。関とハゆゑど走りゐ
の。水をば糸て留め院《いん》。十日余りの日の岡に粟田口なる庚申堂。豆て□□《(達者)》て息才て。みやこへゆく着《(?)》に□
□□《(さて?)》も此馬次宿此馬次宿〱ハ。神宮皇后の五拾ねん。始て定めたもふとて。末の世迄も大勢□をきてみよ。
かしのへ〱〱

滝尽

風も静にならの葉の〱ならさぬ御世社のとはのれ《(?)》。されハ雄略天皇の。御字にしろし召れし折柄に美濃の
本須《もとす》の郡より。涌出る薬の水。養老の滝と名附し礼裳《らんしやう》□□《(尋)》。□し。老人親子□□□□□《(親やてせの?)》花に過。白
頭の雪ハつもれとも。老を養ふ滝河の水をはらひて参りける。孝行の子ときく水の。七百才が疱瘡にもまし
て盛りのひとのみに薬と。ならハいつ迄も。御寿命もつきましき（二頁欠）返し〱ても。面白の春の色花ハ。
桜のみやの滝芳野の。薪に名負《なにし》ふ款冬《やまふき》の滝清滝や。思束なきたしたるまつ。松尾岩根やふし□□《(の滝)》。西行法師が
鶩の滝と□捨し。ぬうてう□野の滝を控てや□滝。いつたふ滝と書やる婦□なし遠《と》なしいの淵の其滝ハ
袖に泪の滝も有。されハ前にも忘ては雨かとぞ思ふ滝の音に。みのふの山の猶や変《かわら》まし。そも此滝ハ日本にて。
第一第二の争に、虎きて吹ば風生ずぎんすれハ。また雲起る龍《りう》門の滝すさましく。轟の滝初瀬の滝つじ〱熊

野の奈知の滝。玉散水にあらけなく。かの文覚か行力も浮て流れて□沈てハ浮世いらずと□麻の衣や布《の》、引の。滝の水音どふ〳〵〳〵と鳴音ハ。三千丈のゐきらんも。唐土《もろこし》の白婦が滝。ぎんがに続《つづく》とほめてハ呑ミ《のみ》。詠てハ汲滝水の。酒に五界を忘れしとゐほんりくしがきやう〳〵とも笑得ハ唐ゐん明の□〳〵とも笑ふ三人壱度に手を打たゝき奴ほんは〳〵ほふ〳〵。ほふと鳴滝皷が滝。其水かみを尋《たづぬ》るに。かの三人がたわむるゝびわが滝とも名附たり。君か世の天の羽衣稀にきて。夏□尽ぬ岩や□滝。絶すとふ□□《(たか?)》滝水の。かミ□しももまた。にごらぬ酒を引更み酔た心ハ浮立浪よ。かえす〳〵もよきみよにたわむれあそふへし

津し王まる

あらいとふしや津志王ハ。山人の情にて。柴勧進をなされつゝ。情の重荷打かたげ。あゆみ□□道柴の柴につられてよハ《トコイ／ヨヲイ》〳〵よはと。浜のかたを打□□。鳴や□浪打際に打し□□女浪男浪□しら浪に。桶もひ杓も潮にとられ。何となせんかたあら磯かせや。塩の浜かぜ浜松かせや。取あげ嶋田扨《さつ》ても〳〵吹みたれ。嘸や甲斐なきましまさんと。其儘そこにふし沈ミて社おわします。姉のあん女ハ塩汲兼て。桶もひ杓もあら磯浪に。と浪にとられてとほふハ涙にむせばるゝ。みをは歎《なげ》ふかいやまてしばし。弟に名残りが惜まるゝ。扨其後ハ。とにもいかにもな□□と。思ひ定めて夫よりも山野を□してぞいそがるゝ。さすが連離の姉弟。互に目と目を仡《きつと》見合て。何とも物ハ云すして。先立ものハ《アミ・アミレ(ママ)ミア・ミアミ／ア・レアミ・アンナア・ミ》涙なり。津志王やう〳〵涙をおさへ。初め三荷《さんが》は情の柴よ。それに七荷の真柴の重荷。拾荷かれ等ハ連《つれ》ない事よ。是てみもよもあらりよふ物か。今ハ是迄のふ姉さまと。腰なる鎌を取いたしすでに自害と見えし時。姉ハ其儘惜留《おしと、》め心短気ハ弟よ。肌の守りハ白玉作り。五拾四郡の主と□いわれあをがれするみを得て。死て華ミ《ヤア、レヤレ／サテトコイ》が先からさきゐ。落て命をたもてる亀ハ。蓬莱山に逢ふとかや□に落よ〳〵〳〵といさめつないつ。遠《と》つ追《をい》つの思ひにくれて。われハ落まひおちずハかんど。さすが岩木にアゝあらざれば。あらいとふしや津志王ハ。さらハ落むと云月の。露の木の葉て水

盃を是が別れか姉□さらハ〳〵さらはさらハ〳〵て山路をハ登れハく□□《（たる）》登り下りを姉ハ見て。しばし〳〵と押留め。落てか丶らハかならず〳〵寺をハ頼め。たのミ有のは世間て兎角。出家侍《さむらい》たのみのかりよ。翅《つばさ》かわせし姉弟いが。互に手に手をくるり〳〵やくるり〳〵。くるり〳〵と巡り車のわれ〳〵が廻りあわんなかた糸の。いとふしの姉さま。かわひの弟よ。いとしかわひと啼ハつき夜のからすへ

□津し王おわり

くずの葉

抑津の国安陪ののかた辺。浮世を忍ふ隠家《かくれが》や安陪の保名の浮住居。我子のゐとおしかきの。間近き程か住吉の。□仏《れいぶつ》□社《れいじゃ》数〳〵に頼ミを懸《かけ》てぞ通ひたる。津ま□□を深はたの。心気しんくを立□に稚な車をてづさミに子に世話居《おく》るやをりたして。母ハ童子をかきいだき。乳房を含《ふくめ》てねんねらせいとし物をたれがいよ。ねんねかもりハ居所《どこ》えいた。山を越て里えいた。里の土産《みやげ》に何もろた。でんでん太鼓《だいこ》に振鞁《ふりつつみ》かくもはやしもいらは社《こそ》。手間ひまいらすにすやすやと。母に添《そへ》ねの稚子《おさな》ハ。いか成夢もや結らん。ねんねこねことたたきつけまた幟前《はたまえ》にぞさしか丶る。隣居《となりおく》る柿《かき》□を拾六七かとかいま見え。野ぞ□□《セツキョウ》しをらし色づいた。篠田《セツキョウ》の庄司が寵愛に葛のは姫と申せしハ過し契りに恋やつれ。保名をしたふ旅姿。親子ともない尋きてミれハ幟織《はたをる》ミめが立にさりや〳〵くずの葉か夫かあらんか我子かと庄司もあきれて居たりける。保名ハ我家に帰るさの。是を誠のくずの葉としらて昔の物語り。きけハ不思議や我が妻の。おなし心をわき兼て頓《やが》て内にぞ入にける。保名ハさもなき風情にて。童子か□《（母？）》ハおわせぬかいま帰りしと有ければ。妻ハ幟家《はたや》を立出ていつ〳〵よりもさむ空にお帰りおそしと云風情さして替りし体もなく保名ハそばへ立よりて。父の庄司が御入ぞ支度有とぞ申ける。猶も驚く気色なく。髪かきなて丶奥にいる。えもんつくろひしほ〳〵と。ふしたる童子をいだきあげ。乳戻を含てだきしめて。いわんとすれどせぐりくる涙は声に先立て。しばらくむせ□《（び）》いりにける。あら恥かしや浅ましや。としつきつミ

し甲斐もなく。今ハ本生あらハして妻子の縁の限りぞや。みのうえ語るも表ふせ。御みね耳《(?)》にきき置てて、らに能《よく》も伝えよや。我ハ《セッキョウ》篠田の森に住む。千歳近き狐ぞや。命の恩のほうせんと。くずの葉姫にミを変じ。結ふ妹背の相若《あいじゃく》しん。人間従《より》も猶深し事におこ《?》とをもふ□《(け?)》つ、。だいてねる夜の陸毎《むつごと》に夕部の床が限りそや。しらぬやかんの通力も。いとしかわひにうせけるか。元より名をかり姿をかる。恩ハ有とも恨ミハなし。葛の葉姫をしんじつの母と思ふて親まハ。さのミにつ《?》ふもおほすまし。手習学《ならいがく》又精出して清物《きょう》よとほめられよ。何を差ても埒明《らちあか》ぬ道理よ狐の子じや物と。人にそしられ笑れな。母ハ其方のかげミに添。行末長く守べし。とハ云乍振捨て。是が何とて帰られよ。はなれがたなやこつ《(ち?)》よれと。たきあけ《?》〳〵つき《?》〳〵しめて。思わすわつと啼声に。人〻いかにと立出て。富《(留カ)》る袖か空しくて書けす様にそうせにける。あひの襖を明ミれハ。向障子に書残す。一首の哥か恋し□《く》□《ハ》尋きてミよかしの後〳〵

虫尽

実《げに》豊なる春の日に。花になれたる鶯の。こゑすみわたる明ぼの、。空も静に浦わかき。葉ずへも繁き夏草のしづかま草ニかりこめて。暑もいまハ鈴虫の車留るかま切も。おもひ重れたる衣。玉の《セッキョウ》台《うてな》や玉虫の有家《あり□》□こふる草枕。きく水虫のしほらしく。ふる《(?)》つ打なる嶋田わげ。かみきり虫の後家すがたひとめみ、ずのあしたより。心も空にうつせみの。馬追虫に法りの道。扨もり、しき轡《くつわ》虫。通ふ。心ハいら虫の。やたけ心の兜《かぶと》虫。君を待夜ハゑんざ《(ぎ?)》虫。いつか音づれ松虫のあだに命を棒ふりと。おもひきれとやはさみ虫。切にきられぬ。きりき《セッキョウ》りすせめて一度ハで〻虫と。野辺に蛙《かわづ》のこゑきけハ。降ハ雨かや涙かと。濡し美濃虫星合の。君にきせはや幟《はた》織の。丈とり虫のはかゆかぬ。いそく心ハげじげじのはやきあゆミの我なれど。ゆくにゆかれぬ恋の道。我みハはだか虫なれとその名ハ朽せぬ小金虫。君を桂《け》虫ときらへとも色の道にハ伊茂《いも》虫の。熊野へ三度道つれに蟻の参の数ならぬ。百足《むかで》のあしの数〻も君の仰と有ならば蜻蛉《とんぼ》帰りに中帰り早くも秋ハ日暮の。思《(カ)》ふかけろふの。

己とこがす火取虫蜘蛛《くも》の振舞兼てより千筋の糸の婦美《ふみ》の数。嬉しき返事有ならば。見てハ心のなぐさみに。げらげら笑ひ機嫌取。□あふまても悦(?)ふの小蝶の舞の袖なるや。はいはい虫やたにこ迄(?)。のみ取まなこぬ(?)かし。かのすね三里にすゆるやう。足に任せてしよ(る?)かほんのやねより一寸下へ取て走歩てきゆりんのきゆりんとはねたるつりひげを落したよかしのへ

隅田川

抑これハミやこきた白河に。とし経《へ》て住る女なり。契りの中のミどり子をひと商人《あきびと》にとられし。ゆくゑをきけば道遠し。吾婦《あづま》とやらゑ□□。きくより心ミだれつゝ。心ハ物に狂ねと。子故の闇に迷なり。それてんじくのなてんじくの。かりて女と云人ハ。千人の其中に。只壱人に別れつゝ。歎きたもふときく時ハ。我ハひとりのなでしこの子故の闇に迷也。おもひ重れ八重ひとゑ。実《げに》九重を立出ていつかわか子に粟田口。きくさへ猶もたのもしき。打出の浜に打つゞく。いとしかわゆき稚子《おさな》を狂女が子とて悔るな。さんぶ〳〵のあつき日ハ。風待《かぜまつ》ねやの枕かや。玄冬そ(素)雪の冬の夜ハふすまでかせをしのぎつゝ。をちやめのとでそだてしに。ふみもならわぬ葉しやう(芭蕉)の露。あら恋しの我子やと物に狂ぞあわれなり。のふのふそれなる道者《とう》に物とわん。びんつらゆうてけわいして。育て気だかきいろ白なこの。きたる衣裳ハけしかのこ。すそちくりちやきん程紅染に染させてはしばしにハ唐梅《からむめ》唐杏唐獅ゝぬわせて。紺《こう》に□金《うん》に。きやしやな物を縫わせて。あなたの方へ□(ハ)参らぬか。こなたのかたゑハゆかぬか。何どなたえも行かぬとや。野ニも居ず山にもあらず里にもなし。あら恋しの我子やと物に狂そあわれなり(マヽ)。心のミづハ隅田川。なれし右わのわたし森。ちかひの船にさをさして隠岐のかたゑと漕出す。狂女(?)をみたまゑの。のふ〳〵其船に。便舟と有ければ。船人よしをきくよりも。狂女を乗る舟てなし。しらぬ〳〵とかをふれハ。おろかの栖《セツキヨウ》三(?)良や。一つ蓮に法の船。狂人とても惜まれず。げにややさしく言の葉の。いかでか船を惜むべし。いざ〳〵めせとゆふ浪に。おなじ御法《みのり》になれ衣。共にこがれて押出す。向を

ミれば時ならぬ。大念仏のきこゆるハ。狂女が心うからかしくるハ船人《せんど》のしわざかな。あれに《セツキヨウ》あわれの物語り。船の向ゑつく内に。語り聞《きか》さんき、たまへ〳〵《ハヨイ》隅田河原に啼鳥きけハ。ミやことりかや都の咄し。去年《こその》三月拾五夜つき。しかもけふに富《あた》るなり。としのよわいハまだ幼なく。八つか九つまた拾はかり。育ち気高きいろ白な子の。鬼のよふなる人買どもか。つれて吾婦へ売くだせとも。しらで爰迄かとあかされて。旅のつかれか。あらいとふしや。きやいあしうてあゆミも非ず。ゆかざ殺すとアー打つゑの。情しらねはあわれも知ず。なから殺に打たゝきすて其みハ吾婦ゑ下りける。母ハ心ハミたれ髪。その子ハはてし其時に。云残したることの葉をきかまほしやと有ければ。猶もあわれのものかたり語に附ての不便さよ。親ハ吉田の何某《なにかし》名は将少とかやな申げる子の名ハ何と梅若丸。今に於てハ親とても兄弟とてもしるべとてたづねきたらぬ不思議さよ。実《げに》尋とや事割《ことわり》や。夫社《それこそ》わらわがたづぬること。船人に取つけハ。ふな人漼《かん》とり諸共に袖をしほるそヲン〳〵ヲンヲあわれなり。歎きて帰らぬことの葉の。露の手向と思召。只念ふづと進るに。狂女かしもく請取て。印の柳をしうごかし。なむあミだぶつ〳〵〳〵〳〵と涙乍に昌向《ゑこう》あり。声の内よりまほろしに。ミゑつかくれつしたりしハ。あれが我子か母上かと。互に手に手を取かわしまたきへ〳〵とうせにけり。ミしハ俤ミへしハうつつ印の柳。夢の浮世とあきらめ切て。われとかみ切るすミ染のしゆ行したてらのへ〳〵〳〵

踊尽

路《（盧）》生が夢の古ハ。末は願ひの玉のこし法の道しる種そかし。それハミぬ世の物語り。是ハ願ひの玉づさやふみ月中の六日にハ。つみもむくひも後の世の。地ごくのかまのふたさえも明て通すや関守の。見る目かぐ鼻くしやうしん《（倶生神）》。其したつかさの鬼迄も是壱年の息やすめ。ましていわんや此国ハ。天照神《あまてるかミ》の末長く。まもり袋を腰にさげ。松竹鶴亀岩の祐。扨けし頭の子供迄誰かハ踊らぬひともなし。花の都のさし踊り小町踊りにひと踊り。踊り掛るに返さぬ物ハ。押の生れか焼はまぐりか。扨ハ乞食《こんじき》小娘テンテン〳〵テンテコテンノテンてんと打手の拍子の。松坂踊りの面白さ。きたる衣裳のはなやかに。四季を染なす模様立《たち》。先初春ハ花色《やか》に梅に鶯染なすや。夏ハ涼しき水浅黄。明ぼの染の。すげ《セッキョウ》〳〵の笠振れどふられぬ振袖の。打手に腰を攀《よじ》らすや。穐《あき》にもなれハ紅葉はの妻こひ鹿を染なすや。冬ハ雪げに白妙の雪とみなすや地白の俗衣《ゆかた》。ひとつれに《エイサッサア、エイサッサ》さつと振出すてん手拍子がそんそろた〳〵た。或ハまぬけかさ踊り。奴踊りのきしやうげに住居《すまい》踊の拍子能《(よく)》。或ハ座頭ごせつんほ。地有《ちやる》も愚成けるが。誰かハ踊らぬひともなし。けふハ愚かや天照《あまてらす》。近所近在處〳〵迄も。其品所《ところ》の風俗に北さんがの踊をハつらほうしをしやんときて踊振が面白い。芳野初瀬の華よりも紅葉よりも恋しきひとハ見たい物じや。處《ところ》〳〵踊をハつと〳〵離《はなす》べし。落たらこちや知ぬ《サットコトンノ》八兵衛殿の小娘。大坂天満の踊を見たが。古遠《こゑん》げをたしやうんあは出ていきやれ。踊ハ《アリヤハヨイヤ》〳〵〳〵とうざひ〳〵〳〵是ハまたとふしや。おんどまぬけて〳〵気のどくや〳〵。さらばついてに声を出すと離して見ま處《ササアキリキリリンヤロキリリンヤキリリンロ》□よひ。〳〵〳〵〳〵踊□。爰に花の都のさし踊。さひか踊か唐人《とうじん》踊。しよがひな踊の面白や。加茂の在所の念ぶつ踊り。なをた踊の拍子能《よく》。羽ねそ踊の品《しな》も能。松が崎なる大《だい》目踊り。白い俗衣に南《(ママ)》無妙と出て。それハたんだ《ヨヲホ、ホヽ》法《ヤレエエンソレハ》連花経なむ妙ほれ花きよ。大目踊の殊勝げに。四社の御前の神踊。住吉様の岸の姫杢目出たさよ。誠《エイコノハレニヤ》に《エイソリヤ》四社の御前の神かん阿楽。神〳〵神楽いつも絶せぬ鈴の音。住吉様の岸の姫杢目出たさよ。□《(白力)》がねのべ□□□《(てたす?)》きに懸て。小金能《?》く。余音〳〵はかる関の舟人殿《せんどどん》やさらば〳〵住吉様の。岸の姫まつ目出たさよ。洞籠《とうろう》踊ハ花揃《そろへ》の。鹿嶋踊に伊勢踊。悪摩《(ママ)》を払ふ獅ゝ踊。三勝《かつ》踊。見るに目の毒さわる事ならず。さわりや三百目上づめ丈津めかいさん目。金の替りにみをかきいれて。むごやあわれや泪てごんざる。きねそ踊の古めかし。されハ踊の其昔。是ハ神代の物語り。天の岩戸の初め従《より》。隠れし神を出さぬ《(ママ)》とて。八百万世の神達が。岩戸の前にて是を歎き神楽踊を始めつゝ。おもしろや〳〵の神の御声のはつハ絶なる始めの物語り。つら〳〵思えハわれひとの。余年の昔世を忘れ。此大勢な踊子と。明るもしらて夜もすから。たわむれ遊得《あそふ》〳〵〳〵せ

四条八景

春ハ花なつはすみくる穐かぜの。治る御世こそ目出たけれ。げにおもしろのこのおりや。四条河原え来てミれバ。花のミやこのゆふすずみ。思ひ〱の風俗や。恋路に迷ふ色の里。咲染ぬる振袖に。かほりをとめて一トふしハたしか思ひの四つの袖。聞しも今ハこのさとの。ひより〱と打はち《(?)》や。入江しばゐのあまがいる飛かゝりゆく仮ばしや。蟹の横はいもじ〱と。ゆけハぎおんの宮居かな。北《セツキョウ》と南の櫓まく。橋より下の石垣に。三味ひきかけし二上りにめいるしやうじの三下りと。こゐふけゆくあけのかね。つく〲ミれハ宮川町。どんぐり横に新道《しんみち》を上り〱て仲原寺《ちゅうげんじ》。目煩《めやみ》地蔵をふしおがみ。四つ辻迷ふぎおん町。げにもこゝろを取直し。妻《め》手をはるかにミわたせハ。河辺にともす蛍火のちらり〱とかたかげに。みを潜めよす後かけ。縄手二階のさわぎ哥。うしと見しなかれの昔なつかしや。かわゐ男に相坂《あふさか》の関よりつらい世のならゐ。思わぬ人にせきとめられて今ハ野沢の下っ水。すまぬこゝろの中にもしばしすむはゆかりの月の影。ほんにほんほにありや〱ハアツア東西〱覗《のぞき》ハ爰に。ぎおんきやうだゐ四条の八景。井筒笹屋にいちりきせんく。香《こ》せんミせやしうぎやう越て。爰ハ骨堀《こつぼり》少林。かげのにかなや火うちやにわかまつ屋。膳所の屋敷を打過て。桜の馬場に来てミれハ。穐ハすげなきすてしやうぎ。木《こ》のまのつきもさへわたり。名所と聞も有難や。六字の影をしゆうせき。立出つたふ石垣を上レば□に小宮《ミヤ》ある。北向ゐびすふしおがみ。本社の絵馬に懸置し。昔〱の物語り。社内に広く徘徊《はいくわいし》て。夜な〱毎に出くるよし。何物やらんと忠盛が終にやす〱退治して。其後《そののち》よりハ出ざらん。扨夫よりも南門の。左ゆうに賑ふ二軒茶や。すむゆりやんくわいこゐ〱に。こだまに響く下河原。安井門前更級の。秋のつきこそ時めきて。うたふも舞も今此時《このとき》。芳野の花も盛なる。春の波打秋のかぜ。松虫鈴虫きり〱すあきの薄の穂に出て。四方にてらすや猩ゝの紅葉の錦高雄山。通天橋や龍田川。名所〱の物語り。聞しに勝る豊ねんの。穐のかり田の穂にほさく。目出たき御世や幾千代の。万歳楽《はんぜいらく》や鶴亀の舞。あらおもしろの鳥の音や。明《あけ?》りも近き東雲《しののめ》に。よいとたわむれ遊得〱

しゅんくわん

抑きうしうさつまかだ。鬼界が嶋と申するハじんりんたべ（ママ）てよるへなく。鬼住嶋《おにすむしま》と聞からに名もおそろしくすさましや。実に誠《げ》に鳥ならで通ひがたくもにんげんの。住べき地とはおもわれず爰に哀の物語り。俊寛僧都と聞べし（ママ）ハ。雲居の住居たりしミの。成経康頼かたらいてよしなき談合し、が谷。いしのもの言《?》なか〳〵をすぐにとりこと成行て。すでに命も危きを。池のぜんにや重盛の。申なだめの情にて鬼界が嶋べ流されて。つきひ程なく過行て。もはやミとせの年なミも。うつる日数や時至り。折も社《こそ》あれ中宮の御座のいのりために迚《とて》諸国流人の赦免ある。中にもきかいが嶌のるにんの内。丹波の少将成経と平判官《はんぐわん》入道康頼へ赦免状をばくださる、。俊寛僧都ハおもきとが残しをけとの御諚《こじょう》也。其由心得給へやと仰を申渡しける。さすが連枝とかたらいし。三人目と目をじつと見合て。何とも物ハ言ずして先立物ハ泪なり。僧都漸《やうやう》涙をおさえ。こハ如何につみも同じつミ。配処もおなじ配所なり。非常も同じ大赦《たいしゃ》にてひとり誓の網に洩《もれ》。しづみはてなんかなしやと。しばらくかこちくど〳〵と三ねん三にん互の情け。それをふりすて今別る、ハむごゐつれなゐ情があだよ。もはやみも世もあらりよ物か。昔こひしやなふひと〳〵と途方ハ泪に咽ばるる。ふたりハ諸とも道理やと諫めつないつとふつ追つの思ひにくれて。われハとやせん如何がハせんと共に泪に咽ばる、。時刻うつりてかなふまじ。ふたりハふねに召れよとせりたてられて是非もなく。頓《やが》て舟にぞ乗移る。僧都舟にのらんとてたもとにすがり取付ハ。僧都□（は）舟にかなふまじ早く出よといかりける。□をしらぬ船子共櫓かいをもつて散々にかぐり情もあらば社。とも綱をおし切て船を深ミへ押出す。せんかた泪に手を合せ。是なふなさけしや船よなふ舟よといえと乗されハ。力及はずしゅんくわんハ浜辺の砂子《いさご》にどふと座し。み悶《もだえ》足ずり泣たをれ。其儘そこに伏沈みて社おわします。程もはるかに夢さめて。ああ浅ましや我ながら。よしなき思ひに迷ふたり。にんげんうれゐの花ざかり。無常の嵐音そゐて。飛花落葉も目の前に。愛別離苦もことハりや。とかく浮世ハゆめなれや。しばしハかりの屋となるを。たハむれ遊ふ得〳〵

ことはじめ

まずハ弥生の花にまく。霞かごとくひきかへて。夏ハ涼しき沢水の。穐ハ月見にふゆハ雪。幾千世かけていつ迄も。千世に八千代のさゞれ石いはほと成て苔のむすまでまた来る春ハ若蛭子《わかえひす》祝ふてうるや吏始《ことはじめ》。玉やきつちやうぶり〳〵と姥等に任す祝儀もの。節季候《セキぞろ》〳〵と拵えて。福屋徳助か千石さ万石さ万々石〳〵目出《（ママ）》いさ。今年や卯のとし水姓の男。ずんと相姓よいのとし。おいせん〳〵〳〵とのさらりとういたる年男。福ハ内えと入。そとの門にや柊さす。鬼や外。福ハ内へと祝ふてはやす豆男。早《はや》勇ミ〳〵てやくはらい。悪摩外道ひきからけて西の海えさらりこつかいと。云てハ払ひましよ〳〵と只ゆく深く走りゆく。げにぐわんじつハおのずから。時ぞとミゆる春の色《（?）》。つきせぬ宿の妹背にハ。階老の契りをこめ。大台所に住なれし。孫子に家をゆずり葉の。末ハ目出度伊勢海老《ゑび》の。命ほながといわゐ鶴。何もかち栗ほん俵。重ねし年ハ梅ぼしの。皺もよハひもよろ〳〵と。串柿ころがき何や栢《かや》。かざる松竹七五三縄《ミしめなハ》。すみからり《（?）》じ迄橘の。唐土の鳥のわたらぬ先に。日本の鳥のうたわぬまに七草薺《なづな》の音はてんから〳〵てん〳〵からと拍子揃えておもしのやつほんハ〳〵。ほう〳〵《ホウクレ》徳若《とくわか》に御万歳と君も栄へて参ります。ありきよかひ新玉の。年立始る誠に目出たふそうらいは《（し?）》。春の祝ひとて世上《（せ?）》や万じやうの鳥追が舞出た。福の徳《（や?）》すけが舞出た宿かろとまうした。宿かし候えバそつ共栄へさうらへハ。御長者の御内《ミうち》に音《（?）》のするハ誰〳〵。右大臣か左大臣関白殿の鳥かひ。扨てもまわすハ猿廻し。大ゝ《たいたい》神楽に曲の内御俵《ミたわら》の白米を一二□蔵に入れて。右大将を入御《じゅきょ》すれハ。門にハ物も絶すして問《とふ》たりな〳〵。君の齢は万ゝぜいといわゐ納めてござりた〳〵。何ハまたござりた。当ねんの恵方より福人を先にたて大黒殿がござりた。大黒殿の能にハ一に寿命を与えて二ににんかりまじわりよし。三に三徳そなわりて。四世に隠なし。五ついつものごとくにて。六つ無量や息才に。七難八苦のうれゐを去て拾でとふて納めた。大黒殿ハこれまで。目出たや〳〵千世の始の春駒なんぞ。歳《（?）》吉世よし世の中よし。こがひの種をもふそふならバ。千賀は塩がまなも陸奥《みちのく》の。花の小町が口《（え?）》がこうてむごゐともふす。ぬらりくらりのひやうたん小町てよいとハさらぬ。どう〳

〳〵しやんこ〳〵〳〵や。お目出たいやめ出たやな。目出たいことに取てハ鯛尽しでもふしましよ。あなたの御庭の懸鯛や。扇を広げて舞ましよ。あらおもしろの御家御繁昌。夫かよいかちやんちきちん。実《げに》神国の自《おのづから》また神〻の政事《まつりごと》。下万民《ばんみん》に至まで。まして月待御日待。打ハ将棊にごすごろくせつきよ浄瑠璃《じょうるり》はやりうた。そのもんさくのしな〳〵に。世ひとたわむれあそふ得〳〵

てっせん踊（平成11年に80年ぶりに復活）
京都一乗寺郷土芸能保存会とともに

曽我

露のミをなき玉まつる。ためにとて送るかたみぞあわれなる。祐成仰《あふせ》けるよふハ。とらしやう〳〵はおなごのミ。深くつつみていざさらば。古里ゑの書をき。またハかたミのしな〳〵も鬼王だんざにわたすへし。げに尤と兄弟ハ。り(?)よし硯を取よせて。ともしびかすが(マヽ)にかき立《たて》て。硯の海にする墨ハ。泪ぞ落てこけうすき。筆のたつこそあわれなる。十良が供すれバ。兎角情《なさけ》をかへしが(づ?)き。五郎が筆のすさミにハ。箱根の別当の御ことを。取わき五郎が悦へば。母のふきやうをゆるされし。父母兄弟の弓矢のおん。りやうほんけんしやうの□(ヘカ)にかばねは埋むとも。名は埋《うづ》ましや南無阿弥陀仏〳〵。五つや六つの此よりも。拾八年の春秋《はるあき》を思ひハふたりにとどめたり。建久四ねんさつきまで。な(?)くらしと申せ共思ひぞ晴《はる》る今宵のそら。祐なり(成)はん時むね(致)はんと書留《かきと》め。筆を捨てぞ泣居たり。肌の守りハ母こせん。弓とむちとハ曽□《そが》殿へ。鞍とあぶミハ二の□(宮)□かけハ和田のはゝひんなき物のかた□と。思ひ出さん折々ハねんぶつ申ゑこうせよ。

やむれわざと婦□《ふみ》にハかゝぬぞや。びんのかミハ虎少将□《(よカ)》わの□《(御カ)》せぬにたきしめ□の香をりハ薄《うすく》とも煙ハ空にな□おゝ《(く?)》。二世のかたみとミ□《(せカ)》てたべ《(?)》□のふじ沢の村からす。父よ□《(母)》□けからす。もりの□□《(小鳥カ)》□

（以下欠損）

附　記

この唄本の解読について、京都大学国史研究室の熱田公先生より御高導を賜った。銘記して感謝の意を表する。

十四　若狭の火祭り

ドンド

正月十五日（私など子どものころ、十五日正月といったが）の朝、若狭でも各地でドンドが行われる。これは「左義長」などともいわれ全国的にも広くあることで、若狭特有の行事でないことはいうまでもない。私の村（福井県遠敷郡上中町瓜生・関）でも神社の境内で、正月飾りの注連縄や松飾り、また古い御札などを燃やすし、以前には書初めの半紙を火に投じ高く上がると習字が上達するといって喜んだりしたものである。

若狭のあちこちのドンド焼きを見学したり尋ねたりしてきたが、これをドウドといっている所（大飯郡高浜町・大飯町）もあるし、私はこれは火がどんどん燃えるからドンドというのかと何気なく思っていたが、ドンドの語原は「尊《とうと》や、尊や」と囃した言葉からきているとの解説もあるようなので、ドウドと聞いてなるほどと感心したものである。もっとも、石上堅博士の『日本民俗語大辞典』には、「トンド・ドンドン・ドンダラなど、すべて囃子詞だが、元は火をめぐる足踏みの音から出たようだ」と書かれている。

福井県内でも越前では、広くサギョッチョウ・左義長と言われているようで、その日時も一月十五日より早い所や遅い所もある。ことに二月下旬に行われる勝山市の左義長はPRもされ、盛大である。若狭人の私には左義長の称は異質にも感じられたが、わが町内の玉置《たまき》では一月十四日の夕方にドンドが行われ、このとき「ドンドヤ　サンキッチャー　モーチ（餅）ノカケ　ヤーイテクオー」とはやしたという。小浜市門前や田烏《たがらす》でも同じく「ドンドヤ　サンキッチャー　モチノカケ　ヤイテクオー」とはやしたし、上中町三田でも「ドンドヤ　サンキッチャー」といったという。また、三方郡美浜町佐柿でも、以前には「ドンドヤ　サンキッチャー　モチモッテー　ヤキマショー」などといっていたと、現地の方に教えられた。すなわち、この「サンキッチャー」は、まるで「三吉」という名前のごとくよばれているが、「左義長」に違いなく、わが若狭にも越前にも「左義長」（本来の文字は別にして）という言葉が、共通に存在したことがうかがわれる。ところで、左義長の語原も必ずしも明確でないのかも知れないが、吉田兼好の『徒然草』に、「さぎちゃうは、正月に打ちたるぎちゃうを、真言院より神泉苑へ出して焼きあぐるなり」云々とあることなどから、もとは「三毬打」か「三毬杖」であったという説が当たっているのだろうと、私は想定している。

若狭の各地では今も、正月十四日の午後などに、子供たちが小さな木の槌や棒を持って家々の戸（今ではその代用物）を、めでたい唱え言をしながら叩いて回る風習が続けられている。これをホトトなどともいうが、一般に「戸祝い」が通称となっている。この槌などはヌルデの木や松などでも作られるが、使用済みのものは、翌朝のドンドで燃やす所が多いようである。また、小浜市田烏のようにバケツに海水を汲み、そのなかへドンドの灰を入れて各自がもち帰り、家のぐるりにまく。すると、ナガイモノ（蛇）やムカデ、魔物が入らないとされている。高浜町音海でも、ドンドの燃え残りの松の小枝をもち帰り、家の門口や窓に刺しておくと同様の効験があるなどと言われている。これに似た例はほかにも見られるし、囃し言葉にもあったように、ドンドの火で餅を焼いて食べる風習は珍しくない。それも食欲のために食べるのではなく、無病息災を祈って祝うものであることは、説明もないことであろう。なお、特別な例として、三方郡美浜町竹波では昔、農耕用の牛を飼っていた時には「牛の毛ヤズリ」と言って、ドンドの火のなかへ牛をいれたり、ドンドの火を藁につけて牛の毛やずりをした（「やずる」とは火に焼いて不用のものを擦り落とすことである。文字に書けば「毛焼擦り」ともなろうか）。毛ヤズリが終りしだい、牛を百メートルほど行きさきして走らせたという。これは牛の無病息災を願ってすることであり、昭和三十年ごろ耕耘機が入って牛がいなくなるまで続けられた。戦時中も女たちが男に代わって実行し、銃後を守ったという老婆の話を聞いて胸の熱くなる思いがした。

松あげ・オオガセ

若狭では、八月二十三日、二十四日を「うら盆」といっている。盆の語原ともされる「盂蘭盆」というよりも、八月十三日あるいは十五日の盆に対する「裏盆」のような感じで用いられている。この「うら盆」の日には、地蔵尊を祭るので地蔵盆と呼ばれる場合も多い。さらに、時を同じくして、若狭では別の行事も存続している。すなわち、遠敷郡名田庄村から小浜市の旧中名田村・口名田村にかけて、「松あげ」という行事があり、大飯郡大飯町には「オオガセ」と呼ばれる行事である。

昭和三十九年に福井県民俗資料緊急調査が行われた際、私は調査員の一人として名田庄村堂本《どうもと》に赴き、初めて「松あげ」のことを聞き、おおむね以下のような記録を発表している。

松あげ（名田庄村三重）

この堂本では「うら盆の日、すなわち八月二十四日に愛宕講があるが、その前日から京都の愛宕神社へ代参していた二人の当番がお昼ごろに帰村すると、代参者はただちにお寺（曹洞宗、見性寺）の下を流れる堂本川で全身を清め（これをオカワという）、そのまま家には帰らず寺に上がって出迎えの講員一同と挨拶を交わす。その後、お寺でお講が行われる。この夜、見性寺の近くの仁吾谷《にごたに》口の広場で「松あげ」という民俗行事が催される。トロギと呼ばれる全長二十メートルもある二段式の杉の柱の頂上に、麻木《あさぎ》と竹で作ったモウジといわれる大きな漏斗状のものをつけ、そのなかに麻木・ワラ・カヤなどをいれておき、あとで参詣者がタイマツ（肥松《こえまつ》のジンを用いる）に火をつけてこのモウジに投げ入れ、これを燃やすものである。しかも、その火種は、堂本から丹波（京都府）へ通じる知井坂《ちいざか》の登り口に祀られる愛宕社（小祀）の御神灯から移されるものである。そして、これは愛宕神社に献ぜられるものといい、仏の供養のために行うものという人もある。

三十数年を経た現在も、堂本では大体この通りのことが継承されている。ただ、禊に当たる「オカワ」は行われなくなり、松あげの場所も少し移動したので、今なおその場所へ入れない女性や家に忌のある人、また他所者などのこれを見る位置も変わった、ということである。堂本だけでなく、この「松あげ」は私の調査当時、「名田庄村の槇谷《まきたに》・染ケ谷《そめがや》・三重・下《しも》・虫鹿野《むしがの》・出合・木谷などでも行われる」と聞き書きしている。今では多少の変化を経つつ、堂本・下・三重の兵瀬《ひょうぜ》・三重の尾ノ内《おのうち》・虫鹿野・小倉《おぐら》で、八月二十四日（最近は、その近くの日曜日に移動の傾向もみられる）に行われている。三重の両所では九月一日（月遅れの八朔）に、再び子どもの行う松あげがある由である。また、同村の口坂本や木谷でも八月二十三日に、形は異なるが「松あげ」と称される行事が伝えられている。この松あげは、南川やその支流の河川敷で行われる所が多いが、名田庄村に発し若狭湾に注ぐ南川が小浜市に入ると、西相生《にしあいおい》の口窪谷《くちくぼたに》と中井の滝谷でも八月二十三日に、盛大な松あげが行われている。また、少し遡った支流の田村川流域でも、上田《かみた》・下田《しもた》の二箇所・和多田《わだた》で同様の松あげが続けられている。

次に、大飯郡の大飯町には七箇所ばかりで、「オオガセ」または「カセ」などと呼ばれる火祭りが行われる。このなかで昭和五十七年に福井県の無形民俗文化財に指定された大飯町福谷のオオガセ（地元では「大火勢」と書かれている）は、おおむね以下の通りである。

日時は本来は八月二十三日と二十四日であったが、数年前から八月十四日と十五日の二晩にわたり行われることで、火伏せの神として有名な愛宕神社の神様に火を捧げ、村中の防火と村人の無事息災・五穀豊穣を祈る行事である。集落の東に位置し、一般にカセ山と呼ばれる村山の上で、十四日には村の男たちが集まって、このオオガセを準備する。すなわち、十メートルばかりの槍の柱に五段（または七段とか）の横木をつけ、各両端に乾いた萱（以前は麻木）をしばりつける。この夜八時ごろ村の地蔵堂を出発点として、大太鼓・笛・鉦の囃しも賑やかに、今は葦や萱などで作った松明を手に手に、村中の参加できる男たち皆が、カセ山に向かって登る。山の上ではオオガセの側で「ヤマの踊り」が儀礼として踊られ、また周囲に浄めの塩がまかれると、オオガセに火がつけられ、雄大な火の祭りが展開される。

この行事は優に三百年以上の歴史があると言われ、村では愛宕講が続けられており、このオオガセの火種も講員のなかで代参者が京都の愛宕神社に参詣していただいてくる（現在はマッチをいただいて帰る）風習が、昔から今に伝えられている。二日目のお昼には、氏神伊射奈伎神社の社務所で、還向《げこう》といって代参者を迎える講が開かれ、また、翌年の代参者を決める札取《ふだとり》（籤引き）が行われる。両日とも、オオガセの終った後には下山して氏神様にお参りし、特に以前は夜のふけるまで（時には夜の白むまで）村中みんなの踊りが続けられた。

右の福谷と同じく、現在は大飯町に属し以前は佐分利村であったこの一帯、佐分利川および支流沿岸の集落には、そのほかにもオオガセまたはカセといわれる愛宕信仰の火祭りが行われてきた。佐分利村寄りの元本郷村父子《ちちし》でも八月十四日・十五日に大人たちによるオオガセが今も行われ、また七月と八月の別の日に子供たちによって小規模ながらこれが行われているとのことである。元佐分利村の鹿野では八月十五日（元は十六日も）に、今では竹の柱に竹の横木をつけ、多数の缶に灯油を入れて吊し、これを燃やすという。福谷よりもさらに古いという石山では、また安川・岡安・笹谷でも、福谷のようなオオガセが作られたが、近年では特に現在は藁の松明を手にもって投げ上げる（安川では萱や藁《わら》を用いた大きな松明一つも立てる）ことが、八月十四日・十五日、あるいは七月二十四日・八月二十四日などに行われている由である。もっとも上流に位置する川上でも、昔は福谷と同等のオオガセを作ったが、その後には麻木（この辺りではオンガラという）の松明を投げ上げることが、八月十五日や二十四日に行われてきた。しかし、今は止めているという。このことから、もっと丹念に探せば、この地域にはさらに広く同じ信仰行事があったのでないかとも思われる。なお、鹿野や父子ではこれを単にカセと呼んでいる。このカセとは、木を枠のように組んで作った「枠」の意味から付けられた名称であろう、と私は考えている。

お火焚き

若狭と京都を結ぶ鯖街道の宿場町として、今や全国にも知られることとなった福井県遠敷郡上中町熊川には、そのもっとも西端に近い山上に稲荷神社がお祀りされている。ここで毎年十一月初めごろ（以前には十一月十日）、「お火焚《た》き」という行事がある。オシタキと発音されるので、初めて聞いた時に私は、「お汁炊《た》き」のことかとさえ思ったが、「お火焚き」のことであった。熊川では地元の人たちがこの神社に集まり、境内を清掃し落葉や枯枝などを燃やして、後に直会も行われている。西角井正慶博士編『年中行事辞典』にも、これは「京都地方などで、陰暦十一月に行われた火祭の行事。宮中・神社・公卿・民家などで庭火をたく行事で、京都の霜月祭の特徴をなしていた」とあり、また「オシタキとなまっていう風がある」とも書かれている。いわゆる鯖街道を経て、京都文化を直接に受け入れる若狭熊川なればこそと感嘆したものであった。

今も伏見の稲荷大社などでも盛大に行われるという「お火焚き」に、その後も気をつけていると熊川のみならず、若狭の幾箇所かの社寺でもこの行事があり、またあったことがわかった。三方郡三方町の向笠《むかさ》や成願寺の集落では、神社の境内で行われていたとの調査報告があるが、今は全く止めているようである。小浜市和久里《わくり》の八幡神社では、昭和十二、三年ごろまで、同市尾崎の赤松神社では、大正十二、三年ごろまで行われていたという。大飯郡高浜町三明《さんめい》の日蓮宗妙光寺、小浜市中井の同じく日蓮宗妙祐寺では、現在も続けられている。中井の妙祐寺でのお火焚きは、柴三束を立てて、御札なども一緒に燃やす。子どもたちが竹で火を叩きながら、「オシターキ　タキヤー　ミカンマンジュー　ホーシイワー」などといったという。また、この日には五歳の幼児のヒモオトシや各年齢の厄年の人たちのため、三十番神を祀るお堂にて御祈祷があり、その後にお火焚きが行われている。なお、小浜市上野では十二月十七日に観音寺でオシタキのお詣りをするが、今は実際に火は焚かないという。

前述の上中町熊川にほど近く、また私の在所の真向かいに当たる集落の仮屋《かりや》でも、毎年十二月十一日に壮大なお火焚きが行われ、「オシタキドンド」と呼ばれている。椎の木など常緑樹の五メートルばかりのものを、宮山で伐ってきて氏神神社境内の広場に立て、村中三十数戸から稲藁一束ずつを集めてこれで木を覆うように枝にかけ、周りに立てかけ準備を了わる。この作業は以前は子どもたち（それも小学生）の仕事であったが、人数の減少もあって今は大部分のことがその親たちの手によっている。現在この日には、初めに五歳の男女児のヒモオトシの御祈祷が社前にて神官により行われ、その後に引続いて、いよいよ「お火焚き」の火が子どもによって点ぜられる。だんだんと燃え盛る火は実に壮観で、おそらく現在若狭で行われる「お火焚き」ではもっとも規模が大きいものと思われる。ヒモオトシの子どもの家からは、それぞれ三十八個ずつを原則とする饅頭が神前に供えられ、後ほど参詣者に配られる。また、お火焚きが終ると、境内側のお堂で参詣者により「三十八社講」というお講が催され、御神酒などをいただくという。

お火焚きドンド（仮屋）

ところで、この上中町仮屋には集落の南に「三十八社」さんという神社があったが、後に氏神八幡神社に合祀されたという史実がある。そして、このオシタキドンドの由来について、ここでは次のようなことが言い伝えられている。昔、寒い寒いある日、三十八人の子供を引き連れて、ぶるぶる震えながら、「この子たちが寒いので、火にあたらせてやってください」と、仮屋へ立ち寄られた方があった。これは、不幸な子どもたちを集めて育てておられる情け深い人であった。しかし、この方は病に倒れ、仮屋で亡くなってしまわれた。村人たちは残された子どもたちのあまりにも寒そうな姿をみて、可哀想に思い、村中から藁一束ずつを持ち寄り、ドンドをして暖めてあげた。また、そのお方を神様として村の南の外れに神社を建ててお祀りすることとなった。その後、この社は八幡神社に合祀されたので、ドンドすることも止めてしまった。ところが、ある時、川向かいの瓜生・関の村人から、「仮屋の山に大勢の子どもを集めてドンドしておられる神様をみた」という話を聞かされた。それを聞いた仮屋の人たちは、再びドンドを始めるようになった。これが今も十二月十一日に行われているオシタキドンドである、と伝承されており、ここでは事実と信じられているようである。民俗学でも「お火焚き」の起源については、いろいろな解釈や推測がされているが、共通の民俗行事について各地でさまざまな意義づけのなされている場合が少なくないが、このオシタキドンドの由来譚もその典型的な一例ともいえるかも知れない。

若狭には、このほかにもいくつもの火祭りが年間を通じてあると思われるが、以上はこれまで実際に見学し、また調査したことを中心に聴き取りなどを蒼惶のうちにまとめた報告であり、万全でないことをお断り申し上げたい。

十五　「善悪」の読み ―真宗伝承音にみる連声の一特例―

親鸞聖人の『教行信証』にある「正信念仏偈」（または略して、「正信偈」という）七言百二十句の偈文は、真宗において僧俗とも朝夕の勤行に和讃とともに諷誦し、ことのほか尊重されていることは周知のとおりである。在家ながら真宗門徒の家に生れた私は、少年時代からこの正信偈を誦する機会も多く、これに親しんで生長したといえる。その特有の発音（節廻し）や、大きな振仮名にみる特殊な仮名づかいは、一見奇妙でもありながら尊くも感じられた。

ところが、国語学者東條義門生誕の地、若狭小浜市の近在に住むためでもあろうか、いささか国語の音韻問題に関心を寄せるようになった私は、この「正信偈」のなかに一つ不思議な読みをもつ言葉のあることに気がついた。すなわち、国土人天之善悪……一切善悪凡夫人……矝愍善悪凡夫人……の「善悪」である。法話のなかにもこの語は屢々現れるが、ある説教師がこれをゼンナクといわれるのを聞いたとき、正信偈のなかに三回も用いられている「善悪」が、以前から「ゼンマク」のほかに読まれたことを知らない私は、何か不安定な感じと少からぬ疑問とをいだくにいたった。

結論から申せば、支那唐代の韻書『韻鏡』において、山摂外転二十三開獮韻に属する漢字「善」の韻尾は当然nであるので、n韻に続く「悪」は、「ナク」となるのが連声の一般的現象である。にもかかわらず、これがゼンマクと読まれているのは、例外と言わねばならない。しかも当時、私が取急いで調べた限りでは、諷誦用の「正信偈」には善悪は悉くゼンマクと仮名付けされ、いわゆる西本願寺東本願寺両派の別なく、この例外的な発音を用いていることがわかつた。

国語学の音韻、特に中世の連声に関する専門家各位の著述によると、連声の現象は、平安時代にすでに現れていて、母音系統の音節に舌内音が先行すればナ行音となり（因縁《インネン》）、唇内音（m）が先行すればマ行音となった（三位《サンミ》）が、中世において舌内唇内の区別が失われるに及んでは、「三位」「陰陽《オンミョー》」のような読み癖として固定したものを除いては、唇内のものも全て「感応《カンノー》」「探幽《タンニュー》」のように、舌内のものと区別なく、すべてナ行音に発音されるようになった、というのが通則である。ただ、謡曲においては、撥音の次にくる母音半母音のマ行音化として、「三位」のほかに「眩惑《ケンマク》」があり、殊に眩惑の「眩」はn韻でありながらマ行音化しているのは、「恐らくは唇を使ふワに引かれてマと発音するに至ったものか」と考えられる珍しい例外であることを挙示された学者があった（『国語と国文学』第一八二号所収、高田富三郎「謡曲における連声の研究」）。

佐成謙太郎氏の『謡曲大観』（全七巻、明治書院昭和二十九年刊）には、「謡曲では、上の音が字音のタ行、又は撥音ンで、その次の音がア行・ヤ行・ワ行、又はハ行「は」である時は、その音がタ行又はナ行或はその拗音に転じて、「今日は《こんにヂタ》」「御入り候《おンニ》」「陰陽《いンニやう》」などと謡ふものであります。かうした場合、漢字の振仮名にはその発音仮名を記しました」（第一巻、例言）と述べて、五流現行曲二百三十五番が掲げられている。別巻の『謡曲語句総覧』によって「善悪」の用例を検出すると、「車僧」に一例、「自然居士」に二例、「舎利」に一例、「放生川」に一例、「山姥」に一例と、それぞれ善悪の用語があり、すべて「ぜんなく」と振仮名が付されている。ちなみに、眩惑の用例は「車僧」にあり、「げんまく」と仮名づけされているが、それがマ行音化の特例であることについては、何も注記されていない。また、道元禅師の『正法眼蔵』の中から禅門の大綱となる緊要なる語句を撰み採って一巻の経典とし、曹洞宗においてはあたかも真宗における正信偈のごとく日夜尊重し読誦されるものに『修証義』があるが、その第一章総序のなかに三回も出ている「善悪」という語は、すべてゼンナクと読まれている。

いずれも恐らくは、中世以来の読み癖を伝えているものであろうと想像される謡曲や禅宗経典の、しかも連声の一般的通則のとおりにゼンナクと発音されている「善悪」が、なぜに真宗の「正信偈」においてのみ「ゼンマク」

と読まれるのであろうか。

ここでまた、私は門徒寺における説教のなかで、繰返し聞かされた「三悪道」という言葉を思い起こさずにはおれない。迷える者が落ち込む三つの苦しみの道、地獄・餓鬼・畜生の三つの世界、これを三悪道というが、サンマクドウと呼ばれるこの迷いの世界の名は、『教行信証』のなかにも説かれているし、真宗では屡々教え聞かされる言葉のようである。三悪の「三」は（「三郎」がサブロウと呼ばれることでも推察されるように）、m韻の文字であるが、その故に「サンマク」と読まれる「悪」のマクが、善悪の「悪」にまで誤って類推された結果、この「善悪」までがゼンマクと読まれるにいたったものであろう、というのが、真宗門徒としての私の実感である。梯俊夫氏の『三帖和讃の国語学的研究』（龍谷大学出版部、昭和十二年刊）にも、「善悪はゼンマクでなく、ゼンナクでなければならない。善は舌内の字だからである。マクと読まれたのは、三悪道（サムマクダウ）のマクと混同されたのであろう。三は唇内の字だからサムマクは正しいのである」（一八七頁）とあるのは、私の推測が支持されたことになって嬉しい限りである。

では一体、「善悪」がいつごろからゼンマクと読まれるようになったのであろうか。右の『三帖和讃の国語学的研究』によっても明らかなとおり、善悪がゼンマクと読まれているのは、正信偈のみでなく、『三帖和讃』すなわち親鸞の御作にて正信偈と共に中世以来真宗信徒の間に常に読誦されてきた御和讃にも、その実例がいくつか現れているのである。本願寺八代蓮如上人が越前吉崎におられたとき、親鸞撰述の和讃と正信偈とを木版刷の一本として刊行されたというが、これが世に称される『文明五年板、三帖和讃並に正信偈』である。幸いにも私は、小浜市の横越山証明寺において、最近この文明五年（一四七三）板『三帖和讃』を拝観する機会に恵まれた。「右斯三帖和讃并正信偈四帖一部者末代為興際板木開之者也而巳、文明五年癸巳三月日（花押）」との奥書を有するこの三帖和讃には、「センナク」と仮名付けされた「善悪」が三度（正像末、皇太子聖徳奉讃、自然法爾章の各和讃に一例ずつ）現れているのである。惜しむらくは、この証明寺には文明五年に開板された右四帖の中、「正信偈」が伝わっておらず、これのみは写本となって三帖和讃と共に秘蔵されているのであるが、正信偈に述べられた善悪もそのとき（文明五年のころ）すでに、ゼンマクと誦されていたことは疑いの余地がない。

さらに、親鸞聖人直門の唯円房の著といわれる『歎異抄』を紐いても「老少善悪ノヒト」「善悪浄穢ナキオモムキ」の如く善悪という言葉が見られるが、現存最古の歎異抄写本で蓮如上人六十五歳ぐらい（文明十一年）ころの写筆といわれるいわゆる「蓮如本」には、上記「老少善悪」の悪にマクの振仮名があり、いずれも室町時代末期の写本と伝えられる妙琳坊本・龍谷大学本・端ノ坊別本の各本には、上記二例の善悪ともにそれぞれ「センマク」の仮名が付されている（姫野誠二著『歎異抄の語学的解釈』あそか書林、昭和三十八年三月刊）。また、祖師聖人の御正忌に恭しく拝読して門徒一同に聴かされる『御伝鈔』（「本願寺聖人親鸞伝絵」）は、本願寺第三世覚如上人によって撰述、永仁三年（一二九五）に完成されたものと聞くが、その上巻の第七段にある善悪の語もいつのころからか「ゼンマク」と読みつがれているようである。

東條義門の『男信』上巻には、本宗（真宗）の諸書ノ中、信心ノ二字ノ仮名、毎《イツ》モ毎モ信ニハシン、心ニハシムト有テ、之ガ互ヒニ混セル無クとあるため、nm韻の区別が「鎌倉時代特に宗祖親鸞に於いては厳重に守られていたかの如き印象を受けるのである。しかし、宗祖の真筆本について見ると、必ずしも、そうは言えないのであって」「n音、m音の発音上の区別が、この時代には、あやしくなってしまつてい」、「ーンをームと誤つた文字がームをーンと誤つた文字の約1/5弱を示している事は、実際上の発音がn韻が強くなつてm韻がn韻に統合されようとしていたことを示すものであり、それ故、その撥音表記文字も、本来の性格を無視する様になつて、撥ねる音を表記する場合、ムの仮名を用いる事よりも、ンの仮名を用いる方に当時の表記法が移行し始めていたのであろう」という研究発表がある（「大谷学報」第三十四巻第四号、潟岡孝昭氏「鎌倉初期のンとムー親鸞聖人の場合を中心に」）が、漢字のn韻とm韻がその伝来以来どのように受け入れられ、実際にはどのように発音し分けられ、また、それがいつの時代に混同されるにいたったかは、問題が大きすぎて私の手に負えない。私はただ、中世以降すべてナ行音化したといわれる撥音と母音半母音の連声のなかに、あたかも謡曲における「眩惑」の如く、n韻でありながらマ行音化して伝えられた「ゼンマク」（善悪）という特殊な一例が真宗伝承音に存在するということ、そして、その用例が蓮如上人の時代にまで遡って求められることを述べたに過ぎない。恐らく、かかる例外的な発音が一部の社会にても通用したということは、徒らに誤りというよりは当時すでに漢字のmn韻の区別がもはや観られぬまでに実質上混乱していた（n韻に統一されていた）ことを示すとでも申すべきか。

最近たまたま読んだ雑誌『群像』のなかに、国立国語研究所長の岩淵悦太郎氏が、連声現象について述べ、これが「日本語でいつごろから現れたかというと、文献に明らかに書き記されたものでは、和名抄に「浸淫瘡」を「心美佐宇」としたのがもっとも古いようである。「浸」は中国語ではmで終る字である。そこで、そのmの音が次の母音と合してシンミサウとなったもので、三位をサンミ、善悪をゼンマクと発音するのと同じである。古くは、中国語の発音にしたがって、mとnとを発音し分けたのであつた。が、それが後に区別出来なくなり、善悪なども後にはゼンナクと発音されるようになった」（『群像』第一八巻第二号、一九三頁）と説かれているのを知ったが、これは音韻問題を正しく考えた場合には、全く逆であって、ゼンナクがゼンマクになった（それも、純粋の音韻現象ではなくて、ある類推によつて変化せしめられた）と言うべきことであると思う。岩淵所長も私と同様に、少年時代から正信偈を拝誦された真宗門徒ではなかったか、などと考えて愉快である。

以上、真宗伝承音のおける連声の一特例について探ってみた。このささやかな考究のために、岐阜大学の奥村三雄先生、大谷大学の多屋頼俊先生から懇切な御指導をいただいた。また、京都女子大学助教授福永静哉先生の浄土真宗伝承音に関する一連の論文にも学ぶところが多く、特に「真宗伝承音」という題名は、そのまま学ばせていただいた。最後に、親鸞聖人が和讃（自然法爾章）のなかで、ヨシアシノ文字ヲモシラヌヒトハミナ、マコトノココロナリケルヲ、善悪ノ字シリカホハ、オホソラコトノカタチナリと戒められたことを思い、ただ恥じ入りながら筆を擱くしだいである。

十六　若越の方言

福井県のうち、越前は北陸方言区画に属し、若狭は近畿方言区画に入ると言われるが、なるほど越前と若狭ではその言葉にかなりの差異が認められる。

幾年か前、福井市の近くに住んでいた時、小学生の作文に「妹をだます」とか「子供をだまして」とかあるので、だましてはならないと注意したところ、ダマスとは「子もりをする」ことだと聞かされて大変驚いた。それ以来この言葉に気をつけてきたが、私の郷里では子もりすることを「子供をカタル」とかある時には「ややをタラス」などと言い、越前のダマスと好対照をなしている。すなわち、若狭の中央に位する小浜市と遠敷郡及びその近隣ではこれらの言葉が用いられ、少し詳しく言えば、タラスとはおもにすかしなだめることを言い、カタルとは面白く遊んでやる位の意味を持っている。

次に、若狭では全く通用しない越前方言にテキナイがある。テキネェーンニャとかテキノーテドーモナランなどと言い、苦しいこと、特に病気で苦しいことを言う。また、体の具合の悪いこと・病気の状態にあることをも言う様である。この語は越前の各地域に用いられて優勢であるが、越前を南下して敦賀市に入ると、もっぱらエライの区域となり、そこには既にテキナイが見られない様である。ここから若狭全体にはエライが首位を占め身心両面の苦しさを言い表している。なお、越前でも病気以外の苦しさには、ツライと共にエライを用いることがあると言う。

同じく敦賀市から若狭全体にかけて「帰る」ことをイヌと言い、まれにはイヌルと言っている所さえあるが、敦賀市を除く越前全体では、もっぱらカエル（ある時にはケェル）のみが用いられている。

その他、オトマシイと言う語は、越前では「惜しい」「もったいない」の意味に用いられるが、若狭では「うるさい」「世話がやける」ことをこう言う所があり、また、オゾイとは越前では多く「品物の悪い」ことを言うが、若狭ではおもに「恐ろしい」意に用いられている。

「若狭道の後瀬の山の」と歌われる後瀬山にほど近い、小浜湾に臨む漁港西津及び大島では、「魚」のことを今もイオ又はユオ・イヨなどと呼ぶ人があり、更に若狭湾に面する大飯郡や三方郡のある漁港でも、老年又は中年の漁師がユオを用いていると聞いて深い興味を覚えた。

その後、福井県下の海岸線二十数箇所へ問い合わせてみたところ、続々と返信を寄せられ、そのうちの過半数すなわち敦賀・三国・四箇浦を始め各市郡の十数箇所から、イオ又はユオが使用されていることを知らされた。もちろん、サカナやウオも用いられており、そればかりを用いてイオやユオは知らぬと言う所も珍しくはない。

同じく漁港ではイオと共に「魚ぐし」のことをイオグシ・ユオグシ、またはユグシ・ヨグシなどと呼ぶ所が多く、既にイオやユオは用いないで、ただイオグシやヨグシにその名ごりをとどめるだけである。

なお、イオの発音は　io と言う所もあるが、iwo と考えられる所もあり、詳しくは実地調査してみなければわからない。また、私は海浜以外については全然調べていないが、今日までイオなどの実例に接したことがない。

次に、私の在所では「弁償する」ことをマヨウと言う。ところが私の隣村ではこれをマドウと言っており、その後追々に調査してみるとマヨウ、マドウとも、県下全般に広く用いられていることがわかった。

辞書にはマドウが見えてマヨウはなく、『大言海』には「マドウは圓《マド》ヲ活用シ、圓轉シテ、全ク返ス意カ」とある。これが真ならばマヨウはマドウから転じたことになるが、それは単なる音韻上の変化すなわちド→ヨの変化なのか、又はマドウから「惑う」を、更に「迷う」を連想してマヨウを生じたものか、あるいは迷・惑ともに本来弁償の意味を有したものでもあろうか。

附　記

本稿執筆に先行して、筆者は『若越方言解説試論』を書き上げている。

若狭の年中行事と祭り一覧

月　日	所在地・場所	祭礼・行事
1月1日	美浜町日向　稲荷神社	板の魚の儀式
1月1日	三方町常神　明神社	神事の弓打ち
1月1日	三方町神子　浜宮神社	センジキ　弓打ち
1月1日	三方町小川　小川神社	カラス祝いの儀式　板の魚の儀式　弓矢儀式
1月1日	高浜町音海　気比神社	御的射（オマトイリ）の儀
1月2日	三方町常神　常神神社境内（薬師堂）	綱引き
1月2日	三方町小川　小川神社	綱引き（ツナネリ・ツナヒキ）
1月3日	美浜町早瀬　日吉神社（林神社）	浜祭り　弓射式
1月3日	小浜市阿納　全戸	ハリゴマ
1月4日	三方町神子　神子神社	引き初め（ツナネリ・ヒキゾメ）
1月5日	小浜市犬熊　全戸	ハリゴマ
1月6日	小浜市飯盛（法海）　公会堂村の入り口	六日講　勧請綱
1月9日	全市町村各地	山の口講　山の神祭り
1月11日	全市町村各地	ツクリゾメ
1月11日	大飯町大島（畑村）　奥の堂　村の中	オコナイ　勧請縄　7～11日　大島全区にて
1月12日（頃）	上中町有田　斎神社	綱打ち神事
1月14日	全市町村各地　全戸	戸祝い　キツネ狩り
1月15日	全市町村各地　神社など	ドンド
1月15日	美浜町日向　稲荷神社	水中綱引き
1月16日	上中町瓜生・大飯町父子ほか	仏法始め
1月18日	小浜市西小川　常福寺	数珠繰り
1月20日	小浜市荒木	二十日講　御祈祷　勧請綱
2月3日	全市町村各地	節分　諸行事
2月11日	上中町大鳥羽　石桉神社（稲荷神社）	ヤレチョボ（厄払い）
2月11日	高浜町青　青海神社	シバノミイレ
2月旧正月16日	小浜市加茂　加茂神社	オイケモノ（作柄占い）
3月2日	小浜市下根来（神谷）　八幡神社	山八神事
3月初酉の日	上中町上野木　河原神社	神事（神饌・行列）
3月10日	小浜市平野　桜神社	神事の弓射式
4月2日	三方町藤井　天満神社	王の舞　獅子舞　田楽
4月2日	三方町相田　天満神社	王の舞　獅子舞　田楽
4月2日	上中町安賀里　日枝神社	棒振り大太鼓
4月3日	三方町向笠　国津神社（天満神社）	神輿　王の舞　田楽　獅子　田植えの舞
4月3日	上中町大鳥羽　石桉神社	山車　棒振り大太鼓
4月3日	上中町小原・南　石桉神社	王の舞　獅子舞

月　日	所在地・場所	祭礼・行事
4月3日	上中町麻生野　日枝神社	王の舞　獅子舞
4月3日	上中町海士坂　天満神社	王の舞　獅子舞
4月3日（頃）隔年	上中町瓜生・関　天満神社	棒振り大太鼓
4月3日	小浜市矢代　加茂神社・福寿寺	手杵祭
4月5日	三方町成願寺　闇見神社	頭渡しの儀式　獅子舞　王の舞　神輿
4月8日	三方町気山　宇波西神社	神饌・行列　王の舞　獅子舞　田楽　神輿
4月14日	三方町北前川　前川神社	オアゲ立て　神饌奉戴行列
4月15日	三方町能登野　能登神社	王の舞　獅子舞
4月18日	三方町別所　多由比神社	神饌奉戴行列　王の舞　獅子舞　田楽　神輿
4月20日	上中町井ノ口　熊野神社	棒振り大太鼓
5月1日	美浜町宮代　弥美神社	餅細工神饌　王の舞　獅子舞　御幣
5月2～3日	小浜市城内　小浜神社	雲浜獅子　棒振り大太鼓
5月5日	美浜町早瀬　日吉神社	曳き山車　こども歌舞伎　大太鼓
5月5日	小浜市若狭　椎村神社	神輿　王の舞　獅子舞
5月8日	全市町村各地	テントウ花　花まつり
5月11日	美浜町佐田　織田神社	神輿　王の舞　獅子舞　ソッソ神事
5月13～15日（7年目）	小浜市小松原　宗像神社	七年大祭　棒振り大太鼓　船山車ほか
5月14～15日	小浜市西津　釣姫・玉津島・日吉神社	西津まつり　神輿　棒振り大太鼓
5月25日	小浜市田烏　天満神社	棒振り大太鼓
5月下旬頃	小浜市23箇所・上中町8箇所	田の神祭り　子供ミコシ
6月下旬頃（7年目）	高浜町宮崎　佐技治神社	七年祭り　お田植え　太刀振り　獅子舞　神輿　山車
7月2日頃	上中町6箇所	田の神祭り　子供ミコシ
7月13～15日	美浜町久々子　宗像神社	弁天祭り　船神輿渡御　還幸
7月13日	小浜市伏原　愛宕神社	愛宕祭り　タイマツ揚げ
7月14日（近くの日曜日）	上中町下タ中　広峯神社	祇園祭り　囃子
7月17・18日	小浜市千種　広嶺神社	祇園祭り　神輿渡御　カマ取り神事
7月末（金・土曜日）	上中町堤　波古神社	祇園祭り　神楽　棒振り大太鼓
7月末（土・日曜日）	上中町日笠　広嶺神社	祇園祭り　棒振り大太鼓　神楽　神輿　王の舞　獅子舞
7月27～29日	美浜町早瀬　水月神社	船神輿渡御　還御
7月27～29日	小浜市津島　六月祓神社	カワソさん祭り　茅の輪くぐり
7月下旬	上中町神谷	虫送り

月　　日	所　在　地　・　場　所	祭　礼　・　行　事
8月7日	全市町村各地	七日盆
8月13日	全市町村各地	仏さま迎え
8月13～15日	上中町瓜生　　　　各戸・長源院	六斎念仏
8月13～15日	上中町三宅　　　　各戸・久永寺	六斎念仏
8月13・14日	三方町黒田　　　　各戸	六斎念仏
8月14日	小浜市奈胡・奥窪谷ほか	六斎念仏
8月14日	大飯町鹿野・父子ほか	六斎念仏
8月14日	高浜町馬居寺	六斎念仏
8月15日	小浜市甲ヶ崎ほか	精霊船送り
8月16日	美浜町和田ほか	精霊船送り
8月20日	上中町海士坂　　　大蔵寺	送り盆
8月20日	小浜市宮川地区	虫送り
8月23・24日	小浜市西津ほか	地蔵盆
8月23・24日	上中町玉置ほか	地蔵盆
8月23・24日	大飯町福谷ほか	オオガセ　愛宕信仰火祭り
8月23日	小浜市滝谷・口窪谷	松あげ　火祭り
8月23日	名田庄村久坂・口坂本	松あげ　火祭り
8月24日	名田庄村下ほか　6箇所	松あげ　火祭り
8月末 (日曜日)	小浜市堅海　　　　久須夜神社	酒事　風除　豊念祈願祭　棒振り大太鼓
9月1日	美浜町新庄　　　日吉神社（林神社）	八朔祭り
9月1日	小浜市泊　　　　　若狭彦姫神社	酒事　棒振り大太鼓
9月1日	高浜町日引　　　　気比神社	八朔祭り　綱引き
9月14・15日	小浜市男山　　　　八幡神社	放生会　棒振り大太鼓　獅子　神楽　山車
10月3日	名田庄村下　　　　苅田比売神社	獅子舞
10月10日	小浜市竜前・遠敷　　若狭彦・姫神社	棒振り大太鼓　神楽（隔年交替）
10月14日	高浜町和田　　　　新宮神社	神輿　曳山　棒振り大太鼓　獅子舞
10月17日	高浜町小和田　　　伊弉諾神社	田楽　竜舞　囃子山車
12月9日	全市町村各地	山の口講　山の神祭り
12月11日	上中町仮屋　　　　八幡神社	オシタキドンド（お火焚き）

極めて数多い若狭の年中行事や祭礼をすべて収める一覧づくりは容易ではなく、ここにはその代表的なもの、直接なんらかの調査に当たったものに限って簡単に表示しました。現在では、日時の変わったものもあることと思います。

実際の見学や研究の一参考にして頂けましたら幸いです。

なお、平成の合併により、現在の地名は、三方町・上中町は若狭町に、名田庄村・大飯町はおおい町となりました。

収録論考の初出掲載誌

第一部　歴　史

一　「『近世初期文壇の研究』に学ぶ」福井新聞　一九六四年十二月二十九日
二　「織豊期前後の若狭点描」『中世若狭を駆ける　―若狭武田氏とその文化―』福井県立若狭歴史民俗資料館　一九九二年
三　「雄長老の出自について」『小浜市史紀要』第一輯　小浜市史編纂委員会　一九七〇年
四　「雄長老の出自について・補注」『雄長老集』上巻　近世文藝資料25　古典文庫　一九九七年
五　「木下勝俊掟書」『若狭』創刊号　若狭史学会　一九七二年
六　「京都と若狭を結ぶ宿場町」『図説 日本の町並み』４ 北陸編　第一法規出版株式会社　一九八二年
七　「鯖街道の歴史・民俗・地名」『第二十七回全国地名研究者大会　若狭を中心とした日本海の交流』日本地名研究所・川崎市　二〇〇八年
八　「幾通りもの鯖の道」『鯖街道』向陽書房　一九九八年
九　「小浜藩農政管見」『若狭』三十号　若狭史学会　一九八三年
十　「義民　松木庄左衛門」『義民松木長操伝』松木神社奉賛会　一九八一年
十一　「行方久兵衛の事績」『若狭』七号　若狭史学会　一九七三年
十二　「「膳臣」と伴信友」『躍動する若狭の王者たち　―前方後円墳の時代―』福井県立若狭歴史民俗資料館　一九九一年
十三　「若狭の杉田玄白　―日本近代医学の先駆者―」『げんでんふれあい福井』第二十四・二十五号　げんでんふれあい福井財団　二〇〇六年
十四　「若狭の妙玄寺義門　―江戸時代随一の国語学者―」『げんでんふれあい福井』第二十九・三十号　げんでんふれあい福井財団　二〇〇七年・二〇〇八年

第二部　地　名

一　「「遠敷」の語原　―遠敷「多」説について―」『若越郷土研究』第七巻第二号　福井県郷土誌懇談会　一九六二年
二　「地名を学び地名に学ぶ　―若狭の「遠敷」について―」『子ども文化学研究』第五号　中京女子大学子ども文化研究所　一九九七年

三　「地名「丹生」と歌語「真金」」『地名と風土』日本地名研究所紀要　第一号　日本地名研究所　一九九四年
四　「遠敷の語原　―菊地清光氏の異議に応える―」『古代日本海文化』第二十八号　古代日本海文化研究会　一九九二年
五　「木簡に見る若狭の地名」『紀要』三号　福井県立若狭歴史民俗資料館　一九九〇年
六　「御食国若狭の木簡　―御贄の魚貝と酢のこと―」『若狭文学』第三十号　若狭文学会　一九九二年
七　「「悪無」考　―地名と小野篁伝説について―」『解釈』第五巻第十一・十二号　解釈学会　一九五九年
八　「「玉置」は「タマキ」」『越前若狭ことば考』15　福井新聞　一九九五年七月二十九日

第三部　民　俗

一　「上根来の伝説と堂本の民俗など　―民俗調査報告拾遺―」『若越郷土研究』第十巻第三号　福井県郷土誌懇談会　一九六五年
二　「お水取りの起源」『若越郷土研究』第十巻第六号　福井県郷土誌懇談会　一九六五年
三　「伝承　若狭の水と京とのつながり」『福井の文化』第十号　福井県文化振興事業団　一九八七年
四　「若狭の水　―遠敷川流域の文化―」『みずのわ』第百三十号　〝みずのわ〟発行委員会　二〇〇五年
五　「アイノカゼ」『フオクロア』1　民俗の思想を考える会　一九七七年
六　「若狭のナレズシ」『北陸の民俗』第十五集　北陸三県民俗の会　一九九七年
七　「若狭のテントウバナ」『まつり』五十二号　まつり同好会　一九九一年
八　「椰子の実とワタカ　―鳥浜貝塚傍観記―」『若越郷土研究』第三十巻第五号　福井県郷土誌懇談会　一九八五年
九　「若狭の上中町乾田地帯の稲作手順」『北陸の民俗』第二十二集　北陸三県民俗の会　二〇〇四年
十　「若狭の田の神祭り」『若狭田の神祭り　―小浜市・上中町における農耕儀礼の調査報告―』福井県立若狭歴史民俗資料館　一九八五年
十一　「六斎念仏」『高浜町の民俗文化』―年中行事と祭り―　高浜町教育委員会　一九九五年
十二　「若狭の六斎念仏調査」『紀要』六号　福井県立若狭歴史民俗資料館　一九九六年
十三　「若狭熊川のてっせん踊」『藝能史研究』第十七号　藝能史研究會　一九六七年
十四　「若狭の火祭り」『まつり』六十一号　まつり同好会　一九九九年
十五　「善悪の読み　―真宗伝承音にみる連声の一特例―」『解釈』第十巻第二号　解釈学会　一九六四年
十六　「若越の方言」『言語生活』第四十五号　筑摩書房　一九五五年

学びと出会い

若狭は、古来大陸文化の玄関口として、また日本海諸域の物資の流通拠点としての役割を担ってきたところである。そして、畿内を背景とし豊かな日本海の幸を併せ持つことから、極めて多様な文化的様相を示してきた地域であり、その歴史はまことに美しい重層性をおびている。このような若狭の地に生まれ育った筆者が、今日まで進めてきた調査研究の主要な論考を集めて一書にしたのがこの論集である。いずれの論考も、ここ若狭の地から学究を進めてきたが、集約すれば、主に歴史、地名、民俗の三つの分野に分類される。

歴史としては、わたくしの在所の東隣り、新道村から出た若狭の義民、松木庄左衛門（高校用教科書の実教出版『日本史』に、わが国の義民の代表例として取りあげられている）の存在がある。領主の史実からは、若狭における農民と為政者の関係を見ることで、農民の苦しみの声を聞きながら当時の社会を浮かび上がらせることができるのである。また庄左衛門の史実は、畏友と語っていただくほどに懇意とさせていただいた水上勉先生の小説「城」ともなった。

また今となっては周知のこととなったが、新道村の隣り熊川は、細川家初代幽斎夫人、麝香の故郷である。わたくしが三十歳のとき、『解釈』誌に掲載された千代女の俳句に関する筆者の質問に対し、懇書をもってご指導いただいたのが、学習院大学教授の小高敏郎先生であった。以来、小高先生とのご縁を機に、細川護貞先生、中村幸彦先生、伊藤東慎師、米原正義先生、吉田幸一先生、是澤恭三先生、麻生磯次先生、大野晋先生などから計り知れない学恩を賜り、「幽斎と熊川の関係」、「木下勝俊」、「雄長老と宮川尼」などの研究を進めさせていただくことができたのである。

熊川の町並み保存の運動が、平成に入って「まちづくり」の観点から盛り上がろうとしていたとき、昭和四十四年のご案内以来、再び平成五年に細川先生にお越しいただき、町並みとともにすばらしい歴史を有することを住民の皆さんにお話しいただくこととなった。そのような応援をもいただいて、熊川宿は平成八年に、国の重要伝統的建造物群保存地区となった。その後、町挙げての取り組みの中で、文化の道、鯖街道の熊川宿として民家や景観の整備がなされ、いよいよ美しい町並みとなりつつある。地元住民の皆さんと歴史との出会いが、このような結果を生んだのである。

また、今日「御食国若狭」と定着するきっかけとなった古代若狭の歴史研究については、岸俊男先生や狩野久先生から数々のお教えをいただいてきたことが基本となっている。また、東大寺と若狭の関係については、堀池春峰師の学恩を賜った。

地名においては、なんと言っても「遠敷」がわたくしの若き日からの最大の関心事であった。この「遠敷」は、難解地名として知られていたが、字体表記を変えて全国に分布する。この地名分布は、国家の歴史と大きく関わっている。

そして、松田壽男先生との出会いが決定的な契機となり、驥尾に付して、あるいは自ら全国各地の「丹生」の地名を追い、そこで赤土を採取して、矢嶋澄策博士に科学的分析を行っていただいてもきた。

松田壽男著『丹生の研究』に、「遠敷」という書き方の理由について、「永江秀雄氏はこの方面の専攻者であり、長年この問題を解こうと努力を続けている。したがって不日同氏によって正しい解釈が発表されるであろう」と書いてくださっている。また今一つの課題、すなわち、同書には、「(松田の)説に賛成した国語学の永江秀雄氏は、どこからこんな不思議な考えが出たかを、いろいろ調べていられる。その成果は不日発表されると思うが」とも述べられている。身に余る学問的課題を与えてくださったわけであるが、学恩に背くことなく、その答えを明らかにすることができたものと思っている。

この「遠敷」の地名研究については、柳田國男先生に職場関係の機関誌に書いた「わらづみの方言―丹生の民俗学的解釈について」（昭和三十五年）の御高覧を仰いだ時、賜ったご懇篤な玉翰のなかに、丹生という地名が、「悉く丹又は鉛朱の産地なりといふことは信じにくく候。御注意あるべく候。自分の考証には、ニホとの関係、殊に稲の穂を育つる点にあり、此方は印度支那又は最近のメコン川流域にも多く発見せられ候。此方面も御注意あり度、なお次々のお調べ望ましく候」（昭和三十五年三月四日付書簡）とご示教を戴いた。「遠敷」の地名学究の始めのころに、その心がけと学問の厳しさを教わったのである。爾来、この教えを守り本尊として今日まで肝に銘じてきた。その後、研究成果が一つずつまとまるころ、わが国の地名研究の第一人者、谷川健一先生とのご縁から、数々の発表の機会をいただき、大野先生からも温かい激励をいただいてきた。

民俗については、わたくしの北隣りの村、瓜生の六斎念仏を幼き日から、うらやましい思いをもってながめてきた。京都から伝わったこのお盆の行事は、かつては若狭全域に分布していたことが調査から明らかとなったが、その鉦と太鼓の音と和讃をも求めて、若狭の津々浦々の集落を訪ねまわり、和歌森太郎先生や桜井徳太郎先生、そしてとりわけ五来重先生には、まことに懇切なるご指導をいただいてきた。そしてこの大悲に満ちた六斎に、私は手を合わせずにはおれない。瓜生の生まれでもある、全日本バレーボールキャプテンを務めた荻野正二君も、若き日に六斎を打っている。

熊川に大正時代にその伝統が失われた「てっせん踊り」の唄本の発見とその解読は、町並み保存の一環として、平成十年に京都の一乗寺郷土芸能保存会のみなさんとの交流により、八十年ぶりに復活されることにつながった。平成十四年には、トラックを山車にしていたものを、見送り幕とともに漆塗りの山車が四十五年ぶりに見事に復元された。また、頼山陽が「吉野より余程上品」と絶賛した「熊川葛」も、途絶えていた葛粉精製が再び始まった。歴史と文化を継承していくことは、何をおいても地元の方々の頑張りが不可欠であり、それが形となって表れてくるのが見られるのは、まことにうれしいことと言わねばならない。

その他、「田の神祭り子供神輿」の調査をはじめ、平成元年には、「若狭の四季　―年中行事と祭り―」と題する若狭歴史民俗資料館での特別展を担当させていただき、「若狭は民俗文化の宝庫」の感をさらに強くしたものである。

以上の事々が、この地に生まれ育った筆者の学問の原型と言えることである。そしてその研究は三つに大別されると書いたが、いずれも不可分の密接な関係にあり、わたくしの学究の根底には、ふるさと若狭への熱い思いがあった。

本書のタイトルを『若狭の歴史と民俗』とさせていただいたが、まだまだその名に足るものではなく、若狭には汲めども尽きぬ真実が蔵されている。今後は、さらに学際的に調査研究が進められ、「若狭学」として提唱されてもよいのではないかと思う。

また、わたくしは若き日に、戦争のときの教官、京都伏見の造り酒屋の当主でもあられた増田徳兵衛さまのご自宅で、會津八一先生にお出会いする好機をいただいたことがある。その際、かの「学規」をまことに流麗に墨書していただいた。その一つめに、「ふかくこの生を愛すべし」とあり、このことも筆者の学問の根底にあることを明記しておきたい。

来し方を振り返るに、ここ若狭の地でわたくしは本当に学徒と言える、真の学者、学問の道を修する多くの先生方にお出会いし、お迎えする好機をいただいてきた。ここでとても全てのご尊名を挙げ得ないが、不思議な次から次への小さなご縁が、大きく結実してわたくしを包んでくださったのである。すでに他界されてしまった多くの先生方へも不尽の感謝を捧げたいと思う。

なお、本書の刊行にあたっては、かつて若狭歴史民俗資料館の若き同僚であった考古学専攻の入江文敏氏（現福井県立若狭高等学校教諭）にはとりわけお世話になった。二百を超える筆者の論考を再読、三読していただき、原稿の選択にもご助言をいただくなど、記しても余りあるお心をいただいた。そして、早く書物にまとめるようにと常に激励いただいてきた平泉隆房先生、近藤啓吾先生、長年にわたって資料館の同僚として楽しく学びあった芝田寿朗氏、垣東敏博氏、有馬香織氏、また奈良文化財研究所の渡辺晃宏氏にも、ご高配を賜ったことを記して感謝申し上げます。

また、同じ資料館でいつも原稿の入力など陰の御援助をいただいてきた福永要子氏には、今回もまた細やかなご尽力をいただいた。心からお礼申し上げたい。加えて、弟の永江武雄、愚息の永江寿夫・後卓夫が、多くの論考から本書へのとりまとめをしてくれたこと、また今日まで蒲柳のわが身を支えてくれた妻たね子の愛情も特に明記しておきたい。

そして雄山閣の桑門智亜紀氏には、本書出版のお心のこもった労をとっていただいた。心から感謝申し上げます。

さいごに、この一書が若狭の歴史と民俗とその心にふれる契機としていただけるのであれば、わたくしにとっては望外の喜びとするところであります。

平成二十四年二月三日　節分の日、若狭にて

永江秀雄

索　引

【著者略歴】

永江秀雄（ながえ　ひでお）

一九二七年福井県生まれ。福井師範学校本科卒業。小学校教諭、団体職員、福井県立若狭歴史民俗資料館勤務。その間、中京女子大学子ども文化研究所客員教授、福井県郷土史懇談会理事、福井県史（民俗部会）調査執筆員、若狭地名研究会会長など歴任。二〇〇〇年文化財保護功労者表彰（文部大臣表彰）、二〇〇五年児玉幸多賞（児玉基金運営委員会）など受賞。

著書　『若狭に学ぶ』（私家版）二〇〇〇年。

共著　『日本民俗文化大系』第十三巻　小学館　一九八五年、『季刊明日香風』第二十四号　（財）飛鳥保存財団　一九八七年、『日本民俗文化資料集成』第十巻　三一書房　一九九一年ほか。

編著　『若狭の義民』松木神社奉賛会　一九八一年、『若狭の田の神祭り』福井県立若狭歴史民俗資料館　一九八五年、『若狭の四季』福井県立若狭歴史民俗資料館　一九八九年。

ほかに研究論文、シンポジウム報告集、自治体史（上中町郷土史・高浜町の民俗文化）など多数。

2012年 9 月10日　初版発行　　　《検印省略》

若狭《わかさ》の歴史《れきし》と民俗《みんぞく》

著　者　永江秀雄

発行者　宮田哲男

株式会社 雄山閣

〒102-0071　東京都千代田区富士見 2-6-9

TEL　03-3262-3231 / FAX　03-3262-6938

URL　http: //www.yuzankaku.co.jp

e-mail　info@yuzankaku.co.jp

振　替：00130-5-1685

印刷所　ワイズ書籍

製本所　協栄製本株式会社

©Hideo Nagae 2012
Printed in Japan

ISBN978-4-639-02245-9　C3021
N.D.C.210　351p　22cm